GÉRARD DE NERVAL

VOYAGE
EN ORIENT

II

Publié avec le concours du Centre National des Lettres

Édition établie
par
Michel Jeanneret

GF
FLAMMARION

© 1980, GARNIER-FLAMMARION, Paris
ISBN 2-08-070333-1

DRUSES ET MARONITES

I. UN PRINCE DU LIBAN

I. LA MONTAGNE

J'avais accepté avec empressement l'invitation faite par le prince ou émir du Liban, qui m'était venu visiter, d'aller passer quelques jours dans sa demeure, située à peu de distance d'Antoura, dans le Kesrouan. Comme on devait partir le lendemain matin, je n'avais plus que le temps de retourner à l'hôtel de Battista où il s'agissait de s'entendre sur le prix de la location du cheval qu'on m'avait promis.

On me conduisit dans l'écurie, où il n'y avait que de grands chevaux osseux, aux jambes fortes, à l'échine aiguë comme celle des poissons...; ceux-là n'appartenaient pas assurément à la race des chevaux *nedjis,* mais on me dit que c'étaient les meilleurs et les plus sûrs pour grimper les âpres côtes des montagnes. Les élégants coursiers arabes ne brillent guère que sur le *turf* sablonneux du désert. J'en indiquai un au hasard, et l'on me promit qu'il serait à ma porte le lendemain, au point du jour. On me proposa pour m'accompagner un jeune garçon, nommé *Moussa* (Moïse), qui parlait fort bien l'italien.

La nuit était venue, mais les nuits de Syrie ne sont qu'un jour bleuâtre ; tout le monde prenait le frais sur les terrasses, et cette ville, à mesure que je la regardais en remontant les collines extérieures, affectait des airs babyloniens. La lune découpait de blanches silhouettes sur les escaliers que forment de loin ces maisons qu'on a vues

dans le jour si hautes et si sombres, et dont les têtes des
cyprès et des palmiers rompent çà et là l'uniformité.

Au sortir de la ville, ce ne sont d'abord que végétaux
difformes, aloès, cactus et raquettes, étalant, comme les
dieux de l'Inde, des milliers de têtes couronnées de fleurs
rouges, et dressant sur vos pas des épées et des dards
assez redoutables; mais, en dehors de ces clôtures, on
retrouve l'ombrage éclairci des mûriers blancs, des lauriers et des limoniers aux feuilles luisantes et métalliques.
Des mouches lumineuses volent çà et là, égayant l'obscurité des massifs. Les hautes demeures éclairées dessinent au loin leurs ogives et leurs arceaux, et du fond de
ces manoirs d'un aspect sévère, on entend parfois le son
des guitares accompagnant des voix mélodieuses.

Au coin du sentier qui tourne en remontant à la maison
que j'habite, il y a un cabaret établi dans le creux d'un
arbre énorme. Là se réunissent les jeunes gens des environs, qui restent à boire et à chanter d'ordinaire jusqu'à
deux heures du matin. L'accent guttural de leurs voix, la
mélopée traînante d'un récitatif nasillard, se succèdent
chaque nuit, au mépris des oreilles européennes qui peuvent s'ouvrir aux environs; j'avouerai pourtant que cette
musique primitive et biblique ne manque pas de charme
quelquefois pour qui sait se mettre au-dessus des préjugés
du solfège.

En rentrant, je trouvai mon hôte maronite et toute sa
famille qui m'attendaient sur la terrasse attenante à mon
logement. Ces braves gens croient vous faire honneur en
amenant tous leurs parents et leurs amis chez vous. Il
fallut leur faire servir du café et distribuer des pipes, ce
dont, au reste, se chargeaient la maîtresse et les filles de
la maison, aux frais naturellement du locataire. Quelques
phrases mélangées d'italien, de grec et d'arabe, dé-
frayaient assez péniblement la conversation. Je n'osais
pas dire que, n'ayant point dormi dans la journée et
devant partir à l'aube du jour suivant, j'aurais aimé à
regagner mon lit; mais, après tout, la douceur de la nuit,
le ciel étoilé, la mer étalant à nos pieds ses nuances de
bleu nocturne blanchies çà et là par le reflet des astres, me
faisaient supporter assez bien l'ennui de cette réception.

Ces bonnes gens me firent enfin leurs adieux, car je devais partir avant leur réveil, et, en effet, j'eus à peine le temps de dormir trois heures d'un sommeil interrompu par le chant des coqs.

En m'éveillant, je trouvai le jeune Moussa assis devant ma porte, sur le rebord de la terrasse. Le cheval qu'il avait amené stationnait au bas du perron, ayant un pied replié sous le ventre au moyen d'une corde, ce qui est la manière arabe de faire tenir en place les chevaux. Il ne me restait plus qu'à m'emboîter dans une de ces selles hautes à la mode turque, qui vous pressent comme un étau et rendent la chute presque impossible. De larges étriers de cuivre, en forme de pelle à feu, sont attachés si haut, qu'on a les jambes pliées en deux; les coins tranchants servent à piquer le cheval. Le prince sourit un peu de mon embarras à prendre les allures d'un cavalier arabe, et me donna quelques conseils. C'était un jeune homme d'une physionomie franche et ouverte, dont l'accueil m'avait séduit tout d'abord; il s'appelait Abou-Miran et apparte-nait à une branche de la famille des Hobeïsch, la plus illustre du Kesrouan. Sans être des plus riches, il avait autorité sur une dizaine de villages composant un district, et en rendait les redevances au pacha de Tripoli.

Tout le monde étant prêt, nous descendîmes jusqu'à la route qui côtoie le rivage, et qui, ailleurs qu'en Orient, passerait pour un simple ravin. Au bout d'une lieue en-viron, on me montra la grotte d'où sortit le fameux dragon qui était prêt à dévorer la fille du roi de Beyrouth, lorsque saint Georges le perça de sa lance. Ce lieu est très révéré par les Grecs et par les Turcs eux-mêmes, qui ont construit une petite mosquée à l'endroit même où eut lieu le combat.

Tous les chevaux syriens sont dressés à marcher à l'amble, ce qui rend leur trot fort doux. J'admirais la sûreté de leur pas à travers les pierres roulantes, les granits tranchants et les roches polies que l'on rencontre à tous moments... Il fait déjà grand jour, nous avons dé-passé le promontoire fertile de Beyrouth, qui s'avance dans la mer d'environ deux lieues, avec ses hauteurs couronnées de pins parasols et son escalier de terrasses

cultivées en jardins ; l'immense vallée qui sépare deux
chaînes de montagnes étend à perte de vue son double
amphithéâtre, dont la teinte violette est constellée çà et là
de points crayeux, qui signalent un grand nombre de
villages, de couvents et de châteaux. C'est un des plus
vastes panoramas du monde, un de ces lieux où l'âme
s'élargit, comme pour atteindre aux proportions d'un tel
spectacle. Au fond de la vallée coule le Nahr-Beyrouth,
rivière l'été, torrent l'hiver, qui va se jeter dans le golfe,
et que nous traversâmes à l'ombre des arches d'un pont
romain.

Les chevaux avaient seulement de l'eau jusqu'à mi-
jambe : des tertres couverts d'épais buissons de lauriers-
roses divisent le courant et couvrent partout de leur ombre
le lit ordinaire de la rivière ; deux zones de sable, indi-
quant la ligne extrême des inondations, détachent et font
ressortir sur tout le fond de la vallée ce long ruban de
verdure et de fleurs. Au-delà commencent les premières
pentes de la montagne ; des grès verdis par les lichens et
les mousses, des caroubiers tortus, des chênes rabougris à
la feuille teintée d'un vert sombre, des aloès et des no-
pals, embusqués dans les pierres, comme des nains armés
menaçant l'homme à son passage, mais offrant un refuge
à d'énormes lézard verts qui fuient par centaines sous les
pieds des chevaux : voilà ce qu'on rencontre en gravissant
les premières hauteurs. Cependant de longues places de
sable aride déchirent çà et là ce manteau de végétation
sauvage. Un peu plus loin, ces landes jaunâtres se prêtent
à la culture et présentent des lignes régulières d'oliviers.

Nous eûmes atteint bientôt le sommet de la première
zone des hauteurs, qui, d'en bas, semble se confondre
avec le massif du Sannin. Au-delà s'ouvre une vallée qui
forme un pli parallèle à celle du Nahr-Beyrouth, et qu'il
faut traverser pour atteindre la seconde crête, d'où l'on en
découvre une autre encore. On s'aperçoit déjà que ces
villages nombreux, qui de loin semblaient s'abriter dans
les flancs noirs d'une même montagne, dominent au
contraire et couronnent des chaînes de hauteurs que séparent des vallées et des abîmes ; on comprend aussi que
ces lignes, garnies de châteaux et de tours, présenteraient

à toute armée une série de remparts inaccessibles, si les habitants voulaient, comme autrefois, combattre réunis pour les mêmes principes d'indépendance. Malheureusement trop de peuples ont intérêt à profiter de leurs divisions.

Nous nous arrêtâmes sur le second plateau, où s'élève une église maronite, bâtie dans le style byzantin. On disait la messe, et nous mîmes pied à terre devant la porte, afin d'en entendre quelque chose. L'église était pleine de monde, car c'était un dimanche, et nous ne pûmes trouver place qu'aux derniers rangs.

Le clergé me sembla vêtu à peu près comme celui des Grecs; les costumes sont assez beaux, et la langue employée est l'ancien syriaque que les prêtres déclamaient ou chantaient d'un ton nasillard qui leur est particulier. Les femmes étaient toutes dans une tribune élevée et protégées par un grillage. En examinant les ornements de l'église, simples, mais fraîchement réparés, je vis avec peine que l'aigle noire à double tête de l'Autriche décorait chaque pilier, comme symbole d'une protection qui jadis appartenait à la France seule. C'est depuis notre dernière ré olution seulement que l'Autriche et la Sardaigne luttent avec nous d'influence dans l'esprit et dans les affaires des catholiques syriens.

Une messe, le matin, ne peut point faire de mal, à moins que l'on n'entre en sueur dans l'église et que l'on ne s'expose à l'ombre humide qui descend des voûtes et des piliers; mais cette maison de Dieu était si propre et si riante, les cloches nous avaient appelés d'un si joli son de leur timbre argentin, et puis nous nous étions tenus si près de l'entrée, que nous sortîmes de là gaiement, bien disposés pour le reste du voyage. Nos cavaliers repartirent au galop en s'interpellant avec des cris joyeux; faisant mine de se poursuivre, ils jetaient devant eux, comme des javelots, leurs lances ornées de cordons et de houppes de soie, et les retiraient ensuite, sans s'arrêter, de la terre ou des troncs d'arbre où elles étaient allées se piquer au loin.

Ce jeu d'adresse dura peu, car la descente devenait difficile, et le pied des chevaux se posait plus timidement sur les grès polis ou brisés en éclats tranchants. Jusque-là,

le jeune Moussa m'avait suivi à pied, selon l'usage des
moukres, bien que je lui eusse offert de le prendre en
croupe ; mais je commençais à envier son sort. Saisissant
ma pensée, il m'offrit de guider le cheval, et je pus
traverser le fond de la vallée en coupant au court dans les
taillis et dans les pierres. J'eus le temps de me reposer sur
l'autre versant et d'admirer l'adresse de nos compagnons
à chevaucher dans des ravins qu'on jugerait impraticables
en Europe.

Cependant nous montions à l'ombre d'une forêt de
pins, et le prince mit pied à terre comme moi. Un quart
d'heure après, nous nous trouvâmes au bord d'une vallée
moins profonde que l'autre, et formant comme un amphithéâtre de verdure. Des troupeaux paissaient l'herbe
autour d'un petit lac, et je remarquai là quelques-uns de
ces moutons syriens dont la queue, alourdie par la
graisse, pèse jusqu'à vingt livres. Nous descendîmes pour
faire rafraîchir les chevaux jusqu'à une fontaine couverte
d'un vaste arceau de pierre et de construction antique, à
ce qu'il me sembla. Plusieurs femmes, gracieusement
drapées, venaient remplir de grands vases, qu'elles po-
saient ensuite sur leurs têtes ; celles-là naturellement ne
portaient pas la haute coiffure des femmes mariées ;
c'étaient des jeunes filles ou des servantes.

II. UN VILLAGE MIXTE

En avançant quelques pas encore au-delà de la fontaine, et toujours sous l'ombrage des pins, nous nous
trouvâmes à l'entrée du village de Bethmérie [1], situé sur
un plateau, d'où la vue s'étend, d'un côté, vers le golfe,
et, de l'autre, sur une vallée profonde, au-delà de laquelle
de nouvelles crêtes de monts s'estompent dans un brouil-
lard bleuâtre. Le contraste de cette fraîcheur et de cette
ombre silencieuse avec l'ardeur des plaines et des grèves
qu'on a quittées il y a peu d'heures, est une sensation
qu'on n'apprécie bien que sous de tels climats. Une

vingtaine de maisons étaient répandues sous les arbres et présentaient à peu près le tableau d'un de nos villages du Midi. Nous nous rendîmes à la demeure du cheik, qui était absent, mais dont la femme nous fit servir du lait caillé et des fruits.

Nous avions laissé sur notre gauche une grande maison, dont le toit écroulé et les solives charbonnées indiquaient un incendie récent. Le prince m'apprit que c'étaient les Druses qui avaient mis le feu à ce bâtiment, pendant que plusieurs familles maronites s'y trouvaient rassemblées pour une noce. Heureusement les conviés avaient pu fuir à temps ; mais le plus singulier, c'est que les coupables étaient des habitants de la même localité. Bethmérie, comme village mixte, contient environ cent cinquante chrétiens et une soixantaine de Druses. Les maisons de ces derniers sont séparées des autres par deux cents pas à peine. Par suite de cette hostilité, une lutte sanglante avait eu lieu, et le pacha s'était hâté d'intervenir en établissant entre les deux parties du village un petit camp d'Albanais, qui vivait aux dépens des populations rivales.

Nous venions de finir notre repas, lorsque le cheik rentra dans sa maison. Après les premières civilités, il entama une longue conversation avec le prince, et se plaignit vivement de la présence des Albanais et du désarmement général qui avait eu lieu dans son district. Il lui semblait que cette mesure n'aurait dû s'exercer qu'à l'égard des Druses, seuls coupables d'attaque nocturne et d'incendie. De temps en temps, les deux chefs baissaient la voix, et, bien que je ne pusse saisir complètement le sens de leur discussion, je pensai qu'il était convenable de m'éloigner un peu, sous prétexte de promenade.

Mon guide m'apprit en marchant que les chrétiens maronites de la province d'El Garb, où nous étions, avaient tenté précédemment d'expulser les Druses disséminés dans plusieurs villages, et que ces derniers avaient appelé à leur secours leurs coreligionnaires de l'Anti-Liban. De là une de ces luttes qui se renouvellent si souvent. La grande force des Maronites est dans la province du Kesrouan, située derrière Djebaïl et Tripoli, comme aussi la plus forte population des Druses habite les provinces situées de Beyrouth jusqu'à Saint-Jean-d'Acre. Le cheik de Bethmérie se plaignait sans doute au prince de ce que, dans la circonstance récente dont j'ai parlé, les gens du Kesrouan n'avaient pas bougé; mais ils n'en avaient pas eu le temps, les Turcs ayant mis le holà avec un empressement peu ordinaire de leur part. C'est que la querelle était survenue au momernt de payer le *miri*. Payez d'abord, disaient les Turcs, ensuite vous vous battrez tant qu'il vous plaira. Le moyen, en effet, de toucher des impôts chez des gens qui se ruinent et s'égorgent au moment même de la récolte?

Au bout de la ligne des maisons chrétiennes, je m'arrêtai sous un bouquet d'arbres, d'où l'on voyait la mer, qui brisait au loin ses flots argentés sur le sable. L'œil domine de là les croupes étagées des monts que nous avions franchis, le cours des petites rivières qui sillonnent les vallées, et le ruban jaunâtre que trace le long de la mer cette belle route d'Antonin, où l'on voit sur les rochers des inscriptions romaines et des bas-reliefs persans. Je m'étais assis à l'ombre, lorsqu'on vint m'inviter à prendre du café chez un *moudhir* ou commandant turc, qui, je suppose, exerçait une autorité momentanée par suite de l'occupation du village par les Albanais.

Je fus conduit dans une maison nouvellement décorée, en l'honneur sans doute de ce fonctionnaire, avec une belle natte des Indes couvrant le sol, un divan de tapisserie et des rideaux de soie. J'eus l'irrévérence d'entrer sans ôter ma chaussure, malgré les observations des valets turcs, que je ne comprenais pas. Le moudhir leur fit signe de se taire, et m'indiqua une place sur le divan sans se lever lui-même. Il fit apporter du café et des pipes, et m'adressa quelques mots de politesse en s'interrompant de temps en temps pour appliquer son cachet sur des carrés de papier que lui passait son secrétaire, assis, près de lui, sur un tabouret.

Ce moudhir était jeune et d'une mine assez fière. Il commença par me questionner, en mauvais italien, avec toutes les banalités d'usage, sur la vapeur, sur Napoléon et sur la découverte prochaine d'un moyen pour traverser les airs. Après l'avoir satisfait là-dessus, je crus pouvoir lui demander quelques détails sur les populations qui nous entouraient. Il paraissait très réservé à cet égard; toutefois il m'apprit que la querelle était venue, là comme sur plusieurs autres points, de ce que les Druses ne voulaient point verser le tribut dans les mains des cheiks maronites, responsables envers le pacha. La même position existe d'une manière inverse dans les villages mixtes du pays des Druses. Je demandai au moudhir s'il y avait quelque difficulté à visiter l'autre partie du village. « Allez où vous voudrez, dit-il; tous ces gens-là sont fort paisibles depuis que nous sommes chez eux. Autrement, il aurait fallu vous battre pour les uns ou pour les autres, pour la croix blanche ou pour la main blanche. » Ce sont les signes qui distinguent les drapeaux des Maronites et ceux des Druses, dont le fond est également rouge d'ailleurs.

Je pris congé de ce Turc, et, comme je savais que mes compagnons resteraient encore à Bethmérie pendant la plus grande chaleur du jour, je me dirigeai vers le quartier des Druses, accompagné du seul Moussa. Le soleil était dans toute sa force, et, après avoir marché dix minutes, nous rencontrâmes les deux premières maisons. Il y avait devant celle de droite un jardin en terrasse où jouaient quelques enfants. Ils accoururent pour nous voir passer et poussèrent de grands cris qui firent sortir deux femmes de la maison. L'une d'elles portait le *tantour,* ce qui indiquait sa condition d'épouse ou de veuve; l'autre paraissait plus jeune, et avait la tête couverte d'un simple voile, qu'elle ramenait sur une partie de son visage. Toutefois on pouvait distinguer leur physionomie, qui dans leurs mouvements apparaissait et se couvrait tour à tour comme la lune dans les nuages.

L'examen rapide que je pouvais en faire se complétait par les figures des enfants, toutes découvertes, et dont les traits, parfaitement formés, se rapprochaient de ceux des deux femmes. La plus jeune, me voyant arrêté, rentra dans la maison et revint avec une gargoulette de terre poreuse dont elle fit pencher le bec de mon côté à travers les grosses feuilles de cactier qui bordaient la terrasse. Je

m'approchai pour boire, bien que je n'eusse pas soif,
puisque je venais de prendre des rafraîchissements chez le
moudhir. L'autre femme, voyant que je n'avais bu
qu'une gorgée, me dit : « *Tourid leben ?* Est-ce du lait que
tu veux ? » Je faisais un signe de refus, mais elle était déjà
rentrée. En entendant ce mot *leben,* je me rappelais qu'il
veut dire en allemand *la vie.* Le Liban tire aussi son nom
de ce mot *leben,* et le doit à la blancheur des neiges qui
couvrent ses montagnes, et que les Arabes, au travers des
sables enflammés du désert, rêvent de loin comme le lait,
— comme la vie ! La bonne femme était accourue de
nouveau avec une tasse de lait écumant. Je ne pus refuser
d'en boire, et j'allais tirer quelques pièces de ma ceinture,
lorsque, sur le mouvement seul de ma main, ces deux
personnes firent des signes de refus très énergiques. Je
savais déjà que l'hospitalité a dans le Liban des habitudes
plus qu'écossaises : je n'insistai pas.

Autant que j'en ai pu juger par l'aspect comparé de ces
femmes et de ces enfants, les traits de la population druse
ont quelque rapport avec ceux de la race persane. Ce
hâle, qui répandait sa teinte ambrée sur les visages des
petites filles, n'altérait pas la blancheur mate des deux
femmes à demi voilées, de telle sorte qu'on pourrait
croire que l'habitude de se couvrir le visage est, avant
tout, chez les Levantines, une question de coquetterie.
L'air vivifiant de la montagne et l'habitude du travail
colorent fortement les lèvres et les joues. Le fard des
Turques leur est donc inutile ; cependant, comme chez ces
dernières, la teinture ombre leurs paupières et prolonge
l'arc de leurs sourcils.

J'allai plus loin : c'étaient toujours des maisons d'un
étage au plus, bâties en pisé, les plus grandes en pierre
rougeâtre, avec des toits plats soutenus par des arceaux
intérieurs, des escaliers en dehors montant jusqu'au toit,
et dont tout le mobilier, comme on pouvait le voir par les
fenêtres grillées ou les portes entrouvertes, consistait en
lambris de cèdre sculptés, en nattes et en divans, les
enfants et les femmes animant tout cela sans trop s'étonner du passage d'un étranger, ou m'adressant avec bienveillance le *sal-kher* (bonjour) accoutumé.

Arrivé au bout du village où finit le plateau de
Bethmérie, j'aperçus de l'autre côté de la vallée un couvent où Moussa voulait me conduire ; mais la fatigue
commençait à me gagner et le soleil était devenu insup-
portable : je m'assis à l'ombre d'un mur auquel je m'appuyai avec une sorte de somnolence due au peu de tranquillité de ma nuit. Un vieillard sortit de la maison, et
m'engagea à venir me reposer chez lui. Je le remerciai,
craignant qu'il ne fût déjà tard et que mes compagnons ne
s'inquiétassent de mon absence. Voyant aussi que je
refusais tout rafraîchissement, il me dit que je ne devais
pas le quitter sans accepter quelque chose. Alors il alla
chercher de petits abricots *(mechmech),* et me les donna ;
puis il voulut encore m'accompagner jusqu'au bout de la
rue. Il parut contrarié en apprenant par Moussa que
j'avais déjeuné chez le cheik chrétien. « C'est moi qui
suis le cheik véritable, dit-il, et *j'ai le droit* de donner
l'hospitalité aux étrangers. » Moussa me dit alors que ce
vieillard avait été en effet le cheik ou seigneur du village
du temps de l'émir Béchir[2] ; mais comme il avait pris
parti pour les Égyptiens, l'autorité turque ne voulait plus
le reconnaître, et l'élection s'était portée sur un Maronite.

III. LE MANOIR

Nous remontâmes à cheval vers trois heures, et nous
redescendîmes dans la vallée au fond de laquelle coule
une petite rivière. En suivant son cours, qui se dirige vers
la mer, et remontant ensuite au milieu des rochers et des
pins, traversant çà et là des vallées fertiles plantées toujours de mûriers, d'oliviers et de cotonniers, entre lesquels on a semé le blé et l'orge, nous nous trouvâmes
enfin sur le bord du Nahr-el-Kelb, c'est-à-dire le fleuve
du Chien, l'ancien Lycus, qui répand une eau rare entre
les rochers rougeâtres et les buissons de lauriers. Ce
fleuve, qui, dans l'été, est à peine une rivière, prend sa
source aux cimes neigeuses du haut Liban, ainsi que tous

les autres cours d'eau qui sillonnent parallèlement cette
côte jusqu'à Antakié, et qui vont se jeter dans la mer de
Syrie. Les hautes terrasses du couvent d'Antoura s'éle-
vaient à notre gauche, et les bâtiments semblaient tout
près, quoique nous en fussions séparés par de profondes
vallées. D'autres couvents grecs, maronites, ou appartenant aux lazaristes européens, apparaissaient, dominant
de nombreux villages, et tout cela, qui, comme description, peut se rapporter simplement à la physionomie des
Apennins ou des Basses-Alpes, est d'un effet de contraste
prodigieux, quand on songe qu'on est en pays musulman
à quelques lieues du désert de Damas et des ruines poudreuses de Balbek. Ce qui fait aussi du·Liban une petite
Europe industrieuse, libre, intelligente surtout, c'est que
là cesse l'impression de ces grandes chaleurs qui énervent
les populations de l'Asie. Les cheiks et les habitants aisés
ont, suivant les saisons, des résidences qui, plus haut ou
plus bas dans les vallées étagées entre les monts, leur
permettent de vivre au milieu d'un éternel printemps.

La zone où nous entrâmes au coucher du soleil, déjà
très élevée, mais protégée par deux chaînes de sommets
boisés, me parut d'une température délicieuse. Là commençaient les propriétés du prince, ainsi que Moussa me
l'apprit. Nous touchions donc au but de notre course;
cependant ce ne fut qu'à la nuit fermée et après avoir
traversé un bois de sycomores, où il était très difficile de
guider les chevaux, que nous aperçûmes un groupe de
bâtiments dominant un mamelon autour duquel tournait
un chemin escarpé. C'était entièrement l'apparence d'un
château gothique; quelques fenêtres éclairées décou-
paient leurs ogives étroites, qui formaient du reste l'unique décoration extérieure d'une tour carrée et d'une enceinte de grands murs. Toutefois, après qu'on nous eut
ouvert une porte basse à cintre surbaissé, nous nous
trouvâmes dans une vaste cour entourée de galeries sou-
tenues par des colonnes. Des valets nombreux et des
nègres s'empressaient autour des chevaux, et je fus introduit dans la salle basse ou *serdar*, vaste et décorée de
divans, où nous prîmes place en attendant le souper. Le
prince, après avoir fait servir des rafraîchissements pour

ses compagnons et pour moi, s'excusa sur l'heure avancée qui ne permettait pas de me présenter à sa famille, et
entra dans cette partie de la maison qui, chez les chrétiens
comme chez les Turcs, est spécialement consacrée aux
femmes ; il avait bu seulement avec nous un verre de *vin
d'or* au moment où l'on apportait le souper.

Le lendemain, je m'éveillai au bruit que faisaient dans
la cour les saïs et les esclaves noirs occupés du soin des
chevaux. Il y avait aussi beaucoup de montagnards qui
apportaient des provisions, et quelques moines maronites
en capuchon noir et en robe bleue regardant tout avec un
sourire bienveillant. Le prince descendit bientôt et me
conduisit à un jardin en terrasse abrité de deux côtés par
les murailles du château, mais ayant vue au-dehors sur la
vallée où le Nahr-el-Kelb coule profondément encaissé.
On cultivait dans ce petit espace des bananiers, des palmiers nains, des limoniers et autres arbres de la plaine,
qui, sur ce plateau élevé, devenaient une rareté et une
recherche de luxe. Je songeais un peu aux châtelaines
dont les fenêtres grillées donnaient probablement sur ce
petit Éden, mais il n'en fut pas question. Le prince me
parla longtemps de sa famille, des voyages que son
grand-père avait faits en Europe et les honneurs qu'il y
avait obtenus. Il s'exprimait fort bien en italien, comme
la plupart des émirs et des cheiks du Liban, et paraissait
disposé à faire quelque jour un voyage en France.

A l'heure du dîner, c'est-à-dire vers midi, on me fit
monter à une galerie haute, ouverte sur la cour, et dont le
fond formait une sorte d'alcôve garnie de divans avec un
plancher en estrade ; deux femmes très parées étaient
assises sur le divan, les jambes croisées à la manière
turque, et une petite fille qui était près d'elles vint dès
l'entrée me baiser la main, selon la coutume. J'aurais
volontiers rendu à mon tour cet hommage aux deux dames, si je n'avais pensé que cela était contraire aux
usages. Je saluai seulement, et je pris place avec le prince
à une table de marqueterie qui supportait un large plateau
chargé de mets. Au moment où j'allais m'asseoir, la
petite fille m'apporta une serviette de soie longue et
tramée d'argent à ses deux bouts. Les dames continuèrent

pendant le repas à poser sur l'estrade comme des idoles. Seulement, quand la table fut ôtée, nous allâmes nous asseoir en face d'elles, et ce fut sur l'ordre de la plus âgée qu'on apporta des narghilés.

Ces personnes étaient vêtues, par-dessus les gilets qui pressent la poitrine et le *cheytian* (pantalon) à longs plis, de longues robes de soie rayée ; une lourde ceinture d'orfèvrerie, des parures de diamants et de rubis témoignaient d'un luxe très général d'ailleurs en Syrie même chez les femmes d'un moindre rang ; quant à la corne que la maîtresse de la maison balançait sur son front et qui lui faisait faire les mouvements d'un cygne, elle était de vermeil ciselé avec des incrustations de turquoises ; les tresses de cheveux entremêlés de grappes de sequins ruisselaient sur les épaules, selon la mode générale du Levant. Les pieds de ces dames, repliés sur le divan, ignoraient l'usage du bas, ce qui, dans ces pays, est général, et ajoute à la beauté un moyen de séduction bien éloigné de nos idées. Des femmes qui marchent à peine, qui se livrent plusieurs fois le jour à des ablutions parfumées, dont les chaussures ne compriment point les doigts, arrivent, on le conçoit bien, à rendre leurs pieds aussi charmants que leurs mains ; la teinture de henné, qui en rougit les ongles, et les anneaux des chevilles, riches comme des bracelets, complètent la grâce et le charme de cette portion de la femme, un peu trop sacrifiée chez nous à la gloire des cordonniers.

Les princesses me firent beaucoup de questions sur l'Europe et me parlèrent de plusieurs voyageurs qu'elles avaient vus déjà. C'étaient en général des légitimistes en pèlerinage vers Jérusalem, et l'on conçoit combien d'idées contradictoires se trouvent ainsi répandues, sur l'état de la France, parmi les chrétiens du Liban. On peut dire seulement que nos dissentiments politiques n'ont que peu d'influence sur des peuples dont la constitution sociale diffère beaucoup de la nôtre. Des catholiques obligés de reconnaître comme suzerain l'empereur des Turcs n'ont pas d'opinion bien nette touchant notre état politique. Cependant ils ne se considèrent à l'égard du sultan que comme tributaires. Le véritable souverain est encore

pour eux l'émir Béchir, livré au sultan par les Anglais
après l'expédition de 1840.

En très peu de temps je me trouvai fort à mon aise dans
cette famille, et je vis avec plaisir disparaître la cérémonie et l'étiquette du premier jour. Les princesses, vêtues
simplement et comme les femmes ordinaires du pays, se
mêlaient aux travaux de leurs gens, et la plus jeune
descendait aux fontaines avec les filles du village, ainsi
que la Rébecca de la Bible et la Nausicaa d'Homère [3]. On
s'occupait beaucoup dans ce moment-là de la récolte de la
soie, et l'on me fit voir les *cabanes*, bâtiments d'une
construction légère qui servent de magnanerie. Dans certaines salles, on nourrissait encore les vers sur des cadres
superposés; dans d'autres, le sol était jonché d'épines
coupées sur lesquelles les larves des vers avaient opéré
leur transformation. Les cocons étoilaient comme des
olives d'or les rameaux entassés et figurant d'épais buissons; il fallait ensuite les détacher et les exposer à des
vapeurs soufrées pour détruire la chrysalide, puis dévider
ces fils presque imperceptibles. Des centaines de femmes
et d'enfants étaient employées à ce travail, dont les princesses avaient aussi la surveillance.

IV. Une chasse

Le lendemain de mon arrivée, qui était un jour de fête,
on vint me réveiller dès le point du jour pour une chasse
qui devait se faire avec éclat. J'allais m'excuser sur mon
peu d'habileté dans cet exercice, craignant de compro-
mettre, vis-à-vis de ces montagnards, la dignité européenne; mais il s'agissait simplement d'une chasse au
faucon. Le préjugé qui ne permet aux Orientaux que la
chasse des animaux nuisibles les a conduits, depuis des
siècles, à se servir d'oiseaux de proie sur lesquels retombe la faute du sang répandu. La nature a toute la
responsabilité de l'acte cruel commis par l'oiseau de
proie. C'est ce qui explique comment cette sorte de

chasse a toujours été particulière à l'Orient. A la suite des croisades, la mode s'en répandit chez nous.

Je pensais que les princesses daigneraient nous accompagner, ce qui aurait donné à ce divertissement un caractère tout chevaleresque ; mais on ne les vit point paraître. Des valets, chargés du soin des oiseaux, allèrent chercher les faucons dans des logettes situées à l'intérieur de la cour, et les remirent au prince et à deux de ses cousins, qui étaient les personnages les plus apparents de la troupe. Je préparais mon poing pour en recevoir un, lorsqu'on m'apprit que les faucons ne pouvaient être tenus que par des personnes connues d'eux. Il y en avait trois tout blancs, chaperonnés fort élégamment, et, comme on me l'expliqua, de cette race particulière à la Syrie, dont les yeux ont l'éclat de l'or.

Nous descendîmes dans la vallée, en suivant le cours du Nahr-el-Kelb, jusqu'à un point où l'horizon s'élargissait, et où de vastes prairies s'étendaient à l'ombre des noyers et des peupliers. La rivière, en faisant un coude, laissait échapper dans la plaine de vastes flaques d'eau à demi cachées par les joncs et les roseaux. On s'arrêta, et l'on attendit que les oiseaux, effrayés d'abord par le bruit des pas de chevaux, eussent repris leurs habitudes de mouvement ou de repos. Quand tout fut rendu au silence, on distingua, parmi les oiseaux qui poursuivaient les insectes du marécage, deux hérons occupés probablement de pêche, et dont le vol traçait de temps en temps des cercles au-dessus des herbes. Le moment était venu : on tira quelques coups de fusil pour faire *monter* les hérons, puis on décoiffa les faucons, et chacun des cavaliers qui les tenaient les lança en les encourageant par des cris.

Ces oiseaux commencent par voler au hasard, cherchant une proie quelconque ; ils eurent bientôt aperçu les hérons, qui, attaqués isolément, se défendirent à coups de bec. Un instant, on craignit que l'un des faucons ne fût percé par le bec de celui qu'il attaquait seul ; mais, averti probablement du danger de la lutte, il alla se réunir à ses deux compagnons de perchoir. L'un des hérons, débarrassé de son ennemi, disparut dans l'épaisseur des arbres, tandis que l'autre s'élevait en droite ligne vers le ciel.

Alors commença l'intérêt réel de la chasse. En vain le
héron poursuivi s'était-il perdu dans l'espace, où nos
yeux ne pouvaient plus le voir, les faucons le voyaient
pour nous, et, ne pouvant le suivre si haut, attendaient
qu'il redescendît. C'était un spectacle plein d'émotions
que de voir planer ces trois combattants à peine visibles
eux-mêmes, et dont la blancheur se fondait dans l'azur du
ciel.

Au bout de dix minutes, le héron, fatigué ou peut-être
ne pouvant plus respirer l'air trop raréfié de la zone qu'il
parcourait, reparut à peu de distance des faucons, qui
fondirent sur lui. Ce fut une lutte d'un instant, qui, se
rapprochant de la terre, nous permit d'entendre les cris et
de voir un mélange furieux d'ailes, de cols et de pattes
enlacées. Tout à coup les quatre oiseaux tombèrent
comme une masse dans l'herbe, et les piqueurs furent
obligés de les chercher quelques moments. Enfin ils ra-
massèrent le héron, qui vivait encore, et dont ils coupè-
rent la gorge, afin qu'il ne souffrît pas plus longtemps. Ils
jetèrent alors aux faucons un morceau de chair coupé
dans l'estomac de la proie, et rapportèrent en triomphe les
dépouilles sanglantes du vaincu. Le prince me parla de
chasses qu'il faisait quelquefois dans la vallée de Bekàa,
où l'on employait le faucon pour prendre des gazelles.
Malheureusement il y a quelque chose de plus cruel dans
cette chasse que l'emploi même des armes, car les faucons sont dressés à s'aller poser sur la tête des pauvres
gazelles, dont ils crèvent les yeux. Je n'étais nullement
curieux d'assister à d'aussi tristes amusements.

Il y eut ce soir-là un banquet splendide auquel beaucoup de voisins avaient été conviés. On avait placé dans
la cour beaucoup de petites tables à la turque, multipliées
et disposées d'après le rang des invités. Le héron, victime
triomphale de l'expédition, décorait avec son col dressé
au moyen de fils de fer et ses ailes en éventail le point
central de la table princière, placée sur une estrade, et où
je fus invité à m'asseoir auprès d'un des pères lazaristes
du couvent d'Antoura, qui se trouvait là à l'occasion de la
fête. Des chanteurs et des musiciens étaient placés sur le
perron de la cour, et la galerie inférieure était pleine de

gens assis à d'autres petites tables de cinq à six personnes. Les plats à peine entamés passaient des premières
tables aux autres, et finissaient par circuler dans la cour,
où les montagnards, assis par terre, les recevaient à leur
tour. On nous avait donné de vieux verres de Bohême;
mais la plupart des convives buvaient dans des tasses qui
faisaient la ronde. De longs cierges de cire éclairaient les
tables principales. Le fond de la cuisine se composait de
mouton grillé, de pilau en pyramide, jauni de poudre de
canelle et de safran, puis de fricassées, de poissons
bouillis, de légumes farcis de viandes hachées, de melons
d'eau, de bananes et autres fruits du pays. A la fin du
repas, on porta des santés au bruit des instruments et aux
cris joyeux de l'assemblée; la moitié des gens assis à
table se levait et buvait à l'autre. Cela dura longtemps
ainsi. Il va sans dire que les dames, après avoir assisté au
commencement du repas, mais sans y prendre part, se
retirèrent dans l'intérieur de la maison.

La fête se prolongea fort avant dans la nuit. En général,
on ne peut rien distinguer dans la vie des émirs et cheiks
maronites qui diffère beaucoup de celle des autres Orientaux, si ce n'est ce mélange des coutumes arabes et de
certains usages de nos époques féodales. C'est la transition de la vie de tribu, comme on la voit établie encore au
pied de ces montagnes, à cette ère de civilisation moderne
qui gagne et transforme déjà les cités industrieuses de la
côte. Il semble que l'on vive au milieu du treizième siècle
français; mais en même temps on ne peut s'empêcher de
penser à Saladin et à son frère Malek-Adel, que les
Maronites se vantent d'avoir vaincu entre Beyrouth et
Saïde. Le lazariste auprès duquel j'étais placé pendant le
repas (il se nommait le père Adam) me donna beaucoup
de détails sur le clergé maronite. J'avais cru jusque-là que
ce n'étaient que des catholiques médiocres, attendu la
faculté qu'ils avaient de se marier. Ce n'est là toutefois
qu'une tolérance accordée spécialement à l'Église syrienne. Les femmes des curés sont appelées prêtresses par
honneur, mais n'exercent aucune fonction sacerdotale.
Le pape admet aussi l'existence d'un patriarche maronite,
nommé par un conclave, et qui, au point de vue canoni-

que, porte le titre d'évêque d'Antioche; mais ni le patriarche ni ses douze évêques suffragants ne peuvent être mariés.

V. LE KESROUAN

Nous allâmes le lendemain reconduire le père Adam à Antoura. C'est un édifice assez vaste au-dessus d'une terrasse qui domine tout le pays, et au bas de laquelle est un vaste jardin planté d'orangers énormes. L'enclos est traversé d'un ruisseau qui sort des montagnes et que reçoit un grand bassin. L'église est bâtie hors du couvent, qui se compose à l'intérieur d'un édifice assez vaste divisé en un double rang de cellules; les pères s'occupent, comme les autres moines de la montagne, de la culture de l'olivier et des vignes. Ils ont des classes pour les enfants du pays; leur bibliothèque contient beaucoup de livres imprimés dans la montagne, car il y a aussi là des moines imprimeurs, et j'y ai trouvé même la collection d'un journal-revue intitulé *L'Ermite de la Montagne,* dont la publication a cessé depuis quelques années. Le père Adam m'apprit que la première imprimerie avait été établie, il y a cent ans, à Mar-Hanna[4], par un religieux d'Alep nommé Abdallah-Zeker, qui grava lui-même et fondit les caractères. Beaucoup de livres de religion, d'histoire et même des recueils de contes sont sortis de ces presses bénies. Il est assez curieux de voir en passant au bas des murs d'un couvent des feuilles imprimées qui sèchent au soleil. Du reste, les moines du Liban exercent toutes sortes d'états, et ce n'est pas à eux qu'on reprochera la paresse.

Outre les couvents assez nombreux des lazaristes et des jésuites européens, qui aujourd'hui luttent d'influence et ne sont pas toujours amis, il y a dans le Kesrouan environ deux cents couvents de moines réguliers, sans compter un grand nombre d'ermitages dans le pays de Mar-Élicha. On rencontre aussi de nombreux couvents de femmes consacrés la plupart à l'éducation. Tout cela ne forme-t-il pas un personnel religieux bien considérable pour un pays de cent dix lieues carrées, qui ne compte pas deux cent mille habitants ? Il est vrai que cette portion de l'ancienne Phénicie a toujours été célèbre par l'ardeur de ses croyances. A quelques lieues du point où nous étions coule le Nahr-Ibrahim, l'ancien Adonis, qui se teint de rouge encore au printemps à l'époque où l'on pleurait jadis la mort du symbolique favori de Vénus. C'est près de l'endroit où cette rivière se jette dans la mer qu'est située Djébaïl, l'ancienne Byblos, où naquit Adonis, fils, comme on sait, de Cynire — et de Myrrha, la propre fille de ce roi phénicien. Ces souvenirs de la Fable, ces adorations, ces honneurs divins rendus jadis à l'inceste et à l'adultère indignent encore les bons religieux lazaristes. Quant aux moines maronites, ils ont le bonheur de les ignorer profondément.

Le prince voulut bien m'accompagner et me guider dans plusieurs excursions à travers cette province du Kesrouan, que je n'aurais crue ni si vaste ni si peuplée. Gazir, la ville principale, qui a cinq églises et une population de six mille âmes, est la résidence de la famille Hobeïsch, l'une des trois plus nobles de la nation maronite ; les deux autres sont les Avaki et les Khazen. Les descendants de ces trois maisons se comptent par centaines, et la coutume du Liban, qui veut le partage égal des biens entre les frères, a réduit beaucoup nécessairement l'apanage de chacun. Cela explique la plaisanterie locale qui appelle certains de ces émirs *princes d'olive et de fromage*, en faisant allusion à leurs maigres moyens d'existence.

Les plus vastes propriétés appartiennent à la famille Khazen, qui réside à Zouk-Mikel, ville plus peuplée encore que Gazir. Louis XIV contribua beaucoup à l'éclat de cette famille, en confiant à plusieurs de ses membres des fonctions consulaires. Il y a en tout cinq districts dans la partie de la province dite le Kesrouan Gazir, et trois dans le Kesrouan Bekfaya, situé du côté de Balbek et de Damas. Chacun de ces districts comprend un chef-lieu gouverné d'ordinaire par un émir, et une douzaine de villages ou paroisses placés sous l'autorité des cheiks. L'édifice féodal ainsi constitué aboutit à l'émir de la province, qui, lui-même, tient ses pouvoirs du grand émir résident à Deïr-Khamar. Ce dernier étant aujourd'hui captif des Turcs, son autorité a été déléguée à deux kaïmakans ou gouverneurs, l'un Maronite, l'autre Druse, forcés de soumettre aux pachas toutes les questions d'ordre politique.

Cette disposition a l'inconvénient d'entretenir entre les deux peuples un antagonisme d'intérêts et d'influences qui n'existait pas lorsqu'ils vivaient réunis sous un même prince. La grande pensée de l'émir Fakardin, qui avait été de mélanger les populations et d'effacer les préjugés de race et de religion, se trouve prise à contre-pied, et l'on tend à former deux nations ennemies là où il n'en existait qu'une seule, unie par des liens de solidarité et de tolérance mutuelle.

On se demande quelquefois comment les souverains du Liban parvenaient à s'assurer la sympathie et la fidélité de tant de peuples de religions diverses. A ce propos, le père Adam me disait que l'émir Béchir était chrétien par son baptême, Turc par sa vie et Druse par sa mort, ce dernier peuple ayant le droit immémorial d'ensevelir les souverains de la montagne. Il me racontait encore une anecdote locale analogue. Un Druse et un Maronite qui faisaient route ensemble s'étaient demandé : « Mais quelle est donc la religion de notre souverain ? — Il est druse, disait l'un. — Il est chrétien, disait l'autre. » Un métuali (sectaire musulman) qui passait est choisi pour arbitre, et n'hésite pas à répondre : « Il est turc. » Ces braves gens, plus irrésolus que jamais, conviennent d'aller chez l'émir lui demander de les mettre d'accord. L'émir Béchir les reçut fort bien, et une fois au courant de leur querelle, dit en se tournant vers son vizir : « Voilà des gens bien curieux ! qu'on leur tranche la tête à tous les trois ! » Sans ajouter une croyance exagérée à la sanglante affabulation de cette histoire, on peut y reconnaître la politique éternelle des grands émirs du Liban. Il est très vrai que leur palais contient une église, une mosquée et un *khalouè* (temple druse). Ce fut longtemps le triomphe de leur politique, et c'en est peut-être devenu l'écueil.

VI. Un combat

J'acceptais avec bonheur cette vie des montagnes, dans une atmosphère tempérée, au milieu de mœurs à peine différentes de celles que nous voyons dans nos provinces du Midi. C'était un repos pour les longs mois passés sous les ardeurs du soleil d'Égypte, et quant aux personnes, c'était, ce dont l'âme a besoin, cette sympathie qui n'est jamais entière de la part des musulmans, ou qui, chez la plupart, est contrariée par les préjugés de race. Je retrouvais dans la lecture, dans la conversation, dans les idées, ces choses de l'Europe que nous fuyons par ennui, par fatigue, mais que nous rêvons de nouveau après un certain temps, comme nous avions rêvé l'inattendu, l'étrange, pour ne pas dire l'inconnu. Ce n'est pas avouer que notre monde vaille mieux que celui-là, c'est seulement retomber insensiblement dans les impressions d'enfance, c'est accepter le joug commun. On lit dans une pièce de vers de Henri Heine l'apologue d'un sapin du Nord couvert de neige, qui demande le sable aride et le ciel de feu du désert, tandis qu'à la même heure un palmier brûlé par l'atmosphère aride des plaines d'Égypte demande à respirer dans les brumes du Nord, à se baigner dans la neige fondue, à plonger ses racines dans le sol glacé [5].

Par un tel esprit de contraste et d'inquiétude, je songeais déjà à retourner dans la plaine, me disant, après tout, que je n'étais pas venu en Orient pour passer mon temps dans un paysage des Alpes; mais, un soir, j'entends tout le monde causer avec inquiétude; des moines descendent des couvents voisins, tout effarés; on parle des Druses qui sont venus en nombre de leurs provinces et qui se sont jetés sur les cantons mixtes, désarmés par ordre du pacha de Beyrouth. Le Kesrouan, qui fait partie du pachalik de Tripoli, a conservé ses armes; il faut donc aller soutenir des frères sans défense, il faut passer le Nahr-el-Kelb, qui est la limite des deux pays, véritable

Rubicon, qui n'est franchi que dans des circonstances graves. Les montagnards armés se pressaient impatiemment autour du village et dans les prairies. Des cavaliers parcouraient les localités voisines en jetant le vieux cri de guerre : « Zèle de Dieu ! zèle des combats ! »

Le prince me prit à part et me dit : « Je ne sais ce que c'est ; les rapports qu'on nous fait sont exagérés peut-être, mais nous allons toujours nous tenir prêts à secourir nos voisins. Le secours des pachas arrive toujours quand le mal est fait... Vous feriez bien, quant à vous, de vous rendre au couvent d'Antoura ou de regagner Beyrouth par la mer.

— Non, lui dis-je ; laissez-moi vous accompagner. Ayant eu le malheur de naître dans une époque peu guerrière, je n'ai encore vu de combats que dans l'intérieur de nos villes d'Europe, et de tristes combats, je vous jure ! Nos montagnes, à nous, étaient des groupes de maisons, et nos vallées des places et des rues ! Que je puisse assister, dans ma vie, à une lutte un peu grandiose, à une guerre religieuse. Il serait si beau de mourir pour la cause que vous défendez. »

Je disais, je pensais ces choses ; l'enthousiasme environnant m'avait gagné ; je passai la nuit suivante à rêver des exploits qui nécessairement m'ouvraient les plus hautes destinées [6].

Au point du jour, quand le prince monta à cheval, dans la cour, avec ses hommes, je me disposais à en faire autant ; mais le jeune Moussa s'opposa résolument à ce que je me servisse du cheval qui m'avait été loué à Beyrouth : il était chargé de le ramener vivant, et craignait avec raison les chances d'une expédition guerrière.

Je compris la justesse de sa réclamation, et j'acceptai un des chevaux du prince. Nous passâmes enfin la rivière, étant tout au plus une douzaine de cavaliers sur peut-être trois cents hommes.

Après quatre heures de marche, on s'arrêta près du couvent de Mar-Hanna, où beaucoup de montagnards vinrent encore nous rejoindre. Les moines basiliens nous donnèrent à déjeuner ; mais, selon eux, il fallait attendre : rien n'annonçait que les Druses eussent envahi le district.

Cependant les nouveaux arrivés exprimaient un avis contraire, et l'on résolut d'avancer encore. Nous avions laissé les chevaux pour couper au court à travers les bois, et, vers le soir, après quelques alertes, nous entendîmes des coups de fusil répercutés par les rochers.

Je m'étais séparé du prince en gravissant une côte pour arriver à un village qu'on apercevait au-dessus des arbres, et je me trouvai avec quelques hommes au bas d'un escalier en terrasses cultivées; plusieurs d'entre eux semblèrent se concerter, puis ils se mirent à attaquer la haie de cactus qui formait clôture, et, pensant qu'il s'agissait de pénétrer jusqu'à des ennemis cachés, j'en fis autant avec mon yatagan; les spatules épineuses roulaient à terre comme des têtes coupées, et la brèche ne tarda pas à nous donner passage. Là, mes compagnons se répandirent dans l'enclos, et, ne trouvant personne, se mirent à hacher les pieds de mûriers et d'oliviers avec une rage extraordinaire. L'un d'eux, voyant que je ne faisais rien, voulut me donner une cognée; je le repoussai; ce spectacle de destruction me révoltait. Je venais de reconnaître que le lieu où nous nous trouvions n'était autre que la partie druse du village de Bethmérie où j'avais été si bien accueilli quelques jours auparavant.

Heureusement je vis de loin le gros de nos gens qui arrivait sur le plateau, et je rejoignis le prince, qui paraissait dans une grande irritation. Je m'approchai de lui pour lui demander si nous n'avions d'ennemis à combattre que des cactus et des mûriers; mais il déplorait déjà tout ce qui venait d'arriver, et s'occupait à empêcher que l'on ne mît le feu aux maisons. Voyant quelques Maronites qui s'en approchaient avec des branches de sapin allumées, il leur ordonna de revenir. Les Maronites l'entourèrent en criant: «Les Druses ont fait cela chez les chrétiens; aujourd'hui nous sommes forts, il faut leur rendre la pareille!»

Le prince hésitait à ces mots, parce que la loi du talion est sacrée parmi les montagnards. Pour un meurtre, il en faut un autre, et de même pour les dégâts et les incendies. Je tentai de lui faire remarquer qu'on avait déjà coupé beaucoup d'arbres, et que cela pouvait passer pour une

compensation. Il trouva une raison plus concluante à
donner. « Ne voyez-vous pas, leur dit-il, que l'incendie
serait aperçu de Beyrouth ? Les Albanais seraient envoyés
de nouveau ici ! »

Cette considération finit par calmer les esprits. Cependant on n'avait trouvé dans les maisons qu'un vieillard
coiffé d'un turban blanc, qu'on amena, et dans lequel je
reconnus aussitôt le bonhomme qui, lors de mon passage
à Bethmérie, m'avait offert de me reposer chez lui. On
le conduisit chez le cheik chrétien, qui paraissait un
peu embarrassé de tout ce tumulte, et qui cherchait, ainsi
que le prince, à réprimer l'agitation. Le vieillard druse
gardait un maintien fort tranquille, et dit en regardant le
prince :

« La paix soit avec toi, Miran ; que viens-tu faire dans
notre pays ?

— Où sont tes frères ? dit le prince ; ils ont fui sans
doute en nous apercevant de loin.

— Tu sais que ce n'est pas leur habitude, dit le vieillard ; mais ils se trouvaient quelques-uns seulement contre
tout ton peuple ; ils ont emmené loin d'ici les femmes et
les enfants. Moi, j'ai voulu rester.

— On nous a dit pourtant que vous aviez appelé les
Druses de l'autre montagne et qu'ils étaient en grand
nombre.

— On vous a trompés. Vous avez écouté de mauvaises
gens, des étrangers qui eussent été contents de nous faire
égorger, afin qu'ensuite nos frères vinssent ici nous venger sur vous ! »

Le vieillard était resté debout pendant cette explication. Le cheik, chez lequel nous étions, parut frappé de
ses paroles, et lui dit : « Te crois-tu prisonnier ici ? Nous
fûmes amis autrefois ; pourquoi ne t'assieds-tu pas avec
nous ?

— Parce que tu es dans ma maison, dit le vieillard.

— Allons, dit le cheik chrétien, oublions tout cela.
Prends place sur ce divan ; on va t'apporter du café et une
pipe.

— Ne sais-tu pas, dit le vieillard, qu'un Druse n'accepte jamais rien chez les Turcs ni chez leurs amis, de

peur que ce ne soit le produit des exactions et des impôts injustes?

— Un ami des Turcs? je ne le suis pas!

— N'ont-ils pas fait de toi un cheik, tandis que c'est moi qui l'étais dans le village du temps d'Ibrahim, et alors ta race et la mienne vivaient en paix? N'est-ce pas toi aussi qui es allé te plaindre au pacha pour une affaire de tapageurs, une maison brûlée, une querelle de bons voisins, que nous aurions vidée facilement entre nous?»

Le cheik secoua la tête sans répondre; mais le prince coupa court à l'explication, et sortit de la maison en tenant le Druse par la main. «Tu prendras bien le café avec moi, qui n'ai rien accepté des Turcs?» lui dit-il, et il ordonna à son *cafedji* de lui en servir sous les arbres.

«J'étais un ami de ton père, dit le vieillard, et dans ce temps-là Druses et Maronites vivaient en paix.»

Et ils se mirent à causer longtemps de l'époque où les deux peuples étaient réunis sous le gouvernement de la famille Schehab, et n'étaient pas abandonnés à l'arbitraire des vainqueurs.

Il fut convenu que le prince remmènerait tout son monde, que les Druses reviendraient dans le village sans appeler des secours éloignés, et que l'on considérerait le dégât qui venait d'être fait chez eux comme une compensation de l'incendie précédent d'une maison chrétienne.

Ainsi se termina cette terrible expédition où je m'étais promis de recueillir tant de gloire; mais toutes les querelles des villages mixtes ne trouvent pas des arbitres aussi conciliants que l'avait été le prince Abou-Miran. Cependant il faut dire que si l'on peut citer des assassinats isolés, les querelles générales sont rarement sanglantes. C'est un peu alors comme les combats des Espagnols, où l'on se poursuit dans les monts sans se rencontrer, parce que l'un des partis se cache toujours quand l'autre est en force. On crie beaucoup, on brûle des maisons, on coupe des arbres, et les bulletins, rédigés par des intéressés, donnent seuls le compte des morts.

Au fond, ces peuples s'estiment entre eux plus qu'on ne croit, et ne peuvent oublier les liens qui les unissaient jadis. Tourmentés et excités soit pas les missionnaires, soit par les moines, dans l'intérêt des influences européennes, ils se ménagent à la manière des condottieri d'autrefois, qui livraient de grands combats sans effusion de sang. Les moines prêchent, il faut bien courir aux armes ; les missionnaires anglais déclament et payent, il faut bien se montrer vaillants ; mais il y a au fond de tout cela doute et découragement. Chacun comprend déjà ce que veulent quelques puissances de l'Europe, divisées de but et d'intérêt et secondées par l'imprévoyance des Turcs. En suscitant des querelles dans les villages mixtes, on croit avoir prouvé la nécessité d'une entière séparation entre les deux races, autrefois unies et solidaires. Le travail qui se fait en ce moment dans le Liban sous couleur de pacification consiste à opérer l'échange des propriétés qu'ont les Druses dans les cantons chrétiens contre celles qu'ont les chrétiens dans les cantons druses. Alors plus de ces luttes intestines tant de fois exagérées ; seulement on aura deux peuples bien distincts, dont l'un sera placé peut-être sous la protection de l'Autriche, et l'autre sous celle de l'Angleterre. Il serait alors difficile que la France recouvrât l'influence qui, du temps de Louis XIV, s'étendait également sur la race druse et la race maronite.

Il ne m'appartient pas de me prononcer sur d'aussi graves intérêts. Je regretterai seulement de n'avoir point pris part dans le Liban à des luttes plus homériques.

Je dus bientôt quitter le prince pour me rendre sur un autre point de la montagne. Cependant la renommée de l'affaire de Bethmérie grandissait sur mon passage ; grâce à l'imagination bouillante des moines italiens, ce combat contre les mûriers avait pris peu à peu les proportions d'une croisade.

II. LE PRISONNIER

I. Le matin et le soir

Que dirons-nous de la jeunesse, ô mon ami ! Nous en avons passé les plus vives ardeurs, il ne nous convient plus d'en parler qu'avec modestie, et cependant à peine l'avons-nous connue ! à peine avons-nous compris qu'il fallait en arriver bientôt à chanter pour nous-mêmes l'ode d'Horace [7] : *Eheu fugaces, Posthume…* si peu de temps après l'avoir expliquée… Ah ! l'étude nous a pris nos plus beaux instants ! Le grand résultat de tant d'efforts perdus, que de pouvoir, par exemple, comme je l'ai fait ce matin, comprendre le sens d'un chant grec qui résonnait à mes oreilles sortant de la bouche avinée d'un matelot levantin :

Nè kalimèra ! nè orà kali !

Tel était le refrain que cet homme jetait avec insouciance au vent des mers, aux flots retentissants qui battaient la grève : « Ce n'est pas bonjour, ce n'est pas bonsoir ! » Voilà le sens que je trouvais à ces paroles, et, dans ce que je pus saisir des autres vers de ce chant populaire, il y avait, je crois, cette pensée :

Le matin n'est plus, le soir pas encore !
Pourtant de nos yeux l'éclair a pâli ;

et le refrain revenait toujours :

Nè kalimèra ! nè orà kali !

mais, ajoutait la chanson :

> Mais le soir vermeil ressemble à l'aurore,
> Et la nuit, plus tard, amène l'oubli [8] !

Triste consolation, que de songer à ces soirs vermeils de la vie et à la nuit qui les suivra ! Nous arrivons bientôt à cette heure solennelle qui n'est plus le matin, qui n'est pas le soir, et rien au monde ne peut faire qu'il en soit autrement. Quel remède y trouverais-tu ?

J'en vois un pour moi : c'est de continuer à vivre sur ce rivage d'Asie où le sort m'a jeté ; il me semble, depuis peu de mois, que j'ai remonté le cercle de mes jours ; je me sens plus jeune, en effet je le suis, je n'ai que vingt ans !

J'ignore pourquoi en Europe on vieillit si vite ; nos plus belles années se passent au collège, loin des femmes, et à peine avons-nous eu le temps d'endosser la robe virile, que déjà nous ne sommes plus des jeunes gens. La vierge des premières amours nous accueille d'un ris moqueur, les belles dames plus usagées rêvent auprès de nous peut-être les vagues soupirs de Chérubin !

C'est un préjugé, n'en doutons pas, et surtout en Europe, où les Chérubins sont si rares. Je ne connais rien de plus gauche, de plus mal fait, de moins gracieux, en un mot, qu'un Européen de seize ans. Nous reprochons aux très jeunes filles leurs mains rouges, leur épaules maigres, leurs gestes anguleux, leur voix criarde ; mais que dira-t-on de l'éphèbe aux contours chétifs qui fait chez nous le désespoir des conseils de révision ? Plus tard seulement les membres se modèlent, le galbe se prononce, les muscles et les chairs se jouent avec puissance sur l'appareil osseux de la jeunesse ; l'homme est formé.

En Orient, les enfants sont moins jolis peut-être que chez nous ; ceux des riches sont bouffis, ceux des pauvres sont maigres avec un ventre énorme, en Égypte surtout ; mais généralement le second âge est beau dans les deux sexes. Les jeunes hommes ont l'air de femmes, et ceux qu'on voit vêtus de longs habits se distinguent à peine de leurs mères et de leurs sœurs ; mais par cela même l'homme n'est séduisant en réalité que quand les années lui ont donné une apparence plus mâle, un caractère de physionomie plus marqué. Un amoureux imberbe n'est point le fait des belles dames de l'Orient, de sorte qu'il y a une foule de chances, pour celui à qui les ans font une barbe majestueuse et bien fournie, d'être le point de mire de tous les yeux ardents qui luisent à travers les trous du *yamak,* ou dont le voile de gaze blanche estompe à peine la noirceur.

Et, songes-y bien, après cette époque où les joues se revêtent d'une épaisse toison, il en arrive une autre où l'embonpoint, faisant le corps plus beau sans doute, le rend souverainement inélégant sous les vêtements étriqués de l'Europe, avec lesquels l'Antinoüs lui-même aurait l'air d'un épais campagnard. C'est le moment où les robes flottantes, les vestes brodées, les caleçons à vastes plis et les larges ceintures hérissées d'armes des Levantins leur donnent justement l'aspect le plus majestueux. Avançons d'un lustre encore : voici des fils d'argent qui se mêlent à la barbe et qui envahissent la chevelure ; cette dernière même s'éclaircit, et dès lors l'homme le plus actif, le plus fort, le plus capable encore d'émotions et de tendresse, doit renoncer chez nous à tout espoir de devenir jamais un héros de roman. En Orient, c'est le bel instant de la vie ; sous le tarbouch ou le turban, peu importe que la chevelure devienne rare ou grisonnante, le jeune homme lui-même n'a jamais pu prendre avantage de cette parure naturelle ; elle est rasée ; il ignore dès le berceau si la nature lui a fait les cheveux plats ou bouclés. Avec la barbe teinte au moyen d'une mixture persane, l'œil animé d'une légère teinte de bitume, un homme est, jusqu'à soixante ans, sûr de plaire, pour peu qu'il se sente capable d'aimer.

Oui, soyons jeunes en Europe tant que nous le pouvons, mais allons vieillir en Orient, le pays des hommes dignes de ce nom, la terre des patriarches ! En Europe, où les institutions ont supprimé la force matérielle, la femme est devenue trop forte. Avec toute la puissance de séduction, de ruse, de persévérance et de persuasion que le ciel lui a départie, la femme de nos pays est socialement l'égale de l'homme, c'est plus qu'il n'en faut pour que ce

dernier soit toujours à coup sûr vaincu. J'espère que tu ne
m'opposeras pas le tableau du bonheur des ménages pari-
siens pour me détourner d'un dessein où je fonde mon
avenir ; j'ai eu trop de regret déjà d'avoir laissé échapper
une occasion pareille au Caire. Il faut que je m'unisse à
quelque fille ingénue de ce sol sacré qui est notre première patrie à tous, que je me retrempe à ces sources
vivifiantes de l'humanité, d'où ont découlé la poésie et
les croyances de nos pères !

Tu ris de cet enthousiasme, qui, je l'avoue, depuis le
commencement de mon voyage, a déjà eu plusieurs objets ; mais songe bien aussi qu'il s'agit d'une résolution
grave et que jamais hésitation ne fut plus naturelle. Tu le
sais, et c'est ce qui a peut-être donné quelque intérêt
jusqu'ici à mes confidences, j'aime à conduire ma vie
comme un roman, et je me place volontiers dans la
situation d'un de ces héros actifs et résolus qui veulent à
tout prix créer autour d'eux le drame, le nœud, l'intérêt,
l'action en un mot. Le hasard, si puissant qu'il soit, n'a
jamais réuni les éléments d'un sujet passable, et tout au
plus en a-t-il disposé la mise en scène ; aussi, laissons-le
faire, et tout avorte malgré les plus belles dispositions.
Puisqu'il est convenu qu'il n'y a que deux sortes de
dénouements, le mariage ou la mort [9], visons du moins à
l'un des deux... car jusqu'ici mes aventures se sont presque toujours arrêtées à l'exposition ; à peine ai-je pu
accomplir une pauvre péripétie, en accolant à ma fortune
l'aimable esclave que m'a vendue Abd-el-Kérim. Cela
n'était pas bien malaisé sans doute, mais encore fallait-il
en avoir l'idée et surtout en avoir l'argent. J'y ai sacrifié
tout l'espoir d'une tournée dans la Palestine qui était
marquée sur mon itinéraire, et à laquelle il faut renoncer.
Pour les cinq bourses que m'a coûtées cette fille dorée de
la Malaisie, j'aurais pu visiter Jérusalem, Bethléem, Nazareth, et la mer Morte et le Jourdain ! Comme le prophète puni de Dieu, je m'arrête aux confins de la terre
promise, et à peine puis-je, du haut de la montagne, y
jeter un regard désolé. Les gens graves diraient ici qu'on
a toujours tort d'agir autrement que tout le monde, et
de vouloir faire le Turc quand on n'est qu'un simple

Nazaréen d'Europe. Auraient-ils raison? qui le sait?

Sans doute je suis imprudent, sans doute je me suis attaché une grosse pierre au cou, sans doute encore j'ai encouru une grave responsabilité morale; mais ne faut-il pas aussi croire à la fatalité qui règle tout dans cette partie du monde? C'est elle qui a voulu que l'étoile de la pauvre Zeynab se rencontrât avec la mienne, que je changeasse, peut-être favorablement, les conditions de sa destinée! Une imprudence! vous voilà bien avec vos préjugés d'Europe! et qui sait si, prenant la route du désert, seul et plus riche de cinq bourses, je n'aurais pas été attaqué. pillé, massacré par une horde de Bédouins flairant de loin ma richesse! Va, toute chose est bien qui pourrait être pire, ainsi que l'a reconnu depuis longtemps la sagesse des nations.

Peut-être penses-tu, d'après ces préparations, que j'ai pris la résolution d'épouser l'esclave indienne et de me débarrasser, par un moyen si vulgaire, de mes scrupules de conscience. Tu me sais assez délicat pour ne pas avoir songé un seul instant à la revendre; je lui ai offert la liberté, elle n'en a pas voulu, et cela par une raison assez simple, c'est qu'elle ne saurait qu'en faire; de plus je n'y joignais pas l'assaisonnement obligé d'un si beau sacrifice, à savoir une dotation propre à placer pour toujours la personne affranchie au-dessus du besoin, car on m'a expliqué que c'était l'usage en pareil cas. Pour te mettre au courant des autres difficultés de ma position, il faut que je te dise ce qui m'est arrivé depuis peu.

II. UNE VISITE A L'ÉCOLE FRANÇAISE

J'étais retourné après mon excursion dans la montagne à la pension de madame Carlès, où j'avais placé la pauvre Zeynab, ne voulant pas l'emmener dans des courses si dangereuses.

C'était dans une de ces hautes maisons d'architecture italienne, dont les bâtiments à galerie intérieure encadrent

un vaste espace, moitié terrasse, moitié cour, sur lequel
flotte l'ombre d'un *tendido* rayé. L'édifice avait servi
autrefois de consulat français, et l'on voyait encore sur
les frontons des écussons à fleurs de lis, anciennement
dorés. Des orangers et des grenadiers, plantés dans des
trous ronds pratiqués entre les dalles de la cour, égayaient
un peu ce lieu fermé de toutes parts à la nature extérieure.
Un pan de ciel bleu dentelé par les frises, que traversaient
de temps à autre les colombes de la mosquée voisine, tel
était le seul horizon des pauvres écolières. J'entendis dès
l'entrée le bourdonnement des leçons récitées, et, montant l'escalier du premier étage, je me trouvai dans l'une
des galeries qui précédaient les appartements. Là, sur une
natte des Indes, les petites filles formaient cercle, accrou-
pies à la manière turque autour d'un divan où siégeait
madame Carlès. Les deux plus grandes étaient auprès
d'elle, et dans l'une des deux je reconnus l'esclave, qui
vint à moi avec de grands éclats de joie.

Madame Carlès se hâta de nous faire passer dans sa
chambre, laissant sa place à l'autre *grande,* qui, par un
premier mouvement naturel aux femmes du pays, s'était
hâtée, à ma vue, de cacher sa figure avec son livre. Ce
n'est donc pas, me disais-je, une chrétienne, car ces
dernières se laissent voir sans difficulté dans l'intérieur
des maisons. De longues tresses de cheveux blonds entremêlés de cordonnets de soie, des mains blanches aux
doigts effilés, avec ces ongles longs qui indiquent la race,
étaient tout ce que je pouvais saisir de cette gracieuse
apparition. J'y pris à peine garde, au reste ; il me tardait
d'apprendre comment l'esclave s'était trouvée dans sa
position nouvelle. Pauvre fille ! elle pleurait à chaudes
larmes en me serrant la main contre son front. J'étais très
ému, sans savoir encore si elle avait quelque plainte à me
faire, ou si ma longue absence était cause de cette effusion.

Je lui demandai si elle se trouvait bien dans cette
maison. Elle se jeta au cou de sa maîtresse en disant que
c'était sa mère...

« Elle est bien bonne, me dit madame Carlès avec son
accent provençal, mais elle ne veut rien faire ; elle ap-

prend bien quelques mots avec les petites, c'est tout. Si
l'on veut la faire écrire ou lui apprendre à coudre, elle ne
veut pas. Moi, je lui ai dit : Je ne peux pas te punir ; quand
ton maître reviendra, il verra ce qu'il voudra faire. »

Ce que m'apprenait là madame Carlès me contrariait
vivement ; j'avais cru résoudre la question de l'avenir de
cette fille en lui faisant apprendre ce qu'il fallait pour
qu'elle trouvât plus tard à se placer et à vivre par elle-
même ; j'étais dans la position d'un père de famille qui
voit ses projets renversés par le mauvais vouloir ou la
paresse de son enfant. D'un autre côté, peut-être mes
droits n'étaient-ils pas aussi bien fondés que ceux d'un
père. Je pris l'air le plus sévère que je pus, et j'eus avec
l'esclave l'entretien suivant, favorisé par l'intermédiaire
de la maîtresse :

« Et pourquoi ne veux-tu pas apprendre à coudre ?

— Parce que, dès qu'on me verrait travailler comme
une servante, on ferait de moi une servante.

— Les femmes des chrétiens, qui sont libres, travaillent sans être des servantes.

— Eh bien ! je n'épouserai pas un chrétien, dit l'esclave ; chez nous, le mari doit donner une servante à sa
femme. »

J'allais lui répondre qu'étant esclave elle était moins
qu'une servante ; mais je me rappelai la distinction qu'elle
avait établie déjà entre sa position de *cadine* (dame) et
celle des *odaleuk,* destinées aux travaux.

« Pourquoi, repris-je, ne veux-tu pas non plus apprendre à écrire ? On te montrerait ensuite à chanter et à
danser ; ce n'est plus là le travail d'une servante.

— Non, mais c'est toute la science d'une *almée,* d'une
baladine, et j'aime mieux rester ce que je suis. »

On sait quelle est la force des préjugés sur l'esprit des
femmes de l'Europe ; mais il faut dire que l'ignorance et
l'habitude de mœurs, appuyées sur une antique tradition,
les rendent indestructibles chez les femmes de l'Orient.
Elles consentent encore plus facilement à quitter leurs
croyances qu'à abandonner des idées où leur amour-propre est intéressé. Aussi madame Carlès me dit-elle :
« Soyez tranquille ; une fois qu'elle sera devenue chré-

tienne, elle verra bien que les femmes de notre religion
peuvent travailler sans manquer à leur dignité, et alors
elle apprendra ce que nous voudrons. Elle est venue
plusieurs fois à la messe au couvent des Capucins, et le
supérieur a été très édifié de sa dévotion.

— Mais cela ne prouve rien, dis-je ; j'ai vu au Caire
des santons et des derviches entrer dans les églises, soit
par curiosité, soit pour entendre la musique, et marquer
beaucoup de respect et de recueillement. »

Il y avait sur la table, auprès de nous, un Nouveau
Testament en français ; j'ouvris machinalement ce livre et
je trouvai en tête un portrait de Jésus-Christ, et plus loin
un portrait de Marie. Pendant que j'examinais ces gravu-
res, l'esclave vint près de moi et me dit, en mettant le
doigt sur la première : *Aïssé !* (Jésus !) et sur la seconde :
Myriam ! (Marie !). Je rapprochai en souriant le livre
ouvert de ses lèvres ; mais elle recula avec effroi en
s'écriant : *Mafisch !* (non pas !).

« Pourquoi recules-tu ? lui dis-je ; n'honorez-vous pas,
dans votre religion, *Aïssé* comme un prophète, et *Myriam*
comme l'une des trois femmes saintes ?

— Oui, dit-elle ; mais il a été écrit : Tu n'adoreras pas
les images.

— Vous voyez, dis-je à madame Carlès, que la
conversion n'est pas bien avancée.

— Attendez, attendez », me dit madame Carlès.

III. L'AKKALÉ

Je me levai en proie à une grande irrésolution. Je me
comparais tout à l'heure à un père, et il est vrai que
j'éprouvais un sentiment d'une nature pour ainsi dire
familiale à l'égard de cette pauvre fille, qui n'avait que
moi pour appui. Voilà certainement le seul beau côté de
l'esclavage tel qu'il est compris en Orient. L'idée de la
possession, qui attache si fort aux objets matériels et aussi
aux animaux, aurait-elle sur l'esprit une influence moins
noble et moins vive en se portant sur des créatures pa-

reilles à nous ? Je ne voudrais pas appliquer cette idée aux malheureux esclaves noirs des pays chrétiens, et je parle ici seulement des esclaves que possèdent les musulmans, et de qui la position est réglée par la religion et par les mœurs.

Je pris la main de la pauvre Zeynab, et je la regardai avec tant d'attendrissement, que madame Carlès se trompa sans doute à ce témoignage.

« Voilà, dit-elle, ce que je lui fais comprendre : vois-tu bien, ma fille, si tu veux devenir chrétienne, ton maître t'épousera peut-être et il t'emmènera dans son pays.

— Oh ! madame Carlès ! m'écriai-je, n'allez pas si vite dans votre système de conversion... Quelle idée vous avez là ! »

Je n'avais pas encore songé à cette solution... Oui, sans doute, il est triste, au moment de quitter l'Orient pour l'Europe, de ne savoir trop que faire d'une esclave qu'on a achetée ; mais l'épouser ! ce serait beaucoup trop chrétien. Madame Carlès, vous n'y songez pas ! cette femme a dix-huit ans déjà, ce qui, pour l'Orient, est assez avancé ; elle n'a plus que dix ans à être belle ; après quoi, je serai, moi, jeune encore, l'époux d'une femme jaune, qui a des soleils tatoués sur le front et sur la poitrine, et dans la narine gauche la boutonnière d'un anneau qu'elle y a porté. Songez un peu qu'elle est fort bien en costume levantin, mais qu'elle est affreuse avec les modes de l'Europe. Me voyez-vous entrer dans un salon avec une beauté qu'on pourrait suspecter de goûts anthropophages ! Cela serait fort ridicule et pour elle et pour moi.

Non, la conscience n'exige pas cela de moi, et l'affection ne m'en donne pas non plus le conseil. Cette esclave m'est chère sans doute, mais enfin elle a appartenu à d'autres maîtres. L'éducation lui manque, et elle n'a pas la volonté d'apprendre. Comment faire son égale d'une femme, non pas grossière ou sotte, mais certainement illettrée ? Comprendra-t-elle plus tard la nécessité de l'étude et du travail ? De plus, le dirai-je ? j'ai peur qu'il ne soit impossible qu'une sympathie très grande s'établisse entre deux êtres de races si différentes que les nôtres.

Et pourtant je quitterai cette femme avec peine...

Explique qui pourra ces sentiments irrésolus, ces idées contraires qui se mêlaient en ce moment-là dans mon cerveau. Je m'étais levé, comme pressé par l'heure, pour éviter de donner une réponse précise à madame Carlès, et nous passions de sa chambre dans la galerie, où les jeunes filles continuaient à étudier sous la surveillance de la plus grande. L'esclave alla se jeter au cou de cette dernière, et l'empêcha ainsi de se cacher la figure, comme elle l'avait fait à mon arrivée. «*Ya makbouba!* (c'est mon amie!)» s'écria-t-elle. Et la jeune fille, se laissant voir enfin, me permit d'admirer des traits où la blancheur européenne s'alliait au dessin pur de ce type aquilin qui, en Asie comme chez nous, a quelque chose de royal. Un air de fierté, tempéré par la grâce, répandait sur son visage quelque chose d'intelligent, et son sérieux habituel donnait du prix au sourire qu'elle m'adressa lorsque je l'eus saluée. Madame Carlès me dit :

«C'est une pauvre fille bien intéressante, et dont le père est l'un des cheiks de la montagne. Malheureusement il s'est laissé prendre dernièrement par les Turcs. Il a été assez imprudent pour se hasarder dans Beyrouth à l'époque des troubles, et on l'a mis en prison parce qu'il n'avait pas payé l'impôt depuis 1840. Il ne voulait pas reconnaître les pouvoirs actuels; c'est pourquoi le séquestre a été mis sur ses biens. Se voyant ainsi captif et abandonné de tous, il a fait venir sa fille, qui ne peut l'aller voir qu'une fois par jour; le reste du temps elle demeure ici. Je lui apprends l'italien, et elle enseigne aux petites filles l'arabe littéral... car c'est une savante. Dans sa nation, les femmes d'une certraine naissance peuvent s'instruire et même s'occuper des arts, ce qui, chez les musulmanes, est regardé comme la marque d'une condition inférieure.

— Mais quelle est donc sa nation? dis-je.

— Elle appartient à la race des Druses», répondit madame Carlès.

Je la regardai dès lors avec plus d'attention. Elle vit bien que nous parlions d'elle, et cela parut l'embarrasser un peu. L'esclave s'était à demi couchée à ses côtés sur le

divan et jouait avec les longues tresses de sa chevelure.
Madame Carlès me dit :

« Elles sont bien ensemble ; c'est comme le jour et la
nuit. Cela les amuse de causer toutes deux, parce que les
autres sont trop petites. Je dis quelquefois à la vôtre : Si
au moins tu prenais modèle sur ton amie, tu apprendrais
quelque chose... Mais elle n'est bonne que pour jouer et
pour chanter des chansons toute la journée. Que voulez-
vous ? quand on les prend si tard, on ne peut plus rien en
faire. »

Je donnais peu d'attention à ces plaintes de la bonne
madame Carlès, accentuées toujours par sa prononciation
provençale. Toute au soin de me montrer qu'elle ne
devait pas être accusée du peu de progrès de l'esclave,
elle ne voyait pas que j'eusse tenu surtout dans ce moment-là à être informé de ce qui concernait son autre
pensionnaire. Néanmoins je n'osais marquer trop claire-
ment ma curiosité ; je sentais qu'il ne fallait pas abuser de
la simplicité d'une bonne femme habituée à recevoir des
pères de famille, des ecclésiastiques et autres personnes
graves... et qui ne voyait en moi qu'un client également
sérieux.

Appuyé sur la rampe de la galerie, l'air pensif et le
front baissé, je profitais du temps que me donnait la
faconde méridionale de l'excellente institutrice pour admirer le tableau charmant qui était devant mes yeux.
L'esclave avait pris la main de l'autre jeune fille et en
faisait la comparaison avec la sienne ; avec une gaieté
imprévoyante, elle continuait cette pantomime en rapprochant ses tresses foncées des cheveux blonds de sa voisine, qui souriait d'un tel enfantillage. Il est clair qu'elle
ne croyait pas se nuire par ce parallèle, et ne cherchait
qu'une occasion de jouer et de rire avec l'entraînement
naïf des Orientaux ; pourtant ce spectacle avait un charme
dangereux pour moi ; je ne tardai pas à l'éprouver.

« Mais, dis-je à madame Carlès avec l'air d'une simple
curiosité, comment se fait-il que cette pauvre fille druse
se trouve dans une école chrétienne ?

— Il n'existe pas à Beyrouth d'institutions selon son
culte ; on n'y a jamais établi d'asiles publics pour les

femmes ; elle ne pouvait donc séjourner honorablement que dans une maison comme la mienne. Vous savez, du reste, que les Druses ont beaucoup de croyances semblables aux nôtres : ils admettent la Bible et les Évangiles, et prient sur les tombeaux de nos saints. »

Je ne voulus pas, pour cette fois, questionner plus longuement madame Carlès. Je sentais que les leçons étaient suspendues par ma visite, et les petites filles paraissaient causer entre elles avec surprise. Il fallait rendre cet asile à sa tranquillité habituelle ; il fallait aussi prendre le temps de réfléchir sur tout un monde d'idées nouvelles qui venait de surgir en moi.

Je pris congé de madame Carlès et lui promis de revenir la voir le lendemain.

En lisant les pages de ce journal, tu souris, n'est-ce pas ? de mon enthousiasme pour une petite fille arabe rencontrée par hasard sur les bancs d'une classe ; tu ne crois pas aux passions subites, tu me sais même assez éprouvé sur ce point pour n'en concevoir pas si légèrement de nouvelles ; tu fais la part sans doute de l'entraînement, du climat, de la poésie des lieux, du costume, de toute cette mise en scène des montagnes et de la mer, de ces grandes impressions de souvenir et de localité qui échauffent d'avance l'esprit pour une illusion passagère. Il te semble, non pas que je suis épris, mais que je crois l'être... comme si ce n'était pas la même chose en résultat !

J'ai entendu des gens graves plaisanter sur l'amour que l'on conçoit pour des actrices, pour des reines, pour des femmes poètes, pour tout ce qui, selon eux, agite l'imagination plus que le cœur, et pourtant, avec de si folles amours, on aboutit au délire, à la mort, ou à des sacrifices inouïs de temps, de fortune ou d'intelligence. Ah ! je crois être amoureux, ah ! je crois être malade, n'est-ce pas ? Mais, si je crois l'être, je le suis !

Je te fais grâce de mes émotions ; lis toutes les histoires d'amoureux possibles, depuis le recueil qu'en a fait Plutarque [10] jusqu'à *Werther,* et si, dans notre siècle, il se rencontre encore de ceux-là, songe bien qu'ils n'en ont que plus de mérite pour avoir triomphé de tous les moyens d'analyse que nous présentent l'expérience et l'observation. Et maintenant échappons aux généralités.

En quittant la maison de madame Carlès, j'ai emporté mon amour comme une proie dans la solitude. Oh! que j'étais heureux de me voir une idée, un but, une volonté, quelque chose à rêver, à tâcher d'atteindre! Ce pays qui a ranimé toutes les forces et les inspirations de ma jeunesse ne me devait pas moins sans doute; j'avais bien senti déjà qu'en mettant le pied sur cette terre maternelle, en me replongeant aux sources vénérées de notre histoire et de nos croyances, j'allais arrêter le cours de mes ans, que je me refaisais enfant à ce berceau du monde, jeune encore au sein de cette jeunesse éternelle.

Préoccupé de ces pensées, j'ai traversé la ville sans prendre garde au mouvement habituel de la foule. Je cherchais la montagne et l'ombrage, je sentais que l'aiguille de ma destinée avait changé de place tout à coup; il fallait longuement réfléchir et chercher des moyens de la fixer. Au sortir des portes fortifiées, par le côté opposé à la mer, on trouve des chemins profonds, ombragés de halliers et bordés par les jardins touffus des maisons de campagne; plus haut, c'est le bois de pins parasols plantés, il y a deux siècles, pour empêcher l'invasion des sables qui menacent le promontoire de Beyrouth. Les troncs rougeâtres de cette plantation régulière, qui s'étend en quinconce sur un espace de plusieurs lieues, semblent les colonnes d'un temple élevé à l'universelle nature, et qui domine d'un côté la mer, et de l'autre le désert, ces deux faces mornes du monde. J'étais déjà venu rêver dans ce lieu sans but défini, sans autre pensée que ces vagues problèmes philosophiques qui s'agitent toujours dans les cerveaux inoccupés en présence de tels spectacles. Désormais j'y apportais une idée féconde; je n'étais plus seul; mon avenir se dessinait sur le fond lumineux de ce tableau: la femme idéale que chacun poursuit dans ses songes s'était réalisée pour moi; tout le reste était oublié.

Je n'ose te dire quel vulgaire incident vint me tirer de ces hautes réflexions pendant que je foulais d'un pied superbe le sable rouge du sentier. Un énorme insecte le

traversait, en poussant devant lui une boule plus grosse
que lui-même : c'était une sorte d'escarbot qui me rappela
les scarabées égyptiens, qui portent le monde au-dessus
de leur tête. Tu me connais pour superstitieux, et tu
penses bien que je tirai un augure quelconque de cette
intervention symbolique tracée à travers mon chemin. Je
revins sur mes pas avec la pensée d'un obstacle contre
lequel il me faudrait lutter.

Je me suis hâté, dès le lendemain, de retourner chez
madame Carlès. Pour donner un prétexte à cette visite
rapprochée, j'étais allé acheter au bazar des ajustements
de femme, une *mandille* de Brousse, quelques pics de
soie ouvragée en torsades et en festons pour garnir une
robe et des guirlandes de petites fleurs artificielles que les
Levantines mêlent à leur coiffure.

Lorsque j'apportai tout cela à l'esclave, que madame
Carlès, en me voyant arriver, avait fait entrer chez elle,
celle-ci se leva en poussant des cris de joie et s'en alla
dans la galerie faire voir ces richesses à son amie. Je
l'avais suivie pour la ramener, en m'excusant près de
madame Carlès d'être cause de cette folie ; mais toute la
classe s'unissait déjà dans le même sentiment d'admiration, et la jeune fille druse avait jeté sur moi un regard
attentif et souriant qui m'allait jusqu'à l'âme. Que pen-
se-t-elle ? me disais-je ; elle croira sans doute que je suis
épris de mon esclave, et que ces ajustements sont des
marques d'affection. Peut-être aussi tout cela est-il un
peu brillant pour être porté dans une école ; j'aurais dû
choisir des choses plus utiles, par exemple des babouches ; celles de la pauvre Zeynab ne sont plus d'une
entière fraîcheur. Je remarquais même qu'il eût mieux
valu lui acheter une robe neuve que des broderies à
coudre aux siennes. Ce fut aussi l'observation que fit
madame Carlès, qui s'était unie avec bonhomie au mouvement que cet épisode avait produit dans sa classe :

« Il faudrait une bien belle robe pour des garnitures si
brillantes !

« Vois-tu, dit-elle à l'esclave, si tu voulais apprendre à
coudre, le *sidi* (seigneur) irait acheter au bazar sept à huit
pics de taffetas, et tu pourrais te faire une robe de grande

dame. » Mais certainement l'esclave eût préféré la robe
toute faite.

Il me sembla que la jeune fille druse jetait un regard
assez triste sur ces ornements, qui n'étaient plus faits
pour sa fortune, et qui ne l'étaient guère davantage pour
celle que l'esclave pouvait tenir de moi; je les avais
achetés au hasard, sans trop m'inquiéter des convenances
et des possibilités. Il est clair qu'une garniture de dentelle
appelle une robe de velours ou de satin; tel était à peu
près l'embarras où je m'étais jeté imprudemment. De
plus, je semblais jouer le rôle difficile d'un riche particulier, tout prêt à déployer ce que nous appelons un luxe
asiatique, et qui, en Asie, donne l'idée plutôt d'un luxe
européen.

Je crus m'apercevoir que cette supposition ne m'était
pas, en général, défavorable. Les femmes sont, hélas! un
peu les mêmes dans tous les pays. Madame Carlès eut
peut-être aussi plus de considération pour moi dès lors, et
voulut bien ne voir qu'une simple curiosité de voyageur
dans les questions que je lui fis sur la jeune fille druse. Je
n'eus pas de peine non plus à lui faire comprendre que le
peu qu'elle m'en avait dit le premier jour avait excité mon
intérêt pour l'infortune du père.

« Il ne serait pas impossible, dis-je à l'institutrice, que
je fusse de quelque utilité à ces personnes; je connais un
des employés du pacha; de plus, vous savez qu'un Européen un peu connu a de l'influence sur les consuls.

— Oh! oui, faites cela si vous pouvez, me dit madame
Carlès avec sa vivacité provençale; elle le mérite bien, et
son père aussi sans doute. C'est ce qu'ils appellent un
akkal, un homme saint, un savant; et sa fille, qu'il a
instruite, a déjà le même titre parmi les siens: *akkalé-siti*
(dame spirituelle).

— Mais ce n'est que son surnom, dis-je; elle en a un
autre encore?

— Elle s'appelle Salèma; l'autre nom lui est commun
avec toutes les autres femmes qui appartiennent à l'ordre
religieux. La pauvre enfant, ajouta madame Carlès, j'ai
fait ce que j'ai pu pour l'amener à devenir chrétienne,
mais elle dit que sa religion c'est la même chose; elle

croit tout ce que nous croyons, et elle vient à l'église
comme les autres... Eh bien! que voulez-vous que je
vous dise? ces gens-là sont de même avec les Turcs;
votre esclave, qui est musulmane, me dit qu'elle respecte
aussi leurs croyances, de sorte que je finis par ne plus lui
en parler. Et pourtant, quand on croit à tout, on ne croit à
rien! Voilà ce que je dis. »

IV. LE CHEIK DRUSE

Je me hâtai, en quittant la maison, d'aller au palais du
pacha, pressé que j'étais de me rendre utile à la jeune
akkalé-siti. Je trouvai mon ami l'Arménien à sa place
ordinaire, dans la salle d'attente, et je lui demandai ce
qu'il savait sur la détention d'un chef druse emprisonné
pour n'avoir pas payé l'impôt. « Oh! s'il n'y avait que
cela, me dit-il, je doute que l'affaire fût grave, car aucun
des cheiks druses n'a payé le miri depuis trois ans. Il faut
qu'il s'y joigne quelque méfait particulier. »

Il alla prendre quelques informations près des autres
employés, et revint bientôt m'apprendre qu'on accusait le
cheik Seïd-Eschérazy d'avoir fait parmi les siens des
prédications séditieuses. « C'est un homme dangereux
dans les temps de troubles, ajouta l'Arménien. Du reste,
le pacha de Beyrouth ne peut pas le mettre en liberté; cela
dépend du pacha d'Acre.

— Du pacha d'Acre! m'écriai-je; mais c'est le même
pour lequel j'ai une lettre, et que j'ai connu personnelle-
ment à Paris! »

Et je montrai une telle joie de cette circonstance, que
l'Arménien me crut fou. Il était loin, certes, d'en soupçonner le motif.

Rien n'ajoute de force à un amour commençant comme
ces circonstances inattendues qui, si peu importantes
qu'elles soient, semblent indiquer l'action de la destinée.
Fatalité ou providence, il semble que l'on voie paraître
sous la trame uniforme de la vie certaine ligne tracée sur

un patron invisible, et qui indique une route à suivre sous peine de s'égarer. Aussitôt je m'imagine qu'il était écrit de tout temps que je devais me marier en Syrie ; que le sort avait tellement prévu ce fait immense, qu'il n'avait fallu rien moins pour l'accomplir que mille circonstances enchaînées bizarrement dans mon existence, et dont, sans doute, je m'exagérais les rapports.

Par les soins de l'Arménien, j'obtins facilement une permission pour aller visiter la prison d'État, située dans un groupe de tours qui fait partie de l'enceinte orientale de la ville. Je m'y rendis avec lui, et, moyennant le *bakchis* donné aux gens de la maison, je pus faire demander au cheik druse s'il lui convenait de me recevoir. La curiosité des Européens est tellement connue et acceptée des gens de ce pays, que cela ne fit aucune difficulté. Je m'attendais à trouver un réduit lugubre, des murailles suintantes, des cachots ; mais il n'y avait rien de semblable dans la partie des prisons qu'on me fit voir. Cette demeure ressemblait parfaitement aux autres maisons de Beyrouth, ce qui n'est pas faire absolument leur éloge ; il n'y avait de plus que des surveillants et des soldats.

Le cheik, maître d'un appartement complet, avait la faculté de se promener sur les terrasses. Il nous reçut dans une salle servant de parloir, et fit apporter du café et des pipes par un esclave qui lui appartenait. Quant à lui-même, il s'abstenait de fumer, selon l'usage des akkals. Lorsque nous eûmes pris place et que je pus le considérer avec attention, je m'étonnai de le trouver si jeune ; il me paraissait à peine plus âgé que moi. Des traits nobles et mâles traduisaient dans un autre sexe la physionomie de sa fille ; le timbre pénétrant de sa voix me frappa fortement pour la même raison.

J'avais, sans trop de réflexion, désiré cette entrevue, et déjà je me sentais ému et embarrassé plus qu'il ne convenait à un visiteur simplement curieux ; l'accueil simple et confiant du cheik me rassura. J'étais au moment de lui dire à fond ma pensée ; mais les expressions que je cherchais pour cela ne faisaient que m'avertir de la singularité de ma démarche. Je me bornai donc pour cette fois à une conversation de touriste. Il avait vu déjà dans sa prison plusieurs Anglais, et était fait aux interrogations sur sa race et sur lui-même.

Sa position, du reste, le rendait fort patient et assez désireux de conversation et de compagnie. La connaissance de l'histoire de son pays me servait surtout à lui prouver que je n'étais guidé que par un motif de science. Sachant combien on avait de peine à faire donner aux Druses des détails sur leur religion, j'employais simplement la formule semi-interrogative : Est-il vrai que ?... et je développais toutes les assertions de Niebuhr, de Volney et de Sacy [11]. Le Druse secouait la tête avec la réserve prudente des Orientaux, et me disait simplement : « Comment ? Cela est-il ainsi ? Les chrétiens sont-ils aussi savants ?... De quelle manière a-t-on pu apprendre cela ? » et autres phrases évasives.

Je vis bien qu'il n'y avait pas grand-chose de plus à en tirer pour cette fois. Notre conversation s'était faite en italien, qu'il parlait assez purement. Je lui demandai la permission de le revenir voir pour lui soumettre quelques fragments d'une histoire du grand émir Fakardin, dont je lui dis que je m'occupais. Je supposais que l'amour-propre national le conduirait du moins à rectifier les faits peu favorables à son peuple. Je ne me trompais pas. Il comprit peut-être que, dans une époque où l'Europe a tant d'influence sur la situation des peuples orientaux, il convenait d'abandonner un peu cette prétention à une doctrine secrète qui n'a pu résister à la pénétration de nos savants.

« Songez donc, lui dis-je, que nous possédons dans nos bibliothèques une centaine de vos livres religieux, qui tous ont été lus, traduits, commentés.

— Notre Seigneur est grand ! » dit-il en soupirant.

Je crois bien qu'il me prit cette fois pour un missionnaire, mais il n'en marqua rien extérieurement, et m'engagea vivement à le revenir voir, puisque j'y trouvais quelque plaisir.

Je ne puis te donner qu'un résumé des entretiens que j'eus avec le cheik druse, et dans lesquels il voulut bien rectifier les idées que je m'étais formées de sa religion d'après des fragments de livres arabes, traduits au hasard et commentés par les savants de l'Europe. Autrefois ces choses étaient secrètes pour les étrangers, et les Druses cachaient leurs livres avec soin dans les lieux les plus retirés de leurs maisons et de leurs temples.

C'est pendant les guerres qu'ils eurent à soutenir, soit contre les Turcs, soit contre les Maronites, qu'on parvint à réunir un grand nombre de ces manuscrits et à se faire une idée de l'ensemble du dogme ; mais il était impossible qu'une religion établie depuis huit siècles n'eût pas produit un fatras de dissertations contradictoires, œuvre des sectes diverses et des phases successives amenées par le temps. Certains écrivains y ont donc vu un monument des plus compliqués de l'extravagance humaine ; d'autres ont exalté le rapport qui existe entre la religion druse et la doctrine des initiations antiques. Les Druses ont été comparés successivement aux pythagoriciens, aux esséniens, aux gnostiques, et il semble aussi que les templiers, les rose-croix et les francs-maçons modernes leur aient emprunté beaucoup d'idées. On ne peut douter que les écrivains des croisades ne les aient confondus souvent avec les Ismaéliens, dont une secte a été cette fameuse association des Assassins qui fut un instant la terreur de tous les souverains du monde ; mais ces derniers occupaient le Curdistan, et leur *cheik-el-djebel,* ou Vieux de la Montagne, n'a aucun rapport avec le *prince de la montagne* du Liban [12].

La religion des Druses a cela de particulier, qu'elle prétend être la dernière révélée au monde. En effet, son Messie apparut vers l'an 1000, près de quatre cents ans après Mahomet. Comme le nôtre, il s'incarna dans le corps d'un homme ; mais il ne choisit pas mal son enveloppe et pouvait bien mener l'existence d'un dieu, même sur la terre, puisqu'il n'était rien moins que le commandeur des croyants, le calife d'Égypte et de Syrie, près duquel tous les autres princes de la terre faisaient une bien pauvre figure en ce glorieux an 1000. A l'époque de sa naissance, toutes les planètes se trouvaient réunies dans le signe du cancer, et l'étincelant *Pharouïs* (Saturne) présidait à l'heure où il entra dans le monde. En outre, la

nature lui avait tout donné pour soutenir un tel rôle : il
avait la face d'un lion, la voix vibrante et pareille au
tonnerre, et l'on ne pouvait supporter l'éclat de son œil
d'un bleu sombre.

Il semblerait difficile qu'un souverain doué de tous ces
avantages ne pût se faire croire sur parole en annonçant
qu'il était dieu. Cependant Hakem ne trouva dans son
propre peuple qu'un petit nombre de sectateurs. En vain
fit-il fermer les mosquées, les églises et les synagogues,
en vain établit-il des maisons de conférences où des
docteurs à ses gages démontraient sa divinité : la
conscience populaire repoussait le dieu, tout en respectant le prince. L'héritier puissant des Fatimites obtint
moins de pouvoir sur les âmes que n'en eût à Jérusalem le
fils du charpentier, et à Médine le chamelier Mahomet.
L'avenir seulement lui gardait un peuple de croyants
fidèles, qui, si peu nombreux qu'il soit, se regarde, ainsi
qu'autrefois le peuple hébreu, comme dépositaire de la
vraie loi, de la règle éternelle, des arcanes de l'avenir.
Dans un temps rapproché, Hakem doit reparaître sous une
forme nouvelle et établir partout la supériorité de son
peuple, qui succédera en gloire et en puissance aux musulmans et aux chrétiens. L'époque fixée par les livres
druses est celle où les chrétiens auront triomphé des
musulmans dans tout l'Orient.

Lady Stanhope, qui vivait dans le pays des Druses, et
qui s'était infatuée de leurs idées, avait, comme l'on sait,
dans sa cour un cheval tout préparé pour le *Mahdi,* qui est
ce même personnage apocalyptique, et qu'elle espérait
accompagner dans son triomphe [13]. On sait que ce vœu a
été déçu. Cependant le cheval futur du Mahdi, qui porte
sur le dos une selle naturelle formée par des replis de la
peau, existe encore et a été racheté par un des cheiks
druses.

Avons-nous le droit de voir dans tout cela des folies ?
Au fond, il n'y a pas une religion moderne qui ne présente des conceptions semblables. Disons plus, la
croyance des Druses n'est qu'un syncrétisme de toutes les
religions et de toutes les philosophies antérieures.

Les Druses ne reconnaissent qu'un seul dieu, qui est

Hakem ; seulement ce dieu, comme le Bouddha des Indous, s'est manifesté au monde sous plusieurs formes différentes. Il s'est incarné dix fois en différents lieux de la terre ; dans l'Inde d'abord, en Perse plus tard, dans l'Yémen, à Tunis et ailleurs encore. C'est ce qu'on appelle les *stations*.

Hakem se nomme au ciel *Albar*.

Après lui viennent cinq ministres, émanations directes de la Divinité, dont les noms d'anges sont Gabriel, Michel, Israfil, Azariel, et Métatron ; on les appelle symboliquement l'Intelligence, l'Ame, la Parole, le Précédant et le Suivant. Trois autres ministres d'un degré inférieur s'appellent, au figuré, l'Application, l'Ouverture et le Fantôme ; ils ont, en outre, des noms d'hommes qui s'appliquent à leurs incarnations diverses, car eux aussi interviennent de temps en temps dans le grand drame de la vie humaine.

Ainsi, dans le catéchisme druse, le principal ministre, nommé Hamza, qui est le même que Gabriel, est regardé comme ayant paru sept fois ; il se nommait Schatnil à l'époque d'Adam, plus tard Pythagore, David, Schoaïb ; du temps de Jésus, il était le vrai Messie et se nommait Éléazar ; du temps de Mahomet, on l'appelait Salman-el-Farési, et enfin, sous le nom d'Hamza, il fut le prophète de Hakem, calife et dieu, et fondateur réel de la religion druse.

Voilà, certes, une croyance où le ciel se préoccupe constamment de l'humanité. Les époques où ces puissances interviennent s'appellent *révolutions*. Chaque fois que la race humaine se fourvoie et tombe trop profondément dans l'oubli de ses devoirs, l'Être suprême et ses anges se font hommes, et, par les seuls moyens humains, rétablissent l'ordre dans les choses.

C'est toujours, au fond, l'idée chrétienne avec une intervention plus fréquente de la Divinité, mais l'idée chrétienne sans Jésus, car les Druses supposent que les apôtres ont livré aux Juifs un faux Messie, qui s'est dévoué pour cacher l'autre ; le véritable (Hamza) se trouvait au nombre des disciples, sous le nom d'Éléazar, et ne faisait que souffler sa pensée à Jésus, fils de Joseph.

Quant aux évangélistes, ils les appellent *les pieds de la sagesse*, et ne font à leurs récits que cette seule variante. Il est vrai qu'elle supprime l'adoration de la croix et la pensée d'un Dieu immolé par les hommes.

Maintenant, par ce système de révélations religieuses qui se succèdent d'époque en époque, les Druses admettent aussi l'idée musulmane, mais sans Mahomet. C'est encore Hamza qui, sous le nom de Salman-el-Farési, a semé cette parole nouvelle. Plus tard, la dernière incarnation de Hakem et d'Hamza est venue coordonner les dogmes divers révélés au monde sept fois depuis Adam, et qui se rapportent aux époques d'Hénoch, de Noé, d'Abraham, de Moïse, de Pythagore, du Christ et de Mahomet.

On voit que toute cette doctrine repose au fond sur une interprétation particulière de la Bible, car il n'est question dans cette chronologie d'aucune divinité des idolâtres, et Pythagore en est le seul personnage qui s'éloigne de la tradition mosaïque. On peut s'expliquer aussi comment cette série de croyances a pu faire passer les Druses tantôt pour Turcs, tantôt pour chrétiens.

Nous avons compté huit personnages célestes qui interviennent dans la foule des hommes, les uns luttant comme le Christ par la parole, les autres par l'épée comme les dieux d'Homère. Il existe nécessairement aussi des anges de ténèbres qui remplissent un rôle tout opposé. Aussi, dans l'histoire du monde qu'écrivent les Druses, voit-on chacune des sept périodes offrir l'intérêt d'une action grandiose, où ces éternels ennemis se cherchent sous ce masque humain, et se reconnaissent à leur supériorité ou à leur haine.

Ainsi l'esprit du mal sera tour à tour Eblis ou le serpent ; Méthouzaël, le roi de la ville des géants, à l'époque du déluge ; Nemrod, du temps d'Abraham ; Pharaon, du temps de Moïse ; plus tard, Antiochus, Hérode et autres monstrueux tyrans, secondés d'acolytes sinistres qui renaissent aux mêmes époques pour contrarier le règne du Seigneur. Selon quelques sectes, ce retour est soumis à un cycle millénaire que ramène l'influence de certains astres ; dans ce cas, on ne compte pas l'époque de Mahomet comme grande révolution périodique; le drame mystique qui renouvelle à chaque fois la face du monde est tantôt le paradis perdu, tantôt le déluge, tantôt la fuite en Égypte, tantôt le règne de Salomon; la mission du Christ et le règne de Hakem en forment les deux derniers tableaux. A ce point de vue, le Mahdi ne pourrait maintenant reparaître qu'en l'an 2000.

Dans toute cette doctrine, on ne trouve point trace du péché originel; il n'y a non plus ni paradis pour les justes, ni enfer pour les méchants. La récompense et l'expiation ont lieu sur la terre par le retour des âmes dans d'autres corps. La beauté, la richesse, la puissance sont données aux élus; les infidèles sont les esclaves, les malades, les souffrants. Une vie pure peut cependant les replacer encore au rang dont ils sont déchus, et faire tomber à leur place l'élu trop fier de sa prospérité.

Quant à la transmigration, elle s'opère d'une manière fort simple : le nombre des hommes est constamment le même sur la terre. A chaque seconde, il en meurt un et il en naît un autre; l'âme qui fuit est appelée magnétiquement dans le rayon du corps qui se forme, et l'influence des astres règle providentiellement cet échange de destinées; mais les hommes n'ont pas, comme les esprits célestes, la conscience de leurs migrations [14]. Les fidèles peuvent cependant, en s'élevant par les neuf degrés de l'initiation, arriver peu à peu à la connaissance de toutes choses et d'eux-mêmes. C'est là le bonheur réservé aux akkals (spirituels), et tous les Druses peuvent s'élever à ce rang par l'étude et par la vertu. Ceux au contraire qui ne font que suivre la loi sans prétendre à la sagesse s'appellent *djahels,* c'est-à-dire ignorants. Ils conservent toujours la chance de s'élever dans une autre vie et d'épurer leurs âmes trop attachées à la matière.

Quant aux chrétiens, juifs, mahométans et idolâtres, on comprend bien que leur position est fort inférieure. Cependant il faut dire, à la louange de la religion druse, que c'est la seule peut-être qui ne dévoue pas ses ennemis aux peines éternelles. Lorsque le Messie aura reparu, les Druses seront établis dans toutes les royautés, gouvernements et propriétés de la terre en raison de leurs mérites,

et les autres peuples passeront à l'état de valets, d'esclaves et d'ouvriers ; enfin ce sera la plèbe vulgaire. Le cheik
m'assurait à ce propos que les chrétiens ne seraient pas
les plus maltraités. Espérons donc que les Druses seront
bons maîtres.

Ces détails m'intéressaient tellement, que je voulus
connaître enfin la vie de cet illustre Hakem, que les
historiens ont peint comme un fou furieux, mi-parti de
Néron et d'Héliogabale. Je comprenais bien qu'au point
de vue des Druses sa conduite devait s'expliquer d'une
tout autre manière.

Le bon cheik ne se plaignait pas trop de mes visites
fréquentes ; de plus il savait que je pouvais lui être utile
auprès du pacha d'Acre. Il a donc bien voulu me raconter, avec toute la pompe romanesque du génie arabe, cette
histoire de Hakem, que je transcris telle à peu près qu'il
me l'a dite [15]. En Orient tout devient conte. Cependant
les faits principaux de cette histoire sont fondés sur des
traditions authentiques ; et je n'ai pas été fâché, après
avoir observé et étudié Le Caire moderne, de retrouver
les souvenirs du Caire ancien, conservés en Syrie dans
des familles exilées d'Égypte depuis huit cents ans.

III. HISTOIRE DU CALIFE HAKEM

I. LE HACHICH

Sur la rive droite du Nil, à quelque distance du port de Fostat, où se trouvent les ruines du vieux Caire, non loin de la montagne du Mokatam, qui domine la ville nouvelle, il y avait, quelque temps après l'an 1000 des chrétiens, qui se rapporte au quatrième siècle de l'hégire musulmane, un petit village habité en grande partie par des gens de la secte des Sabéens [16].

Des dernières maisons qui bordent le fleuve, on jouit d'une vue charmante ; le Nil enveloppe de ses flots caressants l'île de Roddah, qu'il a l'air de soutenir comme une corbeille de fleurs qu'un esclave porterait dans ses bras. Sur l'autre rive, on aperçoit Gizeh, et le soir lorsque le soleil vient de disparaître, les pyramides déchirent de leurs triangles gigantesques la bande de brume violette du couchant. Les têtes des palmiers-doums, des sycomores et des figuiers de Pharaon se détachent en noir sur ce fond clair. Des troupeaux de buffles que semble garder de loin le sphinx, allongé dans la plaine comme un chien en arrêt, descendent par longues files à l'abreuvoir, et les lumières des pêcheurs piquent d'étoiles d'or l'ombre opaque des berges.

Au village des Sabéens, l'endroit où l'on jouissait le mieux de cette perspective était un *okel* aux blanches murailles, entouré de caroubiers, dont la terrasse avait le pied dans l'eau, et où toutes les nuits les bateliers qui descendaient ou remontaient le Nil pouvaient voir trembloter les veilleuses nageant dans des flaques d'huile.

A travers les baies des arcades, un curieux placé dans une cange au milieu du fleuve aurait aisément discerné dans l'intérieur de l'okel les voyageurs et les habitués assis devant de petites tables sur des cages de bois de palmier ou des di··ans recouverts de nattes, et se fût assurément étonné de leur aspect étrange. Leurs gestes extravagants suivis d'une immobilité stupide, les rires insensés, les cris inarticulés qui s'échappaient par instants de leur poitrine, lui eussent fait deviner une de ces maisons où, bravant les défenses, les infidèles vont s'enivrer de vin, de *bouza* (bière) ou de hachich.

Un soir, une barque dirigée avec la certitude que donne la connaissance des lieux, vint aborder dans l'ombre de la terrasse, au pied d'un escalier dont l'eau baisait les premières marches, et il s'en élança un jeune homme de bonne mine, qui semblait un pêcheur, et qui, montant les degrés d'un pas ferme et rapide, s'assit dans l'angle de la salle à une place qui paraissait la sienne. Personne ne fit attention à sa venue ; c'était évidemment un habitué.

Au même moment, par la porte opposée, c'est-à-dire du côté de terre, entrait un homme vêtu d'une tunique de laine noire, portant, contre la coutume, de longs cheveux sous un *takieh* (bonnet blanc).

Son apparition inopinée causa quelque surprise. Il s'assit dans un coin à l'ombre, et, l'ivresse générale reprenant le dessus, personne bientôt ne fit attention à lui. Quoique ses vêtements fussent misérables, le nouveau venu ne portait pas sur la figure l'humilité inquiète de la misère. Ses traits, fermement dessinés, rappelaient les lignes sévères du masque léonin. Ses yeux, d'un bleu sombre comme celui du saphir, avaient une puissance indéfinissable ; ils effrayaient et charmaient à la fois.

Yousouf, c'était le nom du jeune homme amené par la cange, se sentit tout de suite au cœur une sympathie secrète pour l'inconnu dont il avait remarqué la présence inaccoutumée. N'ayant pas encore pris part à l'orgie, il se rapprocha du divan sur lequel s'était accroupi l'étranger.

« Frère, dit Yousouf, tu parais fatigué ; sans doute tu

viens de loin ? Veux-tu prendre quelque rafraîchissement ?

— En effet, ma route a été longue, répondit l'étranger.
Je suis entré dans cet okel pour me reposer ; mais que
pourrais-je boire ici, où l'on ne sert que des breuvages
défendus ?

— Vous autres musulmans, vous n'osez mouiller vos
lèvres que d'eau pure ; mais nous, qui sommes de la secte
des Sabéens, nous pouvons, sans offenser notre loi, nous
désaltérer du généreux sang de la vigne ou de la blonde
liqueur de l'orge.

— Je ne vois pourtant devant toi aucune boisson fer-
mentée ?

— Oh ! il y a longtemps que j'ai dédaigné leur ivresse
grossière, dit Yousouf en faisant signe à un noir qui posa
sur la table deux petites tasses de verre entourées de
filigrane d'argent et une boîte remplie d'une pâte verdâtre
où trempait une spatule d'ivoire. Cette boîte contient le
paradis promis par ton prophète à ses croyants, et, si tu
n'étais pas si scrupuleux, je te mettrais dans une heure
aux bras des houris sans te faire passer sur le pont d'Al-
sirat [17], continua en riant Yousouf.

— Mais cette pâte est du hachich, si je ne me trompe,
répondit l'étranger en repoussant la tasse dans laquelle
Yousouf avait déposé une portion de la fantastique mixture, et le hachich est prohibé.

— Tout ce qui est agréable est défendu », dit Yousouf
en avalant une première cuillerée.

L'étranger fixa sur lui ses prunelles d'un azur sombre,
la peau de son front se contracta avec des plis si violents,
que sa chevelure en suivait les ondulations ; un moment
on eût dit qu'il voulait s'élancer sur l'insouciant jeune
homme et le mettre en pièces ; mais il se contint, ses traits
se détendirent, et, changeant subitement d'avis, il allongea la main, prit la tasse, et se mit à déguster lentement la
pâte verte.

Au bout de quelques minutes, les effets du hachich
commençaient à se faire sentir sur Yousouf et sur l'étranger ; une douce langueur se répandait dans tous leurs
membres, un vague sourire voltigeait sur leurs lèvres.

Quoiqu'ils eussent à peine passé une demi-heure l'un près
de l'autre, il leur semblait se connaître depuis mille ans.
La drogue agissant avec plus de force sur eux, ils commencèrent à rire, à s'agiter et à parler avec une volubilité
extrême, l'étranger surtout, qui, strict observateur des
défenses, n'avait jamais goûté de cette préparation et en
ressentait vivement les effets. Il paraissait en proie à une
exaltation extraordinaire ; des essaims de pensées nouvelles, inouïes, inconcevables, traversaient son âme en
tourbillons de feu ; ses yeux étincelaient comme éclairés
intérieurement par le reflet d'un monde inconnu, une
dignité surhumaine relevait son maintien, puis la vision
s'éteignait, et il se laissait aller mollement sur les carreaux à toutes les béatitudes du kief [18].

« Eh bien ! compagnon, dit Yousouf, saisissant cette
intermittence dans l'ivresse de l'inconnu, que te semble
de cette honnête confiture aux pistaches ? Anathématise-
ras-tu toujours les braves gens qui se réunissent tranquillement dans une salle basse pour être heureux à leur
manière ?

— Le hachich rend pareil à Dieu [19], répondit l'étranger d'une voix lente et profonde.

— Oui, répliqua Yousouf avec enthousiasme ; les buveurs d'eau ne connaissent que l'apparence grossière et
matérielle des choses. L'ivresse, en troublant les yeux du
corps, éclaircit ceux de l'âme ; l'esprit, dégagé du corps,
son pesant geôlier, s'enfuit comme un prisonnier dont le
gardien s'est endormi, laissant la clef à la porte du ca-
chot. Il erre joyeux et libre dans l'espace et la lumière,
causant familièrement avec les génies qu'il rencontre et
qui l'éblouissent de révélations soudaines et charmantes.
Il traverse d'un coup d'aile facile des atmosphères de
bonheur indicible, et cela dans l'espace d'une minute qui
semble éternelle, tant ces sensations s'y succèdent avec
rapidité. Moi, j'ai un rêve qui reparaît sans cesse, toujours le même et toujours varié : lorsque je me retire dans
ma cange, chancelant sous la splendeur de mes visions,
fermant la paupière à ce ruissellement perpétuel d'hya-
cinthes, d'escarboucles, d'émeraudes, de rubis, qui forment le fond sur lequel le hachich dessine des fantaisies

merveilleuses..., comme au sein de l'infini j'aperçois une figure céleste, plus belle que toutes les créations des poètes, qui me sourit avec une pénétrante douceur, et qui descend des cieux pour venir jusqu'à moi. Est-ce un ange, une péri ? Je ne sais. Elle s'assied à mes côtés dans la barque, dont le bois grossier se change aussitôt en nacre de perle et flotte sur une rivière d'argent, poussée par une brise chargée de parfums.

— Heureuse et singulière vision ! murmura l'étranger en balançant la tête.

— Ce n'est pas là tout, continua Yousouf. Une nuit, j'avais pris une dose moins forte ; je me réveillai de mon ivresse, lorsque ma cange passait à la pointe de l'île de Roddah. Une femme semblable à celle de mon rêve penchait sur moi des yeux qui, pour être humains, n'en avaient pas moins un éclat céleste ; son voile entrouvert laissait flamboyer aux rayons de la lune une veste raide de pierreries. Ma main rencontra la sienne ; sa peau douce, onctueuse et fraîche comme un pétale de fleur, ses bagues, dont les ciselures m'effleurèrent, me convainquirent de la réalité.

— Près de l'île de Roddah ? se dit l'étranger d'un air méditatif.

— Je n'avais pas rêvé, poursuivi Yousouf sans prendre garde à la remarque de son confident improvisé ; le hachich n'avait fait que développer un souvenir enfoui au plus profond de mon âme, car ce visage divin m'était connu. Par exemple, où l'avais-je vu déjà? dans quel monde nous étions-nous rencontrés? quelle existence antérieure nous avait mis en rapport? c'est ce que je ne saurais dire ; mais ce rapprochement si étrange, cette aventure si bizarre ne me causaient aucune surprise : il me paraissait tout naturel que cette femme, qui réalisait si complètement mon idéal, se trouvât là dans ma cange, au milieu du Nil, comme si elle se fût élancée du calice d'une de ces larges fleurs qui montent à la surface des eaux. Sans lui demander aucune explication, je me jetai à ses pieds, et comme à la péri de mon rêve, je lui adressai tout ce que l'amour dans son exaltation peut imaginer de plus brûlant et de plus sublime ; il me venait des paroles

d'une signification immense, des expressions qui renfermaient des univers de pensées, des phrases mystérieuses
où vibrait l'écho des mondes disparus. Mon âme se grandissait dans le passé et dans l'avenir; l'amour que j'ex-
primais, j'avais la conviction de l'avoir ressenti de toute
éternité.

« A mesure que je parlais, je voyais ses grands yeux
s'allumer et lancer des effluves; ses mains transparentes
s'étendaient vers moi s'effilant en rayons de lumière. Je
me sentais enveloppé d'un réseau de flammes et je re-
tombais malgré moi de la veille dans le rêve. Quand je
pus secouer l'invincible et délicieuse torpeur qui liait mes
membres, j'étais sur la rive opposée à Gizeh, adossé à un
palmier, et mon noir dormait tranquillement à côté de la
cange qu'il avait tirée sur le sable. Une lueur rose fran-
geait l'horizon; le jour allait paraître.

— Voilà un amour qui ne ressemble guère aux amours
terrestres, dit l'étranger sans faire la moindre objection
aux impossibilités du récit d'Yousouf, car le hachich rend
facilement crédule aux prodiges.

— Cette histoire incroyable, je ne l'ai jamais dite à
personne; pourquoi te l'ai-je confiée à toi que je n'ai
jamais vu? Il me paraît difficile de l'expliquer. Un attrait
mystérieux m'entraîne vers toi. Quand tu as pénétré dans
cette salle, une voix a crié au fond de mon âme: « Le
voilà donc enfin. » Ta venue a calmé une inquiétude
secrète qui ne me laissait aucun repos. Tu es celui que
j'attendais sans le savoir. Mes pensées s'élancent au-
devant de toi, et j'ai dû te raconter tous les mystères de
mon cœur.

— Ce que tu éprouves, répondit l'étranger, je le sens
aussi, et je vais te dire ce que je n'ai pas même osé
m'avouer jusqu'ici. Tu as une passion impossible, moi
j'ai une passion monstrueuse; tu aimes une péri, moi
j'aime... tu vas frémir... ma sœur! et cependant, chose
étrange, je ne puis éprouver aucun remords de ce penchant illégitime; j'ai beau me condamner, je suis absous
par un pouvoir mystérieux que je sens en moi. Mon
amour n'a rien des impuretés terrestres. Ce n'est pas la
volupté qui me pousse vers ma sœur, bien qu'elle égale

en beauté le fantôme de mes visions; c'est un attrait indéfinissable, une affection profonde comme la mer, vaste comme le ciel, et telle que pourrait l'éprouver un dieu. L'idée que ma sœur pourrait s'unir à un homme m'inspire le dégoût et l'horreur comme un sacrilège; il y a chez elle quelque chose de céleste que je devine à travers les voiles de la chair. Malgré le nom dont la terre la nomme, c'est l'épouse de mon âme divine, la vierge qui me fut destinée dès les premiers jours de la création; par instants je crois ressaisir à travers les âges et les ténèbres des apparences de notre filiation secrète. Des scènes qui se passaient avant l'apparition des hommes sur la terre me reviennent en mémoire, et je me vois sous les rameaux d'or de l'Éden assis auprès d'elle et servi par les esprits obéissants. En m'unissant à une autre femme, je craindrais de prostituer et de dissiper l'âme du monde qui palpite en moi. Par la concentration de nos sangs divins, je voudrais obtenir une race immortelle, un dieu définitif, plus puissant que tous ceux qui se sont manifestés jusqu'à présent sous divers noms et diverses apparences ! »

Pendant qu'Yousouf et l'étranger échangeaient ces longues confidences, les habitués de l'okel, agités par l'ivresse, se livraient à des contorsions extravagantes, à des rires insensés, à des pamoisons extatiques, à des danses convulsives; mais peu à peu, la force du chanvre s'étant dissipée, le calme leur était revenu, et ils gisaient le long des divans dans l'état de prostration qui suit ordinairement ces excès.

Un homme à mine patriarcale, dont la barbe inondait la robe traînante, entra dans l'okel et s'avança jusqu'au milieu de la salle.

« Mes frères, levez-vous, dit-il d'une voix sonore; je viens d'observer le ciel; l'heure est favorable pour sacrifier devant le sphinx un coq blanc en l'honneur d'Hermès et d'Agathodæmon. »

Les Sabéens se dressèrent sur leurs pieds et parurent se disposer à suivre leur prêtre; mais l'étranger, en entendant cette proposition, changea deux ou trois fois de couleur : le bleu de ses yeux devint noir, des plis terribles sillonnèrent sa face, et il s'échappa de sa poitrine un rugissement sourd qui fit tressaillir l'assemblée d'effroi, comme si un lion véritable fût tombé au milieu de l'okel.

« Impies! blasphémateurs! brutes immondes! adorateurs d'idoles! » s'écria-t-il d'une voix retentissante comme un tonnerre.

A cette explosion de colère succéda dans la foule un mouvement de stupeur. L'inconnu avait un tel air d'autorité et soulevait les plis de son sayon par des gestes si fiers, que nul n'osa répondre à ses injures.

Le vieillard s'approcha et lui dit : « Quel mal trouves-tu, frère, à sacrifier un coq, suivant les rites, aux bons génies Hermès et Agathodæmon ? »

L'étranger grinça des dents rien qu'à entendre ces deux noms.

« Si tu ne partages pas la croyance des Sabéens, qu'es-tu venu faire ici ? es-tu sectateur de Jésus ou de Mahomet ?

— Mahomet et Jésus sont des imposteurs, s'écria l'inconnu avec une puissance de blasphème incroyable.

— Sans doute tu suis la religion des Parsis, tu vénères le feu...

— Fantômes, dérisions, mensonges que tout cela ! interrompit l'homme au sayon noir avec un redoublement d'indignation.

— Alors qui adores-tu ?

— Il me demande qui j'adore !... Je n'adore personne, puisque je suis Dieu moi-même ! le seul, le vrai, l'unique Dieu, dont les autres ne sont que les ombres. »

A cette assertion inconcevable, inouïe, folle, les Sabéens se jetèrent sur le blasphémateur, à qui ils eussent fait un mauvais parti, si Yousouf, le couvrant de son corps, ne l'eût entraîné à reculons jusqu'à la terrasse que baignait le Nil, quoiqu'il se débattît et criât comme un forcené. Ensuite, d'un coup de pied vigoureux donné au rivage, Yousouf lança la barque au milieu du fleuve. Quand ils eurent pris le courant : « Où faudra-t-il que je te conduise ? dit Yousouf à son ami.

— Là-bas, dans l'île de Roddah, où tu vois briller ces lumières », répondit l'étranger, dont l'air de la nuit avait calmé l'exaltation.

En quelques coups de rames, il atteignit la rive, et l'homme au sayon noir, avant de sauter à terre, dit à son sauveur en lui offrant un anneau d'un travail ancien qu'il tira de son doigt : « En quelque lieu que tu me rencontres, tu n'as qu'à me présenter cette bague, et je ferai ce que tu voudras. » Puis il s'éloigna et disparut sous les arbres qui bordent le fleuve. Pour rattraper le temps perdu, Yousouf, qui voulait assister au sacrifice du coq, se mit à couper l'eau du Nil avec un redoublement d'énergie.

II. LA DISETTE

Quelques jours après, le calife sortit comme à l'ordinaire de son palais pour se rendre à l'observatoire du Mokatam. Tout le monde était accoutumé à le voir sortir ainsi, de temps en temps, monté sur un âne et accompagné d'un seul esclave qui était muet. On supposait qu'il passait la nuit à contempler les astres, car on le voyait revenir au point du jour dans le même équipage, et cela étonnait d'autant moins ses serviteurs, que son père, Aziz-Billah, et son grand-père, Moëzzeldin, le fondateur du Caire, avaient fait ainsi, étant fort versés tous deux dans les sciences cabalistiques ; mais le calife Hakem, après avoir observé la disposition des astres et compris qu'aucun danger ne le menaçait immédiatement, quittait ses habits ordinaires, prenait ceux de l'esclave, qui restait à l'attendre dans la tour, et, s'étant un peu noirci la figure de manière à déguiser ses traits, il descendait dans la ville pour se mêler au peuple et apprendre des secrets dont plus tard il faisait son profit comme souverain. C'est sous un pareil déguisement qu'il s'était introduit naguère dans l'okel des Sabéens.

Cette fois-là, Hakem descendit vers la place de Roumelieh, le lieu du Caire où la population forme les groupes les plus animés : on se rassemblait dans les boutiques et sous les arbres pour écouter ou réciter des contes et des poèmes, en consommant des boissons sucrées, des limonades et des fruits confits. Les jongleurs, les almées et les montreurs d'animaux attiraient ordinairement autour d'eux une foule empressée de se distraire après les travaux de la journée; mais, ce soir-là, tout était changé, le peuple présentait l'aspect d'une mer orageuse avec ses houles et ses brisants. Des voix sinistres couvraient çà et là le tumulte, et des discours pleins d'amertume retentissaient de toutes parts. Le calife écouta, et entendit partout cette exclamation: Les greniers publics sont vides!

En effet, depuis quelque temps, une disette très forte inquiétait la population; l'espérance de voir arriver bientôt les blés de la haute Égypte avait calmé momentanément les craintes: chacun ménageait ses ressources de son mieux; pourtant, ce jour-là, la caravane de Syrie étant arrivée très nombreuse, il était devenu presque impossible de se nourrir, et une grande foule excitée par les étrangers s'était portée aux greniers publics du vieux Caire, ressource suprême des plus grandes famines. Le dixième de chaque récolte est entassé là dans d'immenses enclos formés de hauts murs et construits jadis par Amrou. Sur l'ordre du conquérant de l'Égypte, ces greniers furent laissés sans toiture, afin que les oiseaux pussent y prélever leur part. On avait respecté depuis cette disposition pieuse, qui ne laissait perdre d'ordinaire qu'une faible partie de la réserve, et semblait porter bonheur à la ville; mais ce jour-là, quand le peuple en fureur demanda qu'il lui fût livré des grains, les employés répondirent qu'il était venu des bandes d'oiseaux qui avaient tout dévoré. A cette réponse, le peuple s'était cru menacé des plus grands maux, et depuis ce moment la consternation régnait partout.

«Comment, se disait Hakem, n'ai-je rien su de ces choses? Est-il possible qu'un prodige pareil se soit accompli? J'en aurais vu l'annonce dans les astres; rien n'est dérangé non plus dans le *pentacle* que j'ai tracé. »

Il se livrait à cette méditation, quand un vieillard, qui portait le costume des Syriens, s'approcha de lui et dit: «Pourquoi ne leur donnes-tu pas du pain, seigneur?»

Hakem leva la tête avec étonnement, fixa son œil de

lion sur l'étranger et crut que cet homme l'avait reconnu
sous son déguisement.

Cet homme était aveugle.

« Es-tu fou, dit Hakem, de t'adresser avec ces paroles à
quelqu'un que tu ne vois pas et dont tu n'as entendu que
le pas dans la poussière !

— Tous les hommes, dit le vieillard, sont aveugles
vis-à-vis de Dieu.

— C'est donc à Dieu que tu t'adresses ?

— C'est à toi, seigneur. »

Hakem réfléchit un instant, et sa pensée tourbillonna
de nouveau comme dans l'ivresse du hachich.

« Sauve-les, dit le vieillard, car toi seul es la puissance,
toi seul es la vie, toi seul es la volonté.

— Crois-tu donc que je puisse créer du blé ici, sur
l'heure ? répondit Hakem en proie à une pensée indéfinie.

— Le soleil ne peut luire à travers le nuage, il le
dissipe lentement. Le nuage qui te voile en ce moment,
c'est le corps où tu as daigné descendre, et qui ne peut
agir qu'avec les forces de l'homme. Chaque être subit la
loi des choses ordonnées par Dieu. Dieu seul n'obéit qu'à
la loi qu'il s'est faite lui-même. Le monde, qu'il a formé
par un art cabalistique, se dissoudrait à l'instant, s'il
manquait à sa propre volonté.

— Je vois bien, dit le calife avec un effort de raison,
que tu n'es qu'un mendiant ; tu as reconnu qui je suis sous
ce déguisement, mais ta flatterie est grossière. Voici une
bourse de sequins ; laisse-moi.

— J'ignore quelle est ta condition, seigneur, car je ne
vois qu'avec les yeux de l'âme. Quant à de l'or, je suis
versé dans l'alchimie et je sais en faire quand j'en ai
besoin ; je donne cette bourse à ton peuple. Le pain est
cher ; mais, dans cette bonne ville du Caire, avec de l'or
on a de tout.

— C'est quelque nécromant », se dit Hakem.

Cependant la foule ramassait les pièces semées à terre
par le vieillard syrien et se précipitait au four du boulanger le plus voisin. On ne donnait ce jour-là qu'une ocque
(deux livres) de pain pour chaque sequin d'or.

« Ah ! c'est comme cela, dit Hakem ; je comprends ! Ce

vieillard, qui vient du pays de la sagesse, m'a reconnu et m'a parlé par allégories. Le calife est l'image de Dieu ; ainsi que Dieu je dois punir. »

Il se dirigea vers la citadelle, où il trouva le chef du guet, Abou-Arous, qui était dans la confidence de ses déguisements. Il se fit suivre de cet officier et de son bourreau, comme il avait déjà fait en plusieurs circonstances, aimant assez, comme la plupart des princes orientaux, cette sorte de justice expéditive, puis il les ramena vers la maison du boulanger qui avait vendu le pain au poids de l'or. « Voici un voleur, dit-il au chef du guet.

— Il faut donc, dit celui-ci, lui clouer l'oreille au volet de sa boutique ?

— Oui, dit le calife, après avoir coupé la tête toutefois. »

Le peuple, qui ne s'attendait pas à pareille fête, fit cercle avec joie dans là rue, tandis que le boulanger protestait en vain de son innocence. Le calife, enveloppé dans un *abbah* noir qu'il avait pris à la citadelle, semblait remplir les fonctions d'un simple cadi.

Le boulanger était à genoux et tendait le cou en recommandant son âme aux anges Monkir et Nekir [20]. A cet instant, un jeune homme fendit la foule et s'élança vers Hakem en lui montrant un anneau d'argent constellé. C'était Yousouf le Sabéen.

« Accordez-moi, s'écria-t-il, la grâce de cet homme. »

Hakem se rappela sa promesse et reconnut son ami des bords du Nil. Il fit un signe ; le bourreau s'éloigna du boulanger, qui se releva joyeusement. Hakem, entendant les murmures du peuple désappointé, dit quelques mots à l'oreille du chef du guet, qui s'écria à haute voix :

« Le glaive est suspendu jusqu'à demain à pareille heure. Alors il faudra que chaque boulanger fournisse le pain à raison de dix ocques pour un sequin.

— Je comprenais bien l'autre jour, dit le Sabéen à Hakem, que vous étiez un homme de justice, en voyant votre colère contre les boissons défendues ; aussi cette bague me donne un droit dont j'userai de temps en temps.

— Mon frère, vous avez dit vrai, répondit le calife en

l'embrassant. Maintenant ma soirée est terminée; allons faire une petite débauche de hachich à l'okel des Sabéens. »

III. LA DAME DU ROYAUME

A son entrée dans la maison, Yousouf prit à part le chef de l'*okel* et le pria d'excuser son ami de la conduite qu'il avait tenue quelques jours auparavant. Chacun, dit-il, a son idée fixe dans l'ivresse; la sienne alors est d'être dieu! Cette explication fut transmise aux habitués, qui s'en montrèrent satisfaits.

Les deux amis s'assirent au même endroit que la veille; le négrillon leur apporta la boîte qui contenait la pâte enivrante, et ils en prirent chacun une dose, qui ne tarda pas à produire son effet; mais le calife, au lieu de s'abandonner aux fantaisies de l'hallucination et de se répandre en conversations extravagantes, se leva, comme poussé par le bras de fer d'une idée fixe : une résolution immuable était sur ses grands traits fermement sculptés, et, d'un ton de voix d'une autorité irrésistible, il dit à Yousouf :

« Frère, il faut prendre la cange et me conduire à l'endroit où tu m'as déposé hier à l'île de Roddah, près des terrasses du jardin. »

A cet ordre inopiné, Yousouf sentit errer sur ses lèvres quelques représentations qu'il lui fut impossible de formuler, bien qu'il lui parût bizarre de quitter l'okel précisément lorsque les béatitudes du hachich réclamaient le repos et les divans pour se développer à leur aise; mais une telle puissance de volonté éclatait dans les yeux du calife, que le jeune homme descendit silencieusement à sa cange. Hakem s'assit à l'extrémité, près de la proue, et Yousouf se courba sur les rames. Le calife, qui, pendant ce court trajet, avait donné les signes de la plus violente exaltation, sauta à terre sans attendre que la barque se fût rangée au bord, et congédia son ami d'un geste royal et majestueux. Yousouf retourna à l'okel, et le prince prit le chemin du palais.

Il rentra par une poterne dont il toucha le ressort secret, et se trouva bientôt, après avoir franchi quelques corridors obscurs, au milieu de ses appartements, où son apparition surprit ses gens, habitués à ne le voir revenir qu'aux premières lueurs du jour. Sa physionomie illuminée de rayons, sa démarche à la fois incertaine et raide, ses gestes étranges, inspirèrent une vague terreur aux eunuques ; ils imaginaient qu'il allait se passer au palais quelque chose d'extraordinaire, et, se tenant debout contre les murailles, la tête basse et les bras croisés, ils attendirent l'événement dans une respectueuse anxiété. On savait les justices d'Hakem promptes, terribles et sans motif apparent. Chacun tremblait, car nul ne se sentait pur.

Hakem cependant ne fit tomber aucune tête. Une pensée plus grave l'occupait tout entier ; négligeant ces petits détails de police, il se dirigea vers l'appartement de sa sœur, la princesse Sétalmulc, action contraire à toutes les idées musulmanes, et soulevant la portière, il pénétra dans la première salle, au grand effroi des eunuques et des femmes de la princesse, qui se voilèrent précipitamment le visage.

Sétalmulc (ce nom veut dire la dame du royaume — *sitt' al mulk*) était assise au fond d'une pièce retirée, sur une pile de carreaux qui garnissaient une alcôve pratiquée dans l'épaisseur de la muraille ; l'intérieur de cette salle éblouissait par sa magnificence. La voûte, travaillée en petits dômes, offrait l'apparence d'un gâteau de miel ou d'une grotte à stalactites par la complication ingénieuse et savante de ses ornements, où le rouge, le vert, l'azur et l'or mêlaient leurs teintes éclatantes. Des mosaïques de verre revêtaient les murs à hauteur d'homme de leurs plaques splendides ; des arcades évidées en cœur retombaient avec grâce sur les chapiteaux évasés en forme de turban que supportaient des colonnettes de marbre. Le long des corniches, sur les jambages des portes, sur les cadres des fenêtres couraient des inscriptions en écriture karmatique [21] dont les caractères élégants se mêlaient à des fleurs, à des feuillages et à des enroulements d'arabesques. Au milieu de la salle, une fontaine d'albâtre recevait dans sa vasque sculptée un jet d'eau dont la fusée de cristal montait jusqu'à la voûte et retombait en pluie fine avec un grésillement argentin.

A la rumeur causée par l'entrée de Hakem, Sétalmulc, inquiète, se leva et fit quelques pas vers la porte. Sa taille majestueuse parut ainsi avec tous ses avantages, car la sœur du calife était la plus belle princesse du monde : des sourcils d'un noir velouté surmontaient, de leurs arcs d'une régularité parfaite, des yeux qui faisaient baisser le regard comme si l'on eût contemplé le soleil ; son nez fin et d'une courbe légèrement aquiline indiquait la royauté de sa race, et dans sa pâleur dorée, relevée aux joues de deux petits nuages de fard, sa bouche d'une pourpre éblouissante éclatait comme une grenade pleine de perles.

Le costume de Sétalmulc était d'une richesse inouïe : une corne de métal, recouverte de diamants, soutenait son voile de gaze mouchetée de paillons ; sa robe, mi-partie de velours vert et de velours incarnadin, disparaissait presque sous les inextricables ramages des broderies. Il se formait aux manches, aux coudes, à la poitrine, des foyers de lumière d'un éclat prodigieux, où l'or et l'argent croisaient leurs étincelles ; la ceinture, formée de plaques d'or travaillé à jour et constellée d'énormes boutons de rubis, glissait par son poids autour d'une taille souple et majestueuse, et s'arrêtait retenue par l'opulent contour des hanches. Ainsi vêtue, Sétalmulc faisait l'effet d'une de ces reines des empires disparus, qui avaient des dieux pour ancêtres.

La portière s'ouvrit violemment, et Hakem parut sur le seuil. A la vue de son frère, Sétalmulc ne put retenir un cri de surprise qui ne s'adressait pas tant à l'action insolite qu'à l'aspect étrange du calife. En effet, Hakem semblait n'être pas animé par la vie terrestre. Son teint pâle reflétait la lumière d'un autre monde. C'était bien la forme du calife, mais éclairée d'un autre esprit et d'une autre âme. Ses gestes étaient des gestes de fantôme, et il avait l'air de son propre spectre. Il s'avança vers Sétalmulc plutôt porté par la volonté que par des mouvements humains, et quand il fut près d'elle, il l'enveloppa d'un regard si profond, si pénétrant, si intense, si chargé de

pensées, que la princesse frissonna et croisa ses bras sur
son sein, comme si une main invisible eût déchiré ses
vêtements.

« Sétalmulc, dit Hakem, j'ai pensé longtemps à te donner un mari ; mais aucun homme n'est digne de toi. Ton
sang divin ne doit pas souffrir de mélange. Il faut trans-
mettre intact à l'avenir le trésor que nous avons reçu du
passé. C'est moi, Hakem, le calife, le seigneur du ciel et
de la terre, qui serai ton époux : les noces se feront dans
trois jours. Telle est ma volonté sacrée. »

La princesse éprouva à cette déclaration imprévue un
tel saisissement, que sa réponse s'arrêta à ses lèvres ;
Hakem avait parlé avec une telle autorité, une domination
si fascinatrice, que Sétalmulc sentit que toute objection
était impossible. Sans attendre la réponse de sa sœur,
Hakem rétrograda jusqu'à la porte ; puis il regagna sa
chambre, et, vaincu par le hachich, dont l'effet était
arrivé à son plus haut degré, il se laissa tomber sur les
coussins comme une masse et s'endormit.

Aussitôt après le départ de son frère, Sétalmulc manda
près d'elle le grand-vizir Argévan, et lui raconta tout ce
qui venait de se passer. Argévan avait été le régent de
l'empire pendant la première jeunesse de Hakem, proclamé calife à onze ans ; un pouvoir sans contrôle était
resté dans ses mains, et la puissance de l'habitude le
maintenait dans les attributions du véritable souverain,
dont Hakem avait seulement les honneurs.

Ce qui se passa dans l'esprit d'Argévan, après le récit
que lui fit Sétalmulc de la visite nocturne du calife, ne
peut humainement se décrire ; mais qui aurait pu sonder
les secrets de cette âme profonde ? Est-ce l'étude et la
méditation qui avaient amaigri ses joues et assombri son
regard austère ? Est-ce la résolution et la volonté qui
avaient tracé sur les lignes de son front la forme sinistre
du *tau* [22], signe des destinées fatales ? La pâleur d'un
masque immobile, qui ne se plissait par moments qu'entre les deux sourcils, annonçait-elle seulement qu'il était
issu des plaines brûlées du Maghreb ? Le respect qu'il
inspirait à la population du Caire, l'influence qu'il avait
prise sur les riches et les puissants, étaient-ils la recon-

naissance de la sagesse et de la justice apportées à l'administration de l'État?

Toujours est-il que Sétalmulc, élevée par lui, le respectait à l'égal de son père, le précédent calife. Argévan partagea l'indignation de la sultane et dit seulement: «Hélas! quel malheur pour l'empire! Le prince des croyants a vu sa raison obscurcie... Après la famine, c'est un autre fléau dont le ciel nous frappe. Il faut ordonner des prières publiques; notre seigneur est devenu fou!

— Dieu nous en préserve! s'écria Sétalmulc.

— Au réveil du prince des croyants, ajouta le vizir, j'espère que cet égarement se sera dissipé, et qu'il pourra, comme à l'ordinaire, présider le grand conseil.»

Argévan attendait au point du jour le réveil du calife. Celui-ci n'appela ses esclaves que très tard, et on lui annonça que déjà la salle du divan était remplie de docteurs, de gens de loi et de cadis. Lorsque Hakem entra dans la salle, tout le monde se prosterna selon la coutume, et le vizir, en se relevant, interrogea d'un regard curieux le visage pensif du maître.

Ce mouvement n'échappa point au calife. Une sorte d'ironie glaciale lui sembla empreinte dans les traits de son ministre. Depuis quelque temps déjà le prince regrettait l'autorité trop grande qu'il avait laissé prendre à des inférieurs, et, en voulant agir par lui-même, il s'étonnait de rencontrer toujours des résistances parmi les ulémas, cachefs et moudhirs, tous dévoués à Argévan. C'était pour échapper à cette tutelle, et afin de juger les choses par lui-même, qu'il s'était précédemment résolu à des déguisements et à des promenades nocturnes.

Le calife, voyant qu'on ne s'occupait que des affaires courantes, arrêta le discussion, et dit d'une voix éclatante: «Parlons un peu de la famine; je me suis promis aujourd'hui de faire trancher la tête à tous les boulangers.» Un vieillard se leva du banc des ulémas, et dit: «Prince des croyants, n'as-tu pas fait grâce à l'un d'eux hier dans la nuit?» Le son de cette voix n'était pas inconnu au calife, qui répondit: «Cela est vrai, mais j'ai fait grâce à condition que le pain serait vendu à raison de dix occues pour un sequin.

— Songe, dit le vieillard, que ces malheureux payent la farine dix sequins l'ardeb. Punis plutôt ceux qui la leur vendent à ce prix.

— Quels sont ceux-là?

— Les moultezims, les cachefs, les moudhirs et les ulémas eux-mêmes, qui en possèdent des amas dans leurs maisons. »

Un frémissement courut parmi les membres du conseil et les assistants, qui étaient les principaux habitants du Caire.

Le calife pencha la tête dans ses mains et réfléchit quelques instants. Argévan irrité voulut répondre à ce que venait de dire le vieil uléma, mais la voix tonnante de Hakem retentit dans l'assemblée :

« Ce soir, dit-il, au moment de la prière, je sortirai de mon palais de Roddah, je traverserai le bras du Nil dans ma cange, et, sur le rivage, le chef du guet m'attendra avec son bourreau; je suivrai la rive gauche du *calish* (canal), j'entrerai au Caire par la porte Bab-el-Tahla, pour me rendre à la mosquée de Raschida. A chaque maison de moultezim, de cachef ou d'uléma que je rencontrerai, je demanderai s'il y a du blé, et, dans toute maison où il n'y en aura pas, je ferai pendre ou décapiter le propriétaire. »

Le vizir Argévan n'osa pas élever la voix dans le conseil après ces paroles du calife; mais, le voyant rentrer dans ses appartements, il se précipita sur ses pas, et lui dit : « Vous ne ferez pas cela, seigneur !

— Retire-toi! lui dit Hakem avec colère. Te souviens-tu que, lorsque j'étais enfant, tu m'appelais par plaisanterie *le Lézard?*... Eh bien! maintenant le lézard est devenu le dragon. »

IV. LE MORISTAN

Le soir même de ce jour, quand vint l'heure de la prière, Hakem entra dans la ville par le quartier des soldats, suivi seulement du chef du guet et de son exécu-

teur : il s'aperçut que toutes les rues étaient illuminées sur
son passage. Les gens du peuple tenaient des bougies à la
main pour éclairer la marche du prince et s'étaient grou-
pés principalement devant chaque maison de docteur, de
cachef, de notaire ou autres personnages éminents qu'indiquait l'ordonnance. Partout le calife entrait et trouvait
un grand amas de blé ; aussitôt il ordonnait qu'il fût
distribué à la foule et prenait le nom du propriétaire. « Par
ma promesse, leur disait-il, votre tête est sauve ; mais
apprenez désormais à ne pas faire chez vous d'amas de
blé, soit pour vivre dans l'abondance au milieu de la
misère générale, soit pour le revendre au poids de l'or et
tirer à vous en peu de jours toute la fortune publique. »

Après avoir visité ainsi quelques maisons, il envoya
des officiers dans les autres et se rendit à la mosquée de
Raschida pour faire lui-même la prière, car c'était un
vendredi ; mais, en entrant, son étonnement fut grand de
trouver la tribune occupée et d'être salué de ces paroles :
« Que le nom de Hakem soit glorifié sur la terre comme
dans les cieux ! Louange éternelle au Dieu vivant ! »

Si enthousiasmé que fût le peuple de ce que venait de
faire le calife, cette prière inattendue devait indigner les
fidèles croyants ; aussi plusieurs montèrent-ils à la chaire
pour jeter en bas le blasphémateur ; mais ce dernier se
leva et descendit avec majesté, faisant reculer à chaque
pas les assaillants et traversant la foule étonnée, qui
s'écriait en le voyant de plus près : « C'est un aveugle ! la
main de Dieu est sur lui. » Hakem avait reconnu le vieillard de la place Roumelieh, et, comme dans l'état de
veille un rapport inattendu unit parfois quelque fait matériel aux circonstances d'un rêve oublié jusque-là, il vit,
comme par un coup de foudre, se mêler la double existence de sa vie et de ses extases. Cependant son esprit
luttait encore contre cette impression nouvelle, de sorte
que, sans s'arrêter plus longtemps dans la mosquée, il
remonta à cheval et prit le chemin de son palais.

Il fit mander le vizir Argévan, mais ce dernier ne put
être trouvé. Comme l'heure était venue d'aller au Mokatam consulter les astres, le calife se dirigea vers la tour de
l'observatoire et monta à l'étage supérieur, dont la cou-

pole, percée à jour, indiquait les douze maisons des
astres. Saturne, la planète de Hakem, était pâle et
plombé, et Mars, qui a donné son nom à la ville du
Caire [23], flamboyait de cet éclat sanglant qui annonce
guerre et danger. Hakem descendit au premier étage de la
tour où se trouvait une table cabalistique établie par son
grand-père Moëzzeldin. Au milieu d'un cercle autour
duquel étaient écrits en chaldéen les noms de tous les
pays de la terre, se trouvait la statue de bronze d'un
cavalier armé d'une lance qu'il tenait droite ordinairement; mais, quand un peuple ennemi marchait contre
l'Égypte, le cavalier baissait sa lance en arrêt, et se
tournait vers le pays d'où venait l'attaque. Hakem vit le
cavalier tourné vers l'Arabie : «Encore cette race des
Abassides ! s'écria-t-il, ces fils dégénérés d'Omar, que
nous avions écrasés dans leur capitale de Bagdad ! Mais
que m'importent ces infidèles maintenant, j'ai en main la
foudre ! »

En y songeant davantage, pourtant, il sentait bien qu'il
était homme comme par le passé; l'hallucination n'ajoutait plus à sa certitude d'être un dieu la confiance d'une
force surhumaine.

«Allons, se dit-il, prendre les conseils de l'extase.» Et
il alla s'enivrer de nouveau de cette pâte merveilleuse,
qui peut-être est la même que l'ambroisie, nourriture des
immortels.

Le fidèle Yousouf était arrivé déjà, regardant d'un œil
rêveur l'eau du Nil, morne et plate, diminuée à un point
qui annonçait toujours la sécheresse et la famine. «Frère,
lui dit Hakem, est-ce à tes amours que tu rêves ? Dis-moi
alors quelle est ta maîtresse, et, sur mon serment, tu
l'auras.

— Le sais-je, hélas ! dit Yousouf. Depuis que le souffle du *khamsin* rend les nuits étouffantes, je ne rencontre
plus sa cange dorée sur le Nil. Lui demander ce qu'elle
est, l'oserais-je, même si je la revoyais ? J'arrive à croire
parfois que tout cela n'était qu'une illusion de cette herbe
perfide, qui attaque ma raison peut-être... si bien que je
ne sais plus déjà même distinguer ce qui est rêve de ce qui
est réalité.

« — Le crois-tu ? » dit Hakem avec inquiétude. Puis, après un instant d'hésitation, il dit à son compagnon : « Qu'importe ? Oublions la vie encore aujourd'hui. »

Une fois plongés dans l'ivresse du hachich, il arrivait, chose étrange ! que les deux amis entraient dans une certaine communauté d'idées et d'impressions. Yousouf s'imaginait souvent que son compagnon, s'élançant vers les cieux et frappant du pied le sol indigne de sa gloire, lui tendait la main et l'entraînait dans les espaces à travers les astres tourbillonnants et les atmosphères blanchies d'une semence d'étoiles ; bientôt Saturne, pâle, mais couronné d'un anneau lumineux, grandissait et se rapprochait, entouré des sept lunes qu'emporte son mouvement rapide, et dès lors qui pourrait dire ce qui se passait à leur arrivée dans cette divine patrie de leurs songes ? La langue humaine ne peut exprimer que des sensations conformes à notre nature ; seulement, quand les deux amis conversaient dans ce rêve divin, les noms qu'ils se donnaient n'étaient plus des noms de la terre.

Au milieu de cette extase, arrivés au point de donner à leur corps l'apparence de masses inertes, Hakem se tordit tout à coup en s'écriant : Eblis ! Eblis ! Au même instant, des *zebecks* enfonçaient la porte de l'okel, et, à leur tête, Argévan, le vizir, faisait cerner la salle et ordonnait qu'on s'emparât de tous ces infidèles, violateurs de l'ordonnance du calife, qui défendait l'usage du hachich et des boissons fermentées. « Démon ! s'écria le calife reprenant ses sens et rendu à lui-même, je te faisais chercher pour avoir ta tête ! Je sais que c'est toi qui as organisé la famine et distribué à tes créatures la réserve des greniers de l'État ! A genoux devant le prince des croyants ! commence par répondre, et tu finiras par mourir. »

Argévan fronça le sourcil, et son œil sombre s'éclaira d'un froid sourire.

« Au Moristan, ce fou qui se croit le calife ! » dit-il dédaigneusement aux gardes.

Quant à Yousouf, il avait déjà sauté dans sa cange, prévoyant bien qu'il ne pourrait défendre son ami.

Le Moristan, qui aujourd'hui est attenant à la mosquée de Kalaoum, était alors une vaste prison dont une partie

seulement était consacrée aux fous furieux. Le respect
des Orientaux pour les fous ne va pas jusqu'à laisser en
liberté ceux qui pourraient être nuisibles. Hakem, en
s'éveillant le lendemain dans une obscure cellule, comprit bien vite qu'il n'avait rien à gagner à se mettre en
fureur ni à se dire le calife sous des vêtements de fellah.
D'ailleurs, il y avait déjà cinq califes dans l'établissement
et un certain nombre de dieux. Ce dernier titre n'était
donc pas plus avantageux à prendre que l'autre. Hakem
était trop convaincu, du reste, par mille efforts faits dans
la nuit pour briser sa chaîne, que sa divinité, emprisonnée
dans un faible corps, le laissait, comme la plupart des
Bouddhas de l'Inde et autres incarnations de l'Être suprême, abandonné à toute la malice humaine et aux lois
matérielles de la force. Il se souvint même que la situation où il s'était mis ne lui était pas nouvelle. « Tâchons
surtout, dit-il, d'éviter la flagellation. » Cela n'était pas
facile, car c'était le moyen employé généralement alors
contre l'incontinence de l'imagination. Quand arriva la
visite du *hekim* (médecin), celui-ci était accompagné d'un
autre docteur qui paraissait étranger. La prudence de
Hakem était telle, qu'il ne marqua aucune surprise de
cette visite, et se borna à répondre qu'une débauche de
hachich avait été chez lui la cause d'un égarement passager, que maintenant il se sentait comme à l'ordinaire. Le
médecin consultait son compagnon et lui parlait avec une
grande déférence. Ce dernier secoua la tête et dit que
souvent les insensés avaient des moments lucides et se
faisaient mettre en liberté avec d'adroites suppositions.
Cependant il ne voyait pas de difficulté à ce qu'on donnât
à celui-ci la liberté de se promener dans les cours.

« Est-ce que vous êtes aussi médecin ? dit le calife au
docteur étranger.

— C'est le prince de la science, s'écria le médecin des
fous, c'est le grand Ebn-Sina (Avicenne), qui, arrivé
nouvellement de Syrie, daigne visiter le Moristan. »

Cet illustre nom d'Avicenne, le savant docteur, le
maître vénéré de la santé et de la vie des hommes, — et
qui passait aussi près du vulgaire pour un magicien capable des plus grands prodiges, — fit une vive impression

sur l'esprit du calife. Sa prudence l'abandonna ; il s'écria :
« O toi qui me vois ici, tel qu'autrefois Aïssé (Jésus),
abandonné sous cette forme et dans mon impuissance
humaine aux entreprises de l'enfer, doublement méconnu
comme calife et comme dieu, songe qu'il convient que je
sorte au plus tôt de cette indigne situation. Si tu es pour
moi, fais-le connaître ; si tu ne crois pas à mes paroles,
sois maudit ! »

Avicenne ne répondit pas, mais il se tourna vers le
médecin en secouant la tête, et lui dit : « Vous voyez !...
déjà sa raison l'abandonne » ; et il ajouta : « Heureusement
ce sont là des visions qui ne font de mal à qui que ce soit.
J'ai toujours dit que le chanvre avec lequel on fait la pâte
de hachich était cette herbe même qui, au dire d'Hippocrate, communiquait aux animaux une sorte de rage et les
portait à se précipiter dans la mer. Le hachich était connu
déjà du temps de Salomon : vous pouvez lire le mot
hachichot dans le *Cantique des Cantiques* [24], où les qualités enivrantes de cette préparation... » La suite de ces
paroles se perdit pour Hakem en raison de l'éloignement
des deux médecins, qui passaient dans une autre cour. Il
resta seul, abandonné aux impressions les plus contraires,
doutant qu'il fût dieu, doutant même parfois qu'il fût
calife, ayant peine à réunir les fragments épars de ses
pensées. Profitant de la liberté relative qui lui était laissée, il s'approcha des malheureux répandus çà et là dans
de bizarres attitudes, et, prêtant l'oreille à leurs chants et
à leurs discours, il y surprit quelques idées qui attirèrent
son attention.

Un de ces insensés était parvenu, en ramassant divers
débris, à se composer une sorte de tiare étoilée de morceaux de verre, et drapait sur ses épaules des haillons
couverts de broderies éclatantes qu'il avait figurées avec
des bribes de clinquant : « Je suis, disait-il, le *Kaïmalze-
man* (le chef du siècle), et je vous dis que les temps sont
arrivés.

— Tu mens, lui disait un autre. Ce n'est pas toi qui es
le véritable ; mais tu appartiens à la race des *dives* et tu
cherches à nous tromper.

— Qui suis-je donc, à ton avis ? disait le premier.

— Tu n'es autre que Thamurath, le dernier roi des
génies rebelles! Ne te souviens-tu pas de celui qui te
vainquit dans l'île de Sérendib[25], et qui n'était autre
qu'Adam, c'est-à-dire moi-même? Ta lance et ton bou-
clier sont encore suspendus comme trophées sur mon
tombeau*.

— Son tombeau! dit l'autre en éclatant de rire, jamais
on n'a pu en trouver la place. Je lui conseille d'en parler.

— J'ai le droit de parler de tombeau, ayant vécu déjà
six fois parmi les hommes et étant mort six fois aussi
comme je le devais; on m'en a construit de magnifiques;
mais c'est le tien qu'il serait difficile de découvrir, attendu que, vous autres Dives, vous ne vivez que dans des
corps morts! »

La huée générale qui succéda à ces paroles s'adressait
au malheureux empereur des Dives, qui se leva furieux,
et dont le prétendu Adam fit tomber la couronne d'un
revers de main. L'autre fou s'élança sur lui, et la lutte des
deux ennemis allait se renouveler après cinq milliers
d'années (d'après leur compte), si l'un des surveillants ne
les eût séparés à coups de nerf de bœuf, distribués d'ailleurs avec impartialité.

On se demandera quel était l'intérêt que prenait Hakem
à ces conversations d'insensés qu'il écoutait avec une
attention marquée, ou qu'il provoquait même par quelques mots. Seul maître de sa raison au milieu de ces
intelligences égarées, il se replongeait silencieusement
dans tout un monde de souvenirs. Par un effet singulier
qui résultait peut-être de son attitude austère, les fous
semblaient le respecter, et nul d'entre eux n'osait lever
les yeux sur sa figure; cependant quelque chose les portait à se grouper autour de lui, comme ces plantes qui,
dans les dernières heures de la nuit, se tournent déjà vers
la lumière encore absente.

Si les mortels ne peuvent concevoir par eux-mêmes ce
qui se passe dans l'âme d'un homme qui tout à coup se

* Les traditions des Arabes et des Persans supposent que pendant de
longues séries d'années la terre fut peuplée par des races dites *préadamites*, dont le dernier empereur fut vaincu par Adam[26].

sent prophète, ou d'un mortel qui se sent dieu, la Fable et
l'histoire du moins leur ont permis de supposer quels
doutes, quelles angoisses doivent se produire dans ces
divines natures à l'époque indécise où leur intelligence se
dégage des liens passagers de l'incarnation. Hakem arrivait par instants à douter de lui-même, comme le Fils de
l'homme au mont des Oliviers, et ce qui surtout frappait
sa pensée d'étourdissement, c'était l'idée que sa divinité
lui avait été d'abord révélée dans les extases du hachich.
« Il existe donc, se disait-il, quelque chose de plus fort
que celui qui est tout, et ce serait une herbe des champs
qui pourrait créer de tels prestiges ? Il est vrai qu'un
simple ver prouva qu'il était plus fort que Salomon,
lorsqu'il perça et fit se rompre par le milieu le bâton sur
lequel s'était appuyé ce prince des génies [27]; mais
qu'était-ce que Salomon auprès de moi, si je suis véritablement Albar (l'Éternel) ? »

V. L'INCENDIE DU CAIRE

Par une étrange raillerie dont l'esprit du mal pouvait
seul concevoir l'idée, il arriva qu'un jour le Moristan
reçut la visite de la sultane Sétalmulc, qui venait, selon
l'usage des personnes royales, apporter des secours et des
consolations aux prisonniers. Après avoir visité la partie
de la maison consacrée aux criminels, elle voulut aussi
voir l'asile de la démence. La sultane était voilée ; mais
Hakem la reconnut à sa voix, et ne put retenir sa fureur en
voyant près d'elle le ministre Argévan, qui, souriant et
calme, lui faisait les honneurs du lieu.

« Voici, disait-il, des malheureux abandonnés à mille
extravagances. L'un se dit prince des génies, un autre
prétend qu'il est le même qu'Adam ; mais le plus ambitieux, c'est celui que vous voyez là, dont la ressemblance
avec le calife votre frère est frappante.

— Cela est extraordinaire en effet, dit Sétalmulc.

— Eh bien ! reprit Argévan, cette ressemblance seule a

été cause de son malheur. A force de s'entendre dire qu'il était l'image même du calife[28], il s'est figuré être le calife, et, non content de cette idée, il a prétendu qu'il était dieu. C'est simplement un misérable fellah qui s'est gâté l'esprit comme tant d'autres par l'abus des substances enivrantes... Mais il serait curieux de voir ce qu'il dirait en présence du calife lui-même...

— Misérable ! s'écria Hakem, tu as donc créé un fantôme qui me ressemble et qui tient ma place ? »

Il s'arrêta, songeant tout à coup que sa prudence l'abandonnait et que peut-être il allait livrer sa vie à de nouveaux dangers; heureusement le bruit que faisaient les fous empêcha que l'on entendît ses paroles. Tous ces malheureux accablaient Argévan d'imprécations, et le roi des Dives surtout lui portait des défis terribles.

« Sois tranquille ! lui criait-il. Attends que je sois mort seulement; nous nous retrouverons ailleurs. »

Argévan haussa les épaules et sortit avec la sultane.

Hakem n'avait pas même essayé d'invoquer les souvenirs de cette dernière. En y réfléchissant, il voyait la trame trop bien tissée pour espérer de la rompre d'un seul effort. Ou il était réellement méconnu au profit de quelque imposteur, ou sa sœur et son ministre s'étaient entendus pour lui donner une leçon de sagesse en lui faisant passer quelques jours au Moristan. Peut-être voulaient-ils profiter plus tard de la notoriété qui résulterait de cette situation pour s'emparer du pouvoir et le maintenir lui-même en tutelle. Il y avait bien sans doute quelque chose de cela; ce qui pouvait encore le donner à penser, c'est que la sultane, en quittant le Moristan, promit à l'iman de la mosquée de consacrer une somme considérable à faire agrandir et magnifiquement rééditier le local destiné aux fous, — au point, disait-elle, que leur habitation paraîtra digne d'un calife*.

Hakem, après le départ de sa sœur et de son ministre, dit seulement : « Il fallait que cela fût ainsi ! » Et il reprit

* C'est depuis, en effet, qu'a été construit le bâtiment actuel, l'un des plus magnifiques du Caire.

sa manière de vivre, ne démentant pas la douceur et la
patience dont il avait fait preuve jusque-là. Seulement il
s'entretenait longuement avec ceux de ses compagnons
d'infortune qui avaient des instants lucides, et aussi avec
des habitants de l'autre partie du Moristan qui venaient
souvent aux grilles formant la séparation des cours, pour
s'amuser des extravagances de leurs voisins. Hakem les
accueillait alors avec des paroles telles, que ces malheureux se pressaient là des heures entières, le regardant
comme un inspiré *(melbous)*. N'est-ce pas une chose
étrange que la parole divine trouve toujours ses premiers
fidèles parmi les misérables ? Ainsi mille ans auparavant
le Messie voyait son auditoire composé surtout de gens de
mauvaise vie, de péagers et de publicains.

Le calife, une fois établi dans leur confiance, les appelait l'un après l'autre, leur faisait raconter leur vie, les
circonstances de leurs fautes ou de leurs crimes, et re-
cherchait profondément les premiers motifs de ces désor-
dres : ignorance et misère, voilà ce qu'il trouvait au fond
de tout. Ces hommes lui racontaient aussi les mystères de
la vie sociale, les manœuvres des usuriers, des monopo-
leurs, des gens de loi, des chefs de corporation, des
collecteurs et des plus hauts négociants du Caire, se
soutenant tous, se tolérant les uns les autres, multipliant
leur pouvoir et leur influence par des alliances de famille,
corrupteurs, corrompus, augmentant ou baissant à volonté les tarifs du commerce, maîtres de la famine ou de
l'abondance, de l'émeute ou de la guerre, opprimant sans
contrôle un peuple en proie aux premières nécessités de la
vie. Tel avait été le résultat de l'administration d'Argévan
le vizir pendant la longue minorité de Hakem.

De plus, des bruits sinistres couraient dans la prison ;
les gardiens eux-mêmes ne craignaient pas de les répandre : on disait qu'une armée étrangère s'approchait de la
ville et campait déjà dans la plaine de Gizeh, que la
trahison lui soumettrait Le Caire sans résistance, et que
les seigneurs, les ulémas et les marchands, craignant pour
leurs richesses le résultat d'un siège, se préparaient à
livrer les portes et avaient séduit les chefs militaires de la
citadelle. On s'attendait à voir le lendemain même le

général ennemi faire son entrée dans la ville par la porte
de Bab-el-Hadyd. De ce moment, la race des Fatimites
était dépossédée du trône; les califes Abassides régnaient
désormais au Caire comme à Bagdad, et les prières publiques allaient se faire en leur nom. « Voilà ce qu'Argévan
m'avait préparé! se dit le calife; voilà ce que m'annonçait
le talisman disposé par mon père, et ce qui faisait pâlir
dans le ciel l'étincelant Pharouïs (Saturne)! Mais le moment est venu de voir ce que peut ma parole, et si je me
laisserai vaincre comme autrefois le Nazaréen. »

Le soir approchait; les prisonniers étaient réunis dans
les cours pour la prière accoutumée. Hakem prit la parole, s'adressant à la fois à cette double population d'insensés et de malfaiteurs que séparait une porte grillée; il
leur dit ce qu'il était et ce qu'il voulait d'eux avec une
telle autorité et de telles preuves, que personne n'osa
douter. En un instant, l'effort de cent bras avait rompu les
barrières intérieures, et les gardiens, frappés de crainte,
livraient les portes donnant sur la mosquée. Le calife y
entra bientôt, porté dans les bras de ce peuple de malheureux que sa voix enivrait d'enthousiasme et de
confiance. « C'est le calife! le véritable prince des
croyants! » s'écriaient les condamnés judiciaires. « C'est
Allah qui vient juger le monde! » hurlait la troupe des
insensés. Deux d'entre ces derniers avaient pris place à la
droite et à la gauche de Hakem, criant: « Venez tous aux
assises que tient notre seigneur Hakem. »

Les croyants réunis dans la mosquée ne pouvaient
comprendre que la prière fût ainsi troublée; mais l'inquiétude répandue par l'approche des ennemis disposait
tout le monde aux événements extraordinaires. Quelques-
uns fuyaient, semant l'alarme dans les rues; d'autres
criaient: « C'est aujourd'hui le jour du dernier jugement! » Et cette pensée réjouissait les plus pauvres et les
plus souffrants qui disaient: « Enfin, Seigneur! enfin
voici ton jour! »

Quand Hakem se montra sur les marches de la mosquée, un éclat surhumain environnait sa face, et sa chevelure, qu'il portait toujours longue et flottante contre
l'usage des musulmans, répandait ses longs anneaux sur

un manteau de pourpre dont ses compagnons lui avaient
couvert les épaules. Les juifs et les chrétiens, toujours
nombreux dans cette rue Soukarieh qui traverse les bazars, se prosternaient eux-mêmes, disant : « C'est le véritable Messie, ou bien c'est l'Antéchrist annoncé par les
Écritures pour paraître mille ans après Jésus ! » Quelques
personnes aussi avaient reconnu le souverain ; mais on ne
pouvait s'expliquer comment il se trouvait au milieu de la
ville, tandis que le bruit général était qu'à cette heure-là
même il marchait à la tête des troupes contre les ennemis
campés dans la plaine qui entoure les pyramides.

« O vous, mon peuple ! dit Hakem aux malheureux qui
l'entouraient, vous, mes fils véritables, ce n'est pas mon
jour, c'est le vôtre qui est venu. Nous sommes arrivés à
cette époque qui se renouvelle chaque fois que la parole
du ciel perd de son pouvoir sur les âmes, moment où la
vertu devient crime, où la sagesse devient folie, où la
gloire devient honte, tout ainsi marchant au rebours de la
justice et de la vérité. Jamais alors la voix d'en haut n'a
manqué d'illuminer les esprits, ainsi que l'éclair avant la
foudre ; c'est pourquoi il a été dit tour à tour : Malheur à
Énochia, ville des enfants de Caïn, ville d'impuretés et de
tyrannie ! malheur à toi, Gomorrhe ! malheur à vous,
Ninive et Babylone ! et malheur à toi, Jérusalem ! Cette
voix, qui ne se lasse pas, retentit ainsi d'âge en âge, et
toujours entre la menace et la peine il y a eu du temps
pour le repentir. Cependant le délai se raccourcit de jour
en jour ; quand l'orage se rapproche, le feu suit de plus
près l'éclair ! Montrons que désormais la parole est armée, et que sur la terre va s'établir enfin le règne annoncé
par les prophètes ! A vous, enfants, cette ville enrichie par
la fraude, par l'usure, par les injustices et la rapine ; à
vous ces trésors pillés, ces richesses volées. Faites justice
de ce luxe qui trompe, de ces vertus fausses, de ces
mérites acquis à prix d'or, de ces trahisons parées qui,
sous prétexte de paix, vous ont vendus à l'ennemi. Le
feu, le feu partout à cette ville que mon aïeul Moëzzeldin
avait fondée sous les auspices de la victoire *(kahira)*, et
qui deviendrait le monument de votre lâcheté ! »

Était-ce comme souverain, était-ce comme dieu que le

calife s'adressait ainsi à la foule ? Certainement il avait en lui cette raison suprême qui est au-dessus de la justice ordinaire ; autrement sa colère eût frappé au hasard comme celle des bandits qu'il avait déchaînés. En peu d'instants, la flamme avait dévoré les bazars au toit de cèdre et les palais aux terrasses sculptées, aux colonnettes frêles ; les plus riches habitations du Caire livraient au peuple leurs intérieurs dévastés. Nuit terrible, où la puissance souveraine prenait les allures de la révolte, où la vengeance du ciel usait des armes de l'enfer !

L'incendie et le sac de la ville durèrent trois jours ; les habitants des plus riches quartiers avaient pris les armes pour se défendre, et une partie des soldats grecs et des *kétamis,* troupes barbaresques dirigées par Argévan, luttaient contre les prisonniers et la populace qui exécutaient les ordres de Hakem. Argévan répandait le bruit que Hakem était un imposteur, que le véritable calife était avec l'armée dans les plaines de Gizeh, de sorte qu'un combat terrible aux lueurs des incendies avait lieu sur les grandes places et dans les jardins. Hakem s'était retiré sur les hauteurs de Karafah, et tenait en plein air ce tribunal sanglant où, selon les traditions, il apparut comme assisté des anges, ayant près de lui Adam et Salomon, l'un témoin pour les hommes, l'autre pour les génies. On amenait là tous les gens signalés par la haine publique, et leur jugement avait lieu en peu de mots ; les têtes tombaient aux acclamations de la foule ; il en périt plusieurs milliers dans ces trois jours. La mêlée au centre de la ville n'était pas moins meurtrière ; Argévan fut enfin frappé d'un coup de lance entre les épaules par un nommé Reïdan, qui apporta sa tête aux pieds du calife ; de ce moment, la résistance cessa. On dit qu'à l'instant même où ce vizir tomba en poussant un cri épouvantable, les hôtes du Moristan, doués de cette seconde vue particulière aux insensés, s'écrièrent qu'ils voyaient dans l'air Eblis (Satan), qui, sorti de la dépouille mortelle d'Argévan, appelait à lui et ralliait dans l'air les démons incarnés jusque-là dans les corps de ses partisans. Le combat commencé sur terre se continuait dans l'espace ; les phalanges de ces éternels ennemis se reformaient et luttaient

encore avec les forces des éléments. C'est à ce propos
qu'un poète arabe a dit :

« Égypte ! Égypte ! tu les connais, ces luttes sombres
des bons et des mauvais génies, quand Typhon à l'haleine
étouffante absorbe l'air et la lumière ; quand la peste
décime tes populations laborieuses ; quand le Nil diminue
ses inondations annuelles ; quand les sauterelles en épais
nuages dévorent dans un jour toute la verdure des
champs.

« Ce n'est donc pas assez que l'enfer agisse par ces
redoutables fléaux, il peut aussi peupler la terre d'âmes
cruelles et cupides, qui, sous la forme humaine, cachent
la nature perverse des chakals et des serpents ! »

Cependant, quand arriva le quatrième jour, la ville
étant à moitié brûlée, les chérifs se rassemblèrent dans les
mosquées, levant en l'air les Alcorans et s'écriant : « O
Hakem ! ô Allah ! » Mais leur cœur ne s'unissait pas à leur
prière. Le vieillard qui avait déjà salué dans Hakem la
divinité se présenta devant ce prince et lui dit : « Seigneur,
c'est assez ; arrête la destruction au nom de ton aïeul
Moëzzeldin. » Hakem voulut questionner cet étrange personnage qui n'apparaissait qu'à des heures sinistres ; mais
le vieillard avait disparu déjà dans la mêlée des assistants.

Hakem prit sa monture ordinaire, un âne gris, et se mit
à parcourir la ville, semant des paroles de réconciliation
et de clémence. C'est à dater de ce moment qu'il réforma
les édits sévères prononcés contre les chrétiens et les
juifs, et dispensa les premiers de porter sur les épaules
une lourde croix de bois, les autres de porter au col un
billot. Par une tolérance égale envers tous les cultes, il
voulait amener les esprits à accepter peu à peu une doctrine nouvelle. Des lieux de conférence furent établis,
notamment dans un édifice qu'on appela *maison de sagesse* et plusieurs docteurs commencèrent à soutenir publiquement la divinité de Hakem. Toutefois l'esprit humain est tellement rebelle aux croyances que le temps n'a
pas consacrées, qu'on ne put inscrire au nombre des
fidèles qu'environ trente mille habitants du Caire. Il y eut
un nommé Almoschadjar qui dit aux sectateurs de Hakem : « Celui que vous invoquez à la place de Dieu ne

pourrait créer une mouche, ni empêcher une mouche de
l'inquiéter. » Le calife, instruit de ces paroles, lui fit
donner cent pièces d'or, pour preuve qu'il ne voulait pas
forcer les consciences. D'autres disaient : « Ils ont été
plusieurs dans la famille des Fatimites atteints de cette
illusion. C'est ainsi que le grand-père de Hakem, Moëzzeldin, se cachait pendant plusieurs jours et disait avoir
été enlevé au ciel ; plus tard, il s'est retiré dans un souterrain, et on a dit qu'il avait disparu de la terre sans
mourir comme les autres hommes. » Hakem recueillait
ces paroles qui le jetaient dans de longues méditations.

VI. LES DEUX CALIFES

Le calife était rentré dans son palais des bords du Nil et
avait repris sa vie habituelle, reconnu désormais de tous
et débarrassé d'ennemis. Depuis quelque temps déjà les
choses avaient repris leur cours accoutumé. Un jour il
entra chez sa sœur Sétalmulc et lui dit de préparer tout
pour leur mariage, qu'il désirait faire secrètement, de
peur de soulever l'indignation publique, le peuple n'étant
pas encore assez convaincu de la divinité de Hakem pour
ne pas se choquer d'une telle violation des lois établies.
Les cérémonies devaient avoir pour témoins seulement
les eunuques et les esclaves, et s'accomplir dans la mosquée du palais ; quant aux fêtes, suite obligatoire de cette
union, les habitants du Caire, accoutumés à voir les
ombrages du sérail s'étoiler de lanternes et à entendre des
bruits de musique emportés par la brise nocturne de
l'autre côté du fleuve, ne les remarqueraient pas ou ne
s'étonneraient en aucune façon. Plus tard Hakem, lorsque
les temps seraient venus et les esprits favorablement disposés, se réservait de proclamer hautement ce mariage
mystique et religieux.

Quand le soir vint, le calife, s'étant déguisé suivant sa
coutume, sortit et se dirigea vers son observatoire du
Mokatam, afin de consulter les astres. Le ciel n'avait rien

de rassurant pour Hakem : des conjonctions sinistres de
planètes, des nœuds d'étoiles embrouillés lui présa-
geaient un péril de mort prochaine. Ayant comme Dieu la
conscience de son éternité, il s'alarmait peu de ces menaces célestes, qui ne regardaient que son enveloppe péris-
sable. Cependant il se sentit le cœur serré par une tristesse
poignante, et, renonçant à sa tournée habituelle, il revint
au palais dans les premières heures de la nuit.

En traversant le fleuve dans sa cange, il vit avec surprise les jardins du palais illuminés comme pour une fête :
il entra. Des lanternes pendaient à tous les arbres comme
des fruits de rubis, de saphir et d'émeraude ; des jets de
senteur lançaient sous les feuillages leurs fusées d'argent ;
l'eau courait dans les rigoles de marbre, et du pavé
d'albâtre découpé à jour des kiosques s'exhalait, en légères spirales, la fumée bleuâtre des parfums les plus
précieux, qui mêlaient leurs arômes à celui des fleurs.
Des murmures harmonieux de musiques cachées alter-
naient avec les chants des oiseaux, qui, trompés par ces
lueurs, croyaient saluer l'aube nouvelle, et dans le fond
flamboyait, au milieu d'un embrasement de lumière, la
façade du palais dont les lignes architecturales se dessinaient en cordons de feu.

L'étonnement de Hakem était extrême ; il se demandait : « Qui donc ose donner une fête chez moi lorsque je
suis absent ? De quel hôte inconnu célèbre-t-on l'arrivée à
cette heure ? Ces jardins devraient être déserts et silencieux. Je n'ai cependant point pris de hachich cette fois,
et je ne suis pas le jouet d'une hallucination. » Il pénétra
plus loin. Des danseuses, revêtues de costumes éblouis-
sants, ondulaient comme des serpents, au milieu de tapis
de Perse entourés de lampes, pour qu'on ne perdît rien de
leurs mouvements et de leurs poses. Elles ne parurent pas
apercevoir le calife. Sous la porte du palais, il rencontra
tout un monde d'esclaves et de pages portant des fruits
glacés et des confitures dans des bassins d'or, des ai-
guières d'argent pleines de sorbets. Quoiqu'il marchât à
côté d'eux, les coudoyât et en fût coudoyé, personne ne
fit à lui la moindre attention. Cette singularité commença
à le pénétrer d'une inquiétude secrète. Il se sentait passer

à l'état d'ombre, d'esprit invisible, et il continua d'avancer de chambre en chambre, traversant les groupes comme s'il eût eu au doigt l'anneau magique possédé par Gygès.

Lorsqu'il fut arrivé au seuil de la dernière salle, il fut ébloui par un torrent de lumière : des milliers de cierges, posés sur des candélabres d'argent, scintillaient comme des bouquets de feu, croisant leurs auréoles ardentes. Les instruments des musiciens cachés dans les tribunes tonnaient avec une énergie triomphale. Le calife s'approcha chancelant et s'abrita derrière les plis étoffés d'une énorme portière de brocart. Il vit alors au fond de la salle, assis sur le divan à côté de Sétalmulc, un homme ruisselant de pierreries, constellé de diamants qui étincelaient au milieu d'un fourmillement de bluettes et de rayons prismatiques. On eût dit que, pour revêtir ce nouveau calife, les trésors d'Haroun-al-Raschid avaient été épuisés.

On conçoit la stupeur de Hakem à ce spectacle inouï : il chercha son poignard à sa ceinture pour s'élancer sur cet usurpateur ; mais une force irrésistible le paralysait. Cette vision lui semblait un avertissement céleste, et son trouble augmenta encore lorsqu'il reconnut ou crut reconnaître ses propres traits dans ceux de l'homme assis près de sa sœur. Il crut que c'était son *ferouer* ou son double, et, pour les Orientaux, voir son propre spectre est un signe du plus mauvais augure. L'ombre force le corps à la suivre dans le délai d'un jour [29].

Ici l'apparition était d'autant plus menaçante, que le *ferouer* accomplissait d'avance un dessein conçu par Hakem. L'action de ce calife fantastique, épousant Sétalmulc, que le vrai calife avait résolu d'épouser lui-même, ne cachait-elle pas un sens énigmatique, un symbole mystérieux et terrible ? N'était-ce pas quelque divinité jalouse, cherchant à usurper le ciel en enlevant Sétalmulc à son frère, en séparant le couple cosmogonique et providentiel ? La race des Dives tâchait-elle, par ce moyen, d'interrompre la filiation des esprits supérieurs et d'y substituer son engeance impie ? Ces pensées traversèrent à la fois la tête de Hakem : dans son courroux, il eût voulu produire un tremblement de terre, un déluge, une pluie de feu ou un cataclysme quelconque ; mais il se ressouvint que, lié à une statue d'argile terrestre, il ne pouvait employer que des mesures humaines.

Ne pouvant se manifester d'une manière si victorieuse, Hakem se retira lentement et regagna la porte qui donnait sur le Nil ; un banc de pierre se trouvait là, il s'y assit et resta quelque temps abîmé dans ses réflexions à chercher un sens aux scènes bizarres qui venaient de se passer devant lui. Au bout de quelques minutes, la poterne se rouvrit, et à travers l'obscurité Hakem vit sortir vaguement deux ombres dont l'une faisait sur la nuit une tache plus sombre que l'autre. A l'aide de ces vagues reflets de la terre, du ciel et des eaux qui, en Orient, ne permettent jamais aux ténèbres d'être complètement opaques, il discerna que le premier était un jeune homme de race arabe, et le second un Éthiopien gigantesque.

Arrivé sur un point de la berge qui s'avançait dans le fleuve, le jeune homme se mit à genoux, le noir se plaça près de lui, et l'éclair d'un damas étincela dans l'ombre comme un filon de foudre. Cependant, à la grande surprise du calife, la tête ne tomba pas, et le noir, s'était incliné vers l'oreille du patient, parut murmurer quelques mots après lesquels celui-ci se releva, calme, tranquille, sans empressement joyeux, comme s'il se fût agi de tout autre que de lui-même. L'Éthiopien remit son damas dans le fourreau, et le jeune homme se dirigea vers le bord du fleuve, précisément du côté de Hakem, sans doute pour aller reprendre la barque qui l'avait amené. Là il se trouva face à face avec le calife, qui fit mine de se réveiller, et lui dit : « La paix soit avec toi, Yousouf ; que fais-tu par ici ?

— A toi aussi la paix, répondit Yousouf, qui ne voyait toujours dans son ami qu'un compagnon d'aventures et ne s'étonnait pas de l'avoir rencontré endormi sur la berge, comme font les enfants du Nil dans les nuits brûlantes de l'été. »

Yousouf le fit monter dans la cange, et ils se laissèrent aller au courant du fleuve, le long du bord oriental. L'aube teignait déjà d'une bande rougeâtre la plaine voisine, et dessinait le profil des ruines encore existantes d'Héliopolis, au bord du désert. Hakem paraissait rêveur, et, examinant avec attention les traits de son compagnon que le jour accusait davantage, il lui trouvait avec lui-même une certaine ressemblance qu'il n'avait jamais re-marquée jusque-là, car il l'avait toujours rencontré dans la nuit ou vu à travers les enivrements de l'orgie. Il ne pouvait plus douter que ce ne fût là le *ferouer,* le double, l'apparition de la veille, celui peut-être à qui l'on avait fait jouer le rôle de calife pendant son séjour au Moristan. Cette explication naturelle lui laissait encore un sujet d'étonnement.

« Nous nous ressemblons comme des frères, dit-il à Yousouf; quelquefois il suffit, pour justifier un semblable hasard, d'être issu des mêmes contrées. Quel est le lieu de ta naissance, ami?

— Je suis né au pied de l'Atlas, à Kétama, dans le Maghreb, parmi les Berbères et les Kabyles. Je n'ai pas connu mon père, qui s'appelait Dawas, et qui fut tué dans un combat peu de temps après ma naissance; mon aïeul, très avancé en âge, était l'un des cheiks de ce pays perdu dans les sables.

— Mes aïeux sont aussi de ce pays, dit Hakem; peut-être sommes-nous issus de la même tribu... mais qu'im-porte? notre amitié n'a pas besoin des liens du sang pour être durable et sincère. Raconte-moi pourquoi je ne t'ai pas vu depuis plusieurs jours.

— Que me demandes-tu? dit Yousouf; ces jours, ou plutôt ces nuits, car les jours je les consacrais au som-meil, ont passé comme des rêves délicieux et pleins de merveilles. Depuis que la justice nous a surpris dans l'okel et séparés, j'ai de nouveau rencontré sur le Nil la vision charmante dont je ne puis plus révoquer en doute la réalité. Souvent me mettant la main sur les yeux, pour m'empêcher de reconnaître la porte, elle m'a fait pénétrer dans des jardins magnifiques, dans des salles d'une splendeur éblouissante, où le génie de l'architecte avait dépassé les constructions fantastiques qu'élève dans les nuages la fantaisie du hachich. Étrange destinée que la mienne! ma veille est encore plus remplie de rêves que mon sommeil. Dans ce palais, personne ne semblait

s'étonner de ma présence, et, quand je passais, tous les
fronts s'inclinaient respectueusement devant moi. Puis
cette femme étrange, me faisant asseoir à ses pieds,
m'enivrait de sa parole et de son regard. Chaque fois
qu'elle soulevait sa paupière frangée de longs cils, il me
semblait voir s'ouvrir un nouveau paradis. Les inflexions
de sa voix harmonieuse me plongeaient dans d'ineffables
extases. Mon âme, caressée par cette mélodie enchante-
resse, se fondait en délices. Des esclaves apportaient des
collations exquises, des conserves de roses, des sorbets à
la neige qu'elle touchait à peine du bout des lèvres, car
une créature si céleste et si parfaite ne doit vivre que de
parfums, de rosée, de rayons. Une fois, déplaçant par des
paroles magiques une dalle du pavé couverte de sceaux
mystérieux, elle m'a fait descendre dans les caveaux où
sont renfermés ses trésors et m'en a détaillé les richesses
en me disant qu'ils seraient à moi si j'avais de l'amour et
du courage. J'ai vu là plus de merveilles que n'en renferme la montagne de Kaf [30], où sont cachés les trésors
des génies, des éléphants de cristal de roche, des arbres
d'or sur lesquels chantaient, en battant des ailes, des
oiseaux de pierreries, des paons ouvrant en forme de roue
leur queue étoilée de soleils en diamants, des masses de
camphre taillées en melon et entourées d'une résille de
filigrane, des tentes de velours et de brocart avec leurs
mâts d'argent massif; puis dans des citernes, jetés comme
du grain dans un silo, des monceaux de pièces d'or et
d'argent, des tas de perles et d'escarboucles. »

Hakem, qui avait écouté attentivement cette description, dit à son ami Yousouf :

« Sais-tu, frère, que ce que tu as vu là, ce sont les
trésors d'Haroun-al-Raschid enlevés par les Fatimites, et
qui ne peuvent se trouver que dans le palais du calife ?

— Je l'ignorais; mais déjà, à la beauté et à la richesse
de mon inconnue, j'avais deviné qu'elle devait être du
plus haut rang : que sais-je ? peut-être une parente du
grand-vizir, la femme ou la fille d'un puissant seigneur.
Mais qu'avais-je besoin d'apprendre son nom ? Elle
m'aimait; n'était-ce pas assez ? Hier, lorsque j'arrivai au
lieu ordinaire du rendez-vous, je trouvai des esclaves qui

me baignèrent, me parfumèrent et me revêtirent d'habits magnifiques et tels que le calife Hakem lui-même ne pourrait en porter de plus splendides. Le jardin était illuminé, et tout avait un air de fête comme si une noce s'apprêtait. Celle que j'aime me permit de prendre place à ses côtés sur le divan, et laissa tomber sa main dans la mienne en me lançant un regard chargé de langueur et de volupté. Tout à coup elle pâlit comme si une apparition funeste, une vision sombre, perceptible pour elle seule, fût venue faire tache dans la fête. Elle congédia les esclaves d'un geste, et me dit d'une voix haletante : « Je suis perdue ! Derrière le rideau de la porte, j'ai vu briller les prunelles d'azur qui ne pardonnent pas. M'aimes-tu assez pour mourir ? » Je l'assurai de mon dévouement sans bornes. « Il faut, continua-t-elle, que tu n'aies jamais existé, que ton passage sur la terre ne laisse aucune trace, que tu sois anéanti, que ton corps soit divisé en parcelles impalpables, et qu'on ne puisse retrouver un atome de toi ; autrement, celui dont je dépends saurait inventer pour moi des supplices à épouvanter la méchanceté des Dives, à faire frissonner d'épouvante les damnés au fond de l'enfer. Suis ce nègre ; il disposera de ta vie comme il convient. » En dehors de la poterne, le nègre me fit mettre à genoux comme pour me trancher la tête ; il balança deux ou trois fois sa lame ; puis, voyant ma fermeté, il me dit que tout cela n'était qu'un jeu, une épreuve, et que la princesse avait voulu savoir si j'étais réellement aussi brave et aussi dévoué que je le prétendais. « Aie soin de te trouver demain au Caire vers le soir, à la fontaine des Amants, et un nouveau rendez-vous te sera assigné », ajouta-t-il avant de rentrer dans le jardin.

Après tous ces éclaircissements, Hakem ne pouvait plus douter des circonstances qui avaient renversé ses projets. Il s'étonnait seulement de n'éprouver aucune colère soit de la trahison de sa sœur, soit de l'amour inspiré par un jeune homme de basse extraction à la sœur du calife. Était-ce qu'après tant d'exécutions sanglantes il se trouvait las de punir, ou bien la conscience de sa divinité lui inspirait-elle cette immense affection paternelle qu'un dieu doit ressentir à l'égard des créatures ?

Impitoyable pour le mal, il se sentait vaincu par les grâces toutes puissantes de la jeunesse et de l'amour. Sétalmulc était-elle coupable d'avoir repoussé une alliance où ses préjugés voyaient un crime ? Yousouf l'était-il davantage d'avoir aimé une femme dont il ignorait la condition ? Aussi le calife se promettait d'apparaître le soir même au nouveau rendez-vous qui était donné à Yousouf, mais pour pardonner et pour bénir ce mariage. Il ne provoquait plus que dans cette pensée les confidences de Yousouf. Quelque chose de sombre traversait encore son esprit ; mais c'était sa propre destinée qui l'inquiétait désormais. Les événements tournent contre moi, se dit-il, et ma volonté elle-même ne me défend plus. Il dit à Yousouf en le quittant : « Je regrette nos bonnes soirées à l'okel. Nous y retournerons, car le calife vient de retirer les ordonnances contre le hachich et les liqueurs fermentées. Nous nous reverrons bientôt, ami. »

Hakem, rentré dans son palais, fit venir le chef de sa garde, Abou-Arous, qui faisait le service de nuit avec un corps de mille hommes, et rétablit la consigne interrompue pendant les jours de trouble, voulant que toutes les portes du Caire fussent fermées à l'heure où il se rendait à son observatoire, et qu'une seule se rouvrît à un signal convenu quand il lui plairait de rentrer lui-même. Il se fit accompagner, ce soir-là, jusqu'au bout de la rue nommée Derb-al-Siba, monta sur l'âne que ses gens tenaient prêt chez l'eunuque Nésim, huissier de la porte, et sortit dans la campagne, suivi seulement d'un valet de pied et du jeune esclave qui l'accompagnait d'ordinaire. Quand il eut gravi la montagne, sans même être encore monté dans la tour de l'observatoire, il regarda les astres, frappa ses mains l'une contre l'autre, et s'écria : « Tu as donc paru, funeste signe ! » Ensuite il rencontra des cavaliers arabes qui le reconnurent et lui demandèrent quelques secours ; il envoya son valet avec eux chez l'eunuque Nésim pour qu'on leur donnât une gratification ; puis, au lieu de se rendre à la tour, il prit le chemin de la nécropole située à gauche du Mokatam, et s'avança jusqu'au tombeau de Fokkaï, près de l'endroit nommé *Maksaba* à cause des joncs qui y croissaient. Là, trois hommes tombèrent sur

lui à coups de poignard; mais à peine était-il frappé que
l'un d'eux, reconnaissant ses traits à la clarté de la lune,
se retourna contre les deux autres et les combattit jusqu'à
ce qu'il fût tombé lui-même auprès du calife en s'écriant:
O mon frère! Tel fut du moins le récit de l'esclave
échappé à cette boucherie, qui s'enfuit vers Le Caire et
alla avertir Abou-Arous; mais, quand les gardes arrivèrent au lieu du meurtre, ils ne trouvèrent plus que des
vêtements ensanglantés et l'âne gris du calife, nommé
Kamar, qui avait les jarrets coupés.

VII. LE DÉPART

L'histoire du calife Hakem était terminée. Le cheik
s'arrêta et se mit à réfléchir profondément. J'étais ému
moi-même au récit de cette *passion*, moins douloureuse
sans doute que celle du Golgotha, mais dont j'avais vu
récemment le théâtre, ayant gravi souvent, pendant mon
séjour au Caire, ce Mokatam, qui a conservé les ruines de
l'observatoire de Hakem. Je me disais que, dieu ou
homme, ce calife Hakem, tant calomnié par les historiens
cophtes et musulmans, avait voulu sans doute amener le
règne de la raison et de la justice; je voyais sous un
nouveau jour tous les événements rapportés par El-Ma-
cin, par Makrisi, par Novaïri [31] et autres auteurs que
j'avais lus au Caire, et je déplorais ce destin qui
condamne les prophètes, les réformateurs, les Messies,
quels qu'ils soient, à la mort violente, et plus tard à
l'ingratitude humaine.

« Mais vous ne m'avez pas dit, fis-je observer au cheik,
par quels ennemis le meurtre de Hakem avait été ordonné?

— Vous avez lu les historiens, me dit-il; ne savez-
vous pas que Yousouf, fils de Dawas, se trouvant au
rendez-vous fixé à la fontaine des Amants, y rencontra
des esclaves qui le conduisirent dans une maison où

l'attendait la sultane Sétalmulc, qui s'y était rendue déguisée; qu'elle le fit consentir à tuer Hakem, lui disant
que ce dernier voulait la faire mourir, et lui promit de
l'épouser ensuite? Elle prononça en finissant ces paroles
conservées par l'histoire : « Rendez-vous sur la monta-
« gne, il y viendra sans faute et y restera seul, ne gardant
« avec lui que l'homme qui lui sert de valet. Il entrera
« dans la vallée ; courez alors sur lui et tuez-le ; tuez aussi
« le valet et le jeune esclave, s'il est avec lui. » Elle lui
donna un de ces poignards dont la pointe a forme de
lance, et que l'on nomme *yafours*, et arma aussi les deux
esclaves, qui avaient ordre de le seconder, et de le tuer
s'il manquait à son serment. Ce fut seulement après avoir
porté le premier coup au calife, que Yousouf le reconnut
pour le compagnon de ses courses nocturnes, et se tourna
contre les deux esclaves, ayant dès lors horreur de son
action ; mais il tomba à son tour frappé par eux.

— Et que devinrent les deux cadavres, qui, selon
l'histoire, ont disparu, puisqu'on ne retrouva que l'âne et
les sept tuniques de Hakem, dont les boutons n'avaient
point été défaits?

— Vous ai-je dit qu'il y eût des cadavres? Telle n'est
pas notre tradition. Les astres promettaient au calife qua-
tre-vingts ans de vie, s'il échappait au danger de cette nuit
du 27 schawal 411 de l'hégire. Ne savez-vous pas que,
pendant seize ans après sa disparition, le peuple du Caire
ne cessa de dire qu'il était vivant*?

— On m'a raconté, en effet, bien des choses semblables, dis-je ; mais on attribuait les fréquentes apparitions
de Hakem à des imposteurs, tels que Schérout, Sikkin et
d'autres, qui avaient avec lui quelque ressemblance et
jouaient ce rôle. C'est ce qui arrive pour tous ces souverains merveilleux dont la vie devient le sujet des légendes
populaires. Les Cophtes prétendent que Jésus-Christ ap-

* Tous ces détails, ainsi que les données générales de la légende, sont
racontés par les historiens cités plus haut, et reproduits la plupart dans
l'ouvrage de Silvestre de Sacy sur la religion des Druses. Il est probable que
dans ce récit, fait au point de vue particulier des Druses, on assiste à une de
ces luttes millénaires entre les bons et les mauvais esprits incarnés dans une
forme humaine, dont nous avons donné un aperçu.

parut à Hakem, qui demanda pardon de ses impiétés et fit
pénitence pendant de longues années dans le désert.

— Selon nos livres, dit le cheik, Hakem n'était pas
mort des coups qui lui avaient été portés. Recueilli par un
vieillard inconnu, il survécut à la nuit fatale où sa sœur
l'avait fait assassiner ; mais, fatigué du trône, il se retira
dans le désert d'Ammon, et formula sa doctrine, qui fut
publiée depuis par son disciple Hamza. Ses sectateurs,
chassés du Caire après sa mort, se retirèrent sur le Liban,
où ils ont formé la nation des Druses. »

Toute cette légende me tourbillonnait dans la tête, et je
me promettais bien de venir demander au chef druse de
nouveaux détails sur la religion de Hakem ; mais la tempête qui me retenait à Beyrouth s'était apaisée, et je dus
partir pour Saint-Jean-d'Acre, où j'espérais intéresser le
pacha en faveur du prisonnier. Je ne revis donc le cheik
que pour lui faire mes adieux sans oser lui parler de sa
fille, et sans lui apprendre que je l'avais vue déjà chez
madame Carlès.

IV. LES AKKALS. — L'ANTI-LIBAN

I. LE PAQUEBOT

Il faut s'attendre, sur les navires arabes et grecs, à ces traversées capricieuses qui renouvellent les destins errants d'Ulysse et de Télémaque; le moindre coup de vent les emporte à tous les coins de la Méditerranée: aussi l'Européen qui veut aller d'un point à l'autre des côtes de Syrie est-il forcé d'attendre le passage du paquebot anglais qui fait seul le service des *échelles* de la Palestine. Tous les mois, un simple brick, qui n'est pas même un *vapeur*, remonte et descend ces échelons de cités illustres qui s'appelaient Béryte, Sidon, Tyr, Ptolémaïs et Césarée, et qui n'ont conservé ni leurs noms ni même leurs ruines. A ces reines des mers et du commerce dont elle est l'unique héritière, l'Angleterre ne fait pas seulement l'honneur d'un *steamboat*. Cependant les divisions sociales si chères à cette nation libre sont strictement observées sur le pont, comme s'il s'agissait d'un vaisseau de premier ordre. Les *first places* sont interdites aux passagers inférieurs, c'est-à-dire à ceux dont la bourse est la moins garnie, et cette disposition étonne parfois les Orientaux quand ils voient des marchands aux places d'honneur, tandis que des cheiks, des chérifs ou même des émirs se trouvent confondus avec les soldats et les valets. En général, la chaleur est trop grande pour que l'on couche dans les cabinets, et chaque voyageur, apportant son lit sur son dos comme le paralytique de l'Évangile, choisit une place sur le pont pour le sommeil

et pour la sieste ; le reste du temps, il se tient accroupi sur
son matelas ou sur sa natte, le dos appuyé contre le
bordage et fumant sa pipe ou son narghilé. Les Francs
seuls passent la journée à se promener sur le pont, à la
grande surprise des Levantins, qui ne comprennent rien à
cette agitation d'écureuil. Il est difficile d'arpenter ainsi
le plancher sans accrocher les jambes de quelque Turc ou
Bédouin, qui fait un soubresaut farouche, porte la main à
son poignard et lâche des imprécations, se promettant de
vous retrouver ailleurs. Les musulmans qui voyagent
avec leur sérail, et qui n'ont pas assez payé pour obtenir
un cabinet séparé, sont obligés de laisser leurs femmes
dans une sorte de parc formé à l'arrière par des balustrades, où elles se pressent comme des agneaux. Quelquefois le mal de mer les gagne, et il faut alors que chaque
époux s'occupe d'aller chercher ses femmes, de les faire
descendre et de les ramener ensuite au bercail. Rien
n'égale la patience d'un Turc pour ces mille soins de
famille qu'il faut accomplir sous l'œil railleur des infidèles. C'est lui-même qui, matin et soir, s'en va remplir à la
tonne commune les vases de cuivre destinés aux ablutions
religieuses, qui renouvelle l'eau des narghilés, soigne les
enfants incommodés du roulis, toujours pour soustraire le
plus possible ses femmes ou ses esclaves au contact
dangereux des Francs. Ces précautions n'ont pas lieu sur
les vaisseaux où il ne se trouve que des passagers levantins. Ces derniers, bien qu'ils soient de religion diverses,
observent entre eux une sorte d'étiquette, surtout en ce
qui se rapporte aux femmes.

L'heure du déjeuner sonna pendant que le missionnaire
anglais, embarqué avec moi pour Acre, me faisait remarquer un point de la côte qu'on suppose être le lieu même
où Jonas s'élança du ventre de la baleine. Une petite
mosquée indique la piété des musulmans pour cette tradition biblique, et à ce propos j'avais entamé avec le révérend une de ces discussions religieuses qui ne sont plus de
mode en Europe, mais qui naissent si naturellement entre
voyageurs dans ces pays où l'on sent que la religion est
tout.

« Au fond, lui disais-je, le Coran n'est qu'un résumé de

l'Ancien et du Nouveau Testament rédigé en d'autres
termes et augmenté de quelques prescriptions particulières au climat. Les musulmans honorent le Christ comme
prophète, sinon comme dieu; ils révèrent la *Kadra Myriam* (la Vierge Marie), et aussi nos anges, nos prophètes
et nos saints; d'où vient donc l'immense préjugé qui les
sépare encore des chrétiens et qui rend toujours entre eux
les relations mal assurées?

— Je n'accepte pas cela pour ma croyance, disait le
révérend, et je pense que les protestants et les Turcs
finiront un jour par s'entendre. Il se formera quelque
secte intermédiaire, une sorte de christianisme oriental...

— Ou d'islamisme anglican, lui dis-je. Mais pourquoi
le catholicisme n'opérerait-il pas cette fusion?

— C'est qu'aux yeux des Orientaux les catholiques
sont idolâtres. Vous avez beau leur expliquer que vous ne
rendez pas un culte à la figure peinte ou sculptée, mais à
la personne divine qu'elle représente; que vous *honorez,*
mais que vous n'adorez pas les anges et les saints : ils ne
comprennent pas cette distinction. Et d'ailleurs, quel
peuple idolâtre a jamais adoré le bois ou le métal lui-
même? Vous êtes donc pour eux à la fois des idolâtres et
des polythéistes, tandis que les diverses communions
protestantes... »

Notre discussion, que je résume ici, continuait encore
après le déjeuner, et ces dernières paroles avaient frappé
l'oreille d'un petit homme à l'œil vif, à la barbe noire,
vêtu d'un caban grec dont le capuchon, relevé sur sa tête,
dissimulait la coiffure, seul indice en Orient des conditions et des nationalités.

Nous ne restâmes pas longtemps dans l'indécision.

«Eh! sainte Vierge! s'écria-t-il, les protestants n'y
feront pas plus que les autres. Les *Turcs* seront toujours
les *Turcs!* » (Il prononçait *Turs*.)

L'interruption indiscrète et l'accent provençal de ce
personnage ne me rendirent pas insensible au plaisir de
rencontrer un compatriote. Je me tournai donc de son
côté, et je lui répondis quelques paroles auxquelles il
répliqua avec volubilité.

«Non, monsieur, il n'y a rien à faire avec le *Tur*

(Turc); c'est un peuple qui s'en va!... Monsieur, je fus
ces temps derniers à Constantinople; je me disais: Où
sont les *Turs*?... Il n'y en a plus!»

Le paradoxe se réunissait à la prononciation pour signaler de plus en plus un enfant de la Canebière. Seulement ce mot *Tur*, qui revenait à tout moment, m'agaçait
un peu.

«Vous allez loin! lui répliquai-je; j'ai moi-même vu
déjà un assez bon nombre de Turcs... »

J'affectais de dire ce mot en appuyant sur la désinence;
le Provençal n'acceptait pas cette leçon.

«Vous croyez que ce sont des *Turs* que vous avez vus?
disait-il en prononçant la syllabe d'une voix encore plus
flûtée; ce ne sont pas de vrais *Turs*: j'entends le *Tur*
Osmanli... tous les musulmans ne sont pas des *Turs*!»

Après tout, un méridional trouve sa prononciation excellente et celle d'un Parisien fort ridicule; je m'habituais
à celle de mon voisin mieux qu'à son paradoxe.

«Êtes-vous bien sûr, lui dis-je, que cela soit ainsi?

— Eh! monsieur, j'arrive de Constantinople; ce sont
tous là des Grecs, des Arméniens, des Italiens, des gens
de Marseille. Tous les *Turs* que l'on peut trouver, on en
fait des cadis, des ulémas, des pachas; ou bien on les
envoie en France pour les faire voir... »

Je me tournai du côté du missionnaire anglais, mais il
s'était éloigné de nous et se promenait sur l'arrière.

«Monsieur, me dit le Marseillais en me prenant le
bras, qu'est-ce que vous croyez que les diplomates feront
quand les rayas viendront leur dire: «Voilà le malheur
« qui nous arrive; il n'y a plus un seul *Tur* dans tout
« l'empire... nous ne savons que faire, nous vous appor-
« tons les clefs de tout!»

L'audace de cette supposition me fit rire de tout mon
cœur. Le Marseillais continua impertubablement:

«L'Europe dira: «Il doit y en avoir encore quelque
« part, cherchons bien!... Est-ce possible? Plus de pa-
« chas, plus de vizirs, plus de muchirs, plus de nazirs...
« Cela va déranger toutes les relations diplomatiques. À
« qui s'adresser? Comment ferons-nous pour continuer à
« payer les drogmans?»

— Ce sera embarrassant, en effet.

— Le pape, de son côté, dira : « Eh ! mon Dieu ! com-
« ment faire ? Qu'est-ce qui va donc garder le Saint-Sé-
« pulcre à présent ! Voilà qu'il n'y a plus de *Turs**!... »

Un Marseillais développant un paradoxe ne vous en
tient pas quitte facilement. Celui-là semblait heureux
d'avoir pris le contre-pied du mot naïf d'un de ses conci-
toyens : « Vous allez à Constantinople ?... Vous y verrez
bien des *Turs !* »

Quand je revins près du révérend, il m'accueillit d'un
air très froid. Je compris qu'étant aux premières places, il
trouvait inconvenant que je me fusse entretenu avec
quelqu'un des secondes. Désormais je n'avais plus droit à
faire partie de sa société ; il regrettait sans doute amère-
ment d'avoir entamé quelques relations avec un homme
qui ne se conduisait pas en *gentleman*. Peut-être
m'avait-il pardonné, à cause de mon costume levantin, de
ne point porter de gants jaunes et de bottes vernies, mais
se prêter à la conversation du premier venu, c'était décidément *impropre !* Il ne me reparla plus.

II. LE POPE ET SA FEMME

N'ayant désormais rien à ménager, je voulus jouir
entièrement de la compagnie du Marseillais, qui, vu les
occasions rares d'amusement qu'on peut rencontrer sur
un paquebot anglais, devenait un compagnon précieux.
Cet homme avait beaucoup voyagé, beaucoup vu ; son
commerce le forçait à s'arrêter d'échelle en échelle, et le
conduisait naturellement à entamer des relations avec tout
le monde. « L'Anglais ne veut plus causer, me dit-il, c'est

---

* On ne doit certainement pas prendre au sérieux cette plaisanterie
méridionale, qui se rapporte aux circonstances d'une autre époque. Si
jadis la force de l'empire turc reposait sur l'énergie de milices étrangères d'origine à la race d'Othman, la Porte a su se débarrasser enfin de
cet élément dangereux, et reconquérir une puissance dont l'exécution
sincère des idées de la Réforme [32] lui assurera la durée.

peut-être qu'il a le mal de mer (il prononçait *merre*). Ah !
oui, le voilà qui fait un plongeon dans la cajute. Il aura
trop déjeuné sans doute… »

Il s'arrêta et reprit après un éclat de rire :

« C'est comme un député de chez nous, qui aimait fort
les grosses pièces. Un jour, dans un plat de grives, on te
lui campe une chouette (il prononçait *souette*). « Ah !
dit-il, en voilà une qu'elle est grosse ! » Quand il eut fini,
nous lui apprîmes ce que c'était qu'il avait mangé…
Monsieur, cela lui fit un effet comme le roulis !… »

Décidément mon Provençal n'appartenait pas à la
meilleure compagnie, mais j'avais franchi le Rubicon. La
limite qui sépare les *first places* des *second places* était
dépassée, je n'appartenais plus au monde *comme il faut ;*
il fallait se résigner à ce destin. Peut-être, hélas ! le
révérend qui m'avait si imprudemment admis dans son
intimité me comparait-il en lui-même aux anges déchus
de Milton. J'avouerai que je n'en conçus pas de longs
regrets ; l'avant du paquebot était infiniment plus amusant
que l'arrière. Les haillons les plus pittoresques, les types
de races les plus variées se pressaient sur des nattes, sur
des matelas, sur des tapis troués, rayonnants de l'éclat de
ce soleil splendide qui les couvrait d'un manteau d'or.
L'œil étincelant, les dents blanches, le rire insouciant des
montagnards, l'attitude patriarcale des pauvres familles
curdes, çà et là groupées à l'ombre des voiles, comme
sous les tentes du désert, l'imposante gravité de certains
émirs ou chérifs, plus riches d'ancêtres que de piastres, et
qui, comme don Quichotte, semblaient se dire : « Partout
où je m'assieds, je suis à la place d'honneur [33] », tout cela
sans doute valait bien la compagnie de quelques touristes
taciturnes et d'un certain nombre d'Orientaux cérémonieux.

Le Marseillais m'avait conduit en causant jusqu'à une
place où il avait étendu son matelas auprès d'un autre
occupé par un prêtre grec et sa femme qui faisaient le
pèlerinage de Jérusalem. C'étaient deux vieillards de fort
bonne humeur, qui avaient lié déjà une étroite amitié avec
le Marseillais. Ces gens possédaient un corbeau qui sau-
telait sur leurs genoux et sur leurs pieds et partageait leur

maigre déjeuner. Le Marseillais me fit asseoir près de lui
et tira d'une caisse un énorme saucisson et une bouteille
de forme européenne.

« Si vous n'aviez pas déjeuné tout à l'heure, me dit-il,
je vous offrirais de ceci ; mais vous pouvez bien en
goûter : c'est du saucisson d'Arles, monsieur ! cela ren-
drait l'appétit à un mort !... Voyez ce qu'ils vous ont
donné à manger aux premières, toutes leurs conserves de
roastbeef et de légumes qu'ils tiennent dans des boîtes de
fer-blanc... si cela vaut une bonne rondelle de saucisson,
que la larme en coule sur le couteau !... Vous pouvez
traverser le désert avec cela dans votre poche, et vous
ferez encore bien des politesses aux Arabes, qui vous
diront qu'ils n'ont jamais rien mangé de meilleur ! »

Le Marseillais, pour prouver son assertion, découpa
deux tranches et les offrit au pope grec et à sa femme, qui
ne manquèrent pas de faire honneur à ce régal. « Par
exemple, cela pousse toujours à boire, reprit-il... Voilà
du vin de la Camargue qui vaut mieux que le vin de
Chypre, s'entend comme ordinaire... Mais il faudrait une
tasse ; moi, quand je suis seul, je bois à même la bouteille. »

Le pope tira de dessous ses habits une sorte de coupe
en argent couverte d'ornements repoussés d'un travail
ancien, et qui portait à l'intérieur des traces de dorure ;
peut-être était-ce un calice d'église. Le sang de la grappe
perlait joyeusement dans le vermeil. Il y avait si longtemps que je n'avais bu de vin rouge, et j'ajouterai même
de vin français, que je vidai la tasse sans faire de façons.
Le pope et sa femme n'en étaient pas là faire connaissance
avec le vin du Marseillais.

« Voyez-vous ces braves gens-là, me dit celui-ci, ils
ont peut-être à eux deux un siècle et demi, et ils ont voulu
voir la Terre sainte avant de mourir. Ils vont célébrer la
cinquantaine de leur mariage à Jérusalem ; ils avaient des
enfants, qui sont morts, ils n'ont plus à présent que ce
corbeau ! eh bien ! c'est égal, ils s'en vont remercier le
bon Dieu ! »

Le pope, qui comprenait que nous parlions de lui,
souriait d'un air bienveillant sous son toquet noir ; la

bonne vieille, dans ses longues draperies bleues de laine, me faisait songer au type austère de Rébecca.

La marche du paquebot s'était ralentie, et quelques passagers debout se montraient un point blanchâtre sur le rivage ; nous étions arrivés devant le port de Seyda, l'ancienne Sidon. La montagne d'Élie *(Mar-Elias),* sainte pour les Turcs comme pour les chrétiens et les Druses, se dessinait à gauche de la ville, et la masse imposante du khan français ne tarda pas à attirer nos yeux. Les murs et les tours portent les traces du bombardement anglais de 1840, qui a démantelé toutes les villes maritimes du Liban. De plus, tous leurs ports, depuis Tripoli jusqu'à Saint-Jean-d'Acre, avaient été, comme on sait, comblés jadis d'après les ordres de Fakardin, prince des Druses, afin d'empêcher la descente des troupes turques, de sorte que ces villes illustres ne sont que ruine et désolation. La nature pourtant ne s'associe pas à ces effets si longtemps renouvelés des malédictions bibliques. Elle se plaît toujours à encadrer ces débris d'une verdure délicieuse. Les jardins de Sidon fleurissent encore comme au temps du culte d'Astarté. La ville moderne est bâtie à un mille de l'ancienne, dont les ruines entourent un mamelon surmonté d'une tour carrée du Moyen Age, autre ruine elle-même.

Beaucoup de passagers descendaient à Seyda, et, comme le paquebot s'y arrêtait pour quelques heures, je me fis mettre à terre en même temps que le Marseillais. Le pope et sa femme débarquèrent aussi, ne pouvant plus supporter la mer et ayant résolu de continuer par terre leur pèlerinage.

Nous longeons dans un caïque les arches du pont maritime qui joint à la ville le fort bâti sur un îlot ; nous passons au milieu des frêles tartanes qui seules trouvent assez de fond pour s'abriter dans le port, et nous abordons à une ancienne jetée dont les pierres énormes sont en partie semées dans les flots. La vague écume sur ces débris, et l'on ne peut débarquer à pied sec qu'en se faisant porter par des *hamals* presque nus. Nous rions un peu de l'embarras des deux Anglaises, compagnes du missionnaire, qui se tordent dans les bras de ces tritons cuivrés, aussi blondes, mais plus vêtues que les néréides du Triomphe de Galatée [34]. Le corbeau commensal du pauvre ménage grec bat des ailes et pousse des cris ; une tourbe de jeunes drôles, qui se sont fait des *machlahs* rayés avec des sacs en poils de chameau, se précipitent sur les bagages ; quelques-uns se proposent comme cicerone en hurlant deux ou trois mots français. L'œil se repose avec plaisir sur des bateaux chargés d'oranges, de figues et d'énormes raisins de la terre promise ; plus loin une odeur pénétrante d'épiceries, de salaisons et de fritures signale le voisinage des boutiques. En effet, on passe entre les bâtiments de la marine et ceux de la douane, et l'on se trouve dans une rue bordée d'étalages qui aboutit à la porte du khan français. Nous voilà sur nos terres. Le drapeau tricolore flotte sur l'édifice, qui est le plus considérable de Seyda. La vaste cour carrée, ombragée d'acacias avec un bassin au centre, est entourée de deux rangées de galeries qui correspondent en bas à des magasins, en haut à des chambres occupées par des négociants. On m'indique le logement consulaire situé dans l'angle gauche, et, pendant que j'y monte, le Marseillais se rend avec le pope au couvent des franciscains, qui occupe le bâtiment du fond. C'est une ville que ce khan français, nous n'en avons pas de plus important dans toute la Syrie. Malheureusement, notre commerce n'est plus en rapport avec les proportions de son comptoir.

Je causais tranquillement avec M. Conti, notre vice-consul, lorsque le Marseillais nous arriva tout animé, se plaignant des franciscains et les accablant d'épithètes voltairiennes. Ils avaient refusé de recevoir le pope et sa femme. « C'est, dit M. Conti, qu'ils ne logent personne qui ne leur ait été adressé avec une lettre de recommandation.

— Eh bien ! c'est fort commode, dit le Marseillais, mais je les connais tous, les moines, ce sont là leurs manières ; quand ils voient de pauvres diables, ils ont toujours la même chose à dire. Les gens à leur aise donnent huit piastres (2 fr.) par jour dans chaque couvent ; on ne les taxe pas, mais c'est le prix, et avec cela ils sont sûrs d'être bien accueillis partout.

— Mais on recommande aussi de pauvres pèlerins, dit M. Conti, et les pères les accueillent gratuitement.

— Sans doute, et puis, au bout de trois jours, on les met à la porte, dit le Marseillais. Et combien en reçoivent-ils de ces pauvres-là par année? Vous savez bien qu'en France on n'accorde de passeport pour l'Orient qu'aux gens qui prouvent qu'ils ont de quoi faire le voyage.

— Ceci est très exact, dis-je à M. Conti, et rentre dans les maximes d'égalité applicables à tous les Français... quand ils ont de l'argent dans leur poche.

— Vous savez sans doute, répondit-il, que, d'après les capitulations avec la Porte, les consuls sont forcés de *rapatrier* ceux de leurs nationaux qui manqueraient de ressources pour retourner en Europe. C'est une grosse dépense pour l'État.

— Ainsi, dis-je, plus de croisades volontaires, plus de pèlerinages possibles, et nous avons une religion d'État!

— Tout cela, s'écria le Marseillais, ne nous donne pas un logement pour ces braves gens.

— Je les recommanderais bien, dit M. Conti; mais vous comprenez que dans tous les cas un couvent catholique ne peut pas recevoir un prêtre grec avec sa femme. Il y a ici un couvent grec où ils peuvent aller.

— Eh! que voulez-vous? dit le Marseillais, c'est encore une affaire pire. Ces pauvres diables sont des Grecs schismatiques; dans toutes les religions, plus les croyances se rapprochent, et plus les croyants se détestent; arrangez cela... Ma foi, je vais frapper à la porte d'un *Tur*. Ils ont cela de bon, au moins, qu'ils donnent l'hospitalité à tout le monde. »

M. Conti eut beaucoup de peine à retenir le Marseillais; il voulut bien se charger lui-même d'héberger le pope, sa femme et le corbeau, qui s'unissait à l'inquiétude de ses maîtres en poussant des croacs plaintifs.

C'est un homme excellent que notre consul et aussi un savant orientaliste; il m'a fait voir deux ouvrages traduits de manuscrits qui lui avaient été prêtés par un Druse. On voit ainsi que la doctrine n'est plus tenue aussi secrète qu'autrefois. Sachant que ce sujet m'intéressait,

M. Conti voulut bien en causer longuement avec moi pendant le dîner. Nous allâmes ensuite voir les ruines, auxquelles on arrive à travers des jardins délicieux, qui sont les plus beaux de toute la côte de Syrie. Quant aux ruines situées au nord, elles ne sont plus que fragments et poussière : les seuls fondements d'une muraille paraissent remonter à l'époque phénicienne ; le reste est du Moyen Age : on sait que Saint Louis fit reconstruire la ville et réparer un château carré, anciennement construit par les Ptolémées. La citerne d'Élie, le sépulcre de Zabulon et quelques grottes sépulcrales avec des restes de pilastres et de peintures complètent le tableau de tout ce que Seyda doit au passé.

M. Conti nous a fait voir, en revenant, une maison située au bord de la mer, qui fut habitée par Bonaparte à l'époque de la campagne de Syrie. La tenture en papier peint, ornée d'attributs guerriers, a été posée à son intention, et deux bibliothèques, surmontées de vases chinois, renfermaient les livres et les plans que consultait assidument le héros. On sait qu'il s'était avancé jusqu'à Seyda pour établir des relations avec des émirs du Liban. Un traité secret mettait à sa solde six mille Maronites et six mille Druses destinés à arrêter l'armée du pacha de Damas marchant sur Acre. Malheureusement les intrigues des souverains de l'Europe et d'une partie des couvents, hostiles aux idées de la révolution, arrêtèrent l'élan des populations ; les princes du Liban, toujours politiques, subordonnaient leur concours officiel au résultat du siège de Saint-Jean-d'Acre. Au reste, des milliers de combattants indigènes s'étaient réunis déjà à l'armée française en haine des Turcs ; mais le nombre n'y pouvait rien faire en cette circonstance. Les équipages de siège que l'on attendait furent saisi par la flotte anglaise, qui parvint à jeter dans Acre ses ingénieurs et ses canonniers. Ce fut un Français, nommé Phélippeaux, ancien condisciple de Napoléon, qui, comme on sait, dirigea la défense[35].

Une vieille haine d'écolier a peut-être décidé du sort d'un monde !

III. Un déjeuner à Saint-Jean-d'Acre

Le paquebot avait remis à la voile ; la chaîne du Liban
s'abaissait et reculait de plus en plus à mesure que nous
approchions d'Acre ; la plage devenait sablonneuse et se
dépouillait de verdure. Cependant nous ne tardâmes pas à
apercevoir le port de *Sour,* l'ancienne Tyr, où l'on ne
s'arrêta que pour prendre quelques passagers. La ville est
beaucoup moins importante encore que Seyda. Elle est
bâtie sur le rivage, et l'îlot où s'élevait Tyr à l'époque du
siège qu'en fit Alexandre n'est plus couvert que de jardins et de pâturages. La jetée que fit construire le
conquérant, tout empâtée par les sables, ne montre plus
les traces du travail humain ; c'est un isthme d'un quart de
lieue simplement. Mais, si l'Antiquité ne se révèle plus
sur ces bords que par des débris de colonnes rouges et
grises, l'âge chrétien a laissé des vestiges plus imposants.
On distingue encore les fondations de l'ancienne cathé-
drale, bâtie dans le goût syrien, qui se divisait en trois
nefs semi-circulaires, séparées par des pilastres, et où fut
le tombeau de Frédéric Barberousse, noyé près de Tyr,
dans le Kasamy. Les fameux puits d'eau vive de Ras-el-
Aïn, célébrés dans la Bible, et qui sont de véritables *puits
artésiens,* dont on attribue la création à Salomon, existent
encore à une lieue de la ville, et l'aqueduc qui en amenait
les eaux à Tyr découpe toujours sur le ciel plusieurs de
ses arches immenses. Voilà tout ce que Tyr a conservé :
ses vases transparents, sa pourpre éclatante, ses bois
précieux étaient jadis renommés par toute la terre. Ces
riches exportations ont fait place à un petit commerce de
grains récoltés par les Métualis [36], et vendus par les
Grecs, très nombreux dans la ville.

La nuit tombait lorsque nous entrâmes dans le port de
Saint-Jean-d'Acre. Il était trop tard pour débarquer ; mais,
à la clarté si nette des étoiles, tous les détails du golfe,
gracieusement arrondi entre Acre et Kaiffa se dessinaient
à l'aide du contraste de la terre et des eaux. Au-delà d'un

horizon de quelques lieues se découpent les cimes de
l'Anti-Liban qui s'abaissent à gauche, tandis qu'à droite
s'élève et s'étage en croupes hardies la chaîne du Carmel,
qui s'étend vers la Galilée. La ville endormie ne se
révélait encore que par ses murs à créneaux, ses tours
carrées et les dômes d'étain de sa mosquée, indiquée de
loin par un seul minaret. A part ce détail musulman, on
peut rêver encore la cité féodale des templiers, le dernier
rempart des croisades.

Le jour vint dissiper cette illusion en trahissant l'amas
de ruines informes qui résultent de tant de sièges et de
bombardements accomplis jusqu'à ces dernières années.
Au point du jour, le Marseillais m'avait réveillé pour me
montrer l'étoile du matin levée sur le village de Nazareth,
distant seulement de huit lieues. On ne peut échapper à
l'émotion d'un tel souvenir. Je proposai au Marseillais de
faire ce petit voyage.

« C'est dommage, dit-il, qu'il ne s'y trouve plus la
maison de la Vierge ; mais vous savez que les anges l'ont
transportée en une nuit à Lorette, près de Venise. Ici on
en montre la place, voilà tout. Ce n'est pas la peine d'y
aller pour voir qu'il n'y a plus rien ! »

Au reste, je songeais surtout pour le moment à faire ma
visite au pacha. Le Marseillais, par son expérience des
mœurs turques, pouvait me donner des conseils quant à la
manière de me présenter, et je lui appris comment j'avais
fait à Paris la connaissance de ce personnage.

« Pensez-vous qu'il me reconnaîtra ? lui dis-je.

— Eh ! sans doute, répondit-il ; seulement il faut reprendre le costume européen, sans cela vous seriez obligé
de prendre votre tour d'audience, et il ne serait peut-être
pas pour aujourd'hui. »

Je suivis ce conseil, gardant toutefois le tarbouch, à
cause de mes cheveux rasés à l'orientale.

« Je connais bien votre pacha, disait le Marseillais
pendant que je changeais de costume. On l'appelle à
Constantinople *Guezluk,* ce qui veut dire l'homme aux
lunettes.

— C'est juste, lui dis-je, il portait des lunettes quand
je l'ai connu.

— Eh bien! voyez ce que c'est chez les *Turs* : ce
sobriquet est devenu son nom, et cela restera dans sa
famille ; on appellera son fils *Guezluk-Oglou* [37], ainsi de
tous ses descendants. La plupart des noms propres ont des
origines semblables... Cela indique d'ordinaire que
l'homme s'étant élevé par son mérite, ses enfants accep-
tent l'héritage d'un surnom souvent ironique, car il rappelle ou un ridicule, ou un défaut corporel, ou l'idée d'un
métier que le personnage exerçait avant son élévation.

— C'est encore, dis-je, un des principes de l'égalité
musulmane. On s'honore par l'humilité. N'est-ce pas
aussi un principe chrétien ?

— Écoutez, dit le Marseillais, puisque le pacha est
votre ami, il faut que vous fassiez quelque chose pour
moi. Dites-lui que j'ai à lui vendre une pendule à musique
qui exécute tous les opéras italiens. Il y a dessus des
oiseaux qui battent des ailes et qui chantent. C'est une
petite merveille... Ils aiment cela, les *Turs!* »

Nous ne tardâmes pas à être mis à terre, et j'en eus
bientôt assez de parcourir des rues étroites et poudreuses
en attendant l'heure convenable pour me présenter au
pacha. A part le bazar voûté en ogive et la mosquée de
Djezzar-Pacha, fraîchement restaurée, il reste peu de
chose à voir dans la ville ; il faudrait une vocation d'architecte pour relever les plans des églises et des couvents
de l'époque des croisades. L'emplacement est encore
marqué par les fondations ; une galerie qui longe le port
est seule restée debout, comme débris du palais des
grands maîtres de Saint-Jean de Jérusalem.

Le pacha demeurait hors de la ville, dans un kiosque
d'été situé près des jardins d'Abdallah, au bout d'un
aqueduc qui traverse la plaine. En voyant dans la cour les
chevaux et les esclaves des visiteurs, je reconnus que le
Marseillais avait eu raison de me faire changer de costume. Avec l'habit levantin, je devais paraître un mince
personnage ; avec l'habit noir tous les regards se fixaient
sur moi.

Sous le péristyle, au bas de l'escalier, était un amas
immense de babouches, laissées à mesure par les en-
trants. Le *serdarbachi* [38] qui me reçut voulait me faire

ôter mes bottes; mais je m'y refusai, ce qui donna une
haute opinion de mon importance. Aussi ne restai-je
qu'un instant dans la salle d'attente. On avait, du reste,
remis au pacha la lettre dont j'étais chargé, et il donna
ordre de me faire entrer, bien que ce ne fût pas mon tour.

Ici l'accueil devint plus cérémonieux. Je m'attendais
déjà à une réception européenne; mais le pacha se borna à
me faire asseoir près de lui sur un divan qui entourait une
partie de la salle. Il affecta de ne parler qu'italien, bien
que je l'eusse entendu parler français à Paris, et m'ayant
adressé la phrase obligée : « Ton *kief* est-il bon ? » c'est-
à-dire : « Te trouves-tu bien ? » il me fit apporter le chibouk et le café. Notre conversation s'alimenta encore de
lieux communs. Puis le pacha me répéta : « Ton *kief* est-il
bon ? » et fit servir une autre tasse de café. J'avais couru
les rues d'Acre toute la matinée et traversé la plaine sans
rencontrer la moindre *trattoria ;* j'avais refusé même un
morceau de pain et de saucisson d'Arles offerts par le
Marseillais, comptant un peu sur l'hospitalité musulmane ; mais le moyen de faire fond sur l'amitié des
grands ! La conversation se prolongeait sans que le pacha
m'offrît autre chose que du café sans sucre et de la fumée
de tabac. Il répéta une troisième fois : « Ton *kief* est-il
bon ? » Je me levai pour prendre congé. En ce moment-là
midi sonna à une pendule placée au-dessus de ma tête,
elle commença un air ; une seconde sonna presque aussitôt et commença un air différent ; une troisième et une
quatrième débutèrent à leur tour, et il en résulta le chari-
vari que l'on peut penser. Si habitué que je fusse aux
singularités des Turcs, je ne pouvais comprendre que l'on
réunît tant de pendules dans la même salle. Le pacha
paraissait enchanté de cette harmonie et fier sans doute de
montrer à un Européen son amour du progrès. Je songeais
en moi-même à la commission dont le Marseillais m'avait
chargé. La négociation me paraissait d'autant plus difficile, que les quatre pendules occupaient chacune symétri-
quement une des faces de la salle. Où placer la cin-
quième ? Je n'en parlai pas.

Ce n'était pas le moment non plus de parler de l'affaire
du cheik druse prisonnier à Beyrouth. Je gardai ce point

délicat pour une autre visite, où le pacha m'accueillerait
peut-être moins froidement. Je me retirai en prétextant
des affaires à la ville. Lorsque je fus dans la cour, un
officier vint me prévenir que le pacha avait ordonné à
deux *cavas* de m'accompagner partout où je voudrais
aller. Je ne m'exagérai pas la portée de cette attention,
qui se résout d'ordinaire en un fort *bakchis* à donner
auxdits estafiers.

Lorsque nous fûmes entrés dans la ville, je demandai à
l'un d'eux où l'on pouvait aller déjeuner. Ils se regardè-
rent avec des yeux très étonnés en se disant que ce n'était
pas l'heure. Comme j'insistais, ils me demandèrent une
colonnate (piastre d'Espagne) pour acheter des poules et
du riz... Où auraient-ils fait cuire cela ? Dans un corps de
garde. Cela me parut une œuvre chère et compliquée.
Enfin ils eurent l'idée de me mener au consulat français ;
mais j'appris là que notre agent résidait de l'autre côté du
golfe, sur le revers du mont Carmel. A Saint-
Jean-d'Acre, comme dans les villes du Liban, les Européens ont des habitations dans les montagnes, à des
hauteurs où cessent l'impression des grandes chaleurs et
l'effet des vents brûlants de la plaine. Je ne me sentis pas
le courage d'aller demander à déjeuner si au-dessus du
niveau de la mer. Quant à me présenter au couvent, je
savais qu'on ne m'y aurait pas reçu sans lettres de recommandation. Je ne comptais donc plus que sur la
rencontre du Marseillais, lequel probablement devait se
trouver au bazar.

En effet, il était en train de vendre à un marchand grec
un assortiment de ces anciennes montres de nos pères, en
forme d'oignons, que les Turcs préfèrent aux montres
plates. Les plus grosses sont les plus chères ; les *œufs* de
Nuremberg sont hors de prix. Nos vieux fusils d'Europe
trouvent aussi leur placement dans tout l'Orient, car on
n'y veut que des fusils à pierre. « Voilà mon commerce,
me dit le Marseillais ; j'achète en France toutes ces anciennes choses à bon marché, et je les revends ici le plus
cher possible. Les vieilles parures de pierres fines, les
vieux cachemires, voilà ce qui se vend aussi fort bien.
Cela est venu de l'Orient et cela y retourne. En France,

on ne sait pas le prix des belles choses; tout dépend de la mode. Tenez, la meilleure spéculation, c'est d'acheter en France les armes turques, les chibouks, les bouquins d'ambre et toutes les curiosités orientales rapportées en divers temps par les voyageurs, et puis de venir les revendre dans ces pays-ci. Quand je vois des Européens acheter ici des étoffes, des costumes, des armes, je dis en moi-même : Pauvre dupe! cela te coûterait moins à Paris chez un marchand de bric-à-brac!

— Mon cher, lui dis-je, il ne s'agit pas de tout cela; avez-vous encore un morceau de votre saucisson d'Arles?

— Eh! je crois bien! cela dure longtemps. Je comprends votre affaire; vous n'avez pas déjeuné; c'est bon. Nous allons entrer chez un *cafedji;* on ira vous chercher du pain. »

Le plus triste, c'est qu'il n'y avait dans la ville que de ce pain sans levain, cuit sur des plaques de tôle, qui ressemble à de la galette ou à des crêpes de carnaval. Je n'ai jamais supporté cette indigeste nourriture qu'à condition d'en manger fort peu et de me rattraper sur les autres comestibles. Avec le saucisson, cela était plus difficile; je fis donc un pauvre déjeuner.

Nous offrîmes du saucisson aux cavas, mais ces derniers le refusèrent par un scrupule de religion. « Les malheureux! dit le Marseillais, ils s'imaginent que c'est du porc!... ils ne savent pas que le saucisson d'Arles se fait avec de la viande de mulet... »

IV. Aventures d'un Marseillais

L'heure de la sieste était arrivée depuis longtemps; tout le monde dormait, et les deux cavas, pensant que nous allions en faire autant, s'étaient étendus sur les bancs du café. J'avais bien envie de laisser là ce cortège incommode et d'aller faire mon *kief* hors de la ville sous des ombrages; mais le Marseillais me dit que ce ne serait pas convenable, et que nous ne rencontrerions pas plus d'om-

brage et de fraîcheur au-dehors qu'entre les gros murs du
bazar où nous nous trouvions. Nous nous mîmes donc à
causer pour passer le temps. Je lui racontai ma position,
mes projets ; l'idée que j'avais conçue de me fixer en
Syrie, d'y épouser une femme du pays, et, ne pouvant pas
choisir une musulmane, à moins de changer de religion,
comment j'avais été conduit à me préoccuper d'une jeune
fille druse qui me convenait sous tous les rapports. Il y a
des moments où l'on sent le besoin, comme le barbier du
roi Midas, de déposer ses secrets n'importe où. Le Marseillais, homme léger, ne méritait peut-être pas tant de
confiance ; mais, au fond, c'était un bon diable, et il m'en
donna la preuve par l'intérêt que ma situation lui inspira.

« Je vous avouerai, lui dis-je, qu'ayant connu le pacha
à l'époque de son séjour à Paris, j'avais espéré de sa part
une réception moins cérémonieuse ; je fondais même
quelque espérance sur des services que cette circonstance
m'aurait permis de rendre au cheik druse, père de la jolie
fille dont je vous ai parlé... Et maintenant je ne sais trop
ce que j'en puis attendre.

— Plaisantez-vous ? me dit le Marseillais, vous allez
vous donner tant de peine pour une petite fille des montagnes ? Eh ! quelle idée vous faites-vous de ces Druses ?
Un cheik druse, eh bien ! qu'est-ce que c'est près d'un
Européen, d'un Français qui est du beau monde ? Voilà
dernièrement le fils d'un consul anglais, M. Parker, qui a
épousé une de ces femmes-là, une *Ansarienne* [39] du pays
de Tripoli ; personne de sa famille ne veut plus le voir !
C'était aussi la fille d'un cheik pourtant.

— Oh ! les Ansariens ne sont pas les Druses.

— Voyez-vous, ce sont là des caprices de jeune
homme. Moi je suis resté longtemps à Tripoli ; je faisais
des affaires avec un de mes compatriotes qui avait établi
une filature de soie dans la montagne ; il connaissait bien
tous ces gens-là ; ce sont des peuples où les hommes, les
femmes mènent une vie bien singulière. »

Je me mis à rire, sachant bien qu'il ne s'agissait là que
de sectes qui n'ont qu'un rapport d'origine avec les Druses, et je priai le Marseillais de me conter ce qu'il savait.

« Ce sont *des drôles,*... me dit-il à l'oreille avec cette

expression comique des méridionaux, qui entendent par
ce terme quelque chose de particulièrement égrillard.

— C'est possible, dis-je, mais la jeune fille dont je
vous parle n'appartient pas à des sectes pareilles, où
peuvent exister quelques pratiques dégénérées du culte
primitif des Druses. C'est ce qu'on appelle une savante,
une akkalé.

— Eh oui! c'est bien cela; ceux que j'ai vus nom-
ment leurs prêtresses *akkals;* c'est le même mot varié
par la prononciation locale. Eh bien! ces prêtresses, savez-vous à quoi elles s'emploient? On les fait monter
sur la sainte table pour représenter la *Kadra* (la Vierge).
Bien entendu qu'elles sont là dans la tenue la plus simple, sans robes ni rien sur elles, et le prêtre fait la prière
en disant qu'il faut adorer l'image de la maternité. C'est
comme une messe; seulement il y a sur l'autel un grand
vase de vin dont il boit, et qu'il fait passer ensuite à tous
les assistants.

— Croyez-vous, dis-je, à ces bourdes inventées par
les gens des autres cultes?

— Si j'y crois? J'y crois si bien que j'ai vu, moi, dans
le district de Kadmous, le jour de la fête de la Nativité,
tous les hommes qui rencontraient des femmes sur les
chemins se prosterner devant elles et embrasser leurs
genoux.

— Eh bien! ce sont des restes de l'ancienne idolâtrie
d'Astarté, qui se sont mélangés avec les idées chrétiennes.

— Et que dites-vous de leur manière de célébrer
l'Épiphanie?

— La fête des rois?

— Oui... mais pour eux cette fête est aussi le commencement de l'année. Ce jour-là, les *akkals* (initiés),
hommes et femmes, se réunissent dans leurs *khaloués,* ce
qu'ils appellent leurs temples: il y a un moment de
l'office où l'on éteint toutes les lumières, et je vous laisse
à penser ce qu'il peut arriver de beau.

— Je ne crois à rien de tout cela; on en a dit autant
d'ailleurs des *agapes* des premiers chrétiens. Et quel
est l'Européen qui a pu voir de pareilles cérémonies,

puisque les initiés seuls peuvent entrer dans ces temples ?

— Qui ? Eh ! tenez, simplement mon compatriote de Tripoli, le filateur de soie, qui faisait des affaires avec un de ces akkals. Celui-ci lui devait de l'argent, mon ami lui dit : — Je te tiens quitte, si tu veux t'arranger pour me conduire à une de vos assemblées. L'autre fit bien des difficultés, disant que, s'ils étaient découverts, on les poignarderait tous les deux. N'importe, quand un Marseillais a mis une chose dans sa tête, il faut qu'elle aboutisse. Ils prennent rendez-vous le jour de la fête ; l'akkal avait expliqué d'avance à mon ami toutes les mômeries qu'il fallait faire, et, avec le costume, sachant bien la langue, il ne risquait pas grand-chose. Les voilà qui arrivent devant un de ces khaloués ; c'est comme un tombeau de santon, une chapelle carrée avec un petit dôme, entourée d'arbres et adossée aux rochers. Vous en avez pu voir dans la montagne.

— J'en ai vu.

— Mais il y a toujours aux environs des gens armés pour empêcher les curieux d'approcher aux heures des prières.

— Et ensuite ?

— Ensuite, ils ont attendu le lever d'une étoile qu'ils appellent *Sockra ;* c'est l'étoile de Vénus. Ils lui font une prière.

— C'est encore un reste, sans doute, de l'adoration d'Astarté.

— Attendez. Ils se sont mis ensuite à compter les étoiles filantes. Quand cela est arrivé à un certain nombre, ils en ont tiré des augures, et puis, les trouvant favorables, ils sont entrés tous dans le temple et ont commencé la cérémonie. Pendant les prières, les femmes entraient une à une, et au moment du sacrifice les lumières se sont éteintes.

— Et qu'est devenu le Marseillais ?

— On lui avait dit ce qu'il fallait faire, parce qu'il n'y a pas là à choisir ; c'est comme un mariage qui se ferait les yeux fermés...

— Eh bien ! c'est leur manière de se marier, voilà tout ; et, du moment qu'il y a consécration, l'énormité du

fait me semble beaucoup diminuée; c'est même une
coutume très favorable aux femmes laides.

— Vous ne comprenez pas! Ils sont mariés en outre,
et chacun est tenu d'amener sa femme. Le grand cheik
lui-même, qu'ils appellent le *mékkadam*, ne peut se refuser à cette pratique égalitaire.

— Je commence à être inquiet du sort de votre ami.

— Mon ami se trouvait dans le ravissement du lot qui
lui était échu. Il se dit : Quel dommage de ne pas savoir
qui l'on a aimé un instant! Les idées de ces gens-là sont
absurdes...

— Ils veulent sans doute que personne ne sache au
juste quel est son père; c'est pousser un peu loin la
doctrine de l'égalité. L'Orient est plus avancé que nous
dans le communisme.

— Mon ami, reprit le Marseillais, eut une idée bien
ingénieuse; il coupa un morceau de la robe de la femme
qui était près de lui, se disant : Demain matin, au grand
jour, je saurai à qui j'ai eu affaire.

— Oh! oh!

— Monsieur, continua le Marseillais, quand ce fut au
point du jour, chacun sortit sans rien dire, après que les
officiants eurent appelé la bénédiction du bon Dieu... ou,
qui sait, peut-être du diable, sur la postérité de tous ces
mariages. Voilà mon ami qui se met à guetter les femmes, dont chacune avait repris son voile. Il reconnaît
bientôt celle à qui il manquait un morceau de sa robe. Il la
suit jusqu'à sa maison sans avoir l'air de rien, et puis il
entre un peu plus tard chez elle comme quelqu'un qui
passe. Il demande à boire : cela ne se refuse jamais dans
la montagne, et voilà qu'il se trouve entouré d'enfants et
de petits-enfants... Cette femme était une vieille !

— Pourquoi vouloir tout approfondir? Ne valait-il pas
mieux conserver l'illusion? Les mystères antiques ont eu
une légende plus gracieuse, celle de Psyché.

— Vous croyez que c'est une fable que je vous conte;
mais tout le monde sait cette histoire à Tripoli. Maintenant, que dites-vous de ces paroissiens-là et de leurs
cérémonies?

— Votre imagination va trop loin, dis-je au Marseil-

lais ; la coutume dont vous parlez n'a lieu que dans une
secte repoussée de toutes les autres. Il serait aussi injuste
d'attribuer de pareilles mœurs aux Ansariens et aux Druses que de faire entrer dans le christianisme certaines
folies analogues attribuées aux Anabaptistes ou aux Vau-
dois*. »

Notre discussion continua quelque temps ainsi. L'erreur de mon compagnon me contrariait dans les sympathies que je m'étais formées à l'égard des populations
du Liban, et je ne négligeai rien pour le détromper, tout
en accueillant les renseignements précieux que m'apportaient ses propres observations.

La plupart des voyageurs ne saisissent que les détails
bizarres de la vie et des coutumes de certains peuples. Le
sens général leur échappe et ne peut s'acquérir en effet
que par des études profondes. Combien je m'applaudis-
sais d'avoir pris d'avance une connaissance exacte de
l'histoire et des doctrines religieuses de tant de populations du Liban, dont le caractère m'inspirait de l'estime !
Dans le désir que j'avais de me fixer au milieu d'elles, de
pareilles données ne m'étaient pas indifférentes, et j'en
avais besoin pour résister à la plupart des préjugés européens.

En général, nous ne nous intéressons en Syrie qu'aux
Maronites, catholiques comme nous, et tout au plus encore aux Grecs, aux Arméniens et aux Juifs, dont les
idées s'éloignent moins des nôtres que celles des musulmans ; nous ne songeons pas qu'il existe une série de
croyances intermédiaires capables de se rattacher aux
principes de civilisation du Nord, et d'y amener peu à peu
les Arabes.

La Syrie est certainement le seul point de l'Orient où
l'Europe puisse poser solidement le pied pour établir des
relations commerciales. Une moitié au moins des populations syriennes se compose soit de chrétiens, soit de

---

* On sait que récemment des pratiques semblables ont été attribuées,
en France, à la secte des Béguins [40] ; mais il est probable que les
sectaires d'Orient sont les seuls qui poussent si loin la frénésie religieuse.

races disposées aux idées de réforme que font aujourd'hui
prévaloir les musulmans éclairés.

V. LE DINER DU PACHA

La journée était avancée, et la fraîcheur amenée par la
brise maritime mettait fin au sommeil des gens de la ville.
Nous sortîmes du café et je commençais à m'inquiéter du
dîner; mais les cavas, dont je ne comprenais qu'impar-
faitement le baragouin plus turc qu'arabe, me répétaient
toujours : *ti sabir?* comme des Levantins de Molière [41].

« Demandez-leur donc ce que je dois savoir, dis-je
enfin au Marseillais.

— Ils disent qu'il est temps de retourner chez le
pacha.

— Pourquoi faire?

— Pour dîner avec lui.

— Ma foi, dis-je, je n'y comptais plus; le pacha ne
m'avait pas invité.

— Du moment qu'il vous faisait accompagner, cela
allait de soi-même.

— Mais, dans ces pays-ci, le dîner a lieu ordinairement vers midi.

— Non pas chez les Turcs, dont le repas principal se
fait au coucher du soleil, après la prière. »

Je pris congé du Marseillais et je retournai au kiosque
du pacha. En traversant la plaine couverte d'herbes sauvages brûlées par le soleil, j'admirais l'emplacement de
l'ancienne ville, si puissante et si magnifique, aujourd'hui réduite à cette langue de terre informe qui
s'avance dans les flots et où se sont accumulés les débris
de trois bombardements terribles depuis cinquante ans [42].
On heurte à tout moment du pied dans la plaine des débris
de bombes et des boulets dont le sol est criblé.

En rentrant au pavillon où j'avais été reçu le matin, je
ne vis plus d'amas de chaussures au bas de l'escalier, plus
de visiteurs encombrant le *mabahim* (pièce d'entrée); on

me fit seulement traverser la salle aux pendules, et je trouvai dans la pièce suivante le pacha, qui fumait assis sur l'appui de la fenêtre et qui, se levant sans façon, me donna une poignée de main à la française. « Comment cela va-t-il ? Vous êtes-vous bien promené dans notre belle ville ? me dit-il en français ; avez-vous tout vu ? » Son accueil était si différent de celui du matin, que je ne pus m'empêcher d'en faire paraître quelque surprise.

« Ah ! pardon, me dit-il, si je vous ai reçu ce matin *en pacha*. Ces braves gens qui se trouvaient dans la salle d'audience ne m'auraient point pardonné de manquer à l'étiquette en faveur d'un *Frangui*. A Constantinople, tout le monde comprendrait cela ; mais ici nous sommes *en province*. »

Après avoir appuyé sur ce dernier mot, le pacha voulut bien m'apprendre qu'il avait habité longtemps Metz en Lorraine comme élève de l'école préparatoire d'artillerie. Ce détail me mit tout à fait à mon aise en me fournissant l'occasion de lui parler de quelques-uns de mes amis qui avaient été ses camarades. Pendant cet entretien, le coup de canon du port annonçant le coucher du soleil retentit du côté de la ville. Un grand bruit de tambours et de fifres annonça l'heure de la prière aux Albanais répandus dans les cours. Le pacha me quitta un instant, sans doute pour aller remplir ses devoirs religieux ; ensuite il revint et me dit : « Nous allons dîner à l'européenne. »

En effet, on apporta des chaises et une table haute, au lieu de retourner un tabouret et de poser dessus un plateau de métal et des coussins autour, comme cela se fait d'ordinaire. Je sentis tout ce qu'il y avait d'obligeant dans le procédé du pacha, et toutefois, je l'avouerai, je n'aime pas ces coutumes de l'Europe envahissant peu à peu l'Orient ; je me plaignis au pacha d'être traité par lui en touriste vulgaire.

« Vous venez bien me voir en habit noir !... » me dit-il.

La réplique était juste ; pourtant je sentais bien que j'avais eu raison. Quoi que l'on fasse, et si loin que l'on puisse aller dans la bienveillance d'un Turc, il ne faut pas croire qu'il puisse y avoir tout de suite fusion entre notre façon de vivre et la sienne. Les coutumes européennes qu'il adopte dans certains cas deviennent une sorte de terrain neutre où il nous accueille sans se livrer lui-même ; il consent à imiter nos mœurs comme il use de notre langue, mais à l'égard de nous seulement. Il ressemble à ce personnage de ballet qui est moitié paysan et moitié seigneur ; il montre à l'Europe le côté *gentleman*, il est toujours un pur *Osmanli* pour l'Asie.

Les préjugés des populations font d'ailleurs de cette politique une nécessité.

Au demeurant, je retrouvai dans le pacha d'Acre un très excellent homme, plein de politesse et d'affabilité, attristé vivement de la situation que les puissances font à la Turquie. Il me racontait qu'il venait de quitter la haute position de pacha de Tophana [43] à Constantinople, par ennui des tracasseries consulaires. « Imaginez, me disait-il, une grande ville où cent mille individus échappent à l'action de la justice locale : il n'y a pas là un voleur, un assassin, un débauché qui ne parvienne à se mettre sous la protection d'un consulat quelconque. Ce sont vingt polices qui s'annulent l'une par l'autre, et c'est le pacha qui est responsable pourtant !... Ici, nous ne sommes guère plus heureux, au milieu de sept ou huit peuples différents, qui ont leurs cheiks, leurs cadis et leurs émirs. Nous consentons à les laisser tranquilles dans leurs montagnes, pourvu qu'ils payent le tribut... Eh bien ! il y a trois ans que nous n'en avons reçu un para. »

Je vis que ce n'était pas encore l'instant de parler en faveur du cheik druse prisonnier à Beyrouth, et je portai la conversation sur un autre sujet. Après le dîner, j'espérais que le pacha suivrait au moins l'ancienne coutume en me régalant d'une danse d'almées, car je savais bien qu'il ne pousserait pas la courtoisie française jusqu'à me présenter à ses femmes ; mais je devais subir l'Europe jusqu'au bout. Nous descendîmes à une salle de billard où il fallut faire des carambolages jusqu'à une heure du matin. Je me laissai gagner tant que je pus, aux grands éclats de rire du pacha, qui se rappelait avec joie ses amusements de l'école de Metz.

« Un Français, un Français qui se laisse battre ! s'écriait-il.

— Je conviens, disais-je, que Saint-Jean-d'Acre n'est pas favorable à nos armes; mais ici vous combattez seul, et l'ancien pacha d'Acre avait les canons de l'Angleterre. »

Nous nous séparâmes enfin. On me conduisit dans une salle très grande, éclairée par un cierge, placé à terre au milieu, dans un chandelier énorme. Ceci rentrait dans les coutumes locales. Les esclaves me firent un lit avec des coussins disposés à terre, sur lesquels on étendit des draps cousus d'un seul côté avec les couvertures; je fus en outre gratifié d'un grand bonnet de nuit en soie jaune matelassée, qui avait des côtes comme un melon.

VI. CORRESPONDANCE (FRAGMENTS)

J'interromps ici mon itinéraire, je veux dire ce relevé, jour par jour, heure par heure, d'impressions locales, qui n'ont de mérite qu'une minutieuse réalité. Il y a des moments où la vie multiplie ses pulsations en dépit des lois du temps, comme une horloge folle dont la chaîne est brisée; d'autres où tout se traîne en sensations inappréciables ou peu dignes d'être notées. Te parlerai-je [44] de mes pérégrinations dans la montagne, parmi des lieux qui n'offriraient qu'une topographie aride, au milieu d'hommes dont la physionomie ne peut être saisie qu'à la longue, et dont l'attitude grave, la vie uniforme, prêtent beaucoup moins au pittoresque que les populations bruyantes et contrastées des villes? Il me semble, depuis quelque temps, que je vis dans un siècle d'autrefois ressuscité par magie; l'âge féodal m'entoure avec ses institutions immobiles comme la pierre du donjon qui les a gardées.

Apres montagnes, noirs abîmes, où les feux de midi découpent des cercles de brume, fleuves et torrents, illustres comme des ruines, qui roulez encore les colonnes des temples et les idoles brisées des dieux; neiges éternelles qui couronnez des monts dont le pied s'allonge

dans les champs de braise du désert; horizons lointains
des vallées que la mer emplit à moitié de ses flots bleus;
forêts odorantes de cèdre et de cinnamome; rochers sublimes où retentit la cloche des ermitages; fontaines célé-
brées par la muse biblique, où les jeunes filles se pressent
le soir, portant sur le front leurs urnes élancées; oui, vous
êtes pour l'Européen la terre paternelle et sainte, vous
êtes encore la patrie! Laissons Damas, la ville arabe,
s'épanouir au bord du désert et saluer le soleil levant du
haut de ses minarets; mais le Liban et le Carmel sont
l'héritage des croisades: il faut qu'ils appartiennent, sinon à la croix seule, du moins à ce que la croix symbo-
lise, à la liberté.

*
* *

Je résume pour toi les changements qui se sont accumulés depuis quelques mois dans mes destinées errantes.
Tu sais avec quelle bonté le pacha d'Acre m'avait accueilli à mon passage. Je lui ai fait enfin la confidence
entière du projet que j'avais formé d'épouser la fille du
cheik Eschérazy, et de l'aide que j'attendais de lui en
cette occasion. Il se mit à rire d'abord avec l'entraînement naïf des Orientaux en me disant: « Ah çà! vous y
tenez décidément?

— Absolument, répondis-je. Voyez-vous, on peut
bien dire cela à un musulman; il y a dans cette affaire un
enchaînement de fatalités. C'est en Égypte qu'on m'a
donné l'idée du mariage: la chose y paraît si simple, si
douce, si facile, si dégagée de toutes les entraves qui
nuisent en Europe à cette institution, que j'en ai accepté
et couvé amoureusement l'idée; mais je suis difficile, je
l'avoue, et puis, sans doute, beaucoup d'Européens ne se
font là-dessus aucun scrupule... cependant cet achat de
filles à leurs parents m'a toujours semblé quelque chose
de révoltant. Les Cophtes, les Grecs qui font de tels
marchés avec les Européens, savent bien que ces mariages n'ont rien de sérieux, malgré une prétendue consécration religieuse... J'ai hésité, j'ai réfléchi, j'ai fini par
acheter une esclave avec le prix que j'aurais mis à une

épouse. Mais on ne touche guère impunément aux mœurs
d'un monde dont on n'est pas ; cette femme, je ne puis ni
la renvoyer, ni la vendre, ni l'abandonner sans scrupule,
ni même l'épouser sans folie. Pourtant c'est une chaîne à
mon pied, c'est moi qui suis l'esclave ; c'est la fatalité qui
me retient ici, vous le voyez bien !

— N'est-ce que cela ? dit le pacha ; donnez-la-moi...
pour un cheval, pour ce que vous voudrez, sinon pour de
l'argent ; nous n'avons pas les mêmes idées que vous,
nous autres.

— Pour la liberté du cheik Eschérazy, lui dis-je ; au
moins, ce serait un noble prix.

— Non, dit-il, une grâce ne se vend pas.

— Eh bien ! vous voyez, je retombe dans mes incerti-
tudes. Je ne suis pas le premier Franc qui ait acheté une
esclave ; ordinairement on laisse la pauvre fille dans un
couvent ; elle fait une conversion éclatante dont l'honneur
rejaillit sur son maître et sur les pères qui l'ont instruite ;
puis elle se fait religieuse ou devient ce qu'elle peut,
c'est-à-dire souvent malheureuse. Ce serait pour moi un
remords épouvantable.

— Et que voulez-vous faire ?

— Épouser la jeune fille dont je vous ai parlé, et à qui
je donnerai l'esclave comme présent de noces, comme
douaire ; elles sont amies, elles vivront ensemble. Je vous
dirai de plus que c'est elle-même qui m'a donné cette
idée. La réalisation dépend de vous. »

*
* *

Je t'expose sans ordre les raisonnements que je fis pour
exciter et mettre à profit la bienveillance du pacha. « Je ne
puis presque rien, me dit-il enfin ; le pachalik d'Acre
n'est plus ce qu'il était jadis ; on l'a partagé en trois
gouvernements, et je n'ai sur celui de Beyrouth qu'une
autorité nominale. Supposons de plus que je parvienne à
faire mettre en liberté le cheik, il acceptera ce bienfait
sans reconnaissance... Vous ne connaissez pas ces
gens-là ! J'avouerai que ce cheik mérite quelques égards.
A l'époque des derniers troubles, sa femme a été tuée par

les Albanais. Le ressentiment l'a conduit à des imprudences et le rend dangereux encore. S'il veut promettre de rester tranquille à l'avenir, on verra. »

J'appuyai de tout mon pouvoir sur cette bonne disposition, et j'obtins une lettre pour le gouverneur de Beyrouth, Essad-Pacha. Ce dernier, auprès duquel l'Arménien, mon ancien compagnon de route, m'a été de quelque utilité, a consenti à envoyer son prisonnier au kaïmakan druse, en réduisant son affaire, compliquée précédemment de rébellion, à un simple refus d'impôts pour lequel il deviendra facile de prendre des arrangements.

Tu vois que les pachas eux-mêmes ne peuvent pas tout dans ce pays, sans quoi l'extrême bonté de Méhmed pour moi eût aplani tous les obstacles. Peut-être aussi a-t-il voulu m'obliger plus délicatement en déguisant son intervention auprès des fonctionnaires inférieurs. Le fait est que je n'ai eu qu'à me présenter de sa part au kaïmakan pour en être admirablement accueilli ; le cheik avait été déjà transféré à Deïr-Khamar, résidence actuelle de ce personnage, héritier pour une part de l'ancienne autorité de l'émir Béchir [45]. Il y a, comme tu sais, aujourd'hui un kaïmakan (gouverneur) pour les Druses et un autre pour les Maronites ; c'est un pouvoir mixte qui dépend au fond de l'autorité turque, mais dont l'institution ménage l'amour-propre national de ces peuples et leur prétention à se gouverner par eux-mêmes.

*
* *

Tout le monde a décrit Deïr-Khaman et son amas de maisons à toits plats sur un mont abrupt comme l'escalier d'une Babel ruinée. Beit-Eddin, l'antique résidence des émirs de la montagne, occupe un autre pic qui semble toucher celui-là, mais qu'une vallée profonde en sépare. Si de Deïr-Khamar vous regardez Beit-Eddin, vous croyez voir un château de fées ; ses arcades ogivales, ses terrasses hardies, ses colonnades, ses pavillons et ses tourelles offrent un mélange de tous les styles plus éblouissant comme masse que satisfaisant dans les détails. Ce palais est bien le symbole de la politique des

émirs qui l'habitaient. Il est païen par ses colonnes et ses
peintures, chrétien par ses tours et ses ogives, musulman
par ses dômes et ses kiosques ; il contient le temple,
l'église et la mosquée, enchevêtrés dans ses constructions. A la fois palais, donjon et sérail, il ne lui reste plus
aujourd'hui qu'une portion habitée : la prison.

C'est là qu'on avait provisoirement logé le cheik Eschérazy, heureux du moins de n'être plus sous la main
d'une justice étrangère. Dormir sous les voûtes du vieux
palais de ses princes, c'était un adoucissement sans
doute ; on lui avait permis de garder près de lui sa fille,
autre faveur qu'il n'avait pu obtenir à Beyrouth. Toutefois le kaïmakan, étant responsable du prisonnier ou de la
dette, le faisait garder étroitement.

*
* *

J'obtins la permission de visiter le cheik, comme je
l'avais fait à Beyrouth ; ayant pris un logement à Deïr-
Khamar, je n'avais à traverser que la vallée intermédiaire
pour gagner l'immense terrasse du palais, d'où, parmi les
cimes des montagnes, on voit au loin resplendir un pan
bleu de mer. Les galeries sonores, les salles désertes,
naguère pleines de pages, d'esclaves et de soldats, me
faisaient penser à ces châteaux de Walter Scott que la
chute des Stuarts a dépouillés de leurs splendeurs royales.
La majesté des scènes de la nature ne parlait pas moins
hautement à mon esprit... Je sentis qu'il fallait franchement m'expliquer avec le cheik et ne pas lui dissimuler
les raisons que j'avais eues de chercher à lui être utile.
Rien n'est pire que l'effusion d'une reconnaissance qui
n'est pas méritée.

Aux premières ouvertures que j'en fis avec grand embarras, il se frappa le front du doigt.

« *Enté medjnoun* (es-tu fou) ? me dit-il.

— *Medjnoun,* dis-je, c'est le surnom d'un amoureux
célèbre, et je suis loin de le repousser [46].

— Aurais-tu vu ma fille ? » s'écria-t-il.

L'expression de son regard était telle dans ce moment,
que je songeai involontairement à une histoire que le

pacha d'Acre m'avait contée en me parlant des Druses.
Le souvenir n'en était pas gracieux assurément. Un kyaya
lui avait raconté ceci : « J'étais endormi, lorsqu'à minuit
j'entends heurter à la porte ; je vois entrer un Druse
portant un sac sur ses épaules. — Qu'apportez-vous là ?
lui dis-je. — Ma sœur avait une intrigue, et je l'ai tuée.
Ce sac renferme son *tantour* (corne d'orfèvrerie que les
femmes druses portent sur la tête). — Mais il y a deux
tantours ? — C'est que j'ai tué aussi la mère, qui avait
connaissance du fait. Il n'y a de force et de puissance
qu'en Dieu très-haut. » Le Druse avait apporté ces bijoux
de ses victimes pour apaiser la justice turque. Le kyaya le
fit arrêter et lui dit : « Va dormir, je te parlerai demain. »
Le lendemain, il lui dit : « Je suppose que tu n'as pas
dormi ? — Au contraire, lui dit l'autre. Depuis un an que
je soupçonnais ce déshonneur, j'avais perdu le sommeil ;
je l'ai retrouvé cette nuit. »

Ce souvenir me revint comme un éclair ; il n'y avait pas
à balancer. Je n'avais rien à craindre pour moi sans
doute ; mais ce prisonnier avait sa fille près de lui : ne
pouvait-il pas la soupçonner d'autre chose encore que
d'avoir été vue sans voile ? Je lui expliquai mes visites
chez madame Carlès, bien justifiées, certes, par le séjour
qu'y faisait mon esclave, l'amitié que cette dernière avait
pour sa fille, le hasard qui me l'avait fait rencontrer ; je
glissai sur la question du voile qui pouvait s'être dérangé
par hasard... Je pense, dans tous les cas, qu'il ne put
douter de ma sincérité. « Chez tous les peuples du monde,
ajoutai-je, on demande une fille en mariage à son père, et
je ne vois pas la raison de votre surprise. Vous pouvez
penser, par les relations que j'ai dans ce pays, que ma
position n'est pas inférieure à la vôtre. Pour ce qui est de
la religion, je n'accepterais pas d'en changer pour le plus
beau mariage de la terre ; mais je connais la vôtre, je sais
qu'elle est très tolérante et qu'elle admet toutes les formes
possibles de cultes et toutes les révélations connues
comme des manifestations diverses, mais également
saintes, de la Divinité. Je partage pleinement ces idées,
et, sans cesser d'être chrétien, je crois pouvoir...

— Eh, malheureux ! s'écria le cheik, c'est impossible : *la plume est brisée, l'encre est sèche, le livre est fermé !*

— Que voulez-vous dire ?

— Ce sont les paroles mêmes de notre loi. Personne ne peut plus entrer dans notre communion.

— Je pensais que l'initiation était ouverte à tous.

— Aux *djahels* (ignorants) qui sont de notre peuple, et qui s'élèvent par l'étude et par la vertu, mais non pas aux étrangers, car notre peuple est seul élu de Dieu.

— Cependant vous ne condamnez pas les autres.

— Pas plus que l'oiseau ne condamne l'animal qui se traîne à terre. La parole vous a été prêchée et vous ne l'avez pas écoutée.

— En quel temps ?

— Du temps de *Hamza*, le prophète de notre seigneur Hakem.

— Mais avons-nous pu l'entendre ?

— Sans doute, car il a envoyé des missionnaire *(days)* dans toutes les *îles* (régions).

— Et quelle est notre faute ? nous n'étions pas nés.

— Vous existiez dans d'autres corps, mais vous aviez le même esprit. Cet esprit immortel comme le nôtre est resté fermé à la parole divine. Il a montré par là sa nature inférieure. Tout est dit pour l'éternité. »

On n'étonne pas facilement un garçon qui a fait sa philosophie en Allemagne, et qui a lu dans le texte original la *Symbolique* de Kreutzer [47]. Je concédai volontiers au digne akkal sa doctrine de transmigration, et je lui dis, partant de ce point :

« Lorsque les *days* ont semé la parole dans le monde, vers l'an 1000 de l'ère chrétienne, ils ont fait des prosélytes, n'est-ce pas, ailleurs que dans ces montagnes ? Qui te prouve que je ne descends pas de ceux-là ? Veux-tu que je dise où croît la plante nommée *aliledj* (plante symbolique) ?

— L'a-t-on semée dans ton pays ?

— Elle ne croît que dans le cœur des fidèles unitaires pour qui Hakem est le vrai Dieu.

— C'est bien la phrase sacramentelle ; mais tu peux avoir appris ces paroles de quelque renégat.

— Veux-tu que je te récite le catéchisme druse tout entier [48] ?

— Les Francs nous ont volé beaucoup de livres, et la science acquise par les infidèles ne peut provenir que des mauvais esprits. Si tu es l'un des Druses des autres *îles*, tu dois avoir ta pierre noire *(horse)*. Montre-la, nous te reconnaîtrons.

— Tu la verras plus tard, lui dis-je… » mais au fond je ne savais de quoi il voulait parler. Je rompis l'entretien pour cette fois-là, et, lui promettant de le revenir voir, je retournai à Deïr-Khamar.

*
* *

Je demandai le soir même au kaïmakan, comme par une simple curiosité d'étranger, ce que c'était que le *horse ;* il ne fit pas difficulté de me dire que c'était une pierre taillée en forme d'animal que tous les Druses portent sur eux comme signe de reconnaissance, et qui, trouvée sur quelques morts, avait donné l'opinion qu'ils adoraient un veau, chose aussi absurde que de croire les chrétiens adorateurs de l'agneau ou du pigeon symbolique. Ces pierres, qu'à l'époque de la propagande primitive on distribuait à tous les fidèles, se transmettaient de père en fils.

Il me suffisait donc d'en trouver une pour convaincre l'akkal que je descendais de quelque ancien fidèle ; mais ce mensonge me répugnait. Le kaïmakan, plus éclairé par sa position et plus ouvert aux idées de l'Europe que ses compatriotes, me donna des détails qui m'éclairèrent tout à coup. Mon ami, j'ai tout compris, tout deviné en un instant ; mon rêve absurde devient ma vie, l'impossible s'est réalisé !

*
* *

Cherche bien, accumule les suppositions les plus baroques, ou plutôt jette ta langue aux chiens, comme dit madame de Sévigné [49]. Apprends maintenant une chose dont je n'avais moi-même jusqu'ici qu'une vague idée : les akkals druses sont les francs-maçons de l'Orient.

Il ne faut pas d'autres raisons pour expliquer l'ancienne prétention des Druses à descendre de certains chevaliers des croisades. Ce que leur grand émir Fakardin déclarait à la cour des Médicis en invoquant l'appui de l'Europe contre les Turcs, ce qui se trouve si souvent rappelé dans les lettres patentes de Henri IV et de Louis XIV en faveur des peuples du Liban, est véritable au moins en partie [50]. Pendant les deux siècles qu'a durés l'occupation du Liban par les chevaliers du Temple, ces derniers y avaient jeté les bases d'une institution profonde. Dans leur besoin de dominer des nations de races et de religions différentes, il est évident que ce sont eux qui ont établi ce système d'affiliations maçonniques, tout empreint, au reste, des coutumes locales. Les idées orientales qui, par suite, pénétrèrent dans leur ordre ont été cause en partie des accusations d'hérésie qu'ils subirent en Europe. La franc-maçonnerie a, comme tu sais, hérité de la doctrine des templiers ; voilà le rapport établi, voilà pourquoi les Druses parlent de leurs coreligionnaires d'Europe, dispersés dans divers pays, et principalement dans les montagnes de l'Écosse *(djebel-el-Scouzia)*. Ils entendent par là les compagnons et maîtres *écossais ;* ainsi que les rose-croix, dont le grade correspond à celui d'ancien templier*.

Mais tu sais que je suis moi-même l'un des *enfants de la veuve,* un *louveteau* (fils de maître), que j'ai été nourri dans l'horreur du meurtre d'Adoniram et dans l'admiration du saint Temple, dont les colonnes ont été des cèdres du mont Liban [51]. Sérieusement, la maçonnerie est bien dégénérée parmi nous... ; tu vois pourtant que cela peut servir en voyage. Bref, je ne suis plus pour les Druses un infidèle, je suis un *muta-darassin,* un étudiant. Dans la maçonnerie, cela correspondrait au grade d'apprenti ; il

---

* Les missionnaires anglais appuient beaucoup sur cette circonstance pour établir parmi les Druses l'influence de leur pays. Ils leur font croire que le *rite écossais* est particulier à l'Angleterre. On peut s'assurer que la maçonnerie française a la première compris ces rapports, puisqu'elle fonda à l'époque de la révolution les loges des *Druses réunis,* des *Commandeurs du Liban,* etc.

faut ensuite devenir compagnon *(réfik),* puis maître
(day); l'akkal serait pour nous le rose-croix ou ce qu'on
appelle chevalier *kaddosch.* Tout le reste a des rapports
intimes avec nos loges, je t'en abrège les détails.

*
* *

Tu vois maintenant ce qui a dû arriver. J'ai produit mes
titres, ayant heureusement dans mes papiers un de ces
beaux diplômes maçonniques pleins de signes cabalistiques familiers aux Orientaux. Quand le cheik m'a demandé de nouveau ma pierre noire, je lui ai dit que les
templiers français, ayant été brûlés, n'avaient pu trans-
mettre leurs pierres aux francs-maçons, qui sont devenus
leurs successeurs spirituels. Il faudrait s'assurer de ce
fait, qui n'est que probable; cette pierre doit être le
bahomet (petite idole) dont il est question dans le procès
des templiers [52].

A ce point de vue, mon mariage devient de la haute
politique. Il s'agit peut-être de renouer les liens qui atta-
chaient autrefois les Druses à la France. Ces braves gens
se plaignent de voir notre protection ne s'étendre que sur
les catholiques, tandis qu'autrefois les rois de France les
comprenaient dans leurs sympathies comme descendants
des croisés et *pour ainsi dire* chrétiens*. Les agents
anglais profitent de cette situation pour faire valoir leur
appui, et de là les luttes des deux peuples rivaux, druse et
maronite, autrefois unis sous les mêmes princes.

Le kaïmakan a permis enfin au cheik Eschérazy de
retourner dans son pays et ne lui a pas caché que c'était à
mes sollicitations près du pacha d'Acre qu'il devait ce
résultat. Le cheik m'a dit : « Si tu as voulu te rendre utile,
tu n'as fait que le devoir de chacun; si tu y avais intérêt,
pourquoi te remercierais-je ? »

*
* *

---

* Si frivoles que soient ces pages, elles contiennent une donnée
vraie. On peut se rappeler la pétition collective que les Druses et les
Maronites ont adressée récemment à la chambre des députés [53].

Sa doctrine m'étonne sur quelques points, cependant elle est noble et pure, quand on sait bien se l'expliquer. Les akkals ne reconnaissent ni vertus ni crimes. L'homme honnête n'a pas de mérite, seulement il s'élève dans l'échelle des êtres comme le vicieux s'abaisse. La transmigration amène le châtiment ou la récompense.

On ne dit pas d'un Druse qu'il est mort, mais qu'il est transmigré.

Les Druses ne font pas l'aumône, parce que l'aumône, selon eux, dégrade celui qui l'accepte. Ils exercent seulement l'hospitalité, à titre d'échange dans cette vie ou dans une autre.

Ils se font une loi de la vengeance; toute injustice doit être punie; le pardon dégrade celui qui le subit.

On s'élève chez eux non par l'humilité, mais par la science; il faut se rendre le plus possible semblable à Dieu.

La prière n'est pas obligatoire; elle n'est d'aucun secours pour racheter une faute.

C'est à l'homme de réparer le mal qu'il a fait, non qu'il ait mal agi peut-être, mais parce que le mal, par la force des choses, retomberait un jour sur lui.

L'institution des akkals a quelque chose de celle des lettrés de la Chine. Les nobles *(chérifs)* sont obligés de subir les épreuves de l'initiation; les paysans *(salems)* deviennent leurs égaux ou leurs supérieurs, s'ils les atteignent ou les surpassent dans cette voie.

Le cheik Eschérazy était un de ces derniers.

Je lui ai présenté l'esclave en lui disant: Voici la servante de ta fille. Il l'a regardée avec intérêt, l'a trouvée douce et pieuse. Depuis ce temps-là les deux femmes restent ensemble.

*
* *

Nous sommes partis de Beit-Eddin tous quatre sur des mulets; nous avons traversé la plaine de Bekàa, l'ancienne Syrie creuse, et, après avoir gagné Zaklé, nous sommes arrivés à Balbeck, dans l'Anti-Liban. J'ai rêvé quelques heures au milieu de ces magnifiques ruines, qu'on ne peut plus dépeindre après Volney et Lamartine. Nous avons gagné bientôt la chaîne montueuse qui avoisine le Hauran. C'est là que nous nous sommes arrêtés dans un village où se cultivent la vigne et le mûrier, à une journée de Damas. Le cheik m'a conduit à son humble maison, dont le toit plat est traversé et soutenu par un acacia (l'arbre d'Hiram). A de certaines heures, cette maison s'emplit d'enfants : c'est une école. Tel est le plus beau titre de la demeure d'un akkal.

Tu comprends que je n'ai pas à te décrire les rares entrevues que j'ai avec ma fiancée. En Orient, les femmes vivent ensemble et les hommes ensemble, à moins de cas particuliers. Seulement cette aimable personne m'a donné une tulipe rouge et a planté dans le jardin un petit acacia [54] qui doit croître avec nos amours. C'est un usage du pays.

Et maintenant j'étudie pour arriver à la dignité de *réfik* (compagnon), où j'espère atteindre dans peu. Le mariage est fixé pour cette époque.

*
* *

Je fais de temps en temps une excursion à Balbek. J'y ai rencontré, chez l'évêque maronite, le père Planchet, qui se trouvait en tournée. Il n'a pas trop blâmé ma résolution, mais il m'a dit que mon mariage... n'en serait pas un. Élevé dans des idées philosophiques, je me préoccupe fort peu de cette opinion d'un jésuite. Pourtant n'y aurait-il pas moyen d'amener dans le Liban la mode des *mariages mixtes?* — J'y réfléchirai.

V. ÉPILOGUE

I

Constantinople.

Mon ami, l'homme s'agite et Dieu le mène. Il était sans doute établi de toute éternité que je ne pourrais me marier ni en Égypte, ni en Syrie, pays où les unions sont pourtant d'une facilité qui touche à l'absurde. Au moment où je commençais à me rendre digne d'épouser la fille du cheik, je me suis trouvé pris tout à coup d'une de ces fièvres de Syrie qui, si elles ne vous enlèvent pas, durent des mois ou des années. Le seul remède est de quitter le pays. Je me suis hâté de fuir ces vallées du Hauran à la fois humides et poudreuses, où s'extravasent les rivières qui arrosent la plaine de Damas. J'espérais retrouver la santé à Beyrouth, mais je n'ai pu y reprendre que la force nécessaire pour m'embarquer sur le paquebot autrichien venu de Trieste, et qui m'a transporté à Smyrne, puis à Constantinople. J'ai pris pied enfin sur la terre d'Europe. — C'est à peu près ici le climat de nos villes du Midi.

La santé qui revient donne plus de force à mes regrets... Mais que résoudre ? Si je retourne en Syrie plus tard, je verrai renaître cette fièvre que j'ai eu le malheur d'y prendre ; c'est l'opinion des médecins. Quant à faire venir ici la femme que j'avais choisie, ne serait-ce pas l'exposer elle-même à ces terribles maladies qui emportent, dans les pays du Nord, les trois quarts des femmes d'Orient qu'on y transplante ?

Après avoir réfléchi longtemps sur tout cela avec la sérénité d'esprit que donne la convalescence, je me suis décidé à écrire au cheik druse pour dégager ma parole et lui rendre la sienne.

II

Galata.

Du pied de la tour de Galata, — ayant devant moi tout le panorama de Constantinople, de son Bosphore et de ses mers, — je tourne encore une fois mes regards vers l'Égypte, depuis longtemps disparue !

Au-delà de l'horizon paisible qui m'entoure, sur cette terre d'Europe, musulmane, il est vrai, mais rappelant déjà la patrie, je sens toujours l'éblouissement de ce mirage lointain qui flamboie et poudroie dans mon souvenir… comme l'image du soleil qu'on a regardé fixement poursuit longtemps l'œil fatigué qui s'est replongé dans l'ombre [55].

Ce qui m'entoure ajoute à cette impression : un cimetière turc, à l'ombre des murs de Galata la Génoise.

Derrière moi, une boutique de barbier arménien qui sert en même temps de café ; d'énormes chiens jaunes et rouges couchés au soleil dans l'herbe, couverts de plaies et de cicatrices résultant de leurs combats nocturnes. A ma gauche, un vénérable santon, coiffé de son bonnet de feutre, dormant de ce sommeil bienheureux qui est pour lui l'anticipation du paradis. En bas, c'est Tophana avec sa mosquée, sa fontaine et ses batteries de canons commandant l'entrée du détroit. De temps en temps j'entends des psaumes de la liturgie grecque chantés sur un ton nasillard, et je vois passer sur la chaussée qui mène à Péra de longs cortèges funèbres conduits par des popes, qui portent au front des couronnes de forme impériale. Avec leurs longues barbes, leurs robes de soie semées de clinquant et leurs ornements de fausse orfèvrerie, ils semblent les fantômes des souverains du Bas-Empire.

Tout cela n'a rien de bien gai pour le moment. Rentrons dans le passé. Ce que je regrette aujourd'hui de l'Égypte, ce ne sont pas les oignons monstrueux dont les Hébreux pleuraient l'absence sur la terre de Chanaan [56]. C'est un ami, c'est une femme, — l'un séparé de moi seulement par la tombe, l'autre à jamais perdue.

Mais pourquoi réunirais-je ici deux noms qui ne peuvent se rencontrer que dans mon souvenir, et pour des impressions toutes personnelles! C'est en arrivant à Constantinople que j'ai reçu la nouvelle de la mort du consul général de France, dont je t'ai parlé déjà et qui m'avait si bien accueilli au Caire. C'était un homme connu de toute l'Europe savante, un diplomate et un érudit, ce qui se voit rarement ensemble. Il avait cru devoir prendre au sérieux un de ces postes consulaires qui, généralement, n'obligent personne à acquérir des connaissances spéciales.

En effet, selon les lois ordinaires de l'avancement diplomatique, un consul d'Alexandrie se trouve promu d'un jour à l'autre à la position de ministre plénipotentiaire au Brésil; un chargé d'affaires de Canton devient consul général à Hambourg. Où est la nécessité d'apprendre la langue, d'étudier les mœurs d'un pays, d'y nouer des relations, de s'informer des débouchés qu'y pourrait trouver notre commerce? Tout au plus pense-t-on à se préoccuper de la situation, du climat et des agréments de la résidence qu'on sollicite comme supérieure à celle qu'on occupe déjà.

Le consul, au moment où je l'ai rencontré au Caire, ne songeait qu'à des recherches d'antiquités égyptiennes. Un jour qu'il me parlait d'hypogées et de pyramides, je lui dis: «Il ne faut pas tant s'occuper des tombeaux?... Est-ce que vous sollicitez un consulat dans l'autre monde?»

Je ne croyais guère, en ce moment-là, dire quelque chose de cruel. «Ne vous apercevez-vous pas, me répondit-il, de l'état où je suis?... Je respire à peine. Cependant je voudrais bien voir les pyramides. C'est pour cela que je suis venu au Caire. Ma résidence à Alexandrie, au bord de la mer, était moins dangereuse...; mais l'air qui nous entoure ici, imprégné de cendre et de poussière, me sera mortel. »

En effet, Le Caire, dans ce moment-là, n'offrait pas une atmosphère très saine et me faisait l'effet d'un étouffoir fermé sur des charbons incandescents. Le *khamsin* soufflait dans les rues toutes les ardeurs de la Nubie. La nuit seule réparait nos forces, et nous permettait de subir encore le lendemain.

C'est la triste contrepartie des splendeurs de l'Égypte ; c'est toujours comme autrefois le souffle funeste de Typhon qui triomphe de l'œuvre des dieux bienfaisants !

Est-ce l'atteinte des fièvres que j'ai moi-même éprouvée en Syrie, qui me fait revenir à la pensée de cette mort avec un sentiment si triste ?...

Tout m'accable à la fois. J'ai écrit au consul de Beyrouth en le priant de s'informer du sort des personnes qui m'étaient devenues chères... Il n'a pu me donner que des renseignements vagues. Une révolte nouvelle avait éclaté dans le Hauran... Qui sait ce que seront devenus le bon cheik druse, et sa fille, et l'esclave que j'avais laissée dans leur famille ? Un prochain courrier me l'apprendra peut-être.

III

Péra.

Mon itinéraire de Beyrouth à Constantinople est nécessairement fort succinct. Je m'étais embarqué sur le paquebot autrichien, et, le lendemain de mon départ, nous relâchions à Larnaca, un port de Chypre. Malheureusement, là comme ailleurs, il nous était interdit de descendre, à moins de faire quarantaine. Les côtes sont arides comme dans tout l'archipel ; c'est, dit-on, dans l'intérieur de cette île que l'on retrouve seulement les vastes prairies, les bois touffus et les forêts ombreuses consacrées jadis à la déesse de Paphos. Les ruines du temple existent encore, et le village qui les entoure est la résidence d'un évêque.

Le lendemain, nous avons vu se dessiner les sombres montagnes des côtes d'Anatolie. Nous nous sommes encore arrêtés dans le port de Rhodes. J'ai vu les deux rochers où avaient dû autrefois se poser les pieds de la statue colossale d'Apollon. Ce bronze aurait dû être, quant aux proportions humaines, deux fois plus haut que les tours de Notre-Dame. Deux forts, bâtis par les anciens chevaliers, défendent cette entrée.

Le lendemain, nous traversâmes la partie orientale de l'archipel, et nous ne perdions pas un seul instant la terre de vue. Pendant plusieurs heures, nous avons eu à notre gauche l'île de Cos, illustrée par le souvenir d'Hippocrate. On distinguait çà et là de charmantes lignes de verdure et des villes aux blanches maisons, dont il semble que le séjour doit être heureux. Le père de la médecine n'avait pas mal choisi son séjour.

Je ne puis assez m'étonner des teintes roses qui revêtent le soir et le matin les hautes roches et les montagnes.
— C'est ainsi qu'hier j'avais vu Pathmos, l'île de saint Jean, inondée de ces doux rayons.

Voilà pourquoi, peut-être, l'Apocalypse a parfois des descriptions si attrayantes... Le jour et la nuit, l'apôtre rêvait de monstres, de destructions et de guerres ; — le soir et le matin, il annonçait sous des couleurs riantes les merveilles du règne futur du Christ et de la nouvelle Jérusalem, étincelante de clartés.

On nous a fait faire à Smyrne une quarantaine de dix jours. Il est vrai que c'était dans un jardin délicieux, avec toute la vue de ce golfe immense, qui ressemble à la rade de Toulon. Nous demeurions sous des tentes qu'on nous avait louées.

Le onzième jour, qui était celui de notre liberté, nous avons eu toute une journée pour parcourir les rues de Smyrne, et j'ai regretté de ne pouvoir aller visiter *Bournabat,* où sont les maisons de campagne des négociants, et qui est éloignée d'environ deux lieues. C'est, dit-on, un séjour ravissant.

Smyrne est presque européenne. Quand on a vu le bazar, pareil à tous ceux de l'Orient, la citadelle et le pont des caravanes jeté sur l'ancien Mélès, qui a fourni un

surnom à Homère [57], le mieux est encore de visiter la rue
des Roses, où l'on entrevoit aux fenêtres et sur les portes
les traits furtifs des jeunes Grecques, — qui ne fuient
jamais qu'après s'être laissé voir, comme la nymphe de
Virgile [58].

Nous avons regagné le paquebot après avoir entendu
un opéra de Donizetti au théâtre italien.

Il a fallu tout un jour pour arriver aux Dardanelles, en
laissant à gauche [59] les rivages où fut Troie — et Ténédos, et tant d'autres lieux célèbres qui ne tracent qu'une
ligne brumeuse à l'horizon.

Après le détroit, qui semble un large fleuve, on s'en-
gage pour tout un jour dans la mer de Marmara, et, le
lendemain à l'aube, on jouit de l'éblouissant spectacle du
port de Constantinople, le plus beau du monde assurément.

LES NUITS DU RAMAZAN

I. STAMBOUL ET PÉRA

I. BALIK-BAZAR

Ville étrange que Constantinople ! Splendeur et misères, larmes et joies ; l'arbitraire plus qu'ailleurs, et aussi plus de liberté ; — quatre peuples différents qui vivent ensemble sans trop se haïr : Turcs, Arméniens, Grecs et Juifs, enfants du même sol et se supportant beaucoup mieux les uns les autres que ne le font, chez nous, les gens de diverses provinces ou de divers partis.

Étais-je donc destiné à assister au dernier acte de fanatisme et de barbarie qui ait pu se commettre encore en vertu des anciennes traditions musulmanes ? — J'avais retrouvé à Péra un de mes plus anciens amis, un peintre français [60], qui vivait là depuis trois ans, et fort splendidement, du produit de ses portraits et de ses tableaux, — ce qui prouve que Constantinople n'est pas aussi brouillé qu'on le croit avec les Muses. Nous étions partis de Péra, la ville franque, pour nous rendre aux bazars de Stamboul, la ville turque.

Après avoir passé la porte fortifiée de Galata, on a encore à descendre une longue rue tortueuse, bordée de cabarets, de pâtissiers, de barbiers, de bouchers et de cafés francs qui rappellent les nôtres, et dont les tables sont chargées de journaux grecs et arméniens ; — il s'en publie cinq ou six à Constantinople seulement, sans compter les journaux grecs qui viennent de Morée. — C'est là le cas pour tout voyageur de faire appel à son érudition classique, afin de saisir quelques mots de cette langue vivace qui se régénère de jour en jour. La plupart des journaux affectent de s'éloigner du patois moderne et de se rapprocher du grec ancien jusqu'au point juste où ils pourraient risquer de n'être plus compris. On trouve là aussi des journaux valaques et serbes imprimés en langue roumaine, beaucoup plus facile à comprendre pour nous que le grec, à cause d'un mélange considérable de mots latins. Nous nous arrêtâmes quelques minutes dans un de ces cafés pour y prendre un *gloria* sucré, chose inconnue chez les cafetiers turcs. — Plus bas, on rencontre le marché aux fruits offrant des échantillons magnifiques de la fertilité des campagnes qui environnent Constantinople. Enfin, l'on arrive en descendant toujours, par des rues tortueuses et encombrées de passants, à l'*échelle* où il faut s'embarquer pour traverser la *Corne-d'Or,* golfe d'un quart de lieue de largeur et d'une lieue environ de longueur, qui est le port le plus merveilleux et le plus sûr du monde, et qui sépare Stamboul des faubourgs de Péra et de Galata.

Cette petite place est animée par une circulation extraordinaire, et présente du côté du port un embarcadère en planches bordé de caïques élégants. Les rameurs ont des chemises en crêpe de soie à manches longues d'une coupe tout à fait galante ; leur barque file avec rapidité, grâce à sa forme de poisson, et se glisse sans difficulté entre les centaines de vaisseaux de toutes nations qui remplissent l'entrée du port.

En dix minutes, on a atteint l'*échelle* opposée, qui correspond à Balik-Bazar, le marché aux poissons ; c'est là que nous fûmes témoins d'une scène extraordinaire. — Dans un carrefour étroit du marché, beaucoup d'hommes étaient réunis en cercle. Nous crûmes au premier abord qu'il s'agissait d'une lutte de jongleurs ou d'une danse d'ours. En fendant la foule, nous vîmes à terre un corps décapité, vêtu d'une veste et d'un pantalon bleus, et dont la tête, coiffée d'une casquette, était placée entre ses jambes, légèrement écartées. Un Turc se retourna vers nous et nous dit, en nous reconnaissant pour des Francs : « Il paraît que l'on coupe aussi les têtes qui portent des chapeaux. » Pour un Turc, une casquette et un chapeau sont l'objet d'un préjugé pareil, attendu qu'il est défendu aux musulmans de porter une coiffure à visière, puisqu'ils doivent en priant se frapper le front à terre, tout en conservant leur coiffure. — Nous nous éloignâmes avec dégoût de cette scène, et nous gagnâmes les bazars. Un Arménien nous offrit de prendre des sorbets dans sa boutique, et nous raconta l'histoire de cette étrange exécution.

Le corps décapité que nous avions rencontré se trouvait depuis trois jours exposé dans Balik-Bazar, ce qui réjouissait fort peu les marchands de poissons. C'était celui d'un Arménien, nommé Owaghim, qui avait été surpris, trois ans auparavant, avec une femme turque. En pareil cas, il faut choisir entre la mort et l'apostasie. — Un Turc ne serait passible que de coups de bâton. — Owaghim s'était fait musulman. Plus tard, il se repentit d'avoir cédé à la crainte ; il se retira dans les îles grecques où il abjura sa nouvelle religion.

Trois ans plus tard, il crut son affaire oubliée et revint à Constantinople avec un costume de Franc. Des fanatiques le dénoncèrent, et l'autorité turque, quoique fort tolérante alors, dut faire exécuter la loi. Les consuls européens réclamèrent en sa faveur ; mais que faire contre un texte précis ? En Orient, la loi est à la fois civile et religieuse ; le Coran et le code ne font qu'un. La justice turque est obligée de compter avec le fanatisme encore violent des classes inférieures. On offrit d'abord à Owaghim de le mettre en liberté moyennant une nouvelle abjuration. Il refusa. On fit plus ; on lui donna encore les moyens de s'échapper. Chose étrange, il refusa encore, disant qu'il ne pouvait vivre qu'à Constantinople, qu'il mourrait de chagrin en la quittant encore, ou de honte en y demeurant au prix d'une nouvelle apostasie. Alors l'exécution eut lieu. Beaucoup de gens de sa religion le considérèrent comme un saint et brûlèrent des bougies en son honneur.

Cette histoire nous avait vivement impressionnés. La fatalité y a introduit des circonstances telles que rien ne pouvait faire qu'elle eût un autre dénouement. Le soir même du troisième jour de l'exposition du corps à Balik-Bazar, trois juifs, selon l'usage, le chargeaient sur leurs épaules et le jetaient dans le Bosphore parmi les chiens et les chevaux noyés que la mer rejette çà et là contre les côtes.

Je ne veux point, d'après ce triste épisode dont j'ai eu le malheur d'être témoin, douter des tendances progressives de la Turquie nouvelle. Là, comme en Angleterre, la loi enchaîne toutes les volontés et tous les esprits jusqu'à ce qu'elle ait pu être mieux interprétée. La question de l'adultère et celle de l'apostasie peuvent seules aujourd'hui encore donner lieu à de si tristes événements.

Nous avons parcouru les bazars splendides qui forment le centre de Stamboul. C'est tout un labyrinthe solidement construit en pierre dans le goût byzantin et où l'on trouve un abri vaste contre la chaleur du jour. D'immenses galeries, les unes cintrées, les autres construites en ogives, avec des piliers sculptés et des colonnades, sont consacrées chacune à un genre particulier de marchandises. On admire surtout les vêtements et les babouches des femmes, les étoffes brodées et lamées, les cachemires, les tapis, les meubles incrustés d'or, d'argent et de nacre, l'orfèvrerie et plus encore les armes brillantes réunies dans cette partie du bazar qu'on appelle le besestain.

Une des extrémités de cette ville, pour ainsi dire souterraine, conduit à une place fort gaie entourée d'édifices et de mosquées, qu'on appelle la place du Sérasquier. C'est le lieu de promenade, pour l'intérieur de la ville, le plus fréquenté par les femmes et les enfants. — Les femmes sont plus sévèrement voilées dans Stamboul que dans Péra; vêtues du *féredjé* vert ou violet, et le visage couvert d'une gaze épaisse, il est rare qu'elles laissent voir autre chose que les yeux et la naissance du nez. Les Arméniennes et les Grecques enveloppent leurs traits d'une étoffe beaucoup plus légère.

Tout un côté de la place est occupé par des écrivains, des miniaturistes et des libraires; les constructions gracieuses des mosquées voisines, dont les cours sont plantées d'arbres et fréquentées par des milliers de pigeons qui viennent s'abattre parfois sur la place, les cafés et les étalages chargés de bijouteries, la tour voisine du *Sérasquier* qui domine toute la ville, et même plus loin l'aspect

sombre des murs du vieux sérail, où réside la sultane
mère, donnent à cette place un caractère plein d'originalité.

II. LE SULTAN

En redescendant vers le port, j'ai vu passer le sultan
dans un cabriolet fort singulier; deux chevaux attelés en
flèche tiraient cette voiture à deux roues, dont la large
capote, carrée du haut comme un dais, laisse tomber sur
le devant une pente de velours à crépine d'or. Il portait la
redingote simple et boutonnée jusqu'au col, que nous
voyons aux Turcs depuis la réforme, et la seule marque
qui le distinguât était son chiffre impérial brodé en brillants sur son tarbouch rouge. Un sentiment de mélancolie
est empreint sur sa figure pâle et distinguée. Par un
mouvement machinal j'avais ôté mon chapeau pour le
saluer, ce qui n'était au fond qu'une politesse d'étranger,
et non certes la crainte de me voir traiter comme l'Arménien de Balik-Bazar... Il me regarda alors avec attention,
car je manifestais par là mon ignorance des usages. On ne
salue pas le sultan.

Mon compagnon, que j'avais un instant perdu de vue
dans la foule, me dit: «Suivons le sultan; il va comme
nous à Péra; seulement il doit passer par le pont de
bateaux qui traverse la Corne-d'Or. C'est le chemin le
plus long, mais on n'a pas besoin de s'embarquer, et la
mer en ce moment est un peu houleuse.»

Nous nous mîmes à suivre le cabriolet, qui descendait
lentement par une longue rue bordée de mosquées et de
jardins magnifiques, au bout de laquelle on se trouve,
après quelques détours, dans le quartier du *Fanar*, où
demeurent les riches négociants grecs, ainsi que les princes de la nation. Plusieurs des maisons de ces quartiers
sont de véritables palais, et quelque églises ornées à
l'intérieur de fraîches peintures s'abritent à l'ombre des
hautes mosquées, dans l'enceinte même de Stamboul, la
ville spécialement turque.

Chemin faisant, je parlais à mon ami de l'impression que m'avait causée l'aspect inattendu d'Abdul-Medjid et la pénétrante douceur de son regard, qui semblait me reprocher de l'avoir salué comme un souverain vulgaire. Ce visage pâle, effilé, ces yeux en amande jetant au travers de longs cils un coup d'œil de surprise, adouci par la bienveillance, l'attitude aisée, la forme élancée du corps, tout cela m'avait prévenu favorablement pour lui. Comment, disais-je, a-t-il pu ordonner l'exécution de ce pauvre homme dont nous avons vu le corps décapité à Balik-Bazar?

« Il n'y pouvait rien, me dit mon compagnon : le pouvoir du sultan est plus borné que celui d'un monarque constitutionnel. Il est obligé de compter avec l'influence des ulémas, qui forment à la fois l'ordre judiciaire et religieux du pays, et aussi avec le peuple, dont les protestations sont des révoltes et des incendies. Il peut sans doute, au moyen des forces armées dont il dispose, et qui souvent ont opprimé ses aïeux, exercer un acte d'arbitraire ; mais qui le défendra ensuite contre le poison, arme de ceux qui l'entourent, ou l'assassinat, arme de tous? Tous les vendredis il est obligé de se rendre en public à l'une des mosquées de la ville, où il doit faire sa prière, afin que chaque quartier puisse le voir tour à tour. Aujourd'hui il se rend au *téké* de Péra, qui est le couvent des derviches tourneurs. »

Mon ami me donna encore sur la situation de ce prince d'autres détails, qui m'expliquèrent jusqu'à un certain point la mélancolie empreinte sur ses traits. Il est peut-être, en effet, le seul de tous les Turcs qui puisse se plaindre de l'inégalité des positions. C'est par une pensée toute démocratique que les musulmans ont placé à la tête de leur nation un homme qui est à la fois au-dessus et différent de tous.

A lui seul, dans son empire, il est défendu de se marier légalement. On a craint l'influence que donnerait à certaines familles une si haute alliance, et il ne pourrait pas davantage épouser une étrangère. Il se trouve donc privé des quatre femmes légitimes accordées par Mahomet à tout croyant qui a le moyen de les nourrir. Ses sultanes,

qu'il ne peut appeler épouses, ne sont originairement que
des esclaves, et, comme toutes les femmes de l'empire
turc, Arméniennes, Grecques, catholiques ou juives, sont
considérées comme libres, son harem ne peut se recruter
que dans les pays étrangers à l'islamisme, et dont les
souverains n'entretiennent pas avec lui de relations offi-
cielles.

A l'époque où la Porte était en guerre avec l'Europe, le
harem du Grand-Seigneur était admirablement fourni.
Les beautés blanches et blondes n'y manquaient pas,
témoin cette Roxelane française [61] au nez retroussé, qui a
existé ailleurs qu'au théâtre, et dont on peut voir le
cercueil, drapé de cachemires et ombragé de panaches,
reposant près de son époux dans la mosquée de Solima-
nié. Aujourd'hui, plus de Françaises, plus même d'Européennes possibles pour l'infortuné sultan. S'il s'avisait
seulement de faire enlever une de ces grisettes de Péra,
qui portent fièrement les dernières modes européennes
aux promenades du dimanche, il se verrait écrasé de notes
diplomatiques d'ambassadeurs et de consuls, et ce serait
peut-être l'occasion d'une guerre plus longue que celle
qui fut causée jadis par l'enlèvement d'Hélène.

Quand le sultan traverse, dans Péra, la foule immense
de femmes grecques se pressant pour le voir, il lui faut
détourner les yeux de toute tentation, car l'étiquette ne lui
permettrait pas une maîtresse passagère, et il n'aurait pas
le droit d'enfermer une femme de naissance libre. Il doit
s'être blasé bien vite sur les Circassiennes, les Malaises
ou les Abyssiniennes, qui seules se trouvent dans les
conditions possibles de l'esclavage, et souhaiter quelques
blondes Anglaises ou quelques spirituelles Françaises;
mais c'est là le fruit défendu.

Mon compagnon m'apprit aussi le nombre actuel des
femmes du sérail. Il s'éloigne beaucoup de ce qu'on
suppose en Europe. Le harem du sultan renferme seulement trente-trois *cadines* ou dames, parmi lesquelles trois
seulement sont considérées comme favorites. Le reste des
femmes du sérail sont des *odaleuk* ou femmes de chambre. L'Europe donne donc un sens impropre au terme
d'odalisque. Il y a aussi des danseuses et des chanteuses

qui ne s'élèveraient au rang de sultanes que par un caprice
du maître et une dérogation aux usages. De telle sorte que
le sultan, réduit à n'avoir pour femmes que des esclaves,
est lui-même fils d'une esclave, — observation que ne lui
ménagent pas les Turcs dans les époques de mécontente-
ment populaire.

Nous poursuivions cette conversation en répétant de
temps à autre : Pauvre sultan ! Cependant il descendit de
voiture sur le quai du Fanar, — car on ne peut passer en
voiture sur le pont de bateaux qui traverse la Corne-d'Or
à l'un de ses points les plus rétrécis. Deux arches assez
hautes y sont établies pour le passage des barques. Il
monta à cheval et, arrivé sur l'autre bord, se dirigea par
les sentiers qui côtoient les murs extérieurs de Galata, à
travers le Petit Champ des Morts, ombragé de cyprès
énormes, gagnant ainsi la grande rue de Péra. Les derviches l'attendaient rangés dans leur cour, où il nous fut
impossible de pénétrer. C'est dans ce téké ou couvent que
se trouve le tombeau du fameux comte de Bonneval [62], ce
renégat célèbre qui fut longtemps à la tête des armées
turques et lutta en Allemagne contre les armées chrétiennes. Sa femme, une Vénitienne qui l'avait suivi à
Constantinople, lui servait d'aide de camp dans ses
combats.

Pendant que nous étions restés arrêtés devant la porte
du téké, un cortège funèbre, précédé par des prêtres
grecs, montait la rue, se dirigeant vers l'extrémité du
faubourg. Les gardes du sultan ordonnèrent aux prêtres
de rétrograder, parce qu'il se pouvait qu'il sortît d'un
moment à l'autre, et qu'il n'était pas convenable qu'il se
croisât avec un enterrement. Il y eut quelques minutes
d'hésitation. Enfin l'archimandrite, qui, avec sa couronne de forme impériale et ses longs vêtements byzantins brodés de clinquant, semblait fier comme Charle-
magne, adressa vivement des représentations au chef
de l'escorte ; puis se retournant, l'air indigné, vers ses
prêtres, il fit signe de la main qu'il fallait continuer
la marche, et que si le sultan avait à sortir dans ce
moment-là, ce serait à lui d'attendre que le mort fût
passé.

Je cite ce trait comme un exemple de la tolérance qui
existe à Constantinople pour les différents cultes.

III. LE GRAND CHAMP DES MORTS

J'éprouve quelque embarras à parler si souvent de
funérailles et de cimetières, à propos de cette riante et
splendide cité de Constantinople, dont les horizons mou-
vementés et verdoyants, dont les maisons peintes et les
mosquées si élégantes, avec leurs dômes d'étain et leurs
minarets frêles, ne devraient inspirer que des idées de
plaisir et de douce rêverie. Mais c'est qu'en ce pays la
mort elle-même prend un air de fête. Le cortège grec dont
j'ai parlé tout à l'heure n'avait rien de cet appareil funèbre de nos tristes enterrements. Les popes, au visage
enluminé, aux habits éclatants de broderies, de jeunes
ecclésiastiques venant ensuite, en longues robes de couleurs vives ; — puis leurs amis vêtus de leurs costumes
les plus riches, et au milieu la morte, jeune encore, d'une
pâleur de cire, mais avec du fard sur les joues, et étendue
sur des fleurs, couronnée de roses, vêtue de ses plus
beaux ajustements de velours et de satin, et couverte
d'une grande quantité de bijoux en diamants, qui probablement ne l'accompagnent pas dans la fosse ; tel était le
spectacle, plus mélancolique que navrant, présenté par ce
cortège.

La vue que l'on a du couvent des derviches tourneurs
s'étend sur le Petit Champ des Morts, dont les allées
mystérieuses, bordées d'immenses cyprès, descendent
vers la mer jusqu'aux bâtiments de la marine. Un café, où
viennent volontiers s'asseoir les derviches, hommes de
leur nature assez gais et assez causeurs, étend en face du
téké ses rangées de tables et de tabourets, où l'on boit du
café en fumant le narghilé ou le chibouk. On jouit là de la
vue des passants européens. Les équipages des riches
Anglais et des ambassadeurs circulent souvent dans cette
rue, ainsi que les voitures dorées des femmes du pays ou

leurs *arabas*, — qui ressemblent à des charrettes de blanchisseuses, sauf les agréments qu'y ajoutent la peinture et
la dorure. Les arabas sont traînés par des bœufs. Leur
avantage est de contenir facilement tout un harem qui se
rend à la campagne. Le mari n'accompagne jamais ses
épouses dans ces promenades, qui ont lieu le plus souvent
le vendredi, ce jour étant le dimanche des Turcs.

Je compris, à l'animation et à la distinction de la foule,
que l'on se dirigeait vers une fête quelconque, située
probablement au-delà du faubourg. Mon compagnon
m'avait quitté pour aller dîner chez des Arméniens qui lui
avaient commandé un tableau, et avait bien voulu m'indiquer un restaurant viennois situé dans le haut de Péra. A
partir du couvent et de l'espace verdoyant qui s'étend de
l'autre côté de la rue, on se trouve entièrement dans un
quartier parisien. Des boutiques brillantes de marchandes
de modes, de bijoutiers, de confiseurs et de lingers, des
hôtels anglais et français, des cabinets de lecture et des
cafés, voilà tout ce qu'on rencontre pendant un quart de
lieue. Les consulats ont aussi, pour la plupart, leurs
façades sur cette rue. On distingue surtout l'immense
palais, entièrement bâti en pierre, de l'ambassade russe.
Ce serait, au besoin, une forteresse redoutable qui com-
manderait les trois faubourgs de Péra, de Tophana et de
Galata. Quant à l'ambassade française, elle est moins
heureusement située, dans une rue qui descend vers Tophana ; et ce palais, qui a coûté plusieurs millions, n'est
pas encore terminé.

En suivant la rue, on la voit plus loin s'élargir et l'on
rencontre à gauche le théâtre italien, ouvert seulement
deux fois par semaine. Ensuite viennent de belles maisons bourgeoises, donnant sur des jardins, puis à droite
les bâtiments de l'université turque et des écoles spéciales ; puis encore plus loin, à gauche, l'hôpital français.

Le faubourg se termine au-delà de ce point, et la route
élargie se trouve encombrée de frituriers et de marchands
de fruits, de pastèques et de poissons ; les guinguettes
commencent à se montrer plus librement que dans la
ville. Elles ont en général d'immenses proportions. C'est
d'abord une salle vaste comme l'intérieur d'un théâtre,

avec une galerie haute à balustres de bois tournés. Il y a d'un côté un comptoir où se distribuent les vins blancs et rouges dans des verres à anse que chaque buveur emporte à la table qu'il a choisie ; de l'autre, un immense fourneau chargé de ragoûts, qu'on vous distribue également dans une assiette qu'il faut emporter jusqu'à sa table. Dès lors, il faut s'habituer à manger sur ce petit meuble, qui ne monte pas à la hauteur du genou. La foule qui se presse dans ces sortes de lieux ne se compose que de Grecs, reconnaissables à leurs tarbouchs plus petits que ceux des Turcs, de juifs portant de petits turbans entourés d'une étoffe grise, et d'Arméniens au kalpack monstrueux, qui semble un bonnet de grenadier enflé par le haut. Un musulman n'oserait pénétrer publiquement dans ces établissements bachiques.

Il ne faut pas croire, d'après ces coiffures qui distinguent encore chaque race, dans le peuple surtout, que la Turquie soit autant qu'autrefois un pays d'inégalité. Jadis les chaussures, comme les bonnets, indiquaient la religion de tout habitant. Les Turcs seuls avaient droit de chausser la botte ou la babouche jaune : les Arméniens la portaient rouge, les Grecs bleue, et les juifs noire. Les costumes éclatants et riches ne pouvaient également appartenir qu'aux musulmans. Les maisons mêmes participaient à ces distinctions, et celles des Turcs se distinguaient par des couleurs vives ; les autres ne pouvaient être peintes que de nuances sombres. Aujourd'hui cela a changé : tout sujet de l'empire a le droit d'endosser le costume presque européen de la réforme, et de se coiffer du *fezzi* rouge, qui disparaît en partie sous un flot de soie bleue, assez fourni pour avoir l'air d'une chevelure azurée.

C'est ce dont je fus convaincu en voyant un grand nombre de gens qui se dirigeaient ainsi vêtus, à pied ou à cheval, vers la promenade européenne de Péra, peu fréquentée par les Turcs véritables. Les bottes vernies ont aussi fait disparaître, pour la plupart des *tchélebys* (élégants) de toute race, l'ancienne inégalité des chaussures. Seulement, il faut remarquer que le fanatisme se montre plus persistant chez les rayas que chez les musulmans.

L'habitude ou la pauvreté n'influe pas moins d'un autre côté sur la conservation des anciens vêtements qui classifient les races.

Mais qui croirait encore Constantinople intolérante en admirant l'aspect animé de la promenade franque ? Les voitures de toutes sortes se croisent avec rapidité à la sortie du faubourg, les chevaux caracolent, les femmes parées se dirigent çà et là vers un bois qui descend vers la mer, ou, sur la gauche, vers la route de Buyukdéré, où sont les maisons de plaisance des négociants et des banquiers. Si vous allez droit devant vous, vous arrivez en quelques pas à un sentier creux bordé de buissons, ombragé de sapins et de mélèzes, et d'où, par éclaircies, vous apercevez la mer et l'embouchure du détroit entre Scutari et la pointe du sérail qui termine Stamboul. La tour de Léandre, que les Turcs appellent la Tour de la Fille, s'élève entre les deux villes, au centre du bras de mer qui se prolonge comme un fleuve à votre gauche. C'est une étroite construction carrée posée sur un rocher, et qui semble de loin une guérite de sentinelle ; au-delà, les îles des Princes se dessinent vaguement à l'entrée de la mer de Marmara.

Je n'ai pas besoin de dire que ce bois si pittoresque, si mystérieux et si frais est encore un cimetière. Il faut en prendre son parti, tous les lieux de plaisir à Constantinople se trouvent au milieu des tombes. Voyez, à travers les massifs d'arbres de blancs fantômes qui se dressent par rangées, et qu'un rayon de soleil dessine nettement çà et là ; ce sont des cippes en marbre blanc de la hauteur d'un homme, ayant pour tête une boule surmontée d'un turban ; quelques-uns sont peints et dorés pour compléter l'illusion ; la forme du turban indique le rang ou l'antiquité du défunt. Quelques-uns ne sont plus à la dernière mode. Plusieurs de ces pierres figuratives ont la tête cassée, c'est qu'elles surmontaient des tombes de janissaires, et à l'époque où cette milice fut détruite, la colère du peuple ne s'arrêta pas aux vivants, on alla dans tous les cimetières décapiter aussi les monuments des morts.

Les tombes des femmes sont également surmontées de cippes, mais la tête y est remplacée par une rosace d'or-

nements représentant en relief des fleurs sculptées et
dorées. Écoutez aussi les rires bruyants qui résonnent
sous ces arbres funèbres : ce sont des veuves, des mères et
des sœurs qui se réunissent en famille près des tombes
d'êtres aimés.

La foi religieuse est si forte dans ce pays, qu'après les
pleurs versés au moment de la séparation, personne ne
songe plus qu'au bonheur dont les défunts doivent jouir
au paradis de Mahomet. Les familles font apporter leur
dîner près de la tombe, les enfants remplissent l'air de
cris joyeux, et l'on a soin de faire la part du mort et de la
placer dans une ouverture ménagée à cet effet devant
chaque tombeau. Les chiens errants, présents d'ordinaire
à la scène, conçoivent l'espérance d'un souper prochain,
et se contentent, en attendant, des restes du dîner que les
enfants leur jettent. Il ne faut pas croire non plus que la
famille pense que le mort profitera de l'assiettée de nourriture qui lui est consacrée ; mais c'est une vieille coutume qui remonte à l'Antiquité. Autrefois des serpents
sacrés se nourrissaient de ces offrandes pieuses ; mais, à
Constantinople, les chiens aussi sont sacrés.

En sortant de ce bois, qui tourne autour d'une caserne
d'artillerie, bâtie dans de vastes proportions, je me retrouvai sur la route de Buyukdéré. Une plaine inculte
couverte de gazon s'étend devant la caserne ; là, j'assistai
à une scène qui ne peut être séparée de ce qui précède ;
quelques centaines de chiens se trouvaient réunis sur
l'herbe en exhalant des plaintes d'impatience. Peu de
temps après, je vis sortir des canonniers qui portaient,
deux par deux, d'énormes chaudrons, au moyen d'une
longue perche pesant sur leurs épaules. Les chiens poussèrent des hurlements de joie. A peine les chaudrons
furent-ils déposés à terre que ces animaux s'élancèrent
sur la nourriture qu'ils contenaient ; et l'occupation des
soldats était de diviser le trop grand encombrement qu'ils
formaient au moyen des perches qu'ils avaient gardées.
« C'est la soupe que l'on sert aux chiens, me dit un Italien
qui passait ; ils ne sont pas malheureux. » Je crois bien
que, au fond, il n'y avait là que les restes de la nourriture
des soldats. La faveur dont les chiens jouissent à

Constantinople tient surtout à ce qu'ils débarrassent la
voie publique des débris de substances animales qu'on y
jette généralement. Les fondations pieuses qui les
concernent, les bassins remplis d'eau qu'ils trouvent à
l'entrée des mosquées et près des fontaines, n'ont pas
sans doute d'autre but.

Il s'agissait d'arriver à des spectacles plus séduisants.
Après la façade de la caserne, on se trouve à l'entrée du
Grand Champ des Morts; c'est un plateau immense ombragé de sycomores et de pins. On passe d'abord au
milieu des tombeaux francs, parmi lesquels on distingue
beaucoup d'inscriptions anglaises avec des armoiries gra-
vées, le tout sur de longues pierres plates où chacun vient
s'asseoir sans scrupule, comme sur des bancs de marbre.
Un café en forme de kiosque s'élève dans une éclaircie
dont la vue domine la mer. De là, l'on aperçoit distincte-
ment le rivage d'Asie, chargé de maisons peintes et de
mosquées, comme si l'on regardait d'un bord à l'autre du
Rhin. L'horizon se termine au loin par le sommet tronqué
de l'Olympe de Bithynie, dont le profil se confond presque avec les nuages. Sur le rivage, à gauche, s'étendent
les bâtiments du palais d'été du sultan, avec leurs longues
colonnades grecques, leurs toits festonnés et leurs grilles
dorées qui brillent au soleil.

Allons plus loin encore. C'est la partie du Champ
consacrée aux Arméniens. Les tombes, plates, sont couvertes des caractères réguliers de leur langue, et, sur le
marbre, on voit sculptés les attributs du commerce que
chacun a exercé dans sa vie : là des bijoux, là des marteaux et des équerres, là des balances, là des instruments
de divers états. Les femmes seules ont uniformément des
bouquets de fleurs.

Détournons nos regards de ces impressions toujours
graves pour l'Européen. — La foule est immense ; les
femmes ne sont point voilées, et leurs traits, fermement
dessinés, s'animent de joie et de santé sous la coiffure
levantine, comme sous les bonnets ou les chapeaux
d'Europe. Quelques Arméniennes seules conservent sur
la figure une bande de gaze légère que soutient admirablement leur nez arqué, et qui, cachant à peine leurs

traits, devient pour les moins jeunes une ressource de coquetterie. Où va toute cette foule parée et joyeuse?
— Toujours à Buyukdéré.

IV. SAN-DIMITRI

Seulement bien des gens s'arrêtent dans les cafés élégants qui bordent la route. On en rencontre un sur la gauche ouvrant ses larges galeries d'un côté sur le Grand Champ et de l'autre sur un vaste espace de vallons et de collines chargées de constructions légères, et entremêlées de jardins. Au-delà reparaît la ligne lointaine dentelée par les mosquées et les minarets de Stamboul. Cette broderie de l'horizon, monotone à la longue, se retrouve dans la plupart des vues de l'entrée du Bosphore.

Ce café est le rendez-vous de la belle compagnie; on dirait un café chantant de nos Champs-Élysées. Des rangées de tables des deux côtés de la route sont garnies des fashionables et des élégantes de Péra. Tout est servi à la française, les glaces, la limonade et le moka. Le seul trait de couleur locale est la présence familière de trois ou quatre cigognes qui, dès que vous avez demandé du café, viennent se poser devant votre table comme des points d'interrogation. Leur long bec, emmanché d'un col qui domine de haut la table, n'oserait attaquer le sucrier. Elles attendent avec respect. Ces oiseaux privés s'en vont ainsi de table en table, recueillant du sucre ou des biscuits.

A une table près de la mienne se trouvait un homme d'un certain âge, aux cheveux blancs comme sa cravate, vêtu d'un habit noir d'une coupe un peu arriérée, et portant à sa boutonnière un ruban rayé de diverses couleurs étrangères. Il avait accaparé tous les journaux du café, posé le *Journal de Constantinople* sur l'*Écho de Smyrne*, le *Portofoglio maltese* sur le *Courrier d'Athènes*, enfin tout ce qui aurait fait ma joie dans ce moment-là, en m'instruisant des nouvelles de l'Europe. Par-

dessus cette masse de feuilles superposées, il lisait attentivement le *Moniteur ottoman*.

J'osai tirer vers moi l'un des journaux, en le priant de
m'excuser : il me lança un de ces regards féroces que je
n'ai vus qu'aux habitués des plus anciens cafés de Paris...

« Je vais avoir fini le *Moniteur ottoman* », me dit-il.

J'attendis quelques minutes. Il fut clément, et me passa
enfin le journal avec un salut qui sentait son XVIIIᵉ siècle.

« Monsieur, ajouta-t-il, nous avons grande fête ce soir.
Le *Moniteur* nous annonce la naissance d'une princesse,
et cet événement, qui sera plein de charme pour tous les
sujets de Sa Hautesse, coïncide par hasard avec l'ouverture du Ramazan [63]. »

Je ne m'étonnai pas, de ce moment, de voir tout le
monde en fête, et j'attendis patiemment, tantôt en regardant la route animée par les voitures et les cavalcades,
tantôt en parcourant les journaux franks que mon voisin
me passait à mesure qu'il en avait terminé la lecture.

Il apprécia sans doute ma politesse et ma patience, et
comme je me préparais à sortir, il me dit :

« Où allez-vous donc ? Au bal ?

— Est-ce qu'il y a un bal ? répondis-je.

— Vous en entendez d'ici la musique. »

En effet, les accords stridents d'un orchestre grec ou
valaque arrivaient jusqu'à mon oreille. Mais cela ne
prouvait pas que l'on dansât ; car la plupart des guinguettes et des cafés de Constantinople ont aussi des musiciens
qui jouent même pendant le jour.

« Venez avec moi », me dit l'inconnu.

A deux cents pas peut-être du kiosque que nous venions de quitter, nous vîmes une porte splendidement
décorée, formant l'entrée d'un jardin qui, situé au carrefour de deux routes, avait une forme triangulaire. Des
quinconces d'arbres reliés par des guirlandes, des salles
de verdure entourant les tables, tout cela formait un
spectacle assez vulgaire pour un Parisien. Mon guide était
enthousiasmé. Nous entrâmes dans l'intérieur, qui se
composait de plusieurs salles remplies de consommateurs ; l'orchestre continuait à s'escrimer vaillamment,
avec des violons à une corde, des flûtes de roseau, des

tambourins et des guitares, exécutant, du reste, des airs assez originaux. Je demandai où était le bal.

« Attendez, me dit le vieillard, le bal ne peut commencer qu'au coucher du soleil. Ceci est dans les règlements de police. Mais, comme vous voyez, ce ne sera pas long. »

Il m'avait conduit à une fenêtre, et en effet le soleil ne tarda pas à descendre derrière les lignes d'horizon violettes qui dominent le Corne-d'Or. Aussitôt un bruit immense se fit de tous côtés. C'étaient les canons de Tophana, puis ceux de tous les vaisseaux du port qui saluaient la double fête. Un spectacle magique commençait en même temps sur tout le plan lointain où se découpent les monuments de Stamboul. A mesure que l'ombre descendait du ciel, on voyait paraître de longs chapelets de feu dessinant les dômes des mosquées et traçant sur leurs coupoles des arabesques, qui formaient sans doute des légendes en lettres ornées; les minarets, élancés comme un millier de mâts au-dessus des édifices, portaient des bagues de lumières, dessinant les frêles galeries qu'ils supportent. De tous côtés partaient les chants des *muezzins*, si suaves d'ordinaire, ce jour-là bruyants comme des chants de triomphe.

Nous nous retournâmes vers la salle; la danse avait commencé.

Un grand vide s'était formé au centre de la salle; nous vîmes entrer, par le fond, une quinzaine de danseurs coiffés de rouge, avec des vestes brodées et des ceintures éclatantes. Il n'y avait que des hommes.

Le premier semblait conduire les autres, qui se tenaient par la main, en balançant les bras, tandis que lui-même liait sa danse compassée à celle de son voisin, au moyen d'un mouchoir, dont ils avaient chacun un bout. Il semblait la tête au col flexible d'un serpent, dont ses compagnons auraient formé les anneaux.

C'était là, évidemment, une danse grecque, — avec les balancements de hanche, les entrelacements et les pas en guirlande que dessine cette chorégraphie. Quand ils eurent fini, je commençais à manifester mon ennui des danses d'homme, que j'avais trop vues en Égypte, lors-

que nous vîmes paraître un égal nombre de femmes qui
reproduisirent la même figure. Elles étaient la plupart
jolies et fort gracieuses, sous le costume levantin ; leurs
calottes rouges festonnées d'or, les fleurs et les gazillons
lamés de leurs coiffures, les longues tresses ornées de
sequins qui descendaient jusqu'à leurs pieds leur faisaient
de nombreux partisans dans l'assemblée. — Toutefois,
c'étaient simplement des jeunes filles ioniennes venues
avec leurs amis ou leurs frères, et toute tentative de
séduction à leur égard eût amené des coups de couteau.

« Je vous ferai voir tout à l'heure mieux que cela », me
dit le complaisant vieillard dont je venais de faire la
connaissance.

Et, après avoir pris des sorbets, nous sortîmes de cet
établissement, qui est le *Mabille* [64] des Francs de Péra.

Stamboul, illuminée, brillait au loin sur l'horizon, devenu plus obscur, et son profil aux mille courbes gracieuses se prononçait avec netteté, rappelant ces dessins pi-
qués d'épingles que les enfants promènent devant les
lumières. Il était trop tard pour s'y rendre, car, à partir du
coucher du soleil, on ne peut plus traverser le golfe.

« Convenez, me dit le vieillard, que Constantinople est
le véritable séjour de la liberté. Vous allez vous en
convaincre mieux tout à l'heure. Pourvu qu'on respecte
les chiens, chose prudente d'ailleurs, et qu'on allume sa
lanterne quand le soleil est couché, on est aussi libre ici
toute la nuit qu'on l'est à Londres... et qu'on l'est peu à
Paris ! »

Il avait tiré de sa poche une lanterne de fer-blanc dont
les replis en toile s'allongeaient comme des feuilles de
soufflet qui s'écartent, et y planta une bougie : « Voyez,
reprit-il, comme ces longues allées de cyprès du Grand
Champ des Morts sont encore animées à cette heure. » En
effet, des robes de soie ou des férédjés de drap fin
passaient çà et là en froissant les feuilles des buissons ;
des caquetages mystérieux, des rires étouffés traversaient
l'ombre des charmilles. L'effet des lanternes voltigeant
partout aux mains des promeneurs me faisait penser à
l'acte des nonnes de *Robert* [65], — comme si ces milliers
de pierres plates éclairées au passage eussent dû se lever

tout à coup; mais non, tout était riant et calme; seulement, la brise de la mer berçait dans les ifs et dans les cyprès les colombes endormies. Je me rappelai ce vers de Goethe :

Tu souris sur des tombes, immortel Amour [66]!

Cependant nous nous dirigions vers Péra, en nous arrêtant parfois à contempler l'admirable spectacle de la vallée qui descend vers le golfe, et de l'illumination couronnant le fond bleuâtre, où s'estompaient les pointes des arbres, et où, par places, luisait la mer, reflétant les lanternes de couleur suspendues aux mâts des vaisseaux. « Vous ne vous doutez pas, me dit le vieillard, que vous causez en ce moment avec un ancien page de l'impératrice Catherine II ?

— Cela est bien respectable, pensai-je ; car cela doit remonter au moins aux dernières années du siècle dernier.

— Je dois dire, ajouta le vieillard avec quelque prétention, que notre souveraine (car je suis russe) était, à cette époque, un peu... ce que je deviens aujourd'hui. »

Il soupira. Puis il se mit à parler longtemps de l'impératrice, de son esprit, de sa grâce charmante, de sa bonté : « Le rêve continuel de Catherine, ajouta-t-il, était de voir Constantinople. Elle parlait quelquefois de s'y rendre déguisée en bourgeoise allemande. Mais elle eût, certes, préféré y pénétrer par la conquête, et c'est pour cela qu'elle envoya en Grèce cette expédition commandée par Orloff, qui, de loin, prépara la révolution des Hellènes. La guerre de Crimée n'eut pas non plus d'autre but ; mais les Turcs se défendirent si bien, qu'elle ne put arriver qu'à la possession de cette province, garantie en dernier lieu par un traité de paix.

« Vous avez entendu parler des fêtes qui se donnèrent dans ce pays, et où plusieurs de vos gentilshommes aventuriers assistèrent. On ne parlait que français à sa cour ; on ne s'occupait que de la philosophie des encyclopédistes, de tragédies jouées à Paris et de poésie légère. Le prince de Ligne était arrivé enthousiasmé de l'*Iphigénie en Tauride* de Guymond de la Touche. L'impératrice

lui fit aussitôt présent de la partie de l'ancienne Tauride
où l'on avait cru retrouver les ruines du temple élevé par
le cruel Thoas [67]. Le prince fut très embarrassé de ce
présent de quelques lieues carrées, occupées par des
cultivateurs musulmans, qui se bornaient à fumer et à
boire du café tout le jour. Comme la guerre les avait
rendus trop pauvres pour continuer ce passe-temps, le
prince de Ligne se vit encore forcé de leur donner de
l'argent afin qu'ils pussent renouveler leurs provisions.
Ils se quittèrent très bons amis.

    « Ceci n'était que généreux. Potemkin fut plus magni-
fique. Comme la contrée sablonneuse où l'on se trouvait
blessait les yeux de sa souveraine, il fit apporter, de
cinquante lieues, des forêts entières de sapins coupés qui,
il est vrai, ne donnèrent d'ombrage que pendant le séjour
de la cour impériale.

    « Catherine, cependant, ne se consolait pas d'avoir
perdu l'occasion de visiter la côte d'Asie. Pour occuper
les loisirs du séjour en Crimée, elle pria M. de Ségur de
lui enseigner à faire des vers français. Cette femme avait
tous les caprices. Après s'être rendu compte des difficultés, elle s'enferma quatre heures dans son cabinet, et en
ressortit ayant fait en tout deux alexandrins, qui ne sont
que passables. Les voici :

> Dans le sérail d'un khan*, sur des coussins brodés,
> Dans un kiosque d'or, de grilles entouré…

    « Elle n'avait pas pu se tirer du reste.

    — Ces vers, observai-je, ne manquent pas d'une cer-
taine couleur orientale ; ils indiquent même un certain
désir de savoir à quoi s'en tenir sur la galanterie des
Turcs.

    — Le prince de Ligne trouva détestables les rimes de
ce distique, ce qui découragea l'impératrice de toute
prosodie française… Je vous parle de choses que je ne
sais que par ouï-dire. J'étais alors au berceau, et je n'ai vu

---

* Le khan, c'est le sultan, ou encore tout souverain indépendant des
pays d'Asie.

que les dernières années de ce grand règne... Après la mort de l'impératrice, j'héritai sans doute de ce désir violent qu'elle avait eu de voir Constantinople. Je quittai ma famille, et j'arrivai ici avec fort peu d'argent. J'avais vingt ans, de belles dents, et la jambe admirablement tournée... »

V. UNE AVENTURE DE L'ANCIEN SÉRAIL

Mon vieux compagnon s'interrompit avec un soupir et me dit en regardant le ciel : « Je vais reprendre mon récit, je voudrais seulement vous montrer la reine de la fête qui commence pour Stamboul et qui durera trente nuits. » Il indiqua du doigt un point du ciel où se montrait un faible croissant : c'était la nouvelle lune, la lune du Ramazan, qui se traçait faiblement à l'horizon. Les fêtes ne commencent que quand elle a été vue nettement du haut des minarets ou des montagnes avoisinant la ville. On en transmet l'avis par des signaux.

« Que fîtes-vous, une fois à Constantinople ? repris-je après cet incident, voyant que le vieillard aimait à se représenter ces souvenirs de sa jeunesse.

— Constantinople, monsieur, était plus brillante qu'aujourd'hui ; le goût oriental dominait dans ses maisons et dans ses édifices qu'on a toujours reconstruits à l'européenne depuis. Les mœurs y étaient sévères, mais la difficulté des intrigues en était le charme le plus puissant.

— Poursuivez ! lui dis-je vivement intéressé et voyant qu'il s'arrêtait encore.

— Je ne vous parlerai pas, monsieur, de quelques délicieuses relations que j'ai nouées avec des personnes d'un rang ordinaire. Le danger, dans ces sortes de commerces, n'existe au fond que pour la femme, à moins toutefois que l'on n'ait l'imprudence grave de rendre visite à une dame turque chez elle, ou d'y pénétrer furtivement. Je renonce à me vanter des aventures de ce genre que j'ai risquées. La dernière seule peut vous intéresser.

« Mes parents me voyaient avec peine éloigné d'eux ; leur persistance à me refuser les moyens de séjourner plus longtemps à Constantinople m'obligea à me placer dans une maison de commerce de Galata. Je tenais les écritures chez un riche joaillier arménien ; un jour, plusieurs femmes s'y présentèrent suivies d'esclaves qui portaient la livrée du sultan.

« A cette époque, les dames du sérail jouissaient de la liberté de venir faire leurs emplètes chez les négociants des quartiers francs, parce que le danger de leur manquer de respect était si grand que personne ne l'eût osé. De plus, dans ce temps-là, les chrétiens étaient à peine regardés comme des hommes... Lorsque l'ambassadeur français lui-même venait au sérail, on le faisait dîner à part, et le sultan disait plus tard à son premier vizir : « As-tu fait manger le chien ? — Oui, le chien a mangé, répondait le ministre. — Eh bien ! qu'on le mette dehors ! » Ces mots étaient d'étiquette... Les interprètes traduisaient cela par un compliment à l'ambassadeur, et tout était dit. »

Je coupai court à ces digressions, en priant mon interlocuteur d'en revenir à la visite des dames du sérail chez le joaillier.

« Vous comprenez que, dans ces circonstances, ces belles personnes étaient toujours accompagnées de leurs gardiens naturels, commandés par le kislar-aga. Au reste, l'aspect extérieur de ces dames n'avait de charmes que pour l'imagination, puisqu'elles étaient aussi soigneusement drapées et masquées que des dominos dans un bal de théâtre. Celle qui paraissait commander aux autres se fit montrer diverses parures, et, en ayant choisi une, se préparait à l'emporter. Je fis observer que la monture avait besoin d'être nettoyée, et qu'il manquait quelques petites pierres.

« — Eh bien ! dit-elle, quand faudra-t-il l'envoyer chercher ?... J'en ai besoin pour une fête où je dois paraître devant le sultan.

« Je la saluai avec respect, et, d'une voix quelque peu tremblante, je lui fis observer qu'on ne pouvait répondre du temps exact qui serait nécessaire pour ce travail.

« — Alors, dit la dame, quand ce sera prêt, envoyez un

de vos jeunes gens au palais de Béchik-Tasch. Puis elle jeta un regard distrait autour d'elle...

« — J'irai moi-même, altesse, répondis-je, car on ne pourrait confier à un esclave, ou même à un commis, une parure de cette valeur.

« — Eh bien! dit-elle, apportez-moi cela et vous en recevrez le prix.

« L'œil d'une femme est plus éloquent ici qu'ailleurs, car il est tout ce qu'on peut voir d'elle en public. Je crus démêler dans l'expression qu'avait celui de la princesse en me parlant une bienveillance particulière, que justifiaient assez ma figure et mon âge... Monsieur, je puis le dire aujourd'hui sans amour-propre, j'ai été l'un des derniers beaux hommes de l'Europe. »

Il se redressa en prononçant ces paroles, et sa taille semblait avoir repris une certaine élégance que je n'avais pas encore remarquée.

« Quand la parure, reprit-il, fut terminée, je me rendis à Béchik-Tasch par cette même route de Buyukdéré où nous sommes en ce moment. J'entrai dans le palais par les cours qui donnent sur la campagne. On me fit attendre quelque temps dans la salle de réception; puis, la princesse ordonna qu'on m'introduisît près d'elle. Après lui avoir remis la parure et en avoir reçu l'argent, j'étais prêt à me retirer, lorsqu'un officier me demanda si je ne voulais pas assister à un spectacle de danses de corde qui se donnait dans le palais, et dont les acteurs étaient entrés avant moi. J'acceptai, et la princesse me fit servir à dîner; elle daigna même s'informer de la manière dont j'étais servi. Il y avait pour moi sans doute quelque danger à voir une personne d'un si haut rang en agir avec moi avec tant d'honnêteté... Quand la nuit fut venue, la dame me fit entrer dans une salle plus riche encore que la précédente, et fit apporter du café et des narghilés... Des joueurs d'instruments étaient établis dans une galerie haute, entourée de balustrades, et l'on paraissait attendre quelque chose d'extraordinaire que leur musique devait accompagner. Il me parut évident que la sultane avait préparé la fête pour moi; cependant, elle se tenait toujours à demi couchée sur un sopha au fond de la chambre, et dans

l'attitude d'une impératrice. Elle semblait absorbée surtout dans la contemplation des exercices qui avaient lieu
devant elle. Je ne pouvais comprendre cette timidité ou
cette réserve d'étiquette qui l'empêchait de m'avouer ses
sentiments, et je pensai qu'il fallait plus d'audace...

« Je m'étais élancé sur sa main, qu'elle m'abandonnait
sans trop de résistance, lorsqu'un grand bruit se fit autour
de nous. Les janissaires! les janissaires! s'écrièrent les
domestiques et les esclaves. La sultane parut interroger
ses officiers, puis elle leur donna un ordre que je n'entendis pas. Les deux danseurs de corde et moi fûmes
conduits, par des escaliers dérobés, à une salle basse, où
l'on nous laissa quelque temps dans l'obscurité. Nous
entendions au-dessus de nos têtes les pas précipités des
soldats, puis une sorte de lutte qui nous glaça d'effroi. Il
était évident que l'on forçait une porte qui nous avait
protégés jusque-là, et que l'on allait arriver à notre retraite. Des officiers de la sultane descendirent précipitamment par l'escalier et levèrent, dans la salle où nous
étions, une espèce de trappe, en nous disant : « Tout est
perdu... ; descendez par ici! » Nos pieds, qui s'attendaient à trouver des marches d'escalier, manquèrent tout
à coup d'appui. Nous avions fait tous les trois un plongeon
dans le Bosphore... Les palais qui bordent la mer, et
notamment celui de Béchik-Tasch, que vous avez pu voir
sur la rive d'Europe, à un quart de lieue de la ville, sont
en partie construits sur pilotis. Les salles inférieures sont
parquetées de planchers de cèdre, qui couvrent immédiatement la surface de l'eau, et que l'on enlève lorsque les
dames du sérail veulent s'exercer à la natation. C'est dans
un de ces bains que nous nous étions plongés au milieu
des ténèbres. Les trappes avaient été refermées sur nos
têtes, et il était impossible de les soulever. D'ailleurs, des
pas réguliers et des bruits d'armes s'entendaient encore.
A peine pouvais-je, en me soutenant à la surface de l'eau,
respirer de temps en temps un peu d'air. Ne voyant plus
la possibilité de remonter dans le palais, je cherchais du
moins à nager vers le dehors. Mais, arrivé à la limite
extérieure, je trouvai partout une sorte de grille formée
par les pilotis, et qui probablement servait d'ordinaire à

empêcher que les femmes ne pussent, en nageant, s'échapper du palais ou se faire voir au-dehors.

« Imaginez, monsieur, l'incommodité d'une telle situation : sur la tête, un plancher fermé partout, six pouces d'air au-dessous des planches, et l'eau montant peu à peu avec ce mouvement presque imperceptible de la Méditerranée qui s'élève, toutes les six heures, d'un pied ou deux. Il n'en fallait pas tant pour que je fusse assuré d'être noyé très vite. Aussi secouais-je, avec une force désespérée, les pilotis qui m'entouraient comme une cage. De temps en temps j'entendais les soupirs des deux malheureux danseurs de corde qui cherchaient comme moi à se frayer un passage. Enfin j'arrivai à un pieu moins solide que les autres, qui, rongé sans doute par l'humidité, ou d'un bois plus vieux que les autres, paraissait céder sous la main. J'arrivai, par un effort désespéré, à en détacher un fragment pourri et à me glisser au-dehors, grâce à la taille svelte que j'avais à cette époque. Puis, en m'attachant aux pieux extérieurs, je parvins, malgré ma fatigue, à regagner le rivage. J'ignore ce que sont devenus mes deux compagnons d'infortune. Effrayé des dangers de toutes sortes que j'avais courus, je me hâtai de quitter Constantinople. »

Je ne pus m'empêcher de dire à mon interlocuteur, après l'avoir plaint des dangers qu'il avait courus, que je le soupçonnais d'avoir un peu gazé quelques circonstances de son récit.

« Monsieur, répondit-il, je ne m'explique pas là-dessus ; rien, dans tous les cas, ne me ferait trahir des bontés... »

Il n'acheva pas. J'avais entendu déjà parler de ces sombres aventures attribuées à certaines dames du *vieux sérail* vers la fin du dernier siècle... Je respectai la discrétion de ce Buridan [68] glacé par l'âge.

VI. Un village grec

Nous étions arrivés sur une hauteur qui domine San-
Dimitri. C'est un village grec situé entre le Grand et le
Petit Champ des Morts. On y descend par une rue bordée
de maisons de bois, fort élégantes et qui rappellent un peu
le goût chinois dans la construction et dans les ornements
extérieurs.

Je pensais que cette rue raccourcissait le chemin que
nous avions à faire pour regagner Péra. Seulement, il
fallait descendre jusqu'à une vallée dont le fond est traversé par un ruisseau. Le bord sert de chemin pour descendre vers la mer. Un grand nombre de casinos et de
cabarets sont élevés des deux côtés.

Mon compagnon me dit : « Où voulez-vous aller ?

— Je serais bien aise de m'aller coucher.

— Mais pendant le Ramazan on ne dort que le jour.
Terminons la nuit... ensuite, au lever du soleil, il sera
raisonnable de regagner son lit. Je vais, si vous le per-
mettez, vous conduire dans une maison où l'on joue le
baccara. »

Les façades des maisons entre lesquelles nous decen-
dions, avec leurs pavillons avancés sur la rue, leurs fenêtres grillées, éclairés au-dedans, et leurs parois vernies de
couleurs éclatantes, indiquaient, en effet, des points de
réunion non moins joyeux que ceux que nous venions de
parcourir.

Il faudrait renoncer à la peinture des mœurs de
Constantinople, si l'on s'effrayait trop de certaines descriptions d'une nature assez délicate. Les cinquante mille
Européens que renferment les faubourgs de Péra et de
Galata, Italiens, Français, Anglais, Allemands, Russes
ou Grecs, n'ont entre eux aucun lien moral, pas même
l'unité de religion, les sectes étant plus divisées entre
elles que les cultes les plus opposés. De plus, il est certain
que, dans une ville où la société féminine mène une vie si
réservée, il serait impossible de voir même un visage de

femme née dans le pays, s'il ne s'était créé de certains
casinos ou cercles, dont, il faut l'avouer, la société est
assez mélangée. Les officiers des navires, les jeunes gens
du haut commerce, le personnel varié des ambassades,
tous ces éléments épars et isolés de la société européenne
sentent le besoin de lieux de réunion qui soient un terrain
neutre, plus encore que les soirées des ambassadeurs, des
drogmans et des banquiers. C'est ce qui explique le
nombre assez grand des bals par souscription, qui ont lieu
souvent dans l'intérieur de Péra.

Ici nous nous trouvions dans un village entièrement
grec, qui est la Capoue de la population franque. J'avais
déjà, en plein jour, parcouru ce village sans me douter
qu'il recélât tant de divertissements nocturnes, de casinos, de wauxhalls, et même, avouons-le, de tripots. L'air
patriarcal des pères et des époux, assis sur des bancs ou
travaillant à quelque métier de menuiserie, de tuilerie ou
de tissage, la tenue modeste des femmes vêtues à la
grecque, la gaieté insouciante des enfants, les rues pleines de volailles et de porcs, les cafés aux galeries hautes à
balustres, donnant sur la vallée brumeuse, sur le ruisseau
bordé d'herbages, tout cela ressemblait, avec la verdure
des pins et des maisons de charpente sculptée, à quelque
vue paisible des Basses-Alpes. — Et comment douter
qu'il en fût autrement, la nuit, en ne voyant aucune
lumière transpirer à travers les treillages des fenêtres?
Cependant, après le couvre-feu, beaucoup de ces intérieurs étaient restés éclairés au-dedans, et les danses,
ainsi que les jeux, devaient s'y prolonger du soir au
matin. Sans remonter jusqu'à la tradition des *hétaïres*
grecques, on pourrait penser que la jeunesse pouvait
attacher parfois des guirlandes au-dessus de ces portes
peintes, comme au temps de l'antique Alcimadure [69]. —
Nous vîmes passer là, non pas un amoureux grec couronné de fleurs, mais un homme à la mine anglaise, marin
probablement, mais entièrement vêtu de noir, avec une
cravate blanche et des gants, qui s'était fait précéder d'un
violon. Il marchait gravement derrière le ménétrier
chargé d'égayer sa marche, ayant lui-même la mine assez
mélancolique. Nous jugeâmes que ce devait être quelque

maître d'équipage, quelque *bosseman*, qui dépensait sa paye généreusement après une traversée.

Mon guide s'arrêta devant une maison aussi soigneusement obscure au-dehors que les autres, et frappa à petits coups à la porte vernie. Un nègre vint ouvrir avec quelques signes de crainte ; puis, nous voyant des chapeaux, il salua et nous appela *effendis*.

La maison dans laquelle nous étions entrés ne répondait pas, quoique gracieuse et d'un aspect élégant, à l'idée que l'on se forme généralement d'un intérieur turc. Le temps a marché, et l'immobilité proverbiale du vieil Orient commence à s'émouvoir au contrecoup de la civilisation. La réforme, qui a coiffé l'Osmanli du tarbouch et l'a emprisonné dans une redingote boutonnée jusqu'au col, a amené aussi, dans les habitations, la sobriété d'ornements où se plaît le goût moderne. Ainsi, plus d'arabesques touffues, de plafonds façonnés en gâteaux d'abeilles ou en stalactites, plus de dentelures découpées, plus de caissons de bois de cèdre, mais des murailles lisses à teintes plates et vernies, avec des corniches à moulures simples ; quelques dessins courants pour encadrer les panneaux de boiseries, quelques pots de fleurs d'où partent des enroulements et des ramages, le tout dans un style, ou plutôt dans une absence de style qui ne rappelle que lointainement l'ancien goût oriental, si capricieux et si féerique.

Dans la première pièce se tenaient les gens de service ; dans une seconde, un peu plus ornée, je fus frappé du spectacle qui se présenta. Au centre de la pièce se trouvait une sorte de table ronde couverte d'un tapis épais, entourée de lits à l'antique, qui, dans le pays, s'appellent *tandour ;* là s'étendaient à demi couchées, formant comme les rayons d'une roue, les pieds tendus vers le centre où se trouvait un foyer de chaleur caché par l'étoffe, plusieurs femmes, que leur embonpoint majestueux et vénérable, leurs habits éclatants, leurs vestes bordées de fourrures, leurs coiffures surannées montraient être arrivées à l'âge où l'on ne doit pas s'offenser du nom de matrone, pris en si bonne part chez les Romains ; elles avaient simplement amené leurs filles ou

nièces à la soirée, et en attendaient la fin comme les
mères d'Opéra attendant au foyer de la danse. Elles
venaient, la plupart, des maisons voisines, où elles ne
devaient rentrer qu'au point du jour.

VII. QUATRE PORTRAITS

La troisième pièce décorée, qui dans nos usages repré-
senterait le salon, était meublée de divans couverts de
soie aux couleurs vives et variées. Sur le divan du fond
trônaient quatre belles personnes qui, par un hasard pittoresque ou un choix particulier, se trouvaient présenter
chacune un type oriental distinct.

Celle qui occupait le milieu du divan était une Circassienne, comme on pouvait le deviner tout de suite à ses
grands yeux noirs contrastant avec un teint d'un blanc
mat, à son nez aquilin d'une arête pure et fine, à son cou
un peu long, à sa taille grande et svelte, à ses extrémités
délicates, signes distinctifs de sa race. Sa coiffure, formée de gazillons mouchetés d'or et tordus en turban,
laissait échapper des profusions de nattes d'un noir de
jais, qui faisaient ressortir ses joues avivées par le fard.
Une veste historiée de broderies et bordée de fanfreluches
et de festons de soie, dont les couleurs bariolées formaient comme un cordon de fleurs autour de l'étoffe ; une
ceinture d'argent et un large pantalon de soie rose lamée
complétaient ce costume, aussi brillant que gracieux. On
comprend que, selon l'usage, ses yeux étaient accentués
par des lignes de *surmeh*, qui les agrandissent et leur
donnent de l'éclat ; ses ongles longs et les paumes de ses
mains avaient une teinte orange produite par le henné ; la
même toilette avait été faite à ses pieds nus, aussi soignés
que des mains, et qu'elle repliait gracieusement sur le
divan en faisant sonner de temps en temps les anneaux
d'argent passés autour de ses chevilles.

A côté d'elle était assise une Arménienne, dont le
costume, moins richement barbare, rappelait davantage

les modes actuelles de Constantinople ; un fezzi pareil à
ceux des hommes, inondé par une épaisse chevelure de
soie bleue, produite par la houppe qui s'y attache, et posé
en arrière, parait sa tête au profil légèrement busqué, aux
traits assez fiers, mais d'une sérénité presque animale.
Elle portait une sorte de spencer de velours vert, garni
d'une épaisse bordure en duvet de cygne, dont la blancheur et la masse donnaient de l'élégance à son cou
entouré de fins lacets, où pendaient des aigrettes d'argent. Sa taille était cerclée de plaques d'orfèvrerie, où se
relevaient en bosses de gros boutons de filigrane, et, par
un raffinement tout moderne, ses pieds, qui avaient laissé
leurs babouches sur le tapis, se repliaient, couverts de bas
de soie à coins brodés.

Contrairement à ses compagnes, qui laissaient librement pendre sur leurs épaules et leur dos leurs tresses
entremêlées de cordonnets et de petites plaques de métal,
la juive, placée à côté de l'Arménienne, cachait soigneusement les siens, comme l'ordonne sa loi, sous une espèce de bonnet blanc, arrondi en boule, rappelant la
coiffure des femmes du temps du XIVe siècle, et dont
celle de Christine de Pisan peut donner une idée. Son
costume, plus sévère, se composait de deux tuniques
superposées ; celle de dessus s'arrêtait à la hauteur du
genou ; les couleurs en étaient plus amorties, et les broderies d'un éclat moins vif que celles portées par les
autres femmes. Sa physionomie, d'une douceur résignée
et d'une régularité délicate, rappelait le type juif particulier à Constantinople, et qui ne ressemble en rien aux
types que nous connaissons. Son nez n'avait pas cette
courbure prononcée qui, chez nous, signe un visage du
nom de Rébecca ou de Rachel.

La quatrième, assise à l'extrémité du divan, était une
jeune Grecque blonde ayant le profil pur popularisé par la
statuaire antique. Un *taktikos* de Smyrne aux festons et
aux glands d'or, posé coquettement sur l'oreille et entouré par deux énormes tresses de cheveux tordus formant
turban autour de la tête, accompagnait admirablement sa
physionomie spirituelle, illuminée par un œil bleu où
brillait la pensée, et contrastant avec l'éclat immobile et

sans idée des grands yeux noirs de ses rivales en beauté.

« Voici, dit le vieillard, un échantillon parfait des quatre nations féminines qui composent la population byzantine. »

Nous saluâmes ces belles personnes, qui nous répondirent par un salut à la turque. La Circassienne se leva,
frappa des mains, et une porte s'ouvrit. Je vis au-delà une
autre salle où des joueurs, en costumes variés, entouraient une table verte.

« C'est tout simplement le *Frascati* [70] de Péra, me dit
mon compagnon. Nous pourrons jouer quelques parties
en attendant le souper.

— Je préfère cette salle », lui dis-je, peu curieux de me
mêler à cette foule — émaillée de plusieurs costumes
grecs.

Cependant, deux petites filles étaient entrées, tenant,
l'une un compotier de cristal posé sur un plateau, l'autre
une carafe d'eau et des verres; elle tenait aussi une
serviette brodée de soie lamée d'argent. La Circassienne,
qui paraissait jouer le rôle de *khanoun* ou maîtresse,
s'avança vers nous, prit une cuiller de vermeil qu'elle
trempa dans des confitures de roses, et me présenta la
cuiller devant la bouche avec un sourire des plus gracieux. Je savais qu'en pareil cas il fallait avaler la cuillerée, puis la faire passer au moyen d'un verre d'eau;
ensuite, la petite fille me présenta la serviette pour m'es-
suyer la bouche. Tout cela se passait selon l'étiquette des
meilleures maisons turques.

« Il me semble, dis-je, voir un tableau des Mille et une
Nuits et faire en ce moment le rêve du *Dormeur éveillé*.
J'appellerais volontiers ces belles personnes : Charme des
cœurs, Tourmente, Œil du Jour, et Fleur de Jasmin [71]... »

Le vieillard allait me dire leurs noms, lorsque nous
entendîmes un bruit violent à la porte, accompagné du
son métallique de crosses de fusil. Un grand tumulte eut
lieu dans la salle de jeu, et plusieurs des assistants paraissaient fuir ou se cacher.

« Serions-nous chez des sultanes ? dis-je en me rappelant le récit que m'avait fait le vieillard, et va-t-on nous
jeter à la mer ? »

Son air impassible me rassura quelque peu. « Écoutons », dit-il.

On montait l'escalier, et un bruit de voix confuses s'entendait déjà dans les premières pièces, où se trouvaient les matrones. Un officier de police entra seul dans le salon, et j'entendis le mot *frenguis* que l'on prononçait en nous désignant; il voulut encore passer dans la salle de jeu, où ceux des joueurs qui ne s'étaient pas échappés continuaient leur partie avec calme.

C'était simplement une patrouille de cavas (gendarmes) qui cherchait à savoir s'il n'y avait pas de Turcs ou d'élèves des écoles militaires dans la maison. Il est clair que ceux qui s'étaient enfuis appartenaient à quelqu'une de ces catégories. Mais la patrouille avait fait trop de bruit en entrant pour qu'on ne pût pas supposer qu'elle était payée pour ne rien voir et pour n'avoir à signaler aucune contravention. Cela se passe ainsi, du reste, dans beaucoup de pays.

L'heure du souper était arrivée. Les joueurs heureux ou malheureux, se réconciliant après la lutte, entourèrent une table servie à l'européenne. Seulement, les femmes ne parurent pas à cette réunion devenue cordiale, et s'allèrent placer sur une estrade. Un orchestre établi à l'autre bout de la salle se faisait entendre pendant le repas, selon l'usage oriental.

Ce mélange de civilisation et de traditions byzantines n'est pas le moindre attrait de ces nuits joyeuses qu'a créées le contact actuel de l'Europe et de l'Asie, dont Constantinople est le centre éclatant, et que rend possibles la tolérance des Turcs. Il se trouvait réellement que nous n'assistions là qu'à une fête aussi innocente que les soirées des cafés de Marseille. Les jeunes filles qui concouraient à l'éclat de cette réunion étaient engagées, moyennant quelques piastres, pour donner aux étrangers une idée des beautés locales. Mais rien ne laissait penser qu'elles eussent été convoquées dans un autre but que celui de paraître belles et costumées selon la mode du pays. En effet, tout le monde se sépara aux premières lueurs du matin, et nous laissâmes le village de San-Dimitri à son calme et à sa tranquillité apparentes. — Rien

n'était plus vertueux au-dehors que ce paysage d'idylle
vu à la clarté de l'aube, que ces maisons de bois dont les
portes s'entrouvraient çà et là pour laisser paraître des
ménagères matinales.

Nous nous séparâmes. Mon compagnon rentra chez lui
dans Péra, et quant à moi, encore ébloui des merveilles de
cette nuit, j'allai me promener aux environs du téké des
derviches, d'où l'on jouit de la vue entière de l'entrée du
détroit. Le soleil ne tarda pas à se lever, ravivant les
lignes lointaines des rives et des promontoires, et à l'instant même le canon retentit sur le port de Tophana. Du
petit minaret situé au-dessus du téké, partit aussitôt une
voix douce et mélancolique qui chantait : *Allah akbar!*
Allah akbar! Allah akbar!

Je ne pus résister à une émotion étrange. Oui, Dieu est
grand! Dieu est grand!... Et ces pauvres derviches, qui
répètent invariablement ce verset sublime du haut de leur
minaret, me semblaient faire, quant à moi, la critique
d'une nuit mal employée. Le muezzin répétait toujours :
Dieu est grand! Dieu est grand!

« Dieu est grand! Mahomet est son prophète ; mettez
vos péchés aux pieds d'Allah ! » Voilà les termes de cette
éternelle complainte... Pour moi, Dieu est partout, quelque nom qu'on lui donne, et j'aurais été malheureux de
me sentir coupable en ce moment d'une faute réelle ; mais
je n'avais fait que me réjouir comme tous les Francs de
Péra, dans une de ces nuits de fête auxquelles les gens de
toute religion s'associent dans cette ville cosmopolite. —
Pourquoi donc craindre l'œil de Dieu? La terre impré-
gnée de rosée répondait avec des parfums à la brise
marine qui passait, pour venir à moi, au-dessus des jardins de la pointe du sérail desssinés sur l'autre rivage.
L'astre éblouissant dessinait au loin cette géographie magique du Bosphore, qui partout saisit les yeux, à cause de
la hauteur des rivages et de la variété des aspects de la
terre coupée par les eaux. Après une heure d'admiration,
je me sentis fatigué, et je rentrai, en plein jour, à l'hôtel
des demoiselles *Péchefté*, où je demeurais, et dont les
fenêtes donnaient sur le Petit Champ des Morts.

II. THÉÂTRES ET FÊTES

I. ILDIZ-KHAN

Après m'être reposé, je m'informai du moyen d'assister aux fêtes nocturnes qui se donnaient dans la ville turque. Mon ami le peintre, que je revis dans la journée, familier avec les mœurs du pays, ne vit pour moi d'autre moyen que de me faire habiter Stamboul, ce qui présentait de grandes difficultés.

Nous prîmes un caïque pour traverser la Corne-d'Or, et nous descendîmes à cette même échelle du marché aux poissons où nous avions été, la veille, témoins d'une scène sanglante. Les boutiques étaient fermées partout. Le bazar égyptien, qui vient ensuite, et où se vendent les épiceries, les couleurs, les produits chimiques, était hermétiquement fermé. Au-delà, les rues n'étaient habitées et parcourues que par les chiens, étonnés toujours, pendant les premiers jours du Ramazan, de ne plus recevoir leur pitance à une boutique voisine du bazar, occupée par un marchand arménien que connaissait mon ami. Tout était fermé chez lui; mais n'étant pas soumis à la loi musulmane, il se permettait de veiller le jour et de dormir la nuit comme à l'ordinaire, sans en rien faire voir extérieurement.

Nous pûmes dîner chez lui, car il avait eu la précaution d'acheter des vivres la veille; autrement il eût fallu revenir à Péra pour en trouver. La pensée que j'avais d'habiter Stamboul lui parut absurde au premier abord, attendu qu'aucun chrétien n'a le droit d'y prendre domicile : on leur permet seulement d'y venir pendant le jour. Pas un hôtel, pas une auberge, pas même un caravansérail qui leur soit destiné ; l'exception ne porte que sur les Arméniens, Juifs ou Grecs, sujets de l'empire.

Cependant je tenais à mon idée, et je lui fis observer que j'avais trouvé le moyen d'habiter Le Caire, hors du quartier franc, en prenant le costume du pays et en me faisant passer pour cophte. « Eh bien ! me dit-il, un moyen seul existe ici, c'est de vous faire passer pour Persan. Nous avons à Stamboul un caravansérail nommé Ildiz-Khan (Khan de l'Étoile), dans lequel on reçoit tous les marchands asiatiques des diverses communions musulmanes. Ces gens-là ne sont pas seulement de la secte d'Ali ; il y a aussi des Guèbres, des Parsis, des Koraïtes, des Wahabis [72], ce qui forme un tel mélange de langages, qu'il est impossible aux Turcs de savoir à quelle partie de l'Orient ces hommes appartiennent. De sorte qu'en vous abstenant de parler une langue du Nord, que l'on reconnaîtrait à la prononciation, vous pourrez demeurer parmi eux. »

Nous nous rendîmes à Ildiz-Khan, situé dans la plus haute partie de la ville, près de la *Colonne brûlée* [73], l'un des restes les plus curieux de l'ancienne Byzance. Le caravansérail, entièrement bâti en pierres, présentait au dedans l'aspect d'une caverne. Trois étages de galeries occupaient les quatre côtés de la cour, et les logements, voûtés en cintre, avaient tous la même disposition : une grande pièce qui servait de magasin et un petit cabinet parqueté en planches où chacun pouvait placer son lit. De plus, le locataire avait le droit de mettre un chameau ou un cheval aux écuries communes.

N'ayant ni monture, ni marchandises, je devais nécessairement passer pour un commerçant qui avait tout vendu déjà, et qui venait dans l'intention de refaire sa pacotille. L'Arménien était en relation d'affaires avec des marchands de Mossoul et de Bassora, auxquels il me présenta. Nous fîmes venir des pipes et du café, et nous leur exposâmes l'affaire. Ils ne virent aucun inconvénient à me recevoir parmi eux, pourvu que je prisse leur costume. Mais comme j'en avais déjà plusieurs parties, no-

tamment un *machlah* en poil de chameau, qui m'avait
servi en Égypte et en Syrie, il ne me fallait plus qu'un
bonnet d'Astracan pointu à la persane, que l'Arménien
me procura.

Plusieurs de ces Persans parlaient la langue franque du
Levant, dans laquelle on finit toujours par s'entendre,
pour peu qu'on ait vécu dans les villes commerçantes. De
sorte que je pus facilement lier amitié avec mes voisins.
J'étais vivement recommandé à tous ceux qui habitaient
la même galerie, et je n'avais à m'inquiéter que de leur
trop grand empressement à me faire fête et à m'accompagner partout. Chaque étage du khan avait son cuisinier,
qui était en même temps cafetier, de sorte que nous
pouvions parfaitement nous passer des relations extérieures. Cependant, quand venait le soir, les Persans, qui,
comme les Turcs, avaient dormi toute la journée pour
pouvoir fêter ensuite chaque nuit du Ramazan, m'emme-
naient avec eux voir la fête continuelle qui devait durer
trente lunes.

Si la ville était illuminée splendidement, pour qui la
regardait des hauteurs de Péra, ses rues intérieures me
parurent encore plus éclatantes. Toutes les boutiques ouvertes, ornées de guirlandes et de vases de fleurs, radieu-
ses à l'intérieur de glaces et de bougies, les marchandises
artistement parées, les lanternes de couleurs suspendues
au-dehors, les peintures et les dorures rafraîchies, les
pâtissiers surtout, les confiseurs, les marchands de jouets
d'enfants et les bijoutiers étalant toutes leurs richesses,
voilà ce qui, partout, éblouissait les yeux. Les rues
étaient pleines de femmes et d'enfants plus encore que
d'hommes, car ces derniers passaient la plus grande partie du temps dans les mosquées et dans les cafés.

Il ne faut pas croire même que les cabarets fussent
fermés ; une fête turque est pour tout le monde ; les *rayas*
catholiques, grecs, arméniens ou juifs pouvaient seuls
fréquenter ces établissements. La porte extérieure doit
être toujours fermée, mais on la pousse, et l'on peut
ensuite s'abreuver d'un bon verre de vin de Ténédos
moyennant dix paras (cinq centimes).

Partout des frituriers, des marchands de fruits ou d'épis

de maïs bouillis, avec lesquels un homme peut se nourrir
tout un jour pour dix paras ; — ainsi que des vendeurs de
baklavas, sortes de galettes très imprégnées de beurre et
de sucre, dont les femmes surtout sont friandes. La place
du Sérasquier est la plus brillante de toutes. Ouverte en
triangle, avec les illuminations de deux mosquées à droite
et à gauche, et dans le fond celle des bâtiments de la
guerre, elle présente un large espace aux cavalcades et
aux divers cortèges qui la traversent. Un grand nombre
d'étalages de marchands ambulants garnissent le devant
des maisons, et une dizaine de cafés font assaut d'annon-
ces diverses de spectacles, de baladins et d'ombres chinoises.

II. VISITE A PÉRA

N'étant pas forcé, comme les musulmans, de dormir
tout le jour et de passer la nuit entière dans les plaisirs
pendant le bienheureux mois du Ramazan, à la fois ca-
rême et carnaval, j'allais souvent à Péra pour reprendre
langue avec les Européens. Un jour, mes yeux furent
frappés d'une grande affiche de théâtre posée sur les
murs, qui annonçait l'ouverture de la saison théâtrale.
C'était la troupe italienne qui allait commencer trois mois
de représentations, et le nom qui brillait en grosses lettres
comme l'*étoile* dramatique du moment, c'était celui de la
Ronzi-Tacchinardi, cette cantatrice des plus beaux temps
de Rossini, à laquelle Stendhal a consacré de belles pages [74]. La Ronzi n'était plus jeune, hélas ! Elle venait à
Constantinople, comme y avait passé quelques années
auparavant l'illustre tragédienne mademoiselle Georges,
qui, après avoir paru au théâtre de Péra, et aussi devant le
sultan, était allée donner ensuite des représentations en
Crimée, et jouer *Iphigénie en Tauride* aux lieux mêmes
où s'élevait jadis le temple de Thoas [75]. Les artistes
éminents, comme les grands génies de toute sorte, ont le
sentiment profond du passé ; ils aiment aussi les courses

aventureuses, et sont attirés toujours vers le soleil d'Orient, comme se sentant de la nature des aigles. Donizetti présidait l'orchestre, par une permission spéciale du sultan, qui l'a depuis longtemps engagé comme chef de sa musique.

Il est vrai que ce nom rayonnant n'était que celui du frère de ce compositeur que nous avons tant admiré; mais il n'en brillait pas moins sur l'affiche avec un charme particulier pour les Européens; aussi la ville franque n'était-elle occupée que de la représentation prochaine. Les billets, distribués d'avance dans les hôtels et dans les cafés, étaient devenus difficiles à obtenir. J'eus l'idée d'aller voir le directeur du principal journal français de Constantinople, dont les bureaux étaient à Galata. Il parut charmé de ma visite, me retint à dîner et me fit ensuite les honneurs de sa loge. «Si vous n'avez pas oublié, me dit-il, votre ancien métier de feuilletoniste, vous nous ferez les comptes rendus du théâtre, et vous y aurez vos entrées.» J'acceptai un peu imprudemment peut-être, car, lorsqu'on demeure à Stamboul, il n'est pas commode d'y retourner tous les deux jours en pleine nuit, après la fin du spectacle.

On jouait *Buondelmonte* [76]; la salle de spectacle située dans le haut de Péra est beaucoup plus longue que large; les loges sont disposées à l'italienne, sans galeries; elles étaient occupées presque toutes par les ambassadeurs et les banquiers. Les Arméniens, les Grecs et les Francs composaient à peu près tout le parquet, et à l'orchestre seulement on distinguait quelques Turcs, de ceux sans doute que leurs parents ont envoyés de bonne heure à Paris ou à Vienne; car si aucun préjugé n'empêche, au fond, un musulman d'aller à nos théâtres, il faut songer que notre musique ne les ravit que médiocrement; la leur, qui procède par quarts de ton, nous est également incompréhensible, à moins d'être pour ainsi dire traduite selon notre système musical. Les airs grecs ou valaques paraissent seuls être compris de tous. Donizetti avait chargé son frère d'en recueillir le plus possible, et les utilisait sans doute dans ses opéras.

Le directeur du journal de Constantinople voulait me

présenter à l'ambassadeur français ; mais je déclinai cet
honneur, attendu qu'il m'aurait invité à dîner, et l'on
m'avait prévenu contre cette éventualité.

Ce fonctionnaire habitait tout l'été à Thérapia, village
situé sur le Bosphore, à six lieues de Constantinople. Il
faut, pour s'y rendre, louer un caïque avec six rameurs
pour une demi-journée, ce qui coûte environ vingt francs.
On le voit, c'est un dîner assez cher que vous offre
l'ambassadeur... On peut ajouter aussi aux chances fâcheuses de cette invitation l'ennui de revenir par mer
à une heure assez avancée, quelquefois par le mauvais temps, dans une barque en forme de poisson,
épaisse comme la main, et accompagnée d'un chœur
infatigable de marsouins qui dansent ironiquement à
la pointe des vagues, dans l'espérance de souper
aux dépens des convives attardés de l'ambassadeur de
France.

La représentation se passa comme dans un théâtre
italien quelconque. La Ronzi fut couverte de bouquets,
rappelée vingt fois ; elle dut être satisfaite de l'enthousiasme byzantin. Puis chacun ralluma sa lanterne, les
ambassadeurs et les banquiers firent avancer leurs voitures, d'autres montèrent à cheval ; pour moi, je me dispo-
sai à regagner Ildiz-Khan, car à Péra on ne trouverait pas
à loger pour une seule nuit.

Je connaissais assez le chemin fort long qui conduit à
Stamboul par le pont de bateaux qui traverse la Corne-d'Or, pour ne pas craindre de m'y engager à la pure
clarté de la lune du Ramazan, par une de ces belles nuits
qui valent nos aurores. Les chiens, qui font si exactement
la police des rues, n'attaquent jamais que les imprudents
qui, au mépris des ordonnances, se dispensent de porter
une lanterne. Je m'engageai donc à travers le cimetière de
Péra par un chemin qui conduit à la porte de Galata
correspondante aux bâtiments de la marine ; l'enceinte
fortifiée se termine là ; mais on ne peut traverser la Corne-d'Or sans y pénétrer. On frappe à un guichet, et le
portier vous ouvre moyennant un bakchis ; on répond au
salut des gens du corps de garde par un *aleikoum al
salam* ; puis, au bout d'une rue qui descend vers la mer,

on gagne ce magnifique pont, d'un quart de lieue, qu'a fait construire le sultan Mahmoud.

Une fois sur l'autre rive, j'ai retrouvé avec plaisir les illuminations de la fête, tableau des plus réjouissants quand on vient de faire une lieue, la nuit, à travers les cyprès et les tombes.

Ce quai du *Fanar*, encombré de vendeurs de fruits, de pâtissiers, de confiseurs, de frituriers ambulants, de Grecs vendant de l'anisette et du rosolio, est très fréquenté des matelots, dont les navires sont rangés par centaines dans la baie. Les cabarets et les cafés, illuminés de transparents et de lanternes, se voient encore quelque temps dans les rues environnantes, puis les lumières et le bruit diminuent peu à peu, et il faut traverser une longue série de quartiers solitaires et calmes, car la fête n'a lieu que dans les parties commerçantes de la ville. Bientôt apparaissent les hautes arches de l'aqueduc de Valens, dominant de leur immense constructions de pierre les humbles maisons turques toutes bâties en bois. Parfois le chemin s'élève en terrasses dominant d'une cinquantaine de pieds la rue qui se croise avec lui ou qui le suit quelque temps avant de monter ou de descendre vers les collines ou vers la mer.

Stamboul est une ville fort montueuse et où l'art a fait bien peu de chose pour corriger la nature. On se sent sur un meilleur terrain quand on a pris le bout de cette longue rue des Mosquées, qui forme l'artère principale, et qui aboutit aux grands bazars. Elle est admirable, la nuit surtout, à cause des magnifiques jardins, des galeries découpées, des fontaines de marbre aux grilles dorées, des kiosques, des portiques et des minarets multipliés qui se dessinent aux vagues clartés d'un jour bleuâtre ; les inscriptions dorées, les peintures de laque, les grillages aux nervures éclatantes, les marbres sculptés et les ornements rehaussés de couleurs éclatent çà et là, relevant de teintes vives l'aspect des jardins d'un vert sombre, où frémissent les festons de la vigne suspendus sur de hautes treilles. Enfin la solitude cesse, l'air se remplit de bruits joyeux, les boutiques brillent de nouveau. Les quartiers populeux et riches se déploient dans tout leur éclat ; les marchands de jouets d'enfants étalent sur leurs devantures mille fantaisies bizarres, qui font la joie des mères et des braves pères de famille, heureux de rentrer chez eux, soit avec un polichinelle de fabrique française, soit avec des jouets de Nuremberg, ou encore avec de charmants joujoux chinois apportés par les caravanes. Les Chinois sont le peuple du monde qui comprend le mieux ce qu'il faut pour amuser les enfants.

III. CARAGUEUZ

Parmi ces jouets, on distingue de tous côtés la bizarre marionnette appelée *Caragueuz,* que les Français connaissent déjà de réputation. Il est incroyable que cette indécente figure soit mise sans scrupule dans les mains de la jeunesse. C'est pourtant le cadeau le plus fréquent qu'un père ou une mère fassent à leurs enfants. L'Orient a d'autres idées que nous sur l'éducation et sur la morale. On cherche là à développer les sens, comme nous cherchons à les éteindre...

J'étais arrivé sur la place du Sérasquier : une grande foule se pressait devant un théâtre d'ombres chinoises signalé par un transparent, sur lequel on lisait en grosses lettres : CARAGUEUZ, *victime de sa chasteté !*

Effroyable paradoxe pour qui connaît le personnage... L'adjectif et le substantif que je viens de traduire hurlaient sans doute d'effroi de se trouver réunis sous un tel nom. J'entrai cependant à ce spectacle, bravant les chances d'une déception grossière.

A la porte de ce *cheb-bazi* (jeu de nuit) se tenaient quatre acteurs, qui devaient jouer dans la seconde pièce, car après *Caragueuz* on promettait encore *Le Mari des Deux Veuves,* farce-comédie, de celles qu'on appelle *taklid.*

Les acteurs, vêtus de vestes brodées d'or, portaient sous leurs tarbouchs élégants de longs cheveux nattés comme ceux des femmes. Les paupières rehaussées de

noir et les mains teintes de rouge, avec de paillettes
appliquées sur la peau du visage et des mouchetures sur
leurs bras nus, ils faisaient au public un accueil bienveillant, et recevaient le prix d'entrée en adressant un sourire
gracieux aux *effendis* qui payaient plus que le simple
populaire. Un *irmelikalten* (pièce d'or de un franc vingt-
cinq centimes) assurait au spectateur l'expression d'une
vive reconnaissance et une place réservée sur les premiers
bancs. Au demeurant, personne n'était astreint qu'à une
simple cotisation de dix paras. Il faut ajouter même que le
prix d'entrée donnait droit à une consommation uniforme
de café et de tabac. Les *scherbets* (sorbets) et les divers
rafraîchissements se payaient à part.

Dès que je fus assis sur l'une des banquettes, un jeune
garçon, élégamment vêtu, les bras découverts jusqu'aux
épaules, et qui, d'après la grâce pudique de ses traits, eût
pu passer pour une jeune fille, vint me demander si je
voulais un chibouk ou un narghilé, et quand j'eus choisi,
il m'apporta en outre une tasse de café.

La salle se remplissait peu à peu de gens de toute sorte ;
on n'y voyait pas une seule femme ; mais beaucoup
d'enfants avaient été amenés par des esclaves ou des
serviteurs. Ils étaient la plupart bien vêtus, et, dans ces
jours de fêtes, leurs parents avaient sans doute voulu les
faire jouir du spectacle, mais ils ne les accompagnaient
pas ; car, en Turquie, l'homme ne s'embarrasse ni de la
femme ni de l'enfant : chacun va de son côté, et les petits
garçons ne suivent plus les mères après le premier âge.
Les esclaves auxquels on les confie sont, du reste, regardés comme faisant partie de la famille. Dispensés des
travaux pénibles, se bornant, comme ceux des anciens,
aux services domestiques, leur sort est envié par les
simples *rayas,* et, s'ils ont de l'intelligence, ils arrivent
presque toujours à se faire affranchir, après quelques
années de service, avec une rente qu'il est d'usage de
constituer en pareil cas. Il est honteux de penser que
l'Europe chrétienne ait été plus cruelle que les Turcs, en
forçant à de durs travaux ses esclaves des colonies.

Revenons à la représentation. Quand la salle se trouva
suffisamment garnie, un orchestre, placé dans une haute

galerie fit entendre une sorte d'ouverture. Pendant ce temps, un des coins de la salle s'éclairait d'une manière inattendue. Une gaze transparente entièrement blanche, encadrée d'ornements en festons, désignait le lieu où devaient paraître les ombres chinoises. Les lumières qui éclairaient d'abord la salle s'étaient éteintes, et un cri joyeux retentit de tous côtés lorsque l'orchestre se fut arrêté. Un silence se fit ensuite ; puis on entendit derrière la toile un retentissement pareil à celui de morceaux de bois tournés qu'on secouerait dans un sac. C'étaient les marionnettes, qui, selon l'usage, s'annonçaient par ce bruit, accueilli avec transport par les enfants.

Aussitôt un spectateur, un compère probablement, se mit à crier à l'acteur chargé de faire parler les marionnettes :

« Que nous donneras-tu aujourd'hui ? »

A quoi celui-ci répondit :

« Cela est écrit au-dessus de la porte pour ceux qui savent lire.

— Mais j'ai oublié ce qui m'a été appris par le *hodja*... (C'est le religieux chargé d'instruire les enfants dans les mosquées.)

— Eh bien ! il s'agit ce soir de l'illustre Caragueuz, victime de sa chasteté.

— Comment pourras-tu justifier ce titre ?

— En comptant sur l'intelligence des gens de goût, et en implorant l'aide d'Ahmad aux yeux noirs. »

Ahmad, c'est le *petit nom,* le nom familier que les fidèles donnent à Mahomet. Quant à la qualification des *yeux noirs,* on peut remarquer que c'est la traduction même du nom de *cara-gueuz...*

« Tu parles bien ! répondit l'interlocuteur ; il reste à savoir si cela continuera !

— Sois tranquille ! répondit la voix qui partait du théâtre ; mes amis et moi nous sommes à l'épreuve des critiques. »

L'orchestre reprit ; puis l'on vit apparaître derrière la gaze une décoration qui représentait une place de Constantinople, avec une fontaine et des maisons, sur le devant. Ensuite passèrent successivement un cavas, un chien, un porteur d'eau, et autres personnages mécaniques dont les vêtements avaient des couleurs fort distinctes, et qui n'étaient pas de simples silhouettes, comme dans les ombres chinoises que nous connaissons.

Bientôt l'on vit sortir d'une maison un Turc, suivi d'un esclave qui portait un sac de voyage. Il paraissait inquiet, et, prenant tout à coup une résolution, il alla frapper à une autre maison de la place, en criant : « Caragueuz ! Caragueuz ! mon meilleur ami, est-ce que tu dors encore ? »

Caragueuz mit le nez à la fenêtre, et à sa vue un cri d'enthousiasme résonna dans tout l'auditoire ; puis, ayant demandé le temps de s'habiller, il reparut bientôt et embrassa son ami.

« Écoute, dit ce dernier, j'attends de toi un grand service ; une affaire importante me force d'aller à Brousse. Tu sais que je suis le mari d'une femme fort belle, et je t'avouerai qu'il m'en coûte de la laisser seule, n'ayant pas beaucoup de confiance dans mes gens... Eh bien, mon ami, il m'est venu cette nuit une idée : c'est de te faire le gardien de sa vertu. Je sais ta délicatesse et l'affection profonde que tu as pour moi ; je suis heureux de te donner cette preuve d'estime.

— Malheureux ! dit Caragueuz, quelle est ta folie ! regarde-moi donc un peu !

— Eh bien ?

— Quoi ! tu ne comprends pas que ta femme, en me voyant, ne pourra résister au besoin de m'appartenir ?

— Je ne vois pas cela, dit le Turc ; elle m'aime, et si je puis craindre quelque séduction à laquelle elle se laisse prendre, ce n'est pas de ton côté, mon pauvre ami, qu'elle viendra ; ton honneur m'en répond d'abord... et ensuite... Ah ! par Allah ! tu es si singulièrement bâti... Enfin, je compte sur toi. »

Le Turc s'éloigne. « Aveuglement des hommes ! s'écria Caragueuz. Moi ! singulièrement bâti ! dis donc : Trop bien bâti ! trop beau, trop séduisant, trop dangereux !

« Enfin, dit-il en monologue, mon ami m'a commis à la garde de sa femme ; il faut répondre à cette confiance. Entrons dans sa maison comme il l'a voulu, et allons nous établir sur son divan... O malheur ! mais sa femme,

curieuse comme elles sont toutes, voudra me voir... et du
moment que ses yeux se seront portés sur moi, elle sera
dans l'admiration et perdra toute retenue. Non! n'entrons
pas... restons à la porte de ce logis comme un spahi en
sentinelle. Une femme est si peu de chose... et un véritable ami est un bien si rare! »

Cette phrase excita une véritable sympathie dans l'auditoire masculin du café ; elle était encadrée dans un
couplet, ces sortes de pièces étant mêlées de vaudevilles,
comme beaucoup des nôtres ; les refrains reproduisent
souvent le mot *bakkaloum,* qui est le terme favori des
Turcs, et qui veut dire : Qu'importe! ou : Cela m'est égal.

Quant à Caragueuz, à travers la gaze légère qui fondait
les tons de la décoration et des personnages, il se dessinait admirablement avec son œil noir, ses sourcils nettement tracés et les avantages les plus saillants de sa désin-
volture. Son amour-propre, au point de vue des séductions, ne paraissait pas étonner les spectateurs.

Après son couplet, il sembla plongé dans ses réflexions. Que faire? se dit-il : veiller à la porte, sans
doute, en attendant le retour de mon ami... Mais cette
femme peut me voir à la dérobée par les *moucharabys*
(jalousies). De plus, elle peut être tentée de sortir avec ses
esclaves pour aller au bain... Aucun mari, hélas! ne peut
empêcher sa femme de sortir sous ce prétexte... Alors,
elle pourra m'admirer à loisir... O imprudent ami! pourquoi m'avoir donné cette surveillance ?

Ici, la pièce tourne au fantastique. Caragueuz, pour se
soustraire aux regards de la femme de son ami, se couche
sur le ventre, en disant : J'aurai l'air d'un pont... Il
faudrait se rendre compte de sa conformation particulière
pour comprendre cette excentricité. On peut se figurer
Polichinelle posant la bosse de son ventre comme une
arche, et figurant le pont avec ses pieds et ses bras.
Seulement, Caragueuz n'a pas de bosse sur les épaules. Il
passe une foule de gens, des chevaux, des chiens, une
patrouille, puis enfin un *arabas* traîné par des bœufs et
chargé de femmes. L'infortuné Caragueuz se lève à
temps pour ne pas servir de pont à une aussi lourde
machine.

Une scène plus comique à la représentation que facile à décrire succède à celle où Caragueuz, pour se dissimuler aux regards de la femme de son ami, a voulu *avoir l'air d'un pont*. Il faudrait, pour se l'expliquer, remonter au comique des *atellanes* latines... Aussi bien Caragueuz lui-même n'est-il autre que le Polichinelle des Osques, dont on voit encore de si beaux exemplaires au musée de Naples. Dans cette scène, d'une excentricité qu'il serait difficile de faire supporter chez nous, Caragueuz se couche sur le dos, et désire avoir l'air d'un pieu. La foule passe, et tout le monde dit : « Qui est-ce qui a planté là ce pieu ? Il n'y en avait pas hier. Est-ce du chêne, est-ce du sapin ? » Arrivent des blanchisseuses, revenant de la fontaine, qui étendent du linge sur Caragueuz. Il voit avec plaisir que sa supposition a réussi. Un instant après, on voit entrer des esclaves menant des chevaux à l'abreuvoir ; un ami les rencontre et les invite à entrer dans une galère (sorte de cabaret) pour se rafraîchir ; mais où attacher les chevaux ? « Tiens, voilà un pieu », et on attache les chevaux à Caragueuz.

Bientôt des chants joyeux, provoqués par l'aimable chaleur du vin de Ténédos, retentissent dans le cabaret. Les chevaux, impatients, s'agitent ; Caragueuz, tiré à quatre, appelle les passants à son secours, et démontre douloureusement qu'il est victime d'une erreur. On le délivre et on le remet sur pied. En ce moment, l'épouse de son ami sort de la maison pour se rendre au bain. Il n'a pas le temps de se cacher, et l'admiration de cette femme éclate avec des transports, que l'auditoire s'explique à merveille.

« Le bel homme ! s'écrie la dame ; je n'en ai jamais vu de pareil.

— Excusez-moi, *hanoum* (madame), dit Caragueuz toujours vertueux, je ne suis pas un homme à qui l'on puisse parler... Je suis un veilleur de nuit, de ceux qui frappent avec leur hallebarde pour avertir le public s'il se déclare quelque incendie dans le quartier.

— Et comment te trouves-tu là encore à cette heure du jour ?

— Je suis un malheureux pécheur... quoique bon mu-

sulman ; je me suis laissé entraîner au cabaret par des
giaours. Alors, je ne sais comment, on m'a laissé mort-
ivre sur cette place : que Mahomet me pardonne d'avoir
enfreint ses prescriptions.

— Pauvre homme... tu dois être malade... entre dans
la maison et tu pourras y prendre du repos. »

Et la dame cherche à prendre la main de Caragueuz en
signe d'hospitalité.

« Ne me touchez pas, *hanoum!* s'écrie ce dernier avec
terreur... je suis impur!... je ne saurais du reste entrer
dans une honnête maison musulmane... j'ai été souillé
par le contact d'un chien. »

Pour comprendre cette supposition héroïque qu'élève
la délicatesse menacée de Caragueuz, il faut savoir que
les Turcs, bien que respectant la vie des chiens, et même
les nourrissant au moyen de fondations pieuses, regardent
comme une impureté de les toucher ou d'être touchés par
eux.

« Comment cela est-il arrivé ? dit la dame.

— Le ciel m'a puni justement ; j'avais mangé des
confitures de raisin pendant mon affreuse débauche de
cette nuit ; et quand je me suis réveillé là sur la voie
publique, j'ai senti avec horreur qu'un chien me léchait le
visage... Voilà la vérité ; qu'Allah me pardonne ! »

De toutes les suppositions qu'entasse Caragueuz pour
repousser les avances de la femme de son ami, celle-là
paraît être la plus victorieuse.

« Pauvre homme ! dit-elle avec compassion ; personne,
en effet, ne pourra te toucher avant que tu aies fait cinq
ablutions d'un quart d'heure chacune, en récitant des
versets du Coran. Va-t'en à la fontaine, et que je te
retrouve ici quand je reviendrai du bain. »

Que les femmes de Stamboul sont hardies ! s'écrie
Caragueuz, resté seul. Sous ce féredjé qui cache leur
figure, elles prennent plus d'audace pour insulter à la
pudeur des honnêtes gens. Non je ne me laisserai pas
prendre à ces artifices, à cette voix mielleuse, à cet œil
qui flamboie dans les ouvertues de son masque de gaze.
Pourquoi la police ne force-t-elle pas ces effrontées de
couvrir aussi leurs yeux ?

Il serait trop long de décrire les autres malheurs de Caragueuz. Le comique de la scène consiste toujours dans cette situation de la garde d'une femme confiée à l'être qui semble la plus complète antithèse de ceux auxquels les Turcs accordent ordinairement leur confiance. La dame sort du bain, et retrouve de nouveau à son poste l'infortuné gardien de sa vertu, que divers contretemps ont retenu à la même place. Mais elle n'a pu s'empêcher de parler aux autres femmes qui se trouvaient au bain avec elle de l'inconnu si beau et si bien fait qu'elle a rencontré dans la rue. De sorte qu'une foule de baigneuses se précipitent sur les pas de leur amie. On juge de l'embarras de Caragueuz en proie à ces nouvelles Ménades.

La femme de son ami déchire ses vêtements, s'arrache les cheveux et n'épargne aucun moyen pour combattre sa rigueur. Il va succomber… lorsque tout à coup passe une voiture, qui sépare la foule. C'est un carrosse dans l'ancien goût français, celui d'un ambassadeur. Caragueuz se rattache à cette dernière chance ; il supplie l'ambassadeur franc de le prendre sous sa protection, de le laisser monter dans sa voiture pour pouvoir échapper aux tentations qui l'assiègent. L'ambassadeur descend ; il porte un costume fort galant : chapeau à trois cornes posé sur une immense perruque, habit et gilet brodés, culotte courte, épée en verrouil ; il déclare aux dames que Caragueuz est sous sa protection, que c'est son meilleur ami… (Ce dernier l'embrasse avec effusion et se hâte de monter dans la voiture, qui disparaît, emportant le rêve des pauvres baigneuses.)

Le mari revient et s'applaudit d'apprendre que la chasteté de Caragueuz lui a conservé une femme pure. Cette pièce est le triomphe de l'amitié.

J'aurais donné moins de développement à cette analyse, si cette pièce populaire ne représentait quelque chose des mœurs du pays. D'après le costume de l'ambassadeur, on peut juger qu'elle remonte au siècle dernier, et se joue traditionnellement comme nos arlequinades. Le Caragueuz est l'éternel acteur de ces farces, où cependant il ne tient pas toujours le principal rôle. J'ai

tout lieu de croire que les mœurs de Constantinople sont
changées depuis la *réforme*. Mais aux époques qui précé-
dèrent l'avènement du sultan Mahmoud, on peut croire
que le sexe le plus faible protestait à sa manière contre
l'oppression du fort. C'est ce qui expliquerait la facilité
des femmes à se rendre aux mérites de Caragueuz.

Dans les pièces modernes, presque toujours ce personnage appartient à l'opposition. C'est ou le bourgeois
railleur, ou l'homme du peuple dont le bon sens critique
les actes des autorités secondaires. A l'époque où les
règlements de police ordonnaient, pour la première fois,
qu'on ne pût sortir sans lanterne après la chute du jour,
Caragueuz parut avec une lanterne singulièrement suspendue, narguant impunément le pouvoir, parce que l'ordonnance n'avait pas dit que la lanterne dût enfermer une
bougie. Arrêté par les cavas et relâché d'après la légalité
de son observation, on le vit reparaître avec une lanterne
ornée d'une bougie qu'il avait négligé d'allumer... Cette
facétie est pareille à celles que nos légendes populaires
attribuent à Jean de Calais [77], ce qui prouve que tous les
peuples sont les mêmes. Caragueuz a son franc-parler; il
a toujours défié le pal, le sabre et le cordon.

Après l'entracte, pendant lequel on renouvela les provisions de tabac et les divers rafraîchissements, nous
vîmes tomber tout à coup la toile de gaze derrière laquelle
s'étaient dessinées les marionnettes, et de véritables acteurs parurent sur l'estrade pour représenter *Le Mari des
Deux Veuves*. Il y avait dans cette pièce trois femmes et
un seul homme; cependant, il n'y avait que des hommes
pour la représenter; mais, sous le costume féminin, des
jeunes gens orientaux, avec cette grâce toute féminine,
cette délicatesse de teint et cette intrépidité d'imitation
qu'on ne trouverait pas chez nous, arripent à produire une
illusion complète. Ce sont ordinairement des Grecs ou
des Circassiens.

On vit paraître d'abord une juive, de celles qui font à
peu près le métier de revendeuses à la toilette, et qui
favorisent les intrigues des femmes chez lesquelles elles
sont admises. Elle faisait le compte des sommes qu'elle
avait gagnées, et espérait tirer plus encore d'une affaire

nouvelle, liée avec un jeune Turc nommé Osman, amoureux d'une riche veuve, épouse *principale* d'un *bimbachi*
(colonel) tué à la guerre. Toute femme pouvant se rema-
rier après trois mois de veuvage, il était à croire que la
dame choisirait l'amant qu'elle avait distingué déjà du
vivant de son mari, et qui plusieurs fois lui avait offert,
par l'entremise de la juive, des bouquets emblématiques.

Aussi cette dernière se hâte-t-elle d'introduire l'heureux Osman, de qui la présence dans la maison est désormais sans danger.

Osman espère qu'on ne tardera pas à *allumer le flambeau,* et presse son amante d'y songer... Mais, ô ingratitude! ou plutôt caprice éternel des femmes! celle-là refuse de consentir au mariage, à moins qu'Osman ne lui
promette d'épouser aussi la seconde femme du bimbachi.

Par *Tcheytan* (le diable), se dit Osman, épouser deux
femmes, c'est plus grave... « Mais, lumière de mes yeux,
dit-il à la veuve, qui a pu vous donner cette idée? C'est
une exigence qui n'est pas ordinaire.

— Je vais vous l'expliquer, dit la veuve. Je suis belle
et jeune, comme vous me l'avez dit toujours... Eh bien, il
y a dans cette maison une femme moins belle que moi,
moins jeune aussi, qui, par ses artifices, s'est fait épouser
et ensuite aimer de feu mon mari... Elle m'a imitée en
tout, et a fini par lui plaire plus que moi... Eh bien, sûre
comme je suis de votre affection, je voudrais qu'en
m'épousant vous prissiez aussi cette laide créature
comme seconde femme. Elle m'a tellement fait souffrir
par l'empire que sa ruse lui avait procuré sur l'esprit très
faible de mon premier mari, que je veux désormais
qu'elle souffre, qu'elle pleure de me voir préférée, de se
trouver l'objet de vos dédains... d'être enfin aussi malheureuse que je l'ai été.

— Madame, répond Osman, le portrait que vous me
faites de cette femme me séduit peu en sa faveur. Je
comprends qu'elle est fort désagréable... et qu'au bonheur de vous épouser, il faut joindre l'inconvénient d'une
seconde union qui peut m'embarrasser beaucoup... Vous
savez que, selon la loi du prophète, le mari se doit
également à ses épouses, soit qu'il en prenne un petit

nombre ou qu'il aille jusqu'à quatre... ce que je me dispenserai de faire.

— Eh bien! j'ai fait un vœu à *Fathima* (la fille du prophète), et je n'épouserai qu'un homme qui fera ce que je vous dis.

— Madame, je vous demande la permission d'y réfléchir. »

Que je suis malheureux!... se dit Osman resté seul; épouser deux femmes, dont l'une est belle et l'autre laide. Il faut passer par l'amertume pour arriver au plaisir...

La juive revient et il l'instruit de sa position.

« Que dites-vous? répond cette dernière; mais la seconde épouse est charmante! N'écoutez donc pas une femme qui parle de sa rivale. Il est vrai que celle que vous aimez est blonde et l'autre brune. Est-ce que vous haïssez les brunes?

— Moi! dit l'amant, je n'ai pas de tels préjugés.

— Eh bien! dit la juive, craignez-vous tant la possession de deux femmes également charmantes? car, quoique différentes de teint, elles se valent l'une l'autre... Je m'y connais!

— Si tu dis vrai, dit Osman, la loi du prophète qui oblige tout époux à se partager également entre ses femmes me deviendra moins dure.

— Vous allez la voir, dit la juive; je l'ai prévenue que vous étiez amoureux d'elle, et que quand elle vous avait vu passer dans la rue et vous arrêter sous ses fenêtres, c'était toujours à son intention. »

Osman se hâte de récompenser l'intelligente messagère, et voit bientôt entrer la seconde veuve du bimbachi. Elle est fort belle, en effet, quoique un peu bronzée. Elle se montre flattée des attentions du jeune homme et ne recule pas devant le mariage. « Vous m'aimiez en silence, dit-elle, et l'on m'a instruite que vous ne vous déclariez pas par timidité... J'ai été touchée de ce sentiment. Maintenant je suis libre et je veux récompenser vos vœux. Faites demander le cadi.

— Il n'y a point de difficultés, dit la juive; seulement ce malheureux jeune homme doit de l'argent à la *grande dame* (la première).

« — Quoi! dit la seconde, cette créature laide et méchante fait l'usure?

— Hélas, oui!... et c'est moi qui me suis entremise dans cette affaire, par l'empressement que j'ai toujours de rendre service à la jeunesse. Ce pauvre garçon a été sauvé d'un mauvais pas, grâce à mon intervention, et comme il ne peut pas rendre l'argent, la hanoum ne veut donner quittance que moyennant le mariage.

— Telle est la triste vérité, dit le jeune homme. (La dame s'attendrit.)

— Mais quel plaisir vous auriez, lui dit la juive, à voir cette femme astucieuse méprisée et dédaignée par l'homme qui vous aime! »

Il est dans la nature d'une femme fière et convaincue de ses avantages de ne pas douter d'un pareil résultat. Elle consent donc de son côté au double mariage, et le cadi est appelé.

On signe le contrat. Dès lors la question est de savoir laquelle des deux femmes aura la prééminence. La juive apporte à l'heureux Osman un bouquet, qui doit devenir le signe du choix que fera le nouvel époux pour la première nuit de noces. Embarras de ce dernier : chacune des femmes tend déjà la main pour recevoir le gage de préférence. Mais au moment où il hésite entre la brune et la blonde, un grand bruit se fait dans la maison ; les esclaves accourent effrayés en disant qu'ils viennent de voir un revenant. Tableau des plus dramatiques. Le bimbachi entre en scène avec un bâton. Cet époux, si peu regretté, n'est pas mort comme on l'imaginait. Il manquait au cadre de l'armée, ce qui l'avait fait noter parmi les morts, mais il n'avait été que prisonnier. Un traité de paix intervenu entre les Russes et les Turcs l'a rendu à sa patrie... et à ses affections. Il ne tarde pas à comprendre la scène qui se passe, et administre une volée de coups de bâton à tous les assistants. Les deux femmes, la juive et l'amant s'enfuient après les premiers coups, et le cadi, moins alerte, est battu pour tout le monde, aux applaudissements les plus enthousiastes du public.

Telle est cette scène, dont le dénouement moral réjouit tous les maris présents à la représentation.

Ces deux pièces peuvent donner une idée de l'état où l'art dramatique se trouve encore en Turquie. Il est impossible d'y méconnaître ce sentiment de comique primitif que l'on retrouve dans les pièces grecques et latines. Mais cela ne va pas plus loin. L'organisation de la société musulmane est contraire à l'établissement d'un théâtre sérieux. Un théâtre est impossible sans les femmes, et quoi qu'on fasse, on ne pourra pas amener les maris à les laisser paraître en public. Les marionnettes, les acteurs même qui paraissent dans les représentations des cafés, ne servent qu'à amuser les habitués de ces établissements, peu généreux d'ordinaire... L'homme riche donne des représentations chez lui. Il invite ses amis, ses femmes invitent également leurs connaissances, et la représentation a lieu dans une grande salle de la maison. En sorte qu'il est impossible d'établir un théâtre machiné, excepté chez les grands personnages. Le sultan lui-même, quoique fort amateur de représentations théâtrales, n'a chez lui aucune salle de spectacle solidement construite; il arrive souvent que les dames du sérail, entendant parler de quelque représentation brillante, qui s'est donnée au théâtre de Péra, veulent en jouir à leur tour, et le sultan s'empresse alors d'engager la troupe pour une ou plusieurs soirées.

On fait aussitôt construire, au palais d'été, un théâtre provisoire, adossé à l'une des façades du bâtiment. Les fenêtres des *cadines* (dames), parfaitement grillées d'ailleurs, deviennent des loges, d'où partent parfois des éclats de rire ou des signes d'approbation; et la salle en amphithéâtre placée entre ces loges et le théâtre n'est garnie que des invités masculins, des personnages diplomatiques et autres conviés à ces fêtes théâtrales.

Le sultan a eu récemment la curiosité de faire jouer devant lui une comédie de Molière : c'était *M. de Pourceaugnac*. L'effet a été immense. Des interprètes expliquaient à mesure les situations aux personnes de la cour qui ne comprenaient pas le français. Mais il faut reconnaître que la plupart des hommes d'État turcs connaissent plus ou moins notre langue, attendu que, comme on sait, le français est la langue diplomatique universelle. Les

fonctionnaires turcs, pour correspondre avec les cabinets
étrangers, sont obligés d'employer notre langue. C'est ce
qui explique l'existence à Paris des collèges turcs et
égyptiens.

Quant aux femmes du sérail, ce sont des savantes : toute dame appartenant à la maison du sultan reçoit une instruction très sérieuse en histoire, poésie, musique, peinture et géographie. Beaucoup de ces dames sont artistes ou poètes, et l'on voit souvent courir à Péra des pièces de vers ou des morceaux lyriques dus aux talents de ces aimables recluses.

IV. LES BUVEURS D'EAU

On peut s'arrêter un instant aux spectacles de la place du Sérasquier, à ces scènes de folie qui se renouvellent dans tous les quartiers populaires, et qui prennent partout une teinte mystique inexplicable pour nous autres Européens. Qu'est-ce, par exemple, que Caragueuz, ce type extraordinaire de fantaisie et d'impureté, qui ne se produit publiquement que dans les fêtes religieuses ? N'est-ce pas un souvenir égaré du dieu de Lampsaque, de ce Pan, père universel, que l'Asie pleure encore ?...

Lorsque je sortis du café, je me promenai sur la place, songeant à ce que j'avais vu. Une impression de soif que je ressentis me fit rechercher les étalages des vendeurs de boissons.

Dans ce pays où les liqueurs fermentées ou spiritueuses ne peuvent se vendre extérieurement, on remarque une industrie bizarre, celle des vendeurs d'*eau* à la mesure et au verre.

Ces cabaretiers extraordinaires ont des étalages où l'on distingue une foule de vases et de coupes remplis d'une eau plus ou moins recherchée. A Constantinople, l'eau n'arrive que par l'aqueduc de Valens, et ne se conserve que dans des réservoirs dus aux empereurs byzantins, où elle prend souvent un goût désagréable... De sorte qu'en raison de la rareté de cet élément, il s'est établi à Constantinople une école de buveurs d'eau, *gourmets* véritables, au point de vue de ce liquide.

On vend, dans ces sortes de boutiques, des eaux de divers pays et de différentes années. L'eau du Nil est la plus estimée, attendu qu'elle est la seule que boive le sultan ; c'est une partie du tribut qu'on lui apporte d'Alexandrie. Elle est réputée favorable à la fécondité. L'eau de l'Euphrate, un peu verte, un peu âpre au goût, se recommande aux natures faibles ou relâchées. L'eau du Danube, chargée de sels, plaît aux hommes d'un tempérament énergique. Il y a des eaux de plusieurs années. On apprécie beaucoup l'eau du Nil de 1833, bouchée et cachetée dans des bouteilles que l'on vend très cher...

Un Européen non initié au dogme de Mahomet n'est pas naturellement fanatique de l'eau. Je me souviens d'avoir entendu soutenir, à Vienne, par un docteur suédois, que l'eau était une pierre, un simple cristal naturellement à l'état de glace, lequel ne se trouvait liquéfié, dans les climats au-dessous du pôle, que par une chaleur relativement forte, mais incapable cependant de fondre les *autres pierres*. Pour corroborer sa doctrine, il faisait des expériences chimiques sur les diverses eaux des fleuves, des lacs ou des sources, et y démontrait, dans le résidu produit par l'évaporation, des substances nuisibles à la santé humaine. Il est bon de dire que le but principal du docteur, en dépréciant l'usage de l'eau, tendait à obtenir du gouvernement un privilège de brasserie impériale. M. de Metternich avait paru frappé de ses raisonnements. Du reste, comme grand protecteur de vin, il avait intérêt à en partager l'idée.

Quoi qu'il en soit de la possibilité scientifique de cette hypothèse, elle m'avait laissé une impression vive : on peut n'aimer pas à avaler de la pierre fondue. Les Turcs s'en arrangent, il est vrai ; mais à combien de maladies spéciales, de fièvres, de pestes et de fléaux divers ne sont-ils pas exposés !

Telles sont les réflexions qui m'empêchaient de me livrer à ce rafraîchissement. Je laissai les amateurs à leur débauche d'eaux plus ou moins vieilles, plus ou moins choisies, — et je m'arrêtai devant un étalage où brillaient des flacons qui semblaient contenir de la limonade. On m'en vendit un, moyennant une piastre turque (25 centimes). Dès que je l'eus porté à ma bouche, je fus obligé d'en rejeter la première gorgée. Le marchand riait de mon innocence (on saura plus tard ce qu'était cette boisson!), de sorte qu'il me fallut retourner à Ildiz-Khan pour trouver un rafraîchissement plus agréable.

Le jour était venu, et les Persans, rentrés de meilleure heure, dormaient depuis longtemps. Quant à moi, excité par cette nuit de courses et de spectacles, je ne pus arriver à m'endormir. Je finis par me rhabiller, et je retournai à Péra pour voir mon ami le peintre.

On me dit qu'il avait déménagé et demeurait à *Kouroukschemé* chez des Arméniens qui lui avaient commandé un tableau religieux. Kouroukschemé est situé sur la rive européenne du Bosphore, à une lieue de Péra. Il me fallut prendre un caïque à l'*échelle* de Tophana.

Rien n'est charmant comme ce quai maritime de la cité franque. On descend de Péra par des rues montueuses aboutissant par en haut à la grande rue, puis aux divers consulats et aux ambassades; ensuite on se trouve sur une place de marché encombrée d'étalages fruitiers où s'étalent les magnifiques productions de la côte d'Asie. Il y a des cerises presque en tout temps, la cerise étant un produit naturel de ces climats. Les pastèques, les figues de cactus et les raisins marquaient la saison où nous nous trouvions, — et d'énormes melons de la Cassaba [78], les meilleurs du monde, arrivés de Smyrne, invitaient tout passant à un déjeuner simple et délicieux. Ce qui distingue cette place, c'est une fontaine admirable dans l'ancien goût turc, ornée de portiques découpés et soutenus par des colonnettes et des arabesques sculptées et peintes. Autour de la place et dans la rue qui mène au quai, on voit un grand nombre de cafés sur la façade desquels je distinguais encore des transparents aux lumières éteintes, — qui portaient en lettres d'or ce même nom de Caraguez, aussi aimé là qu'à Stamboul.

Quoique Tophana fasse partie des quartiers francs, il s'y trouve beaucoup de musulmans, la plupart portefaix *(hamals)*, ou mariniers *(caïdjis)*. Une batterie de six pièces est en évidence sur le quai; elle sert à saluer les vaisseaux qui entrent dans la Corne-d'Or, et à annoncer le lever et le coucher du soleil aux trois parties de la ville séparées par les eaux : Péra, Stamboul et Scutari.

Cette dernière apparaît majestueusement de l'autre côté du Bosphore, festonnant l'azur de dômes, de minarets et de kiosques, comme sa rivale Stamboul.

Je n'eus pas de peine à trouver une barque à deux rameurs. Le temps était magnifique, et la barque, fine et légère, se mit à fendre l'eau avec une vitesse extraordinaire. — Le respect des musulmans pour les divers animaux explique comment le canal du Bosphore, qui coupe comme un fleuve les riches coteaux d'Europe et d'Asie, est toujours couvert d'oiseaux aquatiques qui voltigent ou nagent par milliers sur l'eau bleue, et animent ainsi la longue perspective des palais et des villas.

A partir de Tophana, les deux rivages, beaucoup plus rapprochés en apparence qu'ils ne le sont en effet, présentent longtemps une ligne continue de maisons peintes de couleurs vives, relevées d'ornements et de grillages dorés.

Une série de colonnades commence bientôt sur la rive gauche et dure pendant un quart de lieue. Ce sont les bâtiments du palais neuf de Béchik-Tasch. Ils sont construits entièrement dans le style grec et peints à l'huile en blanc; les grilles sont dorées. Tous les tuyaux de cheminée sont faits en forme de colonnes doriques, le tout d'un aspect à la fois splendide et gracieux. Des barques dorées flottent attachées aux quais, dont les marches de marbre descendent jusqu'à la mer. D'immenses jardins suivent au-dessus les ondulations des collines. Le pin parasol domine partout les autres végétations. On ne voit nulle part de palmiers, car le climat de Constantinople est déjà trop froid pour ces arbres. Un village, dont le port est garni de grandes barques nommées *caïques*, succède bientôt au palais; puis on passe encore devant un sérail plus ancien, qui est le même qu'habitait en dernier lieu la

sultane Esmé, sœur de Mahmoud. C'est le style turc du
dernier siècle : des festons, des rocailles comme ornements, des kiosques ornés de trèfles et d'arabesques, qui
s'avancent comme d'énormes cages grillées d'or, des
toits aigus et des colonnettes peintes de couleurs vives...
On rêve quelque temps les mystères des Mille et une
Nuits.

Dans les caïques, le passager est couché sur un matelas, à l'arrière, tandis que les rameurs s'évertuent à couper l'onde avec leurs bras robustes et leurs épaules bron-
zées, coquettement revêtus de larges chemises en crêpe
de soie à bandes satinées. Ces hommes sont très polis, et
affectent même dans les attitudes de leur travail une sorte
de grâce artistique.

En suivant la côte européenne du Bosphore, on voit
une longue file de maisons de campagne habitées généralement par des employés du sultan. Enfin, un nouveau
port rempli de barques se présente ; c'est Kouroukschemé.

Je retins la barque pour me ramener le soir, c'est
l'usage ; les rameurs entrèrent au café, et en pénétrant
dans le village, je crus voir un tableau de Decamps. Le
soleil découpait partout des losanges lumineux sur les
boutiques peintes et sur les murs passés au blanc de
chaux ; le vert glauque de la végétation reposait çà et là
les yeux fatigués de lumière. J'entrai chez un marchand
de tabac pour acheter du lattaquié, et je m'informai de la
maison arménienne où je devais trouver mon ami.

On me l'indiqua avec complaisance. En effet, la famille qui favorisait en ce moment la peinture française
était celle de grands personnages arméniens. On m'ac-
compagna jusqu'à la porte, et je trouvai bientôt l'artiste
installé dans une salle magnifique qui ressemblait au café
Turc du boulevard du Temple, dont la décoration orientale est beaucoup plus exacte qu'on ne le croit.

Plusieurs Français se trouvaient réunis dans cette salle,
admirant les cartons des fresques projetées par le peintre,
plusieurs attachés de l'ambassade française, un prince
belge et l'hospodar de Valachie, venu pour les fêtes à
Constantinople. Nous allâmes visiter la chapelle, où l'on

pouvait voir déjà la plus grande partie de la décoration
future. Un immense tableau, représentant l'adoration des
Mages, remplissait le fond derrière l'endroit où devait
s'élever le maître-autel. Les peintures latérales étaient
seules à l'état d'esquisse... La famille qui faisait faire ces
travaux, ayant plusieurs résidences à Constantinople et à
la campagne, avait donné au peintre toute la maison avec
les valets et les chevaux, qui se trouvaient à ses ordres.
De sorte qu'il nous proposa d'aller faire des promenades
dans les environs. Il y avait une fête grecque à Arnaut-
Keuil, situé à une lieue de là; puis, comme c'était un
vendredi (le dimanche des Turcs), nous pouvions, en
faisant une lieue de plus en traversant le Bosphore, nous
rendre aux Eaux-Douces d'Asie.

Quoique les Turcs dorment en général tout le jour
pendant le mois de Ramazan, ils n'y sont pas obligés par
la loi religieuse, et ne le font que pour n'avoir pas à
songer à la nourriture, puisqu'il leur est défendu de manger avant le coucher du soleil. Les vendredis, ils s'arra-
chent au repos et se promènent comme d'ordinaire à la
campagne, et principalement aux Eaux-Douces d'Europe, situées à l'extrémité de la Corne-d'Or, ou à celles
d'Asie, qui devaient être le but de notre promenade.

Nous commençâmes par nous rendre à Arnaut-Keuil;
mais la fête n'était pas encore commencée : seulement il y
avait beaucoup de monde et un grand nombre de marchands ambulants. Dans une vallée étroite, ombragée de
pins et de mélèzes, on avait établi des enceintes et des
échafaudages pour les danses et pour les représentations.
Le lieu central de la fête était une grotte ornée d'une
fontaine consacrée à Élie, dont l'eau ne commence à
couler chaque année que le jour d'un certain saint dont
j'ai oublié le nom [79]. On distribue des verres de cette eau
à tous les fidèles qui se présentent. Plusieurs centaines de
femmes grecques se pressaient aux abords de la fontaine
sainte; mais l'heure du miracle n'était pas venue. D'autres se promenaient sous l'ombrage ou se groupaient sur
les gazons. Je reconnus parmi elles les quatre belles
personnes que j'avais vues déjà dans la maison de jeu de
San-Dimitri; elles ne portaient plus les costumes variés

qui servaient là à présenter aux spectateurs l'idéal des
quatre races féminines de Constantinople. Seulement, elles
étaient très fardées et avaient des mouches. Une femme
âgée les guidait ; la pure clarté du soleil leur était moins
favorable que la lumière. Les attachés de l'ambassade
paraissaient les connaître de longue date ; ils se mirent à
causer avec elles et leur firent apporter des sorbets.

V. LE PACHA DE SCUTARI

Pendant que nous nous reposions sous un énorme sycomore, un Turc d'un âge mûr, vêtu de sa longue redingote boutonnée, coiffé de son fezzi à houppe de soie
bleue, et décoré d'un petit *nichan* presque imperceptible,
était venu s'asseoir sur le banc qui entourait l'arbre. Il
avait amené un jeune garçon vêtu comme lui en diminu-
tif, et qui nous salua avec la gravité qu'ont d'ordinaire les
enfants turcs lorsque, sortis du premier âge, ils ne sont
plus sous la surveillance des mères. Le Turc, nous voyant
louer la gentillesse de son fils, nous salua à son tour, et
appela un cafedji qui se tenait près de la fontaine. Un
instant après, nous fûmes étonnés de voir apporter des
pipes et des rafraîchissements, que l'inconnu nous pria
d'accepter. Nous hésitions, lorsque le cafetier dit : « Vous
pouvez accepter ; c'est un grand personnage qui vous fait
cette politesse : c'est le pacha de Scutari. » On ne refuse
rien d'un pacha.

Je fus étonné d'être le seul à n'avoir point part à la
distribution ; mon ami en fit l'observation au cafedji, qui
répondit : « Je ne sers point un *kafir* (un hérétique).

— Kafir ! m'écriai-je, car c'était une insulte ; un kafir,
c'est toi-même, fils de chien ! »

Je n'avais pas songé que cet homme, sans doute fidèle
musulman *sunnite,* n'adressait son injure qu'au costume
persan que je portais, et qui me déguisait en sectateur
d'Ali ou *schiite* [80].

Nous échangeâmes quelques mots vifs, car il ne faut
jamais laisser le dernier mot à un homme grossier en

Orient, sans quoi il vous croit timide et peut vous frapper, tandis que les plus grosses injures n'aboutissent qu'à faire triompher l'un ou l'autre dans l'esprit des assistants. Cependant, comme le pacha voyait la scène avec étonnement, mes compagnons, qui avaient ri beaucoup d'abord de la méprise, me firent reconnaître pour un Franc. Je ne cite cette scène que pour marquer le fanatisme qui existe encore dans les classes inférieures, et qui, très calmé à l'égard des Européens, s'exerce toujours avec force entre les différentes sectes. Il en est, du reste, à peu près de même du côté des chrétiens : un catholique romain estime plus un Turc qu'un Grec.

Le pacha rit beaucoup de l'aventure et se mit à causer avec le peintre. Nous nous rembarquâmes en même temps que lui après la fête ; et comme nos barques avaient à passer devant le palais d'été du sultan, situé sur la côte d'Asie, il nous permit de le visiter.

Ce sérail d'été, qu'il ne faut pas confondre avec l'autre, situé sur la côte européenne, est la plus délicieuse résidence du monde. D'immenses jardins, étagés en terrasses, arrivent jusqu'au sommet de la montagne, d'où l'on aperçoit nettement Scutari sur la droite, et, aux derniers plans, la silhouette bleuâtre de l'Olympe de Bithynie. Le palais est bâti dans le style du XVIIIe siècle. Il fallut, avant d'y entrer, remplacer nos bottes par des babouches qui nous furent prêtées ; puis nous fûmes admis à visiter les appartements des sultanes, vides, naturellement, dans ce moment-là.

Les salles inférieures sont construites sur pilotis, la plupart de bois précieux ; on nous a parlé même de pilotis d'aloès, qui résistent davantage à la corruption que produit l'eau de mer. Après avoir visité les vastes pièces du rez-de-chaussée que l'on n'habite pas, nous fûmes introduits dans les appartements. Il y avait au milieu une grande salle, sur laquelle s'ouvraient une vingtaine de cabinets avec des portes distinctes, comme dans les galeries des établissements de bains.

Nous pûmes entrer dans chaque pièce, uniformément meublée d'un divan, de quelques chaises, d'une commode d'acajou et d'une cheminée de marbre surmontée d'une pendule à colonnes. On se serait cru dans la chambre d'une Parisienne, si le mobilier eût été complété par un lit à bateau ; mais en Orient les divans seuls servent de lits.

Chacune de ces chambres était celle d'une cadine. La symétrie et l'exacte uniformité de ces chambres me frappèrent : on m'apprit que l'égalité la plus parfaite régnait entre les femmes du sultan... Le peintre m'en donna pour preuve ce fait : que lorsque Sa Hautesse commande à Péra des boîtes de bonbons, achetées ordinairement chez un confiseur français, on est obligé de les composer de sucreries exactement pareilles. Une papillote de plus, un bonbon d'une forme particulière, des pastilles ou des dragées en plus ou en moins seraient cause de complications graves dans les relations de ces belles personnes ; comme tous les musulmans, quels qu'ils soient, elles ont le sentiment de l'égalité.

On fit jouer pour nous, dans la salle principale, une pendule à musique, exécutant plusieurs airs d'opéras italiens. Des oiseaux mécaniques, des rossignols chantants, des paons faisant la roue, égayaient l'aspect de ce petit monument. Au second étage se trouvaient les logements des *odaleuk*, qui se divisent en chanteuses et en servantes. Plus haut se trouvaient logées les esclaves. Il règne dans le harem un ordre pareil à celui qui existe dans les pensions bien tenues. La plus ancienne cadine exerce la principale autorité ; mais elle est toujours au-dessous de la sultane mère qu'elle doit de temps en temps aller consulter au vieux Séraï, à Stamboul.

Voilà ce que j'ai pu saisir des habitudes intérieures du sérail. Tout s'y passe en général beaucoup plus simplement que ne le supposent les imaginations dépravées des Européens. La question du nombre de femmes ne tient chez les Turcs à aucune autre idée qu'à celle de la reproduction. La race caucasienne, si belle, si énergique, a diminué de beaucoup par un de ces faits physiologiques qu'il est difficile de définir. Les guerres du siècle dernier ont surtout affaibli beaucoup la population spécialement turque. Le courage de ces hommes les a décimés, comme il est arrivé pour les races franques du Moyen Age.

Le sultan paraît fort disposé, pour sa part, à repeupler l'empire turc, si l'on se rend compte du nombre de naissances de princes et de princesses annoncées à la ville de temps en temps par le bruit du canon et par les illuminations de Stamboul.

On nous fit voir ensuite les celliers, les cuisines, les appartements de réception et la salle de concert ; tout est arrangé de manière que les femmes puissent participer, sans être vues, à tous les divertissements des personnes invitées par le sultan. Partout on remarque des loges grillées ouvertes sur les salles comme des tribunes, et qui permettent aux dames du harem de s'associer d'intention à la politique ou aux plaisirs.

Nous admirâmes la salle de bains construite en marbre et la mosquée particulière du palais. Ensuite on nous fit sortir par un péristyle donnant sur les jardins, orné de colonnes et fermé d'une galerie en vitrages qui contenait des arbustes, des plantes et des fleurs de l'Inde. Ainsi, Constantinople, déjà froid à cause de sa position montueuse et des orages fréquents de la mer Noire, a des serres de plantes tropicales comme nos pays du Nord.

Nous parcourûmes de nouveau les jardins, et l'on nous fit entrer dans un pavillon où l'on nous avait servi une collation de fruits du jardin et de confitures. Le pacha nous invita à ce régal, mais il ne mangea rien lui-même, parce que la lune du Ramazan n'était pas encore levée. Nous étions tout confus de sa politesse, et un peu embarrassés de ne pouvoir la reconnaître qu'en paroles.

« Vous pourrez dire, répondit-il à nos remerciements, que vous avez fait un repas chez un sultan ! »

Sans s'exagérer l'honneur d'une réception si gracieuse, on peut y voir du moins beaucoup de bienveillance, et l'oubli, presque complet aujourd'hui chez les Turcs, des préjugés religieux.

VI. LES DERVICHES

Après avoir suffisamment admiré les appartements et
les jardins du sérail d'Asie, nous renonçâmes à visiter les
Eaux-Douces d'Asie, ce qui nous eût obligés à remonter
le Bosphore d'une lieue, et, nous trouvant près de Scutari, nous fîmes le projet d'aller voir le couvent des
derviches hurleurs.

Scutari est la ville de l'orthodoxie musulmane beaucoup plus que Stamboul, où les populations sont mélangées, et qui appartient à l'Europe. L'asiatique Scutari
garde encore les vieilles traditions turques ; le costume de
la réforme y est presque inconnu ; le turban vert ou blanc
s'y montre encore avec obstination ; c'est, en un mot, le
faubourg Saint-Germain de Constantinople. Les maisons,
les fontaines et les mosquées sont d'un style plus ancien ;
les inventions nouvelles d'assainissement, de pavage ou
de cailloutage, les trottoirs, les lanternes, les voitures
attelées de chevaux, que l'on voit à Stamboul, sont
considérés là comme des innovations dangereuses. Scutari est le refuge des vieux musulmans qui, persuadés que
la Turquie d'Europe ne tardera pas à être la proie des
chrétiens, désirent s'assurer un tombeau paisible sur la
terre d'Anatolie. Ils pensent que le Bosphore sera la
séparation des deux empires et des deux religions, et
qu'ils jouiront ensuite en Asie d'une complète sécurité.

Scutari n'a de remarquable que sa grande mosquée et
son cimetière aux cyprès gigantesques ; ses tours, ses
kiosques, ses fontaines et ses centaines de minarets ne la
distingueraient pas, sans cela, de l'autre ville turque. Le
couvent des derviches *hurleurs* est situé à peu de distance
de la mosquée ; il est d'une architecture plus vieille que le
téké des derviches de Péra, qui sont, eux, des derviches
tourneurs.

Le pacha, qui nous avait accompagnés jusqu'à la ville,
voulait nous dissuader d'aller visiter ces moines, qu'il
appelait des fous ; mais la curiosité des voyageurs est

respectable. Il le comprit, et nous quitta en nous invitant à retourner le voir.

Les derviches ont cela de particulier qu'il sont plus tolérants qu'aucune institution religieuse. Les musulmans orthodoxes, obligés d'accepter leur existence comme corporation, ne font réellement que les tolérer.

Le peuple les aime et les soutient; leur exaltation, leur bonne humeur, la facilité de leur caractère et de leurs principes plaisent à la foule plus que la roideur des imans et des mollahs. Ces derniers les traitent de panthéistes et attaquent souvent leurs doctrines, sans pouvoir absolument toutefois les convaincre d'hérésie.

Il y a deux systèmes de philosophie qui se rattachent à la religion turque et à l'instruction qui en découle. L'un est tout aristotélique, l'autre tout platonicien. Les derviches se rattachent au dernier. Il ne faut pas s'étonner de ce rapport des musulmans avec les Grecs, puisque nous n'avons connu nous-mêmes que par leurs traductions les derniers écrits philosophiques du monde ancien.

Que les derviches soient des panthéistes comme le prétendent les vrais Osmanlis, cela ne les empêche pas toutefois d'avoir des titres religieux incontestables. Ils ont été établis, disent-ils, dans leurs maisons et dans leurs privilèges par Orchan, second sultan des Turcs. Les maîtres qui ont fondé leurs ordres sont au nombre de sept, chiffre tout pythagoricien qui indique la source de leurs idées. Le nom général est *mèwelevis,* du nom du premier fondateur; quant à *derviches* ou *durvesch,* cela veut dire *pauvre.* C'est au fond une secte de communistes musulmans.

Plusieurs appartiennent aux *munasihi,* qui croient à la transmigration des âmes. Selon eux, tout homme qui n'est pas digne de renaître sous une forme humaine entre, après sa mort, dans le corps de l'animal qui lui ressemble le plus comme humeur ou comme tempérament. Le vide que laisserait cette émigration des âmes humaines se trouve comblé par celle des bêtes dignes, par leur intelligence ou leur fidélité, de s'élever dans l'échelle animale. Ce sentiment, qui appartient évidemment à la tradition indienne, explique les diverses fondations pieuses faites dans les couvents et les mosquées en faveur des animaux ; car on les respecte aussi bien comme pouvant avoir été des hommes que comme capables de le devenir. Ceci explique pourquoi aucun musuman ne mange de porc, parce que cet animal semble, par sa forme et par ses appétits, plus voisin de l'espèce humaine.

Les *eschrakis* ou illuminés s'appliquent à la contemplation de Dieu dans les nombres, dans les formes et dans les couleurs. Ils sont, en général, plus réservés, plus aimants et plus élégants que les autres. Ils sont préférés pour l'instruction, et cherchent à développer la force de leurs élèves par les exercices de vigueur ou de grâce. Leurs doctrines procèdent évidemment de Pythagore et de Platon. Ils sont poètes, musiciens et artistes.

Il y a parmi eux aussi quelques *haïretis* ou étonnés (mot dont peut-être on a fait le mot d'*hérétiques*), qui représentent l'esprit de scepticisme ou d'indifférence. Ceux-là sont véritablement des épicuriens. Ils posent en principe que le mensonge ne peut se distinguer de la vérité, et qu'à travers les subtilités de la malice humaine il est imprudent de chercher à démêler une idée quelconque. La passion peut vous tromper, vous aigrir, et vous rendre injuste dans le bien comme dans le mal ; de sorte qu'il faut s'abstenir et dire : « Allah bilour... bizé haranouk ! Dieu le sait et nous ne le savons pas », ou : « Dieu sait bien ce qui est le meilleur ! »

Telles sont les trois opinions philosophiques qui dominent là comme à peu près partout, et, parmi les derviches, cela n'engendre point les haines que ces principes opposés excitent dans la société humaine ; les *eschrakis*, dogmatistes spirituels, vivent en paix avec les *munasihi*, panthéistes matériels, et les *haïretis*, sceptiques, se gardent bien d'épuiser leurs poumons à discuter avec les autres. Chacun vit à sa manière et selon son tempérament, les uns usant souvent immodérément de la nourriture, d'autres des boissons et des excitants narcotiques, d'autres encore de l'amour. Le derviche est l'être favorisé par excellence parmi les musulmans, pourvu que ses vertus privées, son enthousiasme et son dévouement soient reconnus par ses frères.

La sainteté dont il fait profession, la pauvreté qu'il embrasse en principe, et qui ne se trouve soulagée parfois que par les dons volontaires des fidèles, la patience et la modestie qui sont aussi ses qualités ordinaires, le mettent autant au-dessus des autres hommes moralement, qu'il s'est mis naturellement au-dessous. Un derviche peut boire du vin et des liqueurs si on lui en offre, car il lui est défendu de rien payer. Si, passant dans la rue, il a envie d'un objet curieux, d'un ornement exposé dans une boutique, le marchand le lui donne d'ordinaire ou le lui laisse emporter. S'il rencontre une femme, et qu'il soit très-respecté du peuple, il est admis qu'il peut l'approcher sans impureté. Il est vrai que ceci ne se passerait plus aujourd'hui dans les grandes villes où la police est médiocrement édifiée sur les qualités des derviches; mais le principe qui domine ces libertés, c'est que l'homme qui abandonne tout peut tout recevoir, parce que sa vertu étant de repousser toute possession, celle des fidèles croyants est de l'en dédommager par des dons et des offrandes.

Par la même cause de sainteté particulière, les derviches ont le droit de se dispenser du voyage de la Mecque; ils peuvent manger du porc et du lièvre, et même toucher les chiens, ce qui est défendu aux autres Turcs, malgré la révérence qu'ils ont tous pour le souvenir du chien des Sept-Dormants [81].

Quand nous entrâmes dans la cour du *téké* (couvent), nous vîmes un grand nombre de ces animaux auxquels des frères servants distribuaient le repas du soir. Il y a pour cela des donations fort anciennes et fort respectées. Les murs de la cour, plantée d'acacias et de platanes, étaient garnis çà et là de petites constructions en bois peint et sculpté suspendues à une certaine hauteur, comme des consoles. C'étaient des logettes consacrées à des oiseaux qui, au hasard, en venaient prendre possession et qui restaient parfaitement libres.

La représentation donnée par les derviches hurleurs ne m'offrit rien de nouveau, attendu que j'en avais déjà vu de pareilles au Caire. Ces braves gens passent plusieurs heures à danser en frappant fortement la terre du pied autour d'un mât décoré de guirlandes, qu'on appelle *Sâry;* cela produit un peu l'effet d'une farandole où l'on resterait en place. Ils chantent sur des intonations diverses une éternelle litanie qui a pour refrain : *Allah hay!* c'est-à-dire « Dieu vivant! » Le public est admis à ces séances dans des tribunes hautes ornées de balustres de bois. Au bout d'une heure de cet exercice, quelques-uns entrent dans un état d'excitation qui les rend *melbous* (inspirés). Ils se roulent à terre et ont des visions béatifiques.

Ceux que nous vîmes dans cette représentation portaient des cheveux longs sous leur bonnet de feutre en forme de pot de fleurs renversé; leur costume était blanc avec des boutons noirs; on les appelle *kadris,* du nom de leur fondateur [82].

Un des assistants nous raconta qu'il avait vu les exercices des derviches du téké de Péra, lesquels sont spécialement tourneurs. Comme à Scutari, on entre dans une immense salle de bois, dominée par des galeries et des tribunes où le public est admis sans conditions; mais il est convenable de déposer une légère aumône. Au téké de Péra, tous les derviches ont des robes blanches plissées comme des fustanelles grecques. Leur travail est, dans les séances publiques, de tourner sur eux-mêmes pendant le plus longtemps possible. Ils sont tous vêtus de blanc; leur chef seul est vêtu de bleu. Tous les mardis et tous les vendredis, la séance commence par un sermon, après lequel tous les derviches s'inclinent devant le supérieur, puis se divisent dans toute la salle de manière à pouvoir tourner séparément sans se toucher jamais. Les jupes blanches volent, la tête tourne avec sa coiffe de feutre, et chacun de ces religieux a l'air d'un volant. Cependant, certains d'entre eux exécutent des airs mélancoliques sur une flûte de roseau. Il arrive pour les tourneurs comme pour les hurleurs un certain moment d'exaltation pour ainsi dire magnétique qui leur procure une extase toute particulière.

Il n'y a nulle raison pour des hommes instruits de s'étonner de ces pratiques bizarres. Ces derviches représentent la tradition non interrompue des cabires, des dactyles et des corybantes, qui ont dansé et hurlé durant tant de siècles antiques sur ce même rivage. Ces mouvements convulsifs, aidés par les boissons et les pâtes excitantes, font arriver l'homme à un état bizarre où Dieu, touché de son amour, consent à se révéler par des rêves sublimes, avant-goût du paradis.

En descendant du couvent des derviches pour regagner l'*échelle* maritime, nous vîmes la lune levée qui dessinait à gauche les immenses cyprès du cimetière de Scutari, et, sur la hauteur, les maisons brillantes de couleurs et de dorures de la haute ville de Scutari qu'on appelle la *Cité d'argent*.

Le palais d'été du sultan, que nous avions visité dans la journée, se montrait nettement à droite au bord de la mer, avec ses murs festonnés peints de blanc et relevés d'or pâle. Nous traversâmes la place du marché, et les caïques, en vingt minutes, nous déposèrent à Tophana, sur la rive européenne.

En voyant Scutari se dessiner au loin sur son horizon découpé de montagnes bleuâtres, avec les longues allées d'ifs et de cyprès de son cimetière, je me rappelai cette phrase de Byron :

« O Scutari ! tes maisons blanches dominent sur des milliers de tombes, — tandis qu'au-dessus d'elles on voit l'arbre toujours vert, le cyprès élancé et sombre, dont le feuillage est empreint d'un deuil sans fin — comme un amour qui n'est pas partagé [83] ! »

III. LES CONTEURS

UNE LÉGENDE DANS UN CAFÉ

On ne donnerait qu'une faible idée des plaisirs de
Constantinople pendant le Ramazan et des principaux
charmes de ses nuits, si l'on passait sous silence les
contes merveilleux récités ou déclamés par des conteurs
de profession attachés aux principaux cafés de Stamboul.
Traduire une de ces légendes, c'est en même temps compléter les idées que l'on doit se faire d'une littérature à la
fois savante et populaire qui encadre spirituellement les
traditions et les légendes religieuses considérées au point
de vue de l'islamisme.

Je passais aux yeux des Persans, qui m'avaient pris
sous leur protection, pour un *taleb* (savant), de sorte
qu'ils me conduisirent à des cafés situés derrière la mosquée de Bayezid, et où se réunissaient autrefois les fu-
meurs d'opium. Aujourd'hui cette consommation est dé-
fendue; mais les négociants étrangers à la Turquie fré-
quentent par habitude ce point éloigné du tumulte des
quartiers du centre.

On s'assied, on se fait apporter un narghilé ou un
chibouk, et l'on écoute des récits qui, comme nos feuil-
letons actuels, se prolongent le plus possible. C'est l'intérêt du cafetier et celui du narrateur.

Quoique ayant commencé fort jeune l'étude des langues de l'Orient, je n'en sais que les mots les plus
indispensables; cependant l'animation du récit m'intéressait toujours et, avec l'aide de mes amis du caravan-

sérail, j'arrivais à me rendre compte au moins du sujet [84].

Je puis donc rendre à peu près l'effet d'une de ces narrations imagées où se plaît le génie traditionnel des Orientaux. Il est bon de dire que le café où nous nous trouvions est situé dans les quartiers ouvriers de Stamboul, qui avoisinent les bazars. Dans les rues environnantes se trouvent les ateliers des fondeurs, des ciseleurs, des graveurs, qui fabriquent ou réparent les riches armes exposées au besestain, de ceux aussi qui travaillent aux ustensiles de fer et de cuivre; divers autres métiers se rapportent encore aux marchandises variées étalées dans les nombreuses divisions du grand bazar.

De sorte que l'assemblée eût paru, pour nos hommes du monde, un peu vulgaire. Cependant quelques costumes soignés se distinguaient çà et là sur les bancs et sur les estrades.

Le conteur que nous devions entendre paraissait être renommé. Outre les consommateurs du café, une grande foule d'auditeurs simples se pressait au-dehors. On commanda le silence, et un jeune homme au visage pâle, aux traits pleins de finesse, à l'œil étincelant, aux longs cheveux s'échappant, comme ceux des santons, de dessous un bonnet d'une autre forme que les tarbouchs ou les fezzi, vint s'asseoir sur un tabouret dans un espace de quatre à cinq pieds qui occupait le centre des bancs. On lui apporta du café, et tout le monde écouta religieusement, car, selon l'usage, chaque partie du récit devait durer une demi-heure. Ces conteurs de profession ne sont pas des poètes, mais pour ainsi dire des rhapsodes; ils arrangent et développent un sujet traité déjà de diverses manières, ou fondé sur d'anciennes légendes. C'est ainsi qu'on voit se renouveler avec mille additions ou changements les aventures d'Antar, d'Abou-Zeyd ou de Medjnoun [85]. Il s'agissait cette fois d'un roman destiné à peindre la gloire de ces antiques associations ouvrières auxquelles l'Orient a donné naissance.

« Louange à Dieu, dit-il, et à son favori Ahmad, dont les yeux noirs brillent d'un éclat si doux [86]! Il est le seul apôtre de la vérité. »

Tout le monde s'écria: *Amin!* (Cela est ainsi.)

HISTOIRE
DE LA REINE DU MATIN ET DE SOLIMAN
PRINCE DES GÉNIES

I. ADONIRAM

Pour servir les desseins du grand roi Soliman Ben-Daoud*, son serviteur Adoniram [87] avait renoncé depuis dix ans au sommeil, aux plaisirs, à la joie des festins. Chef des légions d'ouvriers qui, semblables à d'innombrables essaims d'abeilles, concouraient à construire ces ruches d'or, de cèdre, de marbre et d'airain que le roi de Jérusalem destinait à Adonaï et préparait à sa propre grandeur, le maître Adoniram passait les nuits à combiner des plans, et les jours à modeler les figures colossales destinées à orner l'édifice.

Il avait établi, non loin du temple inachevé, des forges où sans cesse retentissait le marteau, des fonderies souterraines, où le bronze liquide glissait le long de cent canaux de sable, et prenait la forme des lions, des tigres, des dragons ailés, des chérubins, ou même de ces génies étranges et foudroyés,... races lointaines, à demi perdues dans la mémoire des hommes [88].

Plus de cent mille artisans soumis à Adoniram exécutaient ses vastes conceptions : les fondeurs étaient au nombre de trente mille ; les maçons et les tailleurs de pierres formaient une armée de quatre-vingt mille hommes ; soixante et dix mille manœuvres aidaient à transporter les matériaux. Disséminés par bataillons nombreux, les charpentiers épars dans les montagnes abat-

* Salomon, fils de David.

taient les pins séculaires jusque dans les déserts des Scythes, et les cèdres sur les plateaux du Liban. Au moyen de trois mille trois cents intendants, Adoniram exerçait la discipline et maintenait l'ordre parmi ces populations ouvrières qui fonctionnaient sans confusion.

Cependant l'âme inquiète d'Adoniram présidait avec une sorte de dédain à des œuvres si grandes. Accomplir une des sept merveilles du monde lui semblait une tâche mesquine. Plus l'ouvrage avançait, plus la faiblesse de la race humaine lui paraissait évidente, plus il gémissait sur l'insuffisance et sur les moyens bornés de ses contemporains. Ardent à concevoir, plus ardent à exécuter, Adoniram rêvait des travaux gigantesques ; son cerveau, bouillonnant comme une fournaise, enfantait des monstruosités sublimes, et tandis que son art étonnait les princes des Hébreux, lui seul prenait en pitié les travaux auxquels il se voyait réduit.

C'était un personnage sombre, mystérieux. Le roi de Tyr, qui l'avait employé, en avait fait présent à Soliman. Mais quelle était la patrie d'Adoniram ? nul ne le savait ! D'où venait-il ? mystère. Où avait-il approfondi les éléments d'un savoir si pratique, si profond et si varié ? on l'ignorait. Il semblait tout créer, tout deviner et tout faire. Quelle était son origine ? à quelle race appartenait-il ? c'était un secret, et le mieux gardé de tous : il ne souffrait point qu'on l'interrogeât à cet égard. Sa misanthropie le tenait comme étranger et solitaire au milieu de la lignée des enfants d'Adam ; son éclatant et audacieux génie le plaçait au-dessus des hommes, qui ne se sentaient point ses frères. Il participait de l'esprit de lumière et du génie des ténèbres !

Indifférent aux femmes, qui le contemplaient à la dérobée et ne s'entretenaient jamais de lui, méprisant les hommes, qui évitaient le feu de son regard, il était aussi dédaigneux de la terreur inspirée par son aspect imposant, par sa taille haute et robuste, que de l'impression produite par son étrange et fascinante beauté. Son cœur était muet ; l'activité de l'artiste animait seule des mains faites pour pétrir le monde, et courbait seule des épaules faites pour le soulever.

S'il n'avait pas d'amis, il avait des esclaves dévoués, et il s'était donné un compagnon, un seul... un enfant, un jeune artiste issu de ces familles de la Phénicie, qui naguère avaient transporté leurs divinités sensuelles aux rives orientales de l'Asie Mineure. Pâle de visage, artiste minutieux, amant docile de la nature, Benoni [89] avait passé son enfance dans les écoles, et sa jeunesse au-delà de la Syrie, sur ces rivages fertiles où l'Euphrate, ruisseau modeste encore, ne voit sur ses bords que des pâtres soupirant leurs chansons à l'ombre des lauriers verts étoilés de roses.

Un jour, à l'heure où le soleil commence à s'incliner sur la mer, un jour que Benoni, devant un bloc de cire, modelait délicatement une génisse, s'étudiant à deviner l'élastique mobilité des muscles, maître Adoniram, s'étant approché, contempla longuement l'ouvrage presque achevé, et fronça le sourcil.

« Triste labeur ! s'écria-t-il ; de la patience, du goût, des puérilités !... du génie, nulle part ; de la volonté, point. Tout dégénère, et déjà l'isolement, la diversité, la contradiction, l'indiscipline, instruments éternels de la perte de vos races énervées, paralysent vos pauvres imaginations. Où sont mes ouvriers ? mes fondeurs, mes chauffeurs, mes forgerons ?... Dispersés !... Ces fours refroidis devraient, à cette heure, retentir des rugissements de la flamme incessamment attisée ; la terre aurait dû recevoir les empreintes de ces modèles pétris de mes mains. Mille bras devraient s'incliner sur la fournaise... et nous voilà seuls !

— Maître, répondit avec douceur Benoni, ces gens grossiers ne sont pas soutenus par le génie qui t'embrase ; ils ont besoin de repos, et l'art qui nous captive laisse leur pensée oisive. Ils ont pris congé pour tout le jour. L'ordre du sage Soliman leur a fait un devoir du repos : Jérusalem s'épanouit en fête.

— Une fête ! que m'importe ? le repos... je ne l'ai jamais connu, moi. Ce qui m'abat, c'est l'oisiveté ! Quelle œuvre faisons-nous ? un temple d'orfèvrerie, un palais pour l'orgueil et la volupté, des joyaux qu'un tison réduirait en cendres. Ils appellent cela créer pour l'éter-

nité... Un jour, attirés par l'appât d'un gain vulgaire, des
hordes de vainqueurs, conjurés contre ce peuple amolli,
abattront en quelques heures ce fragile édifice, et il n'en
restera rien qu'un souvenir. Nos modèles fondront aux
lueurs des torches, comme les neiges du Liban quand
survient l'été, et la postérité, en parcourant ces coteaux
déserts, redira : C'était une pauvre et faible nation que
cette race des Hébreux !....

— Eh quoi ! maître, un palais si magnifique... un
temple, le plus riche, le plus vaste, le plus solide...

— Vanité ! vanité ! comme dit, par vanité, le seigneur
Soliman [90]. Sais-tu ce que firent jadis les enfants d'Hénoch ? une œuvre sans nom... dont le Créateur s'effraya :
il fit trembler la terre en la renversant, et, des matériaux
épars, on a construit Babylone... jolie ville où l'on peut
faire voler dix chars sur la tranche des murailles. Sais-tu
ce que c'est qu'un monument ? et connais-tu les pyramides ? Elles durèrent jusqu'au jour où s'écrouleront dans
l'abîme les montagnes de *Kaf* [91] qui entourent le monde.
Ce ne sont point les fils d'Adam qui les ont élevées !

— On dit pourtant...

— On ment : le déluge a laissé son empreinte à leur
cime. Écoute : à deux milles d'ici, en remontant le Cédron, il y a un bloc de rocher carré de six cents coudées.
Que l'on me donne cent mille praticiens armés du fer et
du marteau ; dans le bloc énorme je taillerais la tête
monstrueuse d'un sphinx... qui sourit et fixe un regard
implacable sur le ciel. Du haut des nuées, Jéhovah le
verrait et pâlirait de stupeur. Voilà un monument. Cent
mille années s'écouleraient, et les enfants des hommes
diraient encore : Un grand peuple a marqué là son passage.

— Seigneur, se dit Benoni en frissonnant, de quelle
race est descendu ce génie rebelle ?...

— Ces collines, qu'ils appellent des montagnes, me
font pitié. Encore si l'on travaillait à les échelonner les
unes sur les autres, en taillant sur leurs angles des figures
colossales... cela pourrait valoir quelque chose. A la
base, on creuserait une caverne assez vaste pour loger une
légion de prêtres : ils y mettraient leur arche avec ses

chérubins d'or et ses deux cailloux qu'ils appellent des
tables, et Jérusalem aurait un temple; mais nous allons
loger Dieu comme un riche *seraf* (banquier) de Memphis...

— Ta pensée rêve toujours l'impossible.

— Nous sommes nés trop tard; le monde est vieux, la
vieillesse est débile; tu as raison. Décadence et chute! tu
copies la nature avec froideur, tu t'occupes comme la
ménagère qui tisse un voile de lin; ton esprit hébété se fait
tout à tour l'esclave d'une vache, d'un lion, d'un cheval,
d'un tigre, et ton travail a pour but de rivaliser par
l'imitation avec une génisse, une lionne, une tigresse,
une cavale;... ces bêtes font ce que tu exécutes, et plus
encore, car elles transmettent la vie avec la forme. Enfant, l'art n'est point là: il consiste à créer. Quand tu
dessines un de ces ornements qui serpentent le long des
frises, te bornes-tu à copier les fleurs et les feuillages qui
rampent sur le sol? Non: tu inventes, tu laisses courir le
stylet au caprice de l'imagination, entremêlant les fantaisies les plus bizarres. Eh bien, à côté de l'homme et des
animaux existants, que ne cherches-tu de même des formes inconnues, des êtres innommés, des incarnations
devant lesquelles l'homme a reculé, des accouplements
terribles, des figures propres à répandre le respect, la
gaieté, la stupeur et l'effroi? Souviens-toi des vieux
Égyptiens, des artistes hardis et naïfs de l'Assyrie. N'ont-
ils pas arraché des flancs du granit ces sphinx, ces cynocéphales, ces divinités de basalte dont l'aspect révoltait le
Jéhovah du vieux Daoud [92]? En revoyant d'âge en âge
ces symboles redoutables, on répétera qu'il exista jadis
des génies audacieux. Ces gens-là songeaient-ils à la
forme? Ils s'en raillaient, et, forts de leurs inventions, ils
pouvaient crier à celui qui créa tout: Ces êtres de granit,
tu ne les devines point et tu n'oserais les animer. Mais le
Dieu multiple de la nature vous a ployés sous le joug: la
matière vous limite; votre génie dégénéré se plonge dans
les vulgarités de la forme; l'art est perdu. »

D'où vient, se disait Benoni, cet Adoniram dont l'esprit échappe à l'humanité?

« Revenons à des amusettes qui soient à l'humble por-

tée du grand roi Soliman, reprit le fondeur en passant sa
main sur son large front, dont il écarta une forêt de
cheveux noirs et crépus. Voilà quarante-huit bœufs en
bronze d'une assez bonne stature, autant de lions, des
oiseaux, des palmes, des chérubins... Tout cela est un
peu plus expressif que la nature. Je les destine à supporter
une mer d'airain de dix coudées, coulée d'un seul jet,
d'une profondeur de cinq coudées et bordée d'un cordon
de trente coudées, enrichi de moulures. Mais j'ai des
modèles à terminer. Le moule de la vasque est prêt. Je
crains qu'il ne se fendille par la chaleur du jour : il
faudrait se hâter, et, tu le vois, ami, les ouvriers sont en
fête et m'abandonnent... Une fête ! dis-tu ; quelle fête ? à
quelle occasion ? »

Le conteur s'arrêta ici, la demi-heure était passée.
Chacun alors eut la liberté de demander du café, des
sorbets ou du tabac. Quelques conversations s'engagèrent
sur le mérite des détails ou sur l'attrait que promettait la
narration. Un des Persans qui étaient près de moi fit
observer que cette histoire lui paraissait puisée dans le
Soliman-Nameh [93].

Pendant cette *pause,* car ce repos du narrateur est
appelé ainsi, de même que chaque veillée complète s'appelle *séance,* un petit garçon qu'il avait amené parcourait
les rangs de la foule en tendant à chacun une sébile, qu'il
rapporta remplie de monnaie aux pieds de son maître. Ce
dernier reprit le dialogue par la réponse de Benoni à
Adoniram :

II. BALKIS

Plusieurs siècles avant la captivité des Hébreux en
Égypte, Saba, l'illustre descendant d'Abraham et de Ké-
tura [94], vint s'établir dans les heureuses contrées que nous
appelons l'Yémen, où il fonda une cité qui d'abord a
porté son nom, et que l'on connaît aujourd'hui sous le

nom de Mareb. Saba avait un frère nommé Iarab, qui
légua son nom à la pierreuse Arabie. Ses descendants
transportent çà et là leurs tentes, tandis que la postérité de
Saba continue de régner sur l'Yémen, riche empire qui
obéit maintenant aux lois de la reine Balkis, héritière
directe de Saba, de Jochtan, du patriarche Héber,... dont
le père eut pour trisaïeul Sem, père commun des Hébreux
et des Arabes.

— Tu préludes comme un livre égyptien, interrompit
l'impatient Adoniram, et tu poursuis sur le ton monotone
de Moussa Ben-Amran (Moïse), le prolixe libérateur de
la race de Jacoub. Les hommes à paroles succèdent aux
gens d'action.

— Comme les donneurs de maximes aux poètes sacrés. En un mot, maître, la reine du Midi, la princesse
d'Yémen, la divine Balkis [95], venant visiter la sagesse du
seigneur Soliman, et admirer les merveilles de nos mains,
entre aujourd'hui même à Solime. Nos ouvriers ont couru
à sa rencontre à la suite du roi, les campagnes sont
jonchées de monde, et les ateliers sont vides. J'ai couru
des premiers, j'ai vu le cortège, et je suis rentré près de
toi.

— Annoncez-leur des maîtres, ils voleront à leurs
pieds... désœuvrement, servitude...

— Curiosité, surtout, et vous le comprendriez, si...
Les étoiles du ciel sont moins nombreuses que les guerriers qui suivent la reine. Derrière elle apparaissent
soixante éléphants blancs chargés de tours où brillent l'or
et la soie ; mille Sabéens [96] à la peau dorée par le soleil
s'avancent, conduisant des chameaux qui ploient les genoux sous le poids des bagages et des présents de la
princesse. Puis surviennent les Abyssiniens, armés à la
légère, et dont le teint vermeil ressemble au cuivre battu.
Une nuée d'Éthiopiens noirs comme l'ébène circulent çà
et là, conduisant les chevaux et les chariots, obéissant à
tous et veillant à tout. Puis... mais à quoi bon ce récit ?
vous ne daignez pas l'écouter.

— La reine des Sabéens ! murmurait Adoniram rêveur ; race dégénérée, mais d'un sang pur et sans mélange... Et que vient-elle faire à cette cour ?

— Ne vous l'ai-je pas dit, Adoniram ? voir un grand roi, mettre à l'épreuve une sagesse tant célébrée, et... peut-être la battre en brèche. Elle songe, dit-on, à épouser Soliman Ben-Daoud, dans l'espoir d'obtenir des héritiers dignes de sa race.

— Folie ! s'écria l'artiste avec impétuosité ; folie !... du sang d'esclave, du sang des plus viles créatures... Il y en a plein les veines de Soliman ! La lionne s'unit-elle au chien banal et domestique ? Depuis tant de siècles que ce peuple sacrifie sur les hauts lieux et s'abandonne aux femmes étrangères, les générations abâtardies ont perdu la vigueur et l'énergie des aïeux. Qu'est-ce que ce pacifique Soliman ? L'enfant d'une fille de guerre et du vieux berger Daoud, et lui-même, Daoud, provenait de Ruth, une coureuse tombée jadis du pays de Moab aux pieds d'un cultivateur d'Ephrata [97]. Tu admires ce grand peuple, mon enfant : ce n'est plus qu'une ombre, et la race guerrière est éteinte. Cette nation, à son zénith, approche de sa chute. La paix les a énervés, le luxe, la volupté leur font préférer l'or au fer, et ces rusés disciples d'un roi subtil et sensuel ne sont bons désormais qu'à colporter des marchandises ou à répandre l'usure à travers le monde. Et Balkis descendrait à ce comble d'ignominie, elle, la fille des patriarches ! Et dis-moi, Benoni, elle vient, n'est-ce pas ?... Ce soir même elle franchit les murs de Jérusalem !

— Demain est le jour du sabbat*. Fidèle à ses croyances, elle s'est refusée à pénétrer ce soir, et en l'absence du soleil, dans la ville étrangère. Elle a donc fait dresser des tentes au bord du Cédron, et malgré les instances du roi qui s'est rendu auprès d'elle, environné d'une pompe magnifique, elle prétend passer la nuit dans la campagne.

— Sa prudence en soit louée ! Elle est jeune encore ?...

— A peine peut-on dire qu'elle se puisse sitôt dire jeune. Sa beauté éblouit. Je l'ai entrevue comme on entrevoit le soleil levant, qui bientôt vous brûle et vous fait baisser la paupière. Chacun, à son aspect, est tombé prosterné ; moi comme les autres. Et en me relevant,

* Saba ou sabbat, — matin.

j'emportai son image. Mais, ô Adoniram! la nuit tombe,
et j'entends les ouvriers qui reviennent en foule chercher
leur salaire : car demain est le jour du sabbat. »

Alors survinrent les chefs nombreux des artisans. Adoniram plaça des gardiens à l'entrée des ateliers, et, ouvrant ses vastes coffres-forts, il commença à payer les
ouvriers, qui s'y présentaient un à un en lui glissant à
l'oreille un mot mystérieux, car ils étaient si nombreux
qu'il eût été difficile de discerner le salaire auquel chacun
avait droit.

Or, le jour où on les enrôlait, ils recevaient un mot de
passe qu'ils ne devaient communiquer à personne sous
peine de la vie, et ils rendaient en échange un serment
solennel. Les maîtres avaient un mot de passe ; les compagnons avaient aussi un mot de passe, qui n'était pas le
même que celui des apprentis [98].

Donc, à mesure qu'ils passaient devant Adoniram et
ses intendants, ils prononçaient à voix basse le mot sa-
cramentel, et Adoniram leur distribuait un salaire différent, suivant la hiérarchie de leurs fonctions.

La cérémonie achevée à la lueur des flambeaux de
résine, Adoniram, résolu de passer la nuit dans le secret
de ses travaux, congédia le jeune Benoni, éteignit sa
torche, et gagnant ses usines souterraines, il se perdit
dans les profondeurs des ténèbres.

Au lever du jour suivant, Balkis, la reine du matin,
franchit en même temps que le premier rayon du soleil la
porte orientale de Jérusalem. Réveillés par le fracas des
gens de sa suite, les Hébreux accouraient sur leur porte,
et les ouvriers suivaient le cortège avec de bruyantes
acclamations. Jamais on n'avait vu tant de chevaux, tant
de chameaux, ni si riche légion d'éléphants blancs
conduits par un si nombreux essaim d'Éthiopiens noirs.

Attardé par l'interminable cérémonial d'étiquette, le
grand roi Soliman achevait de revêtir un costume éblouissant et s'arrachait avec peine aux mains des officiers de sa
garde-robe, lorsque Balkis, touchant terre au vestibule du
palais, y pénétra après avoir salué le soleil, qui déjà
s'élevait radieux sur les montagnes de Galilée.

Des chambellans, coiffés de bonnets en forme de tours,

et la main armée de longs bâtons dorés, accueillirent la
reine et l'introduisirent enfin dans la salle où Soliman
Ben-Daoud était assis, au milieu de sa cour, sur un trône
élevé dont il se hâta de descendre, avec une sage lenteur,
pour aller au-devant de l'auguste visiteuse.

Les deux souverains se saluèrent mutuellement avec
toute la vénération que les rois professent et se plaisent à
inspirer envers la majesté royale ; puis, ils s'assirent côte
à côte, tandis que défilaient les esclaves chargés des
présents de la reine de Saba : de l'or, du cinnamome, de
la myrrhe, de l'encens surtout, dont l'Yémen faisait un
grand commerce ; puis, des dents d'éléphants, des sachets
d'aromates et des pierres précieuses. Elle offrit aussi au
monarque cent vingt talents d'or fin.

Soliman était alors au retour de l'âge ; mais le bonheur,
en gardant ses traits dans une perpétuelle sérénité, avait
éloigné de son visage les rides et les tristes empreintes
des passions profondes ; ses lèvres luisantes, ses yeux à
fleur de tête, séparés par un nez comme une tour d'ivoire,
ainsi qu'il l'avait dit lui-même par la bouche de la Sulamite [99], son front placide, comme celui de Sérapis, déno-
taient la paix immuable de l'ineffable quiétude d'un
monarque satisfait de sa propre grandeur. Soliman ressemblait à une statue d'or, avec des mains et un masque
d'ivoire.

Sa couronne était d'or et sa robe était d'or ; la pourpre
de son manteau, présent d'Hiram, prince de Tyr, était
tissée sur une chaîne en fil d'or ; l'or brillait sur son
ceinturon et reluisait à la poignée de son glaive : sa
chaussure d'or posait sur un tapis passementé de dorures ;
son trône était fait en cèdre doré.

Assise à ses côtés, la blanche fille du matin, enveloppée d'un nuage de tissus de lin et de gazes diaphanes,
avait l'air d'un lis égaré dans une touffe de jonquilles.
Coquetterie prévoyante, qu'elle fit ressortir davantage
encore en s'excusant de la simplicité de son costume du
matin :

« La simplicité des vêtements, dit-elle, convient à
l'opulence et ne messied pas à la grandeur.

— Il sied à la beauté divine, repartit Soliman, de se

confier dans sa force, et à l'homme défiant de sa propre faiblesse, de ne rien négliger.

— Modestie charmante, et qui rehausse encore l'éclat dont brille l'invincible Soliman... l'Ecclésiaste, le sage, l'arbitre des rois, l'immortel auteur des sentences du *Sir-Hasirim* [100], ce cantique d'amour si tendre... et de tant d'autres fleurs de poésie.

— Eh quoi ! belle reine, repartit Soliman en rougissant de plaisir, quoi ! vous auriez daigné jeter les yeux sur... ces faibles essais !

— Vous êtes un grand poète ! » s'écria la reine de Saba.

Soliman gonfla sa poitrine dorée, souleva son bras doré, et passa la main avec complaisance sur sa barbe d'ébène, divisée en plusieurs tresses et nattée avec des cordelettes d'or.

« Un grand poète ! répéta Balkis. Ce qui fait qu'en vous l'on pardonne en souriant aux erreurs du moraliste. »

Cette conclusion, peu attendue, allongea les lignes de l'auguste face de Soliman, et produisit un mouvement dans la foule des courtisans les plus rapprochés. C'étaient Zabud, favori du prince, tout chargé de pierreries, Sadoc le grand prêtre, avec son fils Azarias, intendant du palais, et très hautain avec ses inférieurs ; puis Ahia, Elioreph, grand chancelier, Josaphat, maître des archives... et un peu sourd. Debout, vêtu d'une robe sombre, se tenait Ahias de Silo, homme intègre, redouté à cause de son génie prophétique ; du reste, railleur froid et taciturne. Tout proche du souverain on voyait accroupi au centre de trois coussins empilés, le vieux Banaïas, général en chef pacifique des tranquilles armées du placide Soliman. Harnaché de chaînes d'or et de soleils en pierreries, courbé sous le faix des honneurs, Banaïas était le demi-dieu de la guerre. Jadis, le roi l'avait chargé de tuer Joab et le grand prêtre Abiathar, et Banaïas les avait poignardés. Dès ce jour, il parut digne de la plus grande confiance au sage Soliman, qui le chargea d'assassiner son frère cadet, le prince Adonias, fils du roi Daoud,... et Banaïas égorgea le frère du sage Soliman [101].

Maintenant, endormi dans sa gloire, appesanti par les

années, Banaïas, presque idiot, suit partout la cour, n'entend plus rien, ne comprend rien, et ranime les restes d'une vie défaillante en réchauffant son cœur aux souriantes lueurs que son roi laisse rayonner sur lui. Ses yeux décolorés cherchent incessamment le regard royal : l'ancien loup-cervier s'est fait chien sur ses vieux jours.

Quand Balkis eut laissé tomber de ses lèvres adorables ces mots piquants, dont la cour resta consternée, Banaïas, qui n'avait rien compris, et qui accompagnait d'un cri d'admiration chaque parole du roi ou de son hôtesse, Banaïas, seul, au milieu du silence général, s'écria avec un sourire bénin : « Charmant ! divin ! »

Soliman se mordit les lèvres et murmura d'une façon assez directe : « Quel sot ! » — « Parole mémorable ! » poursuivit Banaïas, voyant que son maître avait parlé.

Or la reine de Saba partit d'un éclat de rire.

Puis, avec un esprit d'à-propos dont chacun fut frappé, elle choisit ce moment pour présenter coup sur coup trois énigmes à la sagacité si célèbre de Soliman, le plus habile des mortels dans l'art de deviner les rébus et de débrouiller des charades. Telle était alors la coutume : les cours s'occupaient de science... elles y ont renoncé à bon escient, et la pénétration des énigmes était une affaire d'État. C'est là-dessus qu'un prince ou un sage était jugé. Balkis avait fait deux cent soixante lieues pour faire subir à Soliman cette épreuve.

Soliman interpréta sans broncher les trois énigmes, grâce au grand prêtre Sadoc, qui, la veille, en avait payé comptant la solution au grand prêtre des Sabéens.

« La sagesse parle par votre bouche, dit la reine avec un peu d'emphase.

— C'est du moins ce que plusieurs supposent...

— Cependant, noble Soliman, la culture de l'arbre de sapience n'est pas sans péril : à la longue, on risque de se passionner pour la louange, de flatter les hommes pour leur plaire, et d'incliner au matérialisme pour enlever le suffrage de la foule...

— Auriez-vous donc remarqué dans mes ouvrages...

— Ah ! seigneur, je vous ai lu avec beaucoup d'attention, et, comme je veux m'instruire, le dessein de vous soumettre certaines obscurités, certaines contradictions, certains... sophismes, tels à mes yeux, sans doute, à cause de mon ignorance, ce désir n'est point étranger au but d'un si long voyage.

— Nous ferons de notre mieux », articula Soliman, non sans suffisance, pour soutenir thèse contre un si redoutable adversaire [102].

Au fond, il eût donné beaucoup pour aller tout seul faire un tour de promenade sous les sycomores de sa villa de Mello. Affriandés d'un spectacle si piquant, les courtisans allongeaient le cou et ouvraient de grands yeux. Quoi de pire que de risquer, en présence de ses sujets, de cesser d'être infaillible ? Sadoc semblait alarmé : le prophète Ahias de Silo réprimait à peine un vague froid sourire, et Banaïas, jouant avec ses décorations, manifestait une stupide allégresse qui projetait un ridicule anticipé sur le parti du roi. Quant à la suite de Balkis, elle était muette et imperturbable : des sphinx. Ajoutez aux avantages de la reine de Saba la majesté d'une déesse et les attraits de la plus enivrante beauté, un profil d'une adorable pureté où rayonne un œil noir comme ceux des gazelles, et si bien fendu, si allongé, qu'il apparaît toujours de face à ceux qu'il perce de ses traits ; une bouche incertaine entre le rire et la volupté, un corps souple et d'une magnificence qui se devine au travers de la gaze ; imaginez aussi cette expression fine, railleuse et hautaine avec enjouement des personnes de très grande lignée habituées à la domination, et vous concevrez l'embarras du seigneur Soliman, à la fois interdit et charmé, désireux de vaincre par l'esprit, et déjà à demi vaincu par le cœur. Ces grands yeux noirs et blancs, mystérieux et doux, calmes et pénétrants, se jouant sur un visage ardent et clair comme le bronze nouvellement fondu, le troublaient malgré lui. Il voyait s'animer à ses côtés l'idéale et mystique figure de la déesse Isis [103].

Alors s'entamèrent, vives et puissantes, suivant l'usage du temps, ces discussions philosophiques signalées dans les livres des Hébreux.

« Ne conseillez-vous pas, reprit la reine, l'égoïsme et la dureté du cœur quand vous dites : « Si vous savez répon-

dre pour votre ami, vous vous êtes mis dans le piège ; ôtez
le vêtement à celui qui s'est engagé pour autrui ?... »
Dans un autre proverbe, vous vantez la richesse et la
puissance de l'or...

— Mais ailleurs je célèbre la pauvreté.

— Contradiction. L'Ecclésiaste excite l'homme au
travail, fait honte aux paresseux, et il s'écrie plus loin :
« Que retirera l'homme de tous ses travaux ? Ne vaut-il
pas mieux manger et boire ?... » Dans les sentences vous
flétrissez la débauche, et vous la louez dans l'Ecclésiaste...

— Vous raillez, je crois...

— Non, je cite. « J'ai reconnu qu'il n'y a rien de mieux
que de se réjouir et de boire ; que l'industrie est une
inquiétude inutile, parce que les hommes meurent comme
les bêtes, et leur sort est égal. » Telle est votre morale, ô
sage !

— Ce sont là des figures, et le fond de ma doctrine...

— Le voici, et d'autres, hélas ! l'avaient déjà trouvé :
« Jouissez de la vie avec les femmes pendant tous les
jours de votre vie ; car c'est là votre partage dans le
travail... etc. » Vous y revenez souvent. D'où j'ai conclu
qu'il vous sied de matérialiser votre peuple pour commander plus sûrement à des esclaves. »

Soliman se fût justifié, mais par des arguments qu'il ne
voulait point exposer devant son peuple, et il s'agitait
impatient sur son trône.

« Enfin, poursuivit Balkis avec un sourire assaisonné
d'une œillade languissante, enfin, vous êtes cruel à notre
sexe, et quelle est la femme qui oserait aimer l'austère
Soliman ?

— O reine ! mon cœur s'est étendu comme la rosée du
printemps sur les fleurs des passions amoureuses dans le
Cantique de l'époux !...

— Exception dont la Sulamite doit être glorieuse :
mais vous êtes devenu rigide en subissant le poids des
années... »

Soliman réprima une grimace assez maussade. « Je
prévois, dit la reine, quelque parole galante et polie.
Prenez garde ! l'Ecclésiaste va vous entendre, et vous

savez ce qu'il dit : « La femme est plus amère que la mort ;
son cœur est un piège et ses mains sont des chaînes. Le
serviteur de Dieu la fuira, et l'insensé y sera pris. » Eh
quoi ! suivrez-vous de si austères maximes, et sera-ce
pour le malheur des filles de Sion que vous aurez reçu des
cieux cette beauté par vous-même sincèrement décrite en
ces termes : Je suis la fleur des champs et le lis des
vallées !

— Reine, voilà encore une figure...

— O roi ! c'est mon avis. Daignez méditer sur mes
objections et éclairer l'obscurité de mon jugement, car
l'erreur est de mon côté, et vous avez félicité la sagesse
d'habiter en vous. « On reconnaîtra, vous l'avez écrit, la
pénétration de mon esprit ; les plus puissants seront surpris lorsqu'ils me verront, et les princes témoigneront
leur admiration sur leur visage. Quand je me tairai, ils
attendront que je parle ; quand je parlerai, ils me regar-
deront attentifs ; et quand je discourrai, ils mettront leurs
mains sur leur bouche. » Grand roi, j'ai déjà éprouvé une
partie de ces vérités : votre esprit m'a charmée, votre
aspect m'a surprise, et je ne doute pas que mon visage ne
témoigne à vos yeux de mon admiration. J'attends vos
paroles ; elles me verront attentive, et durant vos discours, votre servante mettra sa main sur sa bouche.

— Madame, dit Soliman avec un profond soupir, que
devient le sage auprès de vous ? Depuis qu'il vous écoute,
l'Ecclésiaste n'oserait plus soutenir qu'une seule de ses
pensées, dont il ressent le poids : Vanité des vanités ! tout
n'est que vanité ! »

Chacun admira la réponse du roi. A pédant, pédant et
demi, se disait la reine. Si pourtant on pouvait le guérir de
la manie d'être auteur... Il ne laisse pas que d'être doux,
affable et assez bien conservé.

Quant à Soliman, après avoir ajourné ses répliques, il
s'efforça de détourner de sa personne l'entretien qu'il y
avait si souvent amené. « Votre sérénité, dit-il à la reine
Balkis, possède là un bien bel oiseau, dont l'espèce m'est
inconnue. »

En effet, six négrillons vêtus d'écarlate, placés aux
pieds de la reine, étaient commis aux soins de cet oiseau,

qui ne quittait jamais sa maîtresse. Un de ses pages le tenait sur son poing, et la princesse de Saba le regardait souvent.

« Nous l'appelons *Hud-Hud**, répondit-elle. Le trisaïeul de cet oiseau, qui vit longtemps, a été autrefois, dit-on, rapporté par les Malais, d'une contrée lointaine qu'ils ont seuls entrevue et que nous ne connaissons plus. C'est un animal très utile pour diverses commissions aux habitants et aux esprits de l'air.

Soliman, sans comprendre parfaitement une explication si simple, s'inclina comme un roi qui a dû tout concevoir à merveille, et avança le pouce et l'index pour jouer avec l'oiseau Hud-Hud; mais l'oiseau, tout en répondant à ses avances, ne se prêtait pas aux efforts de Soliman pour s'emparer de lui.

« Hud-Hud est poète..., dit la reine, et, à ce titre digne de vos sympathies... Toutefois, elle est comme moi un peu sévère, et souvent elle moralise aussi. Croiriez-vous qu'elle s'est avisée de douter de la sincérité de votre passion pour la Sulamite ?

— Divin oiseau, que vous me surprenez ! répliqua Soliman.

— Cette pastorale du Cantique est bien tendre assurément, disait un jour Hud-Hud, en grignotant un scarabée doré ; mais le grand roi qui adressait de si plaintives élégies à la fille du Pharaon sa femme, ne lui aurait-il pas montré plus d'amour en vivant avec elle, qu'il ne l'a fait en la contraignant d'habiter loin de lui dans la ville de Daoud, réduite à charmer les jours de sa jeunesse délaissée avec des strophes... à la vérité les plus belles du monde ?

— Que de peines vous retracez à ma mémoire ! Hélas ! cette fille de la nuit suivait le culte d'Isis... Pouvais-je, sans crime, lui ouvrir l'accès de la ville sainte ; la donner pour voisine à l'arche d'Adonaï, et la rapprocher de ce temple auguste que j'élève au Dieu de mes pères ?...

— Un tel sujet est délicat, fit observer judicieusement Balkis ; excusez Hud-Hud ; les oiseaux sont quelquefois

---

* La huppe, oiseau augural chez les Arabes.

légers ; le mien se pique d'être connaisseur, en poésie surtout.

— Vraiment ! repartit Soliman Ben-Daoud ; je serais curieux de savoir…

— De méchantes querelles, seigneur, méchantes, sur ma foi ! Hud-Hud s'avise de blâmer que vous compariez la beauté de votre amante à celle des chevaux du char des Pharaons, son nom à une huile répandue, ses cheveux à des troupeaux de chèvres, ses dents à des brebis tondus et portant fruit, ses joues à la moitié d'une grenade, ses mamelles à deux biquets, sa tête au mont Carmel, son nombril à une coupe où il y a toujours quelque liqueur à boire, son ventre à un monceau de froment, et son nez à la tour du Liban qui regarde vers Damas. »

Soliman, blessé, laissait choir avec découragement ses bras dorés sur ceux de son fauteuil également dorés, tandis que l'oiseau, se rengorgeant, battait l'air de ses ailes de sinople et d'or.

« Je répondrai à l'oiseau qui sert si bien votre penchant à la raillerie, que le goût oriental permet ces licences, que la vraie poésie recherche les images, que mon peuple trouve mes vers excellents, et goûte de préférence les plus riches métaphores…

— Rien de plus dangereux pour les nations que les métaphores des rois, reprit la reine de Saba : échappées à un style auguste, ces figures, trop hardies peut-être, trouveront plus d'imitateurs que de critiques, et vos sublimes fantaisies risqueront de fourvoyer le goût des poètes pendant dix mille ans. Instruite à vos leçons, la Sulamite ne comparait-elle pas votre chevelure à des branches de palmiers, vos lèvres à des lis qui distillent de la myrrhe, votre taille à celle du cèdre, vos jambes à des colonnes de marbre, et vos joues, seigneur, à de petits parterres de fleurs aromatiques, plantés par les parfumeurs ? De telle sorte que le roi Soliman m'apparaissait sans cesse comme un péristyle, avec un jardin botanique suspendu sur un entablement ombragé de palmiers. »

Soliman sourit avec un peu d'amertume ; il eût avec satisfaction tordu le cou de la huppe, qui lui becquetait la poitrine à l'endroit du cœur avec une persistance étrange.

« Hud-Hud s'efforce de vous faire entendre que la source de la poésie est là, dit la reine.

— Je ne le sens que trop, répondit le roi, depuis que j'ai le bonheur de vous contempler. Laissons ce discours ; ma reine fera-t-elle à son serviteur indigne l'honneur de visiter Jérusalem, mon palais, et surtout le temple que j'élève à Jéhovah sur la montagne de Sion ?

— Le monde a retenti du bruit de ces merveilles ; mon impatience en égale les splendeurs, et c'est la servir à souhait que de ne point retarder le plaisir que je m'en suis promis. »

A la tête du cortège, qui parcourait lentement les rues de Jérusalem, il y avait quarante-deux tympanons faisant entendre le roulement du tonnerre ; derrière eux venaient les musiciens vêtus de robes blanches et dirigés par Asaph et Idithme ; cinquante-six cymbaliers, vingt-huit flûtistes, autant de psaltérions, et des joueurs de cithare, sans oublier les trompettes, instrument que Josué avait mis jadis à la mode sous les remparts de Jéricho [104]. Arrivaient ensuite, sur un triple rang, les thuriféraires, qui, marchant à reculons, balançaient dans les airs leurs encensoirs, où fumaient les parfums de l'Yémen. Soliman et Balkis se prélassaient dans un vaste palanquin porté par soixante et dix Philistins conquis à la guerre.

La *séance* était terminée. On se sépara en causant des diverses péripéties du conte, et nous nous donnâmes rendez-vous pour le lendemain.

III. LE TEMPLE

Le conteur reprit :

Nouvellement rebâtie par le magnifique Soliman, la ville était édifiée sur un plan irréprochable : des rues tirées au cordeau, des maisons carrées toutes semblables, véritables ruches d'un aspect monotone.

« Dans ces belles et larges rues, dit la reine, la bise de

mer que rien n'arrête doit balayer les passants comme des brins de paille, et durant les fortes chaleurs, le soleil, y pénétrant sans obstacle, doit les échauffer à la température des fours. A Mareb, les rues sont étroites, et d'une maison à l'autre des pièces d'étoffes tendues en travers de la voie publique appellent la brise, répandent les ombres sur le sol et entretiennent la fraîcheur.

— C'est au détriment de la symétrie, répondit Soliman. Nous voici arrivés au péristyle de mon nouveau palais : on a employé treize ans à le construire. »

Le palais fut visité et obtint le suffrage de la reine de Saba, qui le trouva riche, commode, original et d'un goût exquis.

« Le plan est sublime, dit-elle, l'ordonnance admirable, et, j'en conviens, le palais de mes aïeux, les Hémiarites [105], élevé dans le style indien, avec des piliers carrés ornés de figures en guise de chapiteaux, n'approche pas de cette hardiesse ni de cette élégance : votre architecte est un grand artiste.

— C'est moi qui ai tout ordonné et qui défraye les ouvriers, s'écria le roi avec orgueil.

— Mais les devis, qui les a tracés ? quel est le génie qui a si noblement accompli vos dessins ?

— Un certain Adoniram, personnage bizarre et à demi sauvage, qui m'a été envoyé par mon ami le roi des Tyriens.

— Ne le verrai-je point, seigneur ?

— Il fuit le monde et se dérobe aux louanges. Mais que direz-vous, reine, quand vous aurez parcouru le temple d'Adonaï ? Ce n'est plus l'œuvre d'un artisan : c'est moi qui ai dicté les plans et qui ai indiqué les matières que l'on devait employer. Les vues d'Adoniram étaient bornées au prix de mes poétiques imaginations. On y travaille depuis cinq ans ; il en faut deux encore pour amener l'ouvrage à la perfection.

— Sept années vous auront donc suffi pour héberger dignement votre Dieu ; il en a fallu treize pour établir convenablement son serviteur.

— Le temps ne fait rien à l'affaire », objecta Soliman.

Autant Balkis avait admiré le palais, autant elle critiqua le temple.

« Vous avez voulu trop bien faire, dit-elle, et l'artiste a eu moins de liberté. L'ensemble est un peu lourd, quoique fort chargé de détails... Trop de bois, du cèdre partout, des poutres saillantes... vos bas-côtés planchéiés semblent porter les assises supérieures des pierres, ce qui manque à l'œil de solidité.

— Mon but, objecta le prince, a été de préparer, par un piquant contraste, aux splendeurs du dedans.

— Grand Dieu ! s'écria la reine, arrivée dans l'enceinte, que de sculptures ! Voilà des statues merveilleuses, des animaux étranges et d'un imposant aspect. Qui a fondu, qui a ciselé ces merveilles ?

— Adoniram : la statuaire est son principal talent.

— Son génie est universel. Seulement, voici des chérubins trop lourds, trop dorés et trop grands pour cette salle qu'ils écrasent.

— J'ai voulu qu'il en fût ainsi : chacun d'eux coûte six vingts talents. Vous le voyez, ô reine ! tout ici est d'or, et l'or est ce qu'il y a de plus précieux. Les chérubins sont en or ; les colonnes de cèdre, dons du roi Hiram, mon ami, sont revêtues de lames d'or ; il y a de l'or sur toutes les parois ; sur ces murailles d'or il y aura des palmes d'or et une frise avec des grenades en or massif, et le long des cloisons dorées je fais appendre deux cents boucliers d'or pur. Les autels, les tables, les chandeliers, les vases, les parquets et les plafonds, tout sera revêtu de lames d'or...

— Il me semble que c'est beaucoup d'or », objecta la reine avec modestie.

Le roi Soliman reprit :

« Est-il rien de trop splendide pour le roi des hommes ? Je tiens à étonner la postérité... Mais pénétrons dans le sanctuaire, dont la toiture est encore à élever, et où déjà sont posées les fondations de l'autel, en face de mon trône à peu près terminé. Comme vous le voyez, il y a six degrés ; le siège est en ivoire, porté par deux lions, aux pieds desquels sont accroupis douze lionceaux. La dorure est à brunir, et l'on attend que le dais soit érigé. Daignez, noble princesse, vous asseoir la première sur ce trône vierge encore ; de là vous inspecterez les travaux dans leur ensemble. Seulement vous serez en butte aux traits du soleil, car le pavillon est encore à jour. »

La princesse sourit, et prit sur son poing l'oiseau Hud-Hud, que les courtisans contemplèrent avec une vive curiosité.

Il n'est pas d'oiseau plus illustre ni plus respecté dans tout l'Orient. Ce n'est point pour la finesse de son bec noir, ni pour ses joues écarlates ; ce n'est pas pour la douceur de ses yeux gris de noisette, ni pour la superbe huppe en menus plumages d'or qui couronne sa jolie tête ; ce n'est pas non plus pour sa longue queue noire comme du jais, ni pour l'éclat de ses ailes d'un vert doré, re-haussé de stries et de franges d'or vif, ni pour ses ergots d'un rose tendre, ni pour ses pattes empourprées, que la sémillante Hud-Hud était l'objet des prédilections de la reine et de ses sujets. Belle sans le savoir, fidèle à sa maîtresse, bonne pour tous ceux qui l'aimaient, la huppe brillait d'une grâce ingénue sans chercher à éblouir. La reine, on l'a vu, consultait cet oiseau dans les circonstan-ces difficiles.

Soliman, qui voulait se mettre dans les bonnes grâces de Hud-Hud, chercha en ce moment à la prendre sur son poing ; mais elle ne se prêta point à cette intention. Balkis, souriant avec finesse, appela à elle sa favorite et sembla lui glisser quelques mots à voix basse... Prompte comme une flèche, Hud-Hud disparut dans l'azur de l'air.

Puis la reine s'assit ; chacun se rangea autour d'elle ; on devisa quelques instants ; le prince expliqua à son hôtesse le projet de la mer d'airain conçu par Adoniram, et la reine de Saba, frappée d'admiration, exigea de nouveau que cet homme lui fût présenté. Sur l'ordre du roi, on se mit à chercher partout le sombre Adoniram.

Tandis que l'on courait aux forges et à travers les bâtisses, Balkis, qui avait fait asseoir le roi de Jérusalem auprès d'elle, lui demanda comment serait décoré le pa-villon de son trône.

« Il sera décoré comme tout le reste, répondit Soliman.

— Ne craignez-vous point, par cette prédilection exclusive pour l'or, de paraître critiquer les autres matières qu'Adonaï a créées ? et pensez-vous que rien au monde n'est plus beau que ce métal ? Permettez-moi d'apporter à votre plan une diversion... dont vous serez juge. »

Soudain les airs sont obscurcis, le ciel se couvre de points noirs qui grossissent en se rapprochant ; des nuées d'oiseaux s'abattent sur le temple, se groupent, descendent en rond, se pressent les uns contre les autres, se distribuent en feuillage tremblant et splendide ; leurs ailes déployées forment de riches bouquets de verdure, d'écarlate, de jais et d'azur. Ce pavillon vivant se déploie sous la direction habile de la huppe, qui voltige à travers la foule emplumée... Un arbre charmant s'est formé sur la tête des deux princes, et chaque oiseau devient une feuille. Soliman, éperdu, charmé, se voit à l'abri du soleil sous cette toiture animée, qui frémit, se soutient en battant des ailes, et projette sur le trône une ombre épaisse d'où s'échappe un suave et doux concert de chants d'oiseaux. Après quoi, la huppe, à qui le roi gardait un reste de rancune, s'en vient, soumise, poser aux pieds de la reine.

« Qu'en pense monseigneur ? demanda Balkis.

— Admirable ! s'écria Soliman, en s'efforçant d'attirer la huppe, qui lui échappait avec obstination, intention qui ne laissait pas que de rendre la reine attentive.

— Si cette fantaisie vous agrée, reprit-elle, je vous fais hommage avec plaisir de ce petit pavillon d'oiseaux, à la condition que vous me dispenserez de les faire dorer. Il vous suffira de tourner vers le soleil le chaton de cet anneau quand il vous plaira de les appeler... Cette bague est précieuse. Je la tiens de mes pères, et Sarahil, ma nourrice, me grondera de vous l'avoir donnée.

— Ah ! grande reine, s'écria Soliman en s'agenouillant devant elle, vous êtes digne de commander aux hommes, aux rois et aux éléments. Fasse le ciel et votre bonté que vous acceptiez la moitié d'un trône où vous ne trouverez à vos pieds que le plus soumis de vos sujets !

— Votre proposition me flatte, dit Balkis, et nous en parlerons plus tard. »

Tous deux descendirent du trône, suivis de leur cortège d'oiseaux, qui les suivait comme un dais en dessinant sur leurs têtes diverses figures d'ornements.

Lorsqu'on se trouva près de l'emplacement où l'on avait assis les fondations de l'autel, la reine avisa un énorme pied de vigne déraciné et jeté à l'écart. Son visage devint pensif, elle fit un geste de surprise, la huppe jeta des cris plaintifs, et la nuée d'oiseaux s'enfuit à tire-d'aile.

L'œil de Balkis était devenu sévère ; sa taille majestueuse parut se hausser, et d'une voix grave et prophétique : « Ignorance et légèreté des hommes ! s'écria-t-elle ; vanité de l'orgueil !... tu as élevé ta gloire sur le tombeau de tes pères. Ce cep de vigne, ce bois vénérable...

— Reine, il nous gênait ; on l'a arraché pour faire place à l'autel de porphyre et de bois d'olivier que doivent décorer quatre séraphins d'or.

— Tu as profané, tu as détruit le premier plant de vigne... qui fut planté jadis de la main du père de la race de Sem, du patriarche Noé.

— Est-il possible ? répondit Soliman profondément humilié, et comment savez-vous ?...

— Au lieu de croire que la grandeur est la source de la science, j'ai pensé le contraire, ô roi ! et je me suis fait de l'étude une religion fervente... Écoute encore, homme aveuglé de ta vaine splendeur : ce bois que ton impiété condamne à périr, sais-tu quel destin lui réservent les puissances immortelles ?

— Parlez.

— Il est réservé pour être l'instrument de supplice où sera cloué le dernier prince de ta race.

— Qu'il soit donc scié par morceaux, ce bois impie, et réduit en cendres !

— Insensé ! qui peut effacer ce qui est écrit au livre de Dieu ? Et quel serait le succès de ta sagesse substituée à la volonté suprême ? Prosterne-toi devant les décrets que ne peut pénétrer ton esprit matériel : ce supplice sauvera seul ton nom de l'oubli, et fera luire sur ta maison l'auréole d'une gloire immortelle... »

Le grand Soliman s'efforçait en vain de dissimuler son

trouble sous une apparence enjouée et railleuse, lorsque des gens survinrent, annonçant que l'on avait enfin découvert le sculpteur Adoniram.

Bientôt Adoniram, annoncé par les clameurs de la foule, apparut à l'entrée du temple. Benoni accompagnait son maître et son ami, qui s'avança l'œil ardent, le front soucieux, tout en désordre, comme un artiste brusquement arraché à ses inspirations et à ses travaux. Nulle trace de curiosité n'affaiblissait l'expression puissante et noble des traits de cet homme, moins imposant encore par sa stature élevée que par le caractère grave, audacieux et dominateur de sa belle physionomie.

Il s'arrêta avec aisance et fierté, sans familiarité comme sans dédain, à quelques pas de Balkis, qui ne put recevoir les traits incisifs de ce regard d'aigle sans éprouver un sentiment de timidité confuse.

Mais elle triompha bien vite d'un embarras involontaire ; une réflexion rapide sur la condition de ce maître ouvrier, debout, les bras nus et la poitrine découverte, la rendit à elle-même ; elle sourit de son propre embarras, presque flattée de s'être sentie si jeune, et daigna parler à l'artisan.

Il répondit, et sa voix frappa la reine comme l'écho d'un fugitif souvenir ; cependant elle ne le connaissait point et ne l'avait jamais vu.

Telle est la puissance du génie, cette beauté des âmes ; les âmes s'y attachent et ne s'en peuvent distraire. L'entretien d'Adoniram fit oublier à la princesse des Sabéens tout ce qui l'environnait ; et, tandis que l'artiste montrait en cheminant à petits pas les constructions entreprises, Balkis suivait à son insu l'impulsion donnée, comme le roi et les courtisans suivaient les traces de la divine princesse.

Cette dernière ne se lassait pas de questionner Adoniram sur ses œuvres, sur son pays, sur sa naissance…

« Madame, répondit-il avec un certain embarras et en fixant sur elle des regards perçants, j'ai parcouru bien des contrées ; ma patrie est partout où le soleil éclaire ; mes premières années se sont écoulées le long de ces vastes pentes du Liban, d'où l'on découvre au loin Damas dans la plaine. La nature et aussi les hommes ont sculpté ces contrées montagneuses, hérissées de roches menaçantes et de ruines.

— Ce n'est point, fit observer la reine, dans ces déserts que l'on apprend les secrets des arts où vous excellez.

— C'est là du moins que la pensée s'élève, que l'imagination s'éveille, et qu'à force de méditer l'on s'instruit à concevoir. Mon premier maître fut la solitude ; dans mes voyages, depuis, j'en ai utilisé les leçons. J'ai tourné mes regards sur les souvenirs du passé ; j'ai contemplé les monuments, et j'ai fui la société des humains...

— Et pourquoi, maître ?

— L'on ne se plaît guère dans la compagnie de ses semblables... et je me sentais seul. »

Ce mélange de tristesse et de grandeur émut la reine, qui baissa les yeux et se recueillit.

« Vous le voyez, poursuivit Adoniram, je n'ai pas beaucoup de mérite à pratiquer les arts, car l'apprentissage ne m'a point donné de peine. Mes modèles, je les ai rencontrés parmi les déserts ; je reproduis les impressions que j'ai reçues de ces débris ignorés et des figures terribles et grandioses des dieux du monde ancien.

— Plus d'une fois déjà, interrompit Soliman avec une fermeté que la reine ne lui avait point vue jusque-là, plus d'une fois, maître, j'ai réprimé en vous, comme une tendance idolâtre, ce culte fervent en des monuments d'une théogonie impure. Gardez vos pensées en vous, et que le bronze ou les pierres n'en retracent rien au roi. »

Adoniram, en s'inclinant, réprimait un sourire amer.

« Seigneur, dit la reine pour le consoler, la pensée du maître s'élève sans doute au-dessus des considérations susceptibles d'inquiéter la conscience des lévites... Dans son âme d'artiste, il se dit que le beau glorifie Dieu, et il cherche le beau avec une piété naïve.

— Sais-je d'ailleurs, moi, dit Adoniram, ce qu'ils furent en leur temps, ces dieux éteints et pétrifiés par les génies d'autrefois ? Qui pourrait s'en inquiéter ? Soliman, roi des rois, m'a demandé des prodiges, et il a fallu me souvenir que les aïeux du monde ont laissé des merveilles.

— Si votre œuvre est belle et sublime, ajouta la reine avec entraînement, elle sera orthodoxe, et, pour être orthodoxe à son tour, la postérité vous copiera.

— Grande reine, vraiment grande, votre intelligence est pure comme votre beauté.

— Ces débris, se hâta d'interrompre Balkis, étaient donc bien nombreux sur le versant du Liban ?

— Des villes entières ensevelies dans un linceul de sable que le vent soulève et rabat tour à tour ; puis, des hypogées d'un travail surhumain connus de moi seul... Travaillant pour les oiseaux de l'air et les étoiles du ciel, j'errais au hasard, ébauchant des figures sur les rochers et les taillant sur place à grands coups. Un jour... Mais n'est-ce pas abuser de la patience de si augustes auditeurs ?

— Non ; ces récits me captivent.

— Ébranlée par mon marteau, qui enfonçait le ciseau dans les entrailles du roc, la terre retentissait, sous mes pas, sonore et creuse. Armé d'un levier, je fais rouler le bloc..., qui démasque l'entrée d'une caverne où je me précipite. Elle était percée dans la pierre vive, et soutenue par d'énormes piliers chargés de moulures, de dessins bizarres, et dont les chapiteaux servaient de raciness aux nervures des voûtes les plus hardies. A travers les arcades de cette forêt de pierres, se tenaient dispersées, immobiles et souriantes depuis des millions d'années, des légions de figures colossales, diverses, et dont l'aspect me pénétra d'une terreur enivrante ; des hommes, des géants disparus de notre monde, des animaux symboliques appartenant à des espèces évanouies ; en un mot, tout ce que le rêve de l'imagination en délire oserait à peine concevoir de magnificences !... J'ai vécu là des mois, des années, interrogeant ces spectres d'une société morte, et c'est là que j'ai reçu la tradition de mon art, au milieu de ces merveilles du génie primitif.

— La renommée de ces œuvres sans nom est venue jusqu'à nous, dit Soliman, pensif : là, dit-on, dans les contrées maudites, on voit surgir les débris de la ville impie submergée par les eaux du déluge, les vestiges de la criminelle Hénochia... construite par la gigantesque

lignée de Tubal; la cité des enfants de Kaïn[106].
Anathème sur cet art d'impiété et de ténèbres! Notre
nouveau temple réfléchit les clartés du soleil; les lignes
.en sont simples et pures, et l'ordre, l'unité du plan,
traduisent la droiture de notre foi jusque dans le style de
ces demeures que j'élève à l'Éternel. Telle est notre
volonté; c'est celle d'Adonaï, qui l'a transmise à mon
père.

— Roi, s'écria d'un ton farouche Adoniram, tes plans
ont été suivis dans leur ensemble: Dieu reconnaîtra ta
docilité; j'ai voulu qu'en outre le monde fût frappé de ta
grandeur.

— Homme industrieux et subtil, tu ne tenteras point le
seigneur ton roi. C'est dans ce but que tu as coulé en
fonte ces monstres, objet d'admiration et d'effroi; ces
idoles géantes qui sont en rébellion contre les types
consacrés par le rite hébraïque. Mais, prends garde: la
force d'Adonaï est avec moi, et ma puissance offensée
réduira Baal en poudre.

— Soyez clément, ô roi! repartit avec douceur la reine
de Saba, envers l'artisan du monument de votre gloire.
Les siècles marchent, la destinée humaine accomplit ses
progrès selon le vœu du créateur. Est-ce le méconnaître
que d'interpréter plus noblement ses ouvrages, et doit-on
éternellement reproduire la froide immobilité des figures
hiératiques transmises par les Égyptiens, laisser comme
eux la statue à demi enfouie dans le sépulcre de granit
dont elle ne peut se dégager, et représenter des génies
esclaves enchaînés dans la pierre? Redoutons, grand
prince, comme une négation dangereuse l'idolâtrie de la
routine. »

Offensé par la contradiction, mais subjugué par un
charmant sourire de la reine, Soliman la laissa compli-
menter avec chaleur l'homme de génie qu'il admirait
lui-même, non sans quelque dépit, et qui, d'ordinaire
indifférent à la louange, la recevait avec une ivresse toute
nouvelle.

Les trois grands personnages se trouvaient alors au
péristyle extérieur du temple, — situé sur un plateau
élevé et quadrangulaire, — d'où l'on découvrait de vas-

tes campagnes inégales et montueuses. Une foule épaisse
couvrait au loin les campagnes et les abords de la ville
bâtie par Daoud (David). Pour contempler la reine de
Saba de près ou de loin, le peuple entier avait envahi les
abords du palais et du temple ; les maçons avaient quitté
les carrières de Gelboé, les charpentiers avaient déserté
les chantiers lointains ; les mineurs avaient remonté à la
surface du sol. Le cri de la renommée, en passant sur les
contrées voisines, avait mis en mouvement ces populations ouvrières et les avait acheminées vers le centre de
leurs travaux.

Ils étaient donc là, pêle-mêle, femmes, enfants, soldats, marchands, ouvriers, esclaves et citoyens paisibles
de Jérusalem ; plaines et vallons suffisaient à peine à
contenir cette immense cohue, et à plus d'un mille de
distance l'œil de la reine se posait, étonné, sur une mosaïque de têtes humaines qui s'échelonnaient en amphithéâtre jusqu'au sommet de l'horizon. Quelques nuages, interceptant çà et là le soleil qui inondait cette scène,
projetaient sur cette mer vivante quelques plaques d'ombre.

« Vos peuples, dit la reine Balkis, sont plus nombreux
que les grains de sable de la mer...

— Il y a là des gens de tous pays, accourus pour vous
voir ; et, ce qui m'étonne, c'est que le monde entier
n'assiège pas Jérusalem en ce jour ! Grâce à vous, les
campagnes sont désertes ; la ville est abandonnée, et
jusqu'aux infatigables ouvriers de maître Adoniram...

— Vraiment ! interrompit la princesse de Saba, qui
cherchait dans son esprit un moyen de faire honneur à
l'artiste : des ouvriers comme ceux d'Adoniram seraient
ailleurs des maîtres. Ce sont les soldats de ce chef d'une
milice artistique... Maître Adoniram, nous désirons passer en revue vos ouvriers, les féliciter, et vous compli-
menter en leur présence. »

Le sage Soliman, à ces mots, élève ses deux bras
au-dessus de sa tête avec stupeur :

« Comment, s'écrie-t-il, rassembler les ouvriers du
temple, dispersés dans la fête, errants sur les collines et
confondus dans la foule ? Ils sont fort nombreux, et l'on

s'ingénierait en vain à grouper en quelques heures tant d'hommes de tous les pays et qui parlent diverses langues, depuis l'idiome sanscrit de l'Himalaya, jusqu'aux jargons obscurs et gutturaux de la sauvage Libye.

— Qu'à cela ne tienne, seigneur, dit avec simplicité Adoniram ; la reine ne saurait demander rien d'impossible, et quelques minutes suffiront. »

A ces mots, Adoniram, s'adossant au portique extérieur et se faisant un piédestal d'un bloc de granit qui se trouvait auprès, se tourne vers cette foule innombrable, sur laquelle il promène ses regards. Il fait un signe, et tous les flots de cette mer pâlissent, car tous ont levé et dirigé vers lui leurs clairs visages.

La foule est attentive et curieuse... Adoniram lève le bras droit, et, de sa main ouverte, trace dans l'air une ligne horizontale, du milieu de laquelle il fait retomber une perpendiculaire, figurant ainsi deux angles droits en équerre comme les produit un fil à plomb suspendu à une règle, signe sous lequel les Syriens peignent la lettre T, transmise aux Phéniciens par les peuples de l'Inde, qui l'avaient dénommée *tha*, et enseignée depuis aux Grecs, qui l'appellent *tau*.

Désignant dans ces anciens idiomes, à raison de l'analogie hiéroglyphique, certains outils de la profession maçonnique, la figure T était un signe de ralliement [107].

Aussi, à peine Adoniram l'a-t-il tracée dans les airs, qu'un mouvement singulier se manifeste dans la foule du peuple. Cette mer humaine se trouble, s'agite, des flots surgissent en sens divers, comme si une trombe de vent l'avait tout à coup bouleversée. Ce n'est d'abord qu'une confusion générale ; chacun court en sens opposé. Bientôt des groupes se dessinent, se grossissent, se séparent ; des vides sont ménagés ; des légions se disposent carrément ; une partie de la multitude est refoulée ; des milliers d'hommes, dirigés par des chefs inconnus, se rangent comme une armée qui se partage en trois corps principaux subdivisés en cohortes distinctes, épaisses et profondes.

Alors, et tandis que Soliman cherche à se rendre compte du magique pouvoir de maître Adoniram, alors tout s'ébranle ; cent mille hommes alignés en quelques instants s'avancent silencieux de trois côtés à la fois. Leurs pas lourds et réguliers font retentir la campagne. Au centre on reconnaît les maçons et tout ce qui travaille à la pierre : les maîtres en première ligne ; puis les compagnons, et derrière eux, les apprentis. A leur droite et suivant la même hiérarchie, ce sont les charpentiers, les menuisiers, les scieurs, les équarrisseurs. A gauche, les fondeurs, les ciseleurs, les forgerons, les mineurs et tous ceux qui s'adonnent à l'industrie des métaux.

Ils sont plus de cent mille artisans, et ils approchent, tels que de hautes vagues qui envahissent un rivage…

Troublé, Soliman recule de deux ou trois pas ; il se détourne et ne voit derrière lui que le faible et brillant cortège de ses prêtres et de ses courtisans.

Tranquille et serein, Adoniram est debout près des deux monarques. Il étend le bras ; tout s'arrête, et il s'incline humblement devant la reine, en disant :

« Vos ordres sont exécutés. »

Peu s'en fallut qu'elle ne se prosternât devant cette puissance occulte et formidable, tant Adoniram lui apparut sublime dans sa force et dans sa simplicité.

Elle se remit cependant, et du geste salua la milice des corporations réunies. Puis, détachant de son cou un magnifique collier de perles où s'attachait un soleil en pierreries encadré d'un triangle d'or, ornement symbolique [108], elle parut l'offrir aux corps de métiers et s'avança vers Adoniram, qui, penché devant elle, sentit en frémissant ce don précieux tomber sur ses épaules et sa poitrine à demi nue.

A l'instant même une immense acclamation répondit des profondeurs de la foule à l'acte généreux de la reine de Saba. Tandis que la tête de l'artiste était rapprochée du visage radieux et du sein palpitant de la princesse, elle lui dit à voix basse : « Maître, veillez sur vous, et soyez prudent ! »

Adoniram leva sur elle ses grands yeux éblouis, et Balkis s'étonna de la douceur pénétrante de ce regard si fier.

« Quel est donc, se demandait Soliman rêveur, ce mortel qui soumet les hommes comme la reine com-

mande aux habitants de l'air?... Un signe de sa main fait
naître des armées; mon peuple est à lui, et ma domination
se voit réduite à un misérable troupeau de courtisans et de
prêtres. Un mouvement de ses sourcils le ferait roi
d'Israël. »

Ces préoccupations l'empêchèrent d'observer la contenance de Balkis, qui suivait des yeux le véritable chef de
cette nation, roi de l'intelligence et du génie, pacifique et
patient arbitre des destinées de l'élu du Seigneur.

Le retour au palais fut silencieux; l'existence du peuple
venait d'être révélée au sage Soliman..., qui croyait tout
savoir et ne l'avait point soupçonnée. Battu sur le terrain
de ses doctrines; vaincu par la reine de Saba, qui commandait aux animaux de l'air; vaincu par un artisan qui
commandait aux hommes, l'Ecclésiaste, entrevoyant
l'avenir, méditait sur la destinée des rois, et il disait:
« Ces prêtres, jadis mes précepteurs, mes conseillers aujourd'hui, chargés de la mission de tout m'enseigner,
m'ont déguisé tout et m'ont caché mon ignorance. O
confiance aveugle des rois! ô vanité de la sagesse!...
Vanité! Vanité! »

Tandis que la reine aussi s'abandonnait à ses rêveries,
Adoniram retournait dans son atelier, appuyé familièrement sur son élève Benoni, tout enivré d'enthousiasme,
et qui célébrait les grâces et l'esprit non pareil de la reine
Balkis.

Mais, plus tacitement que jamais, le maître gardait le
silence. Pâle et la respiration haletante, il étreignait parfois de sa main crispée sa large poitrine. Rentré dans le
sanctuaire de ses travaux, il s'enferma seul, jeta les yeux
sur une statue ébauchée, la trouva mauvaise et la brisa.
Enfin, il tomba terrassé sur un banc de chêne, et, voilant
son visage de ses deux mains, il s'écria d'une voix
étouffée : « Déesse adorable et funeste!... Hélas! pourquoi faut-il que mes yeux aient vu cette perle de l'Arabie! »

IV. MELLO

C'est à Mello, villa située au sommet d'une colline d'où l'on découvrait dans sa plus grande largeur la vallée de Josaphat, que le roi Soliman s'était proposé de fêter la reine des Sabéens. L'hospitalité des champs est plus cordiale : la fraîcheur des eaux, la splendeur des jardins, l'ombre favorable des sycomores, des tamarins, des lauriers, des cyprès, des acacias et des térébinthes éveille dans les cœurs les sentiments tendres. Soliman aussi était bien aise de se faire honneur de son habitation rustique ; puis, en général, les souverains aiment mieux tenir leurs pareils à l'écart, et les garder pour eux-mêmes, que de s'offrir avec leurs rivaux aux commentaires des peuples de leur capitale.

La vallée verdoyante est parsemée de tombes blanches protégées par des pins et des palmiers : là se trouvent les premières pentes de la vallée de Josaphat. Soliman dit à Balkis :

« Quel plus digne sujet de méditation pour un roi, que le spectacle de notre fin commune ! Ici, près de vous, reine, les plaisirs, le bonheur peut-être ; là-bas, le néant et l'oubli.

— On se repose des fatigues de la vie dans la contemplation de la mort.

— A cette heure, madame, je la redoute ; elle sépare... puissé-je ne point apprendre trop tôt qu'elle console ! »

Balkis jeta un coup d'œil furtif sur son hôte, et le vit réellement ému. Estompé des lueurs du soir, Soliman lui parut beau.

Avant de pénétrer dans la salle du festin, ces hôtes augustes contemplèrent la maison aux reflets du crépuscule, en respirant les voluptueux parfums des orangers qui embaumaient la couche de la nuit.

Cette demeure aérienne est construite suivant le goût syrien. Portée sur une forêt de colonnettes grêles, elle dessine sur le ciel ses tourelles découpées à jour, ses

pavillons de cèdre, revêtus de boiseries éclatantes. Les
portes, ouvertes, laissaient entrevoir des rideaux de pourpre tyrienne, des divans soyeux tissés dans l'Inde, des
rosaces incrustées de pierres de couleur, des meubles en
bois de citronnier et de santal, des vases de Thèbes, des
vasques en porphyre ou en lapis, chargés de fleurs, des
trépieds d'argent où fument l'aloès, la myrrhe et le benjoin, des lianes qui embrassent les piliers et se jouent à
travers les murailles : ce lieu charmant semble consacré
aux amours. Mais Balkis est sage et prudente : sa raison la
rassure contre les séductions du séjour enchanté de
Mello.

« Ce n'est pas sans timidité que je parcours avec vous
ce petit château, dit Soliman : depuis que votre présence
l'honore, il me paraît mesquin. Les villas des Hémiarites
sont plus riches, sans doute.

— Non, vraiment ; mais, dans notre pays, les colonnettes les plus frêles, les moulures à jour, les figurines,
les campaniles dentelés, se construisent en marbre. Nous
exécutons avec la pierre ce que vous ne taillez qu'en bois.
Au surplus, ce n'est pas à de vaines fantaisies que nos
ancêtres ont demandé la gloire. Ils ont accompli une
œuvre qui rendra leur souvenir éternellement béni.

— Cette œuvre, quelle est-elle ? Le récit des grandes
entreprises exalte la pensée.

— Il faut confesser tout d'abord que l'heureuse, la
fertile contrée de l'Yémen était jadis aride et stérile. Ce
pays n'a reçu du ciel ni fleuves ni rivières. Mes aïeux ont
triomphé de la nature et créé un Éden au milieu des
déserts.

— Reine, retracez-moi ces prodiges.

— Au cœur des hautes chaînes de montagnes qui
s'élèvent à l'orient de mes États, et sur le versant des-
quelles est située la ville de Mareb, serpentaient çà et là
des torrents, des ruisseaux qui s'évaporaient dans l'air, se
perdaient dans des abîmes et au fond des vallons avant
d'arriver à la plaine complètement desséchée. Par un
travail de deux siècles, nos anciens rois sont parvenus à
concentrer tous ces cours d'eau sur un plateau de plusieurs lieues d'étendue où ils ont creusé le bassin d'un lac

sur lequel on navigue aujourd'hui comme dans un golfe. Il a fallu étayer la montagne escarpée sur des contreforts de granit plus hauts que les pyramides de Gizeh, arc-boutés par des voûtes cyclopéennes sous lesquelles des armées de cavaliers et d'éléphants circulent facilement. Cet immense et intarissable réservoir s'élance en cascades argentées dans des aqueducs, dans de larges canaux qui, subdivisés en plusieurs biez, transportent les eaux à travers la plaine et arrosent la moitié de nos provinces. Je dois à cette œuvre sublime les cultures opulentes, les industries fécondes, les prairies nombreuses, les arbres séculaires et les forêts profondes qui font la richesse et le charme du doux pays de l'Yémen. Telle est, seigneur, notre mer d'airain, sans déprécier la vôtre, qui est une charmante invention.

— Noble conception! s'écria Soliman, et que je serais fier d'imiter, si Dieu, dans sa clémence, ne nous eût réparti les eaux abondantes et bénies du Jourdain.

— Je l'ai traversé hier à gué, ajouta la reine; mes chameaux en avaient presque jusqu'aux genoux.

— Il est dangereux de renverser l'ordre de la nature, prononça le sage, et de créer, en dépit de Jéhovah, une civilisation artificielle, un commerce, des industries, des populations surbordonnés à la durée d'un ouvrage des hommes. Notre Judée est aride; elle n'a pas plus d'habitants qu'elle n'en peut nourrir, et les arts qui les soutiennent sont le produit régulier du sol et du climat. Que votre lac, cette coupe ciselée dans les montagnes, se brise, que ces constructions cyclopéennes s'écroulent, et un jour verra ce malheur... vos peuples, frustrés du tribut des eaux, expirent consumés par le soleil, dévorés par la famine au milieu de ces campagnes artificielles. »

Saisie de la profondeur apparente de cette réflexion, Balkis demeura pensive.

« Déjà, poursuivit le roi, déjà j'en ai la certitude, les ruisseaux tributaires de la montagne creusent des ravines et cherchent à s'affranchir de leurs prisons de pierre, qu'ils minent incessamment. La terre est sujette à des tremblements, le temps déracine les rochers, l'eau s'infiltre et fuit comme les couleuvres. En outre, chargé d'un

pareil amas d'eau, votre magnifique bassin, que l'on a
réussi à établir à sec, serait impossible à réparer. O reine !
vos ancêtres ont assigné aux peuples l'avenir limité d'un
échafaudage de pierre. La stérilité les aurait rendus industrieux ; ils eussent tiré parti d'un sol où ils périront
oisifs et consternés avec les premières feuilles des arbres,
dont les canaux cesseront un jour d'aviver les racines. Il
ne faut point tenter Dieu, ni corriger ses œuvres. Ce qu'il
fait est bien.

— Cette maxime, repartit la reine, provient de votre
religion, amoindrie par les doctrines ombrageuses de vos
prêtres. Ils ne vont à rien moins qu'à tout immobiliser,
qu'à tenir la société dans les langes et l'indépendance
humaine en tutelle. Dieu a-t-il labouré et semé des
champs ? Dieu a-t-il fondé des villes, édifié des palais ?
A-t-il placé à notre portée le fer, l'or, le cuivre et tous ces
métaux qui étincellent à travers le temple de Soliman ?
Non. Il a transmis à ses créatures le génie, l'activité ; il
sourit à nos efforts, et, dans nos créations bornées, il
reconnaît le rayon de son âme, dont il a éclairé la nôtre.
En le croyant jaloux, ce Dieu, vous limitez sa toute-puis-
sance, vous déifiez vos facultés, et vous matérialisez les
siennes. O roi ! les préjugés de votre culte entraveront un
jour le progrès des sciences, l'élan du génie, et quand les
hommes seront rapetissés, ils rapetisseront Dieu à leur
taille et finiront par le nier.

— Subtil, dit Soliman avec un sourire amer ; subtil,
mais spécieux... »

La reine reprit :

« Alors, ne soupirez pas quand mon doigt se pose sur
votre secrète blessure. Vous êtes seul, dans ce royaume,
et vous souffrez : vos vues sont nobles, audacieuses, et la
constitution hiérarchique de cette nation s'appesantit sur
vos ailes ; vous vous dites, et c'est peu pour vous : Je
laisserai à la postérité la statue du roi trop grand d'un
peuple si petit ! Quant à ce qui regarde mon empire, c'est
autre chose... Mes aïeux se sont effacés pour grandir
leurs sujets. Trente-huit monarques successifs ont ajouté
quelques pierres au lac et aux aqueducs de Mareb : les
âges futurs auront oublié leurs noms, que ce travail conti-

nuera de glorifier les Sabéens; et si jamais il s'écroule, si
la terre, avare, reprend ses fleuves et ses rivières, le sol
de ma patrie, fertilisé par mille années de culture, continuera de produire, les grands arbres dont nos plaines sont
ombragées retiendront l'humidité, conserveront la fraîcheur, protégeront les étangs, les fontaines, et l'Yémen,
conquis jadis sur le désert, gardera jusqu'à la fin des âges
le doux nom d'Arabie heureuse... Plus libre, vous auriez
été grand pour la gloire de vos peuples et le bonheur des
hommes.

— Je vois à quelles aspirations vous appelez mon
âme... Il est trop tard; mon peuple est riche; la conquête
ou l'or lui procure ce que la Judée ne fournit pas; et pour
ce qui est des bois de construction, ma prudence a conclu
des traités avec le roi de Tyr; les cèdres, les pins du Liban
encombrent mes chantiers; nos vaisseaux rivalisent sur
les mers avec ceux des Phéniciens.

— Vous vous consolez de votre grandeur dans la paternelle sollicitude de votre administration», dit la princesse avec une tristesse bienveillante.

Cette réflexion fut suivie d'un moment de silence; les
ténèbres épaisses dissimulèrent l'émotion empreinte sur
les traits de Soliman, qui murmura d'une voix douce:
«Mon âme a passé dans la vôtre et mon cœur la suit.»

A demi troublée, Balkis jeta autour d'elle un regard
furtif; les courtisans s'étaient mis à l'écart. Les étoiles
brillaient sur leur tête au travers du feuillage, qu'elles
semaient de fleurs d'or. Chargée du parfum des lis, des
tubéreuses, des glycines et des mandragores, la brise
nocturne chantait dans les rameaux touffus des myrtes;
l'encens des fleurs avait pris une voix; le vent avait
l'haleine embaumée; au loin gémissaient des colombes;
le bruit des eaux accompagnait le concert de la nature;
des mouches luisantes, papillons enflammés, promenaient dans l'atmosphère tiède et pleine d'émotions vo-
luptueuses leurs verdoyantes clartés. La reine se sentit
prise d'une langueur enivrante; la voix tendre de Soliman
pénétrait dans son cœur et le tenait sous le charme.

Soliman lui plaisait-il, ou bien le rêvait-elle comme
elle l'eût aimé?... Depuis qu'elle l'avait rendu modeste,

elle s'intéressait à lui. Mais cette sympathie éclose dans le calme du raisonnement, mêlée d'une pitié douce et succédant à la victoire de la femme, n'était ni spontanée, ni enthousiaste. Maîtresse d'elle-même comme elle l'avait été des pensées et des impressions de son hôte, elle s'acheminait à l'amour, si toutefois elle y songeait, par l'amitié, et cette route est si longue !

Quant à lui, subjugué, ébloui, entraîné tour à tour du dépit à l'admiration, du découragement à l'espoir, et de la colère au désir, il avait déjà reçu plus d'une blessure, et pour un homme aimer trop tôt, c'est risquer d'aimer seul. D'ailleurs, la reine de Saba était réservée ; son ascendant avait constamment dominé tout le monde, et même le magnifique Soliman. Le sculpteur Adoniram* l'avait seul un instant rendue attentive ; elle ne l'avait point pénétré : son imagination avait entrevu là un mystère ; mais cette vive curiosité d'un moment était sans nul doute évanouie. Cependant, à son aspect, pour la première fois, cette femme forte s'était dit : Voilà un homme.

Il se peut donc faire que cette vision effacée, mais récente, eût rabaissé pour elle le prestige du roi Soliman. Ce qui le prouverait, c'est qu'une ou deux fois, sur le point de parler de l'artiste, elle se retint et changea de propos.

Quoi qu'il en soit, le fil de Daoud prit feu promptement : la reine avait l'habitude qu'il en fût ainsi ; il se hâta de le dire, c'était suivre l'exemple de tout le monde ; mais il sut l'exprimer avec grâce ; l'heure était propice, Balkis en âge d'aimer, et, par la vertu des ténèbres, curieuse et attendrie.

Soudain des torches projettent des rayons rouges sur les buissons, et l'on annonce le souper. « Fâcheux contretemps ! pensa le roi.

— Diversion salutaire ! » pensait la reine...

On avait servi le repas dans un pavillon construit dans

* Adoniram s'appelle autrement Hiram, nom qui lui a été conservé par la tradition des associations mystiques. *Adoni* n'est qu'un terme d'excellence, qui veut dire maître ou seigneur. Il ne faut pas confondre cet Hiram avec le roi de Tyr, qui portait par hasard le même nom.

le goût sémillant et fantasque des peuples de la rive du Gange. La salle octogone était illuminée de cierges de couleur et de lampes où brûlait la naphte mêlée de parfums ; la lumière ombrée jaillissait au milieu des gerbes de fleurs. Sur le seuil, Soliman offre la main à son hôtesse, qui avance son petit pied et le retire vivement avec surprise. La salle est couverte d'une nappe d'eau dans laquelle la table, les divans et les cierges se reflètent.

« Qui vous arrête ? » demande Soliman d'un air étonné.

Balkis veut se montrer supérieure à la crainte ; d'un geste charmant, elle relève sa robe et plonge avec fermeté.

Mais le pied est refoulé par une surface solide. « O reine ! vous le voyez, dit le sage, le plus prudent se trompe en jugeant sur l'apparence ; j'ai voulu vous étonner et j'y ai enfin réussi... Vous marchez sur un parquet de cristal [109]. »

Elle sourit, en faisant un mouvement d'épaule plus gracieux qu'admiratif, et regretta peut-être que l'on n'eût pas su l'étonner autrement.

Pendant le festin, le roi fut galant et empressé ; ses courtisans l'entouraient, et il régnait au milieu d'eux avec une si incomparable majesté que la reine se sentit gagnée par le respect. L'étiquette s'observait rigide et solennelle à la table de Soliman.

Les mets étaient exquis, variés, mais fort chargés de sel et d'épices : jamais Balkis n'avait affronté de si hautes salaisons. Elle supposa que tel était le goût des Hébreux : elle ne fut donc pas médiocrement surprise de s'apercevoir que ces peuples qui bravaient des assaisonnements si relevés s'abstenaient de boire. Point d'échansons ; pas une goutte de vin ni d'hydromel ; pas une coupe sur la table.

Balkis avait les lèvres brûlantes, le palais desséché, et comme le roi ne buvait pas, elle n'osa demander à boire : la dignité du prince lui imposait.

Le repas terminé, les courtisans se dispersèrent peu à peu et disparurent dans les profondeurs d'une galerie à demi éclairée. Bientôt, la belle reine des Sabéens se vit seule avec Soliman plus galant que jamais, dont les yeux étaient tendres et qui d'empressé devint presque pressant.

Surmontant son embarras, la reine souriante et les yeux baissés se leva annonçant l'intention de se retirer. « Eh quoi ! s'écria Soliman, laisserez-vous ainsi votre humble esclave sans un mot, sans un espoir, sans un gage de votre compassion ? Cette union que j'ai rêvée, ce bonheur sans lequel je ne puis désormais plus vivre, cet amour ardent et soumis qui implore sa récompense, les foulerez-vous à vos pieds ? »

Il avait saisi une main qu'on lui abandonnait en la retirant sans effort ; mais on résistait. Certes, Balkis avait songé plus d'une fois à cette alliance ; mais elle tenait à conserver sa liberté et son pouvoir. Elle insista donc pour se retirer, et Soliman se vit contraint de céder. « Soit, dit-il, quittez-moi, mais je mets deux conditions à votre retraite.

— Parlez.

— La nuit est douce et votre conversation plus douce encore. Vous m'accorderez bien une heure ?

— J'y consens.

— Secondement, vous n'emporterez avec vous, en sortant d'ici, rien qui m'appartienne.

— Accordé ! et de grand cœur, répondit Balkis en riant aux éclats.

— Riez ! ma reine ; on a vu des gens très riches céder aux tentations les plus bizarres...

— A merveille ! vous êtes ingénieux à sauver votre amour-propre. Point de feinte ; un traité de paix.

— Un armistice, je l'espère encore... »

On reprit l'entretien, et Soliman s'étudia, en seigneur bien appris, à faire parler la reine autant qu'il put. Un jet d'eau, qui babillait aussi dans le fond de la salle, lui servait d'accompagnement.

Or, si trop parler cuit, c'est assurément quand on a mangé sans boire et fait honneur à un souper trop salé. La jolie reine de Saba mourait de soif ; elle eût donné une de ses provinces pour une patère d'eau vive.

Elle n'osait pourtant trahir ce souhait ardent. Et la fontaine claire, fraîche, argentine et narquoise grésillait toujours à côté d'elle, lançant des perles qui retombaient dans la vasque avec un bruit très gai. Et la soif croissait : la reine haletante n'y résistait plus.

Tout en poursuivant son discours, voyant Soliman distrait et comme appesanti, elle se mit à se promener en divers sens à travers la salle, et par deux fois, passant bien près de la fontaine, elle n'osa...

Le désir devint irrésistible. Elle y retourna, ralentit le pas, s'affermit d'un coup d'œil, plongea furtivement dans l'eau sa jolie main ployée en creux ; puis, se détournant, elle avala vivement cette gorgée d'eau pure.

Soliman se lève, s'approche, s'empare de la main luisante et mouillée, et d'un ton aussi enjoué que résolu :

« Une reine n'a qu'une parole, et aux termes de la vôtre, vous m'appartenez.

— Qu'est-ce à dire ?

— Vous m'avez dérobé de l'eau... et, comme vous l'avez judicieusement constaté vous-même, l'eau est très rare dans mes États.

— Ah ! seigneur, c'est un piège, et je ne veux point d'un époux si rusé !

— Il ne lui reste qu'à vous prouver qu'il est encore plus généreux. S'il vous rend la liberté, si malgré cet engagement formel...

— Seigneur, interrompit Balkis en baissant la tête, nous devons à nos sujets l'exemple de la loyauté.

— Madame, répontit, en tombant à ses genoux, Soliman, le prince le plus courtois des temps passés et futurs, cette parole est votre rançon. »

Se relevant très vite, il frappa sur un timbre : vingt serviteurs accoururent munis de rafraîchissements divers, et accompagnés de courtisans. Soliman articula ces mots avec majesté :

« Présentez à boire à votre reine ! »

A ces mots, les courtisans tombèrent prosternés devant la reine de Saba et l'adorèrent.

Mais elle, palpitante et confuse, craignait de s'être engagée plus avant qu'elle ne l'aurait voulu.

Pendant la pause qui suivit cette partie du récit, un incident assez singulier occupa l'attention de l'assemblée. Un jeune homme, qu'à la teinte de sa peau, de la couleur d'un sou neuf, on pouvait reconnaître pour Abyssinien *(Habesch),* se précipita au milieu du cercle et se mit à danser une sorte de *bamboula,* en s'accompagnant d'une chanson en mauvais arabe dont je n'ai retenu que le refrain. Ce chant partait en fusée avec les mots : « *Yaman! Yamanî!* » accentués de ces répétitions de syllabes traînantes particulières aux Arabes du midi. « *Yaman! Yaman! Yamanî!... Sélam-Aleik Belkiss-Makéda! Makéda!... Yamanî! Yamanî!...* » Cela voulait dire : « Yémen! ô pays de l'Yémen!... Salut à toi, Balkis la grande! O pays d'Yémen! »

Cette crise de nostalgie ne pouvait s'expliquer que par le rapport qui a existé autrefois entre les peuples de Saba et les Abyssiniens, placés sur le bord occidental de la mer Rouge, et qui faisaient aussi partie de l'empire des Hémiarites. Sans doute, l'admiration de cet auditeur, jusque-là silencieux, tenait au récit précédent, qui faisait partie des traditions de son pays. Peut-être aussi était-il heureux de voir que la grande reine avait pu échapper au piège tendu par le sage roi Salomon.

Comme son chant monotone durait assez longtemps pour importuner les habitués, quelques-uns d'entre eux s'écrièrent qu'il était *melbous* (fanatisé), et on l'entraîna doucement vers la porte. Le cafetier, inquiet des cinq ou six paras (trois centimes) que lui devait ce consommateur, se hâta de le suivre au-dehors. Tout se termina bien sans doute, car le conteur reprit bientôt sa narration au milieu du plus religieux silence.

V. LA MER D'AIRAIN

A force de travaux et de veilles, maître Adoniram avait achevé ses modèles, et creusé dans le sable les moules de ses figures colossales. Profondément fouillé et percé avec art, le plateau de Sion avait reçu l'empreinte de la mer d'airain destinée à être coulée sur place, et solidement

étayée par des contreforts de maçonnerie auxquels plus
tard on devait substituer les lions, les sphinx gigantesques
destinés à servir de supports. C'est sur des barres d'or
massif, rebelles à la fusion particulière au bronze, et
disséminées çà et là, que portait le recouvrement du
moule de cette vasque énorme. La fonte liquide, envahissant par plusieurs rigoles le vide compris entre les deux
plans, devait emprisonner ces fiches d'or et faire corps
avec ces jalons réfractaires et précieux.

Sept fois le soleil avait fait le tour de la terre depuis que
le minerai avait commencé de bouillir dans la fournaise
couverte d'une haute et massive tour de briques, qui se
terminait à soixante coudées du sol par un cône ouvert,
d'où s'échappaient des tourbillons de fumée rouge et de
flammes bleues pailletées d'étincelles.

Une excavation, pratiquée entre les moules et la base
du haut fourneau, devait servir de lit au fleuve de feu
lorsque viendrait le moment d'ouvrir avec des barres de
fer les entrailles du volcan.

Pour procéder au grand œuvre du coulage des métaux,
on choisit la nuit : c'est le moment où l'on peut suivre
l'opération, où le bronze, lumineux et blanc, éclaire sa
propre marche ; et si le métal éclatant prépare quelque
piège, s'il s'enfuit par une fissure ou perce une mine
quelque part, il est démasqué par les ténèbres.

Dans l'attente de la solennelle épreuve qui devait im-
mortaliser ou discréditer le nom d'Adoniram, chacun
dans Jérusalem était en émoi. De tous les points du
royaume, abandonnant leurs occupations, les ouvriers
étaient accourus, et le soir qui précéda la nuit fatale, dès
le coucher du soleil, les collines et les montagnes d'alen-
tour s'étaient couvertes de curieux.

Jamais fondeur n'avait, de son chef, et en dépit des
contradictions, engagé si redoutable partie. En toute occasion, l'appareil de la fonte offre un intérêt vif, et
souvent, lorsqu'on moulait des pièces importantes, le roi
Soliman avait daigné passer la nuit aux forges avec ses
courtisans, qui se disputaient l'honneur de l'accompagner.

Mais la fonte de la mer d'airain était une œuvre gigantesque, un défi du génie aux préjugés humains, à la nature, à l'opinion des plus experts, qui tous avaient déclaré le succès impossible.

Aussi des gens de tout âge et de tout pays, attirés par le spectacle de cette lutte, envahirent-ils de bonne heure la colline de Sion, dont les abords étaient gardés par des légions ouvrières. Des patrouilles muettes parcouraient la foule pour y maintenir l'ordre, et empêcher le bruit... tâche facile, car, par ordre du roi on avait, à son de trompe, prescrit le silence le plus absolu sous peine de la vie; précaution indispensable pour que les commandements pussent être transmis avec certitude et rapidité.

Déjà l'étoile du soir s'abaissait sur la mer; la nuit profonde, épaissie des nuages roussis par les effets du fourneau, annonçait que le moment était proche. Suivi des chefs ouvriers, Adoniram, à la clarté des torches, jetait un dernier coup d'œil sur les préparatifs et courait çà et là. Sous le vaste appentis adossé à la fournaise, on entrevoyait les forgerons, coiffés de casques de cuir à larges ailes rabattues et vêtus de longues robes blanches à manches courtes, occupés à arracher de la gueule béante du four, à l'aide de longs crochets de fer, des masses pâteuses d'écume à demi vitrifiées, scories qu'ils entraînaient au loin; d'autres, juchés sur des échafaudages portés par de massives charpentes, lançaient, du sommet de l'édifice, des paniers de charbon dans le foyer, qui rugissait au souffle impétueux des appareils de ventilation. De tous côtés, des nuées de compagnons armés de pioches, de pieux, de pinces, erraient, projetant derrière eux de longues traînées d'ombre. Ils étaient presque nus : des ceintures d'étoffe rayée voilaient leurs flancs; leurs têtes étaient enveloppées de coiffes de laine et leurs jambes étaient protégées par des armures de bois recouvert de lanières de cuir. Noircis par la poussière charbonneuse, ils paraissaient rouges aux reflets de la braise; on les voyait çà et là comme des démons ou des spectres.

Une fanfare annonça l'arrivée de la cour: Soliman parut avec la reine de Saba, et fut reçu par Adoniram, qui le conduisit au trône improvisé pour ses nobles hôtes. L'artiste avait endossé un plastron de buffle; un tablier de

laine blanche lui descendait jusqu'aux genoux ; ses jambes nerveuses étaient garanties par des guêtres en peau de
tigre, et son pied était nu, car il foulait impunément le
métal rougi.

« Vous m'apparaissez dans votre puissance, dit Balkis
au roi des ouvriers, comme la divinité du feu. Si votre
entreprise réussit, nul ne se pourra dire cette nuit plus
grand que maître Adoniram !... »

L'artiste, malgré ses préoccupations, allait répondre,
lorsque Soliman, toujours sage et quelquefois jaloux,
l'arrêta :

« Maître, dit-il d'un ton impératif, ne perdez pas un
temps précieux ; retournez à vos labeurs, et que votre
présence ici ne nous rende point responsables de quelque
accident. »

La reine le salua d'un geste, et il disparut.

« S'il accomplit sa tâche, pensait Soliman, de quel
monument magnifique il honore le temple d'Adonaï ;
mais quel éclat il ajoute à une puissance déjà redoutable ! »

Quelques moments après, ils revirent Adoniram devant
la fournaise. Le brasier, qui l'éclairait d'en bas, rehaussait sa stature et faisait grimper son ombre contre le mur,
où était accrochée une grande feuille de bronze sur laquelle le maître frappa vingt coups avec un marteau de
fer. Les vibrations du métal résonnèrent au loin, et le
silence se fit plus profond qu'auparavant. Soudain, armés
de leviers et de pics, dix fantômes se précipitent dans
l'excavation pratiquée sous le foyer du fourneau et placée
en regard du trône. Les soufflets râlent, expirent, et l'on
n'entend plus que le bruit sourd des pointes de fer pénétrant dans la glaise calcinée qui lute l'orifice par où va
s'élancer la fonte liquide. Bientôt l'endroit attaqué devient violet, s'empourpre, rougit, s'éclaire, prend une
couleur orangée ; un point blanc se dessine au centre, et
tous les manœuvres, sauf deux, se retirent. Ces derniers,
sous la surveillance d'Adoniram, s'étudient à amincir la
croûte autour du point lumineux, en évitant de le trouer...
Le maître les observe avec anxiété.

Durant ces préparatifs le compagnon fidèle d'Adoni-

ram, ce jeune Benoni qui lui était dévoué, parcourait les
groupes d'ouvriers, sondant le zèle de chacun, observant
si les ordres étaient suivis, et jugeant tout par lui-même.

Et il advint que ce jeune homme accourant, effaré, aux
pieds de Soliman, se prosterna et dit : « Seigneur, faites
suspendre la coulée, tout est perdu, nous sommes tra-
his ! »

L'usage n'était point que l'on abordât ainsi le prince
sans y être autorisé ; déjà les gardes s'approchaient de ce
téméraire ; Soliman les fit éloigner, et se penchant sur
Benoni agenouillé, il lui dit à demi-voix : « Explique-toi
en peu de mots.

— Je faisais le tour du fourneau : derrière le mur il y
avait un homme immobile, et qui semblait attendre ; un
second survint, qui dit à demi-voix au premier : *Vehmamiah !* On lui répondit : *Eliael* [110] ! Il en arriva un troisième qui prononça aussi : *Vehmamiah !* et à qui l'on
répliqua de même : *Eliael !* ensuite l'un s'écria :

« — Il a asservi les charpentiers aux mineurs.

« Le second : — Il a subordonné les maçons aux mineurs.

« Le troisième : — Il a voulu régner sur les mineurs.

« Le premier reprit : — Il donne sa force à des étrangers.

« Le second : — Il n'a pas de patrie.

« Le troisième ajoute : — C'est bien.

« — Les compagnons sont frères,... recommença le
premier.

« — Les corporations ont des droits égaux, continua le
second.

« Le troisième ajouta : — C'est bien.

« J'ai reconnu que le premier est maçon, parce qu'il a
dit ensuite : — J'ai mêlé le calcaire à la brique, et la
chaux tombera en poussière. Le second est charpentier ; il
a dit : — J'ai prolongé les traverses des poutres, et la
flamme les visitera. Quant au troisième, il travaille les
métaux. Voici quelles étaient ses paroles : — J'ai pris
dans le lac empoisonné de Gomorrhe des laves de bitume
et de soufre ; je les ai mêlées à la fonte.

« En ce moment une pluie d'étincelles a éclairé leurs

visages. Le maçon est syrien et se nomme Phanor ; le
charpentier est phénicien, on l'appelle Amrou ; le mineur
est juif de la tribu de Ruben : son nom est Méthousaël.
Grand roi, j'ai volé à vos pieds : étendez votre sceptre et
arrêtez les travaux !

    — Il est trop tard, dit Soliman pensif ; voilà le cratère
qui s'entrouvre ; garde le silence, ne trouble point Adoniram, et redis-moi ces trois noms.

    — Phanor, Amrou, Méthousaël.

    — Qu'il soit fait selon la volonté de Dieu ! »

    Benoni regarda fixement le roi et prit la fuite avec la
rapidité de l'éclair. Pendant ce temps-là, la terre cuite
tombait autour de l'embouchure bâillonnée du fourneau,
sous les coups redoublés des mineurs, et la couche amin-
cie devenait si lumineuse, qu'il semblait qu'on fût sur le
point de surprendre le soleil dans sa retraite nocturne et
profonde... Sur un signe d'Adoniram, les manœuvres
s'écartent, et le maître, tandis que les marteaux font
retentir l'airain, soulevant une massue de fer, l'enfonce
dans la paroi diaphane, la tourne dans la plaie et l'arrache
avec violence. A l'instant un torrent de liquide, rapide et
blanc, s'élance dans le chenal et s'avance comme un
serpent d'or strié de cristal et d'argent, jusqu'à un bassin
creusé dans le sable, à l'issue duquel la fonte se disperse
et suit son cours le long de plusieurs rigoles.

    Soudain une lumière pourpre et sanglante illumine, sur
les coteaux, les visages des spectateurs innombrables ; ces
lueurs pénètrent l'obscurité des nuages et rougissent la
crête des rochers lointains. Jérusalem, émergeant des
ténèbres, semble la proie d'un incendie. Un silence profond donne à ce spectacle solennel le fantastique aspect
d'un rêve.

    Comme la coulée commençait, on entrevit une ombre
qui voltigeait aux entours du lit que la fonte allait envahir.
Un homme s'était élancé, et, en dépit des défenses
d'Adoniram, il osait traverser ce canal destiné au feu.
Comme il y posait le pied, le métal en fusion l'atteignit,
le renversa, et il y disparut en une seconde.

    Adoniram ne voit que son œuvre ; bouleversé par l'idée
d'une imminente explosion, il s'élance, au péril de sa vie,

armé d'un crochet de fer; il le plonge dans le sein de la
victime, l'accroche, l'enlève, et avec une vigueur surhumaine, la lance comme un bloc de scories sur la berge, où
ce corps lumineux va s'éteindre en expirant... Il n'avait
pas même eu le temps de reconnaître son compagnon, le
fidèle Benoni.

Tandis que la fonte s'en va, ruisselante, remplir les
cavités de la mer d'airain, dont le vaste contour déjà se
trace comme un diadème d'or sur la terre assombrie, des
nuées d'ouvriers portant de larges pots à feu, des poches
profondes emmanchées de longues tiges de fer, les plon-
gent tour à tour dans le bassin de feu liquide, et courent çà
et là verser le métal dans les moules destinés aux lions,
aux bœufs, aux palmes, aux chérubins, aux figures
géantes qui supporteront la mer d'airain. On s'étonne de
la quantité de feu qu'ils font boire à la terre; couchés sur
le sol, les bas-reliefs retracent les silhouettes claires et
vermeilles des chevaux, des taureaux ailés, des cynocéphales, des chimères monstrueuses enfantées par le génie
d'Adoniram.

« Spectacle sublime! s'écrie la reine de Saba. O grandeur! ô puissance du génie de ce mortel, qui soumet les
éléments et dompte la nature! »

— Il n'est pas encore vainqueur, repartit Soliman avec
amertume; Adonaï seul est tout-puissant! »

VI. L'APPARITION

Tout à coup Adoniram s'aperçoit que le fleuve de fonte
déborde; la source béante vomit des torrents; le sable trop
chargé s'écroule: il jette les yeux sur la mer d'airain; le
moule regorge; une fissure se dégage au sommet; la lave
ruisselle de tous côtés. Il exhale un cri si terrible, que l'air
en est rempli et que les échos le répètent sur les montagnes. Pensant que la terre trop chauffée se vitrifie, Adoniram saisit un tuyau flexible aboutissant à un réservoir
d'eau, et, d'une main précipitée, dirige cette colonne
d'eau sur la base des contreforts ébranlés du moule de la

vasque. Mais la fonte, ayant pris l'essor, dévale jusque-là : les deux liquides se combattent ; une masse de métal enveloppe l'eau, l'emprisonne, l'étreint. Pour se dégager, l'eau consumée se vaporise et fait éclater ses entraves. Une détonation retentit ; la fonte rejaillit dans les airs en gerbes éclatantes à vingt coudées de hauteur ; on croit voir s'ouvrir le cratère d'un volcan furieux. Ce fracas est suivi de pleurs, de hurlements affreux ; car cette pluie d'étoiles sème en tous lieux la mort : chaque goutte de fonte est un dard ardent qui pénètre dans les corps et qui tue. La place est jonchée de mourants, et au silence a succédé un immense cri d'épouvante. La terreur est au comble, chacun fuit ; la crainte du danger précipite dans le feu ceux que le feu pourchasse... les campagnes, illuminées, éblouissantes et empourprées, rappellent cette nuit terrible où Gomorrhe et Sodome flamboyaient allumées par les foudres de Jéhovah.

Adoniram, éperdu, court çà et là pour rallier ses ouvriers et fermer la gueule à l'abîme inépuisable ; mais il n'entend que des plaintes et des malédictions ; il ne rencontre que des cadavres : le reste est dispersé. Soliman seul est demeuré impassible sur le trône ; la reine est restée calme à ses côtés. Ils font encore briller dans ces ténèbres le diadème et le sceptre.

« Jéhovah l'a châtié ! dit Soliman à son hôtesse... et il me punit, par la mort de mes sujets, de ma faiblesse, de mes complaisances pour un monstre d'orgueil.

— La vanité qui immole tant de victimes est criminelle, prononça la reine. Seigneur, vous auriez pu périr durant cette infernale épreuve : l'airain pleuvait autour de nous.

— Et vous étiez là ! Et ce vil suppôt de Baal a mis en péril une vie si précieuse ! Partons, reine ; votre péril m'a seul inquiété. »

Adoniram, qui passait près d'eux, l'entendit ; il s'éloigna en rugissant de douleur. Plus loin, il avisa un groupe d'ouvriers qui l'accablaient de mépris, de calomnies et de malédictions. Il fut rejoint par le Syrien Phanor, qui lui dit : « Tu es grand ; la fortune t'a trahi ; mais elle n'a pas eu les maçons pour complices. »

Amrou le Phénicien le rejoignit à son tour et lui dit :
« Tu es grand, et tu serais vainqueur, si chacun eût fait
son devoir comme les charpentiers. »

Et le juif Méthousaël lui dit :

« Les mineurs ont fait leur devoir ; mais ce sont ces
ouvriers étrangers qui, par leur ignorance, ont compromis
l'entreprise. Courage ! une œuvre plus grande nous vengera de cet échec.

— Ah ! pensa Adoniram, voilà les seuls amis que j'aie
trouvés... »

Il lui fut facile d'éviter les rencontres ; chacun se dé-
tournait de lui, et les ténèbres protégeaient ces désertions.
Bientôt les lueurs des brasiers et de la fonte qui rougissait
en se refroidissant à la surface n'éclairaient plus que des
groupes lointains, qui se perdaient peu à peu dans les
ombres. Adoniram, abattu, cherchait Benoni :

« Il m'abandonne à son tour... » murmura-t-il avec
tristesse.

Le maître restait seul au bord de la fournaise.

« Déshonoré ! s'écria-t-il avec amertume ; voilà le fruit
d'une existence austère, laborieuse et vouée à la gloire
d'un prince ingrat ! Il me condamne, et mes frères me
renient ! Et cette reine, cette femme... elle était là, elle a
vu ma honte, et son mépris... j'ai dû le subir ! Mais où
donc est Benoni, à cette heure où je souffre ? Seul ! je suis
seul et maudit. L'avenir est fermé. Adoniram, souris à ta
délivrance, et cherche-la dans ce feu, ton élément et ton
rebelle esclave ! » Il s'avance, calme et résolu, vers le
fleuve, qui roule encore son onde embrasée de scories, de
métal fondu, et qui, çà et là, jaillit et pétille au contact de
l'humidité. Peut-être que la lave tressaillait sur des cadavres. D'épais tourbillons de fumée violette et fauve se
dégageaient en colonnes serrées, et voilaient le théâtre
abandonné de cette lugubre aventure. C'est là que ce
géant foudroyé tomba assis sur la terre et s'abîma dans sa
méditation... l'œil fixé sur ces tourbillons enflammés qui
pouvaient s'incliner et l'étouffer au premier souffle du
vent.

Certaines formes étranges, fugitives, flamboyantes se
dessinaient parfois parmi les jeux brillants et lugubres de

la vapeur ignée. Les yeux éblouis d'Adoniram entrevoyaient, au travers des membres de géants, des blocs d'or, des gnomes qui se dissipaient en fumée ou se pulvérisaient en étincelles. Ces fantaisies ne parvenaient point à distraire son désespoir et sa douleur. Bientôt, cependant, elles s'emparèrent de son imagination en délire, et il lui sembla que du sein des flammes s'élevait une voix retentissante et grave qui prononçait son nom. Trois fois le tourbillon mugit le nom d'Adoniram.

Autour de lui, personne... Il contemple avidement la tourbe enflammée, et murmure : « La voix du peuple m'appelle ! »

Sans détourner la vue, il se soulève sur un genou, étend la main, et distingue au centre des fumées rouges une forme humaine indistincte, colossale, qui semble s'épaissir dans les flammes, s'assembler, puis se désunir et se confondre. Tout s'agite et flamboie à l'entour ;... elle seule se fixe, tour à tour obscure dans la vapeur lumineuse, ou claire et éclatante au sein d'un amas de fuligineuses vapeurs. Elle se dessine, cette figure, elle acquiert du relief, elle grandit encore en s'approchant, et Adoniram, épouvanté, se demande quel est ce bronze qui est doué de la vie.

Le fantôme s'avance. Adoniram le contemple avec stupeur. Son buste gigantesque est revêtu d'une dalmatique sans manches ; ses bras nus sont ornés d'anneaux de fer ; ses tête bronzée, qu'encadre une barbe carrée, tressée et frisée à plusieurs rangs,... sa tête est coiffée d'une mitre vermeille ; il tient à la main un marteau. Ses grands yeux, qui brillent, s'abaissent sur Adoniram avec douceur, et d'un son de voix qui semble arraché aux entrailles de bronze : « Réveille ton âme, dit-il, lève-toi, mon fils. Viens, suis-moi. J'ai vu les maux de ma race, et je l'ai prise en pitié...

— Esprit, qui donc es-tu ?

— L'ombre du père de tes pères, l'aïeul de ceux qui travaillent et qui souffrent. Viens ; quand ma main aura glissé sur ton front, tu respireras dans la flamme. Sois sans crainte, comme tu fus sans faiblesse... »

Soudain, Adoniram se sentit enveloppé d'une chaleur

pénétrante qui l'animait sans l'embraser; l'air qu'il aspirait était plus subtil; un ascendant invincible l'entraînait vers le brasier où déjà plongeait son mystérieux compagnon.

« Où suis-je? Quel est ton nom? Où m'entraînes-tu? murmura-t-il.

— Au centre de la terre... dans l'âme du monde habité; là s'élève le palais souterrain d'Hénoch, notre père, que l'Égypte appelle Hermès, que l'Arabie honore sous le nom d'Édris [111].

— Puissances immortelles! s'écria Adoniram; ô mon seigneur! est-il donc vrai? vous seriez...

— Ton aïeul, homme... artiste, ton maître et ton patron: je fus Tubal-Kaïn [112]. »

Plus ils s'avançaient dans la région profonde du silence et de la nuit, plus Adoniram doutait de lui-même et de la réalité de ses impressions. Peu à peu, distrait de lui-même, il subit le charme de l'inconnu, et son âme, attachée tout entière à l'ascendant qui le dominait, fut toute à son guide mystérieux.

Aux régions humides et froides avait succédé une atmosphère tiède et raréfiée; la vie intérieure de la terre se manifestait par des secousses, par des bourdonnements singuliers; des battements sourds, réguliers, périodiques, annonçaient le voisinage du cœur du monde; Adoniram le sentait battre avec une force croissante, et il s'étonnait d'errer parmi des espaces infinis; il cherchait un appui, ne le trouvait pas, et suivait sans la voir l'ombre de Tubal-Kaïn, qui gardait le silence.

Après quelques instants qui lui parurent longs comme la vie d'un patriarche, il découvrit au loin un point lumineux. Cette tache grandit, grandit, s'approcha, s'étendit en longue perspective, et l'artiste entrevit un monde peuplé d'ombres qui s'agitaient livrées à des occupations qu'il ne comprit pas. Ces clartés douteuses vinrent enfin expirer sur la mitre éclatante et sur la dalmatique du fils de Kaïn.

En vain Adoniram s'efforça-t-il de parler: la voix expirait dans sa poitrine oppressée; mais il reprit haleine en se voyant dans une large galerie d'une profondeur incommensurable, très large, car on n'en découvrait point les parois, et portée sur une avenue de colonnes si hautes, qu'elles se perdaient au-dessus de lui dans les airs, et la voûte qu'elles portaient échappait à la vue.

Soudain il tressaillit ; Tubal-Kaïn parlait : « Tes pieds foulent la grande pierre d'émeraude qui sert de racine et de pivot à la montagne de Kaf [113] ; tu as abordé le domaine de tes pères. Ici règne sans partage la lignée de Kaïn. Sous ces forteresses de granit, au milieu de ces cavernes inaccessibles, nous avons pu trouver enfin la liberté. C'est là qu'expire la tyrannie jalouse d'Adonaï, là qu'on peut, sans périr, se nourrir de fruits de l'Arbre de la Science [114]. »

Adoniram exhala un long et doux soupir : il lui semblait qu'un poids accablant, qui toujours l'avait courbé dans la vie, venait de s'évanouir pour la première fois.

Tout à coup la vie éclate ; des populations apparaissent à travers ces hypogées : le travail les anime, les agite ; le joyeux fracas des métaux résonne ; des bruits d'eaux jaillissantes et de vents impétueux s'y mêlent ; la voûte éclaircie s'étend comme un ciel immense d'où se précipitent sur les plus vastes et les plus étranges ateliers des torrents d'une lumière blanche, azurée, et qui s'irise en tombant sur le sol.

Adoniram traverse une foule livrée à des labeurs dont il ne saisit pas le but ; cette clarté, cette coupole céleste dans les entrailles de la terre l'étonne ; il s'arrête. « C'est le sanctuaire du feu, lui dit Tubal-Kaïn ; de là provient la chaleur de la terre, qui, sans nous, périrait de froid. Nous préparons les métaux, nous les distribuons dans les veines de la planète, après en avoir liquéfié les vapeurs.

« Mis en contact et entrelacés sur nos têtes, les filons de ces divers éléments dégagent des esprits contraires qui s'enflamment et projettent ces vives lumières... éblouissantes pour tes yeux imparfaits. Attirés par ces courants, les sept métaux se vaporisent à l'entour, et forment ces nuages de sinople, d'azur, de pourpre, d'or, de vermeil et d'argent qui se meuvent dans l'espace, et reproduisent les alliages dont se composent la plupart des minéraux et des pierres précieuses. Quand la coupole se refroidit, ces nuées condensées font pleuvoir une grêle de rubis, d'émeraudes, de topazes, d'onyx, de turquoises, de diamants, et les courants de la terre les emportent avec des amas de scories : les granits, les silex, les calcaires qui, soulevant la surface du globe, la rendent bosselée de montagnes. Ces matières se solidifient en approchant du domaine des hommes... et à la fraîcheur du soleil d'Adonaï, fourneau manqué qui n'aurait même pas la force de cuire un œuf. Aussi, que deviendrait la vie de l'homme, si nous ne lui faisions passer en secret l'élément du feu, emprisonné dans les pierres, ainsi que le fer propre à retirer l'étincelle ? »

Ces explications satisfaisaient Adoniram et l'étonnaient. Il s'approcha des ouvriers sans comprendre comment ils pouvaient travailler sur des fleuves d'or, d'argent, de cuivre, de fer, les séparer, les endiguer et les tamiser comme l'onde.

« Ces éléments, répondit à sa pensée Tubal-Kaïn, sont liquéfiés par la chaleur centrale : la température où nous vivons ici est à peu près une fois plus forte que celle des fourneaux où tu dissous la fonte. »

Adoniram, épouvanté, s'étonna de vivre.

« Cette chaleur, reprit Tubal-Kaïn, est la température naturelle des âmes qui furent extraites de l'élément du feu. Adonaï plaça une étincelle imperceptible au centre du moule de terre dont il s'avisa de faire l'homme, et cette parcelle a suffi pour échauffer le bloc, pour l'animer et le rendre pensant ; mais, là-haut, cette âme lutte contre le froid : de là, les limites étroites de vos facultés ; puis il arrive que l'étincelle est entraînée par l'attraction centrale, et vous mourez. »

La création ainsi expliquée causa un mouvement de dédain à Adoniram.

« Oui, continua son guide ; c'est un dieu moins fort que subtil, et plus jaloux que généreux, le dieu Adonaï ! Il a créé l'homme de boue, en dépit des génies du feu ; puis, effrayé de son œuvre et de leurs complaisances pour cette triste créature, il l'a, sans pitié pour leurs larmes, condamnée à mourir. Voilà le principe du différend qui nous divise ; toute la vie terrestre procédant du feu est attirée par le feu qui réside au centre. Nous avions voulu qu'en retour le feu central fût attiré par la circonférence et rayonnât au-dehors : cet échange de principes était la vie sans fin.

« Adonaï, qui règne autour des mondes, mura la terre et intercepta cette attraction externe. Il en résulte que la terre mourra comme ses habitants. Elle vieillit déjà ; la fraîcheur la pénètre de plus en plus ; des espèces entières d'animaux et de plantes ont disparu ; les races s'amoindrissent, la durée de la vie s'abrège, et des sept métaux primitifs, la terre, dont la moelle se congèle et se dessèche, n'en reçoit déjà plus que cinq*. Le soleil lui-même pâlit ; il doit s'éteindre dans cinq ou six milliers d'années. Mais ce n'est point à moi seul, ô mon fils, qu'il appartient de te révéler ces mystères : tu les entendras de la bouche des hommes, tes ancêtres. »

VII. LE MONDE SOUTERRAIN

Ils pénétrèrent ensemble dans un jardin éclairé des tendres lueurs d'un feu doux, peuplé d'arbres inconnus dont le feuillage, formé de petites langues de flamme, projetait, au lieu d'ombre, des clartés plus vives sur le sol d'émeraude, diapré de fleurs d'une forme bizarre, et de couleurs d'une vivacité surprenante. Écloses du feu intérieur dans le terrain des métaux, ces fleurs en étaient les émanations les plus fluides et les plus pures. Ces végétations arborescentes du métal en fleur rayonnaient comme

* Les traditions sur lesquelles sont fondées les diverses scènes de cette légende ne sont pas particulières aux Orientaux. Le Moyen Age européen les a connues. On peut consulter principalement l'*Histoire des Préadamites* de Lapeyrière, l'*Iter subterraneum* de Klimius, et une foule d'écrits relatifs à la kabbale et à la médecine spagyrique. L'Orient en est encore là. Il ne faut donc pas s'étonner des bizarres hypothèses scientifiques que peut contenir ce récit. La plupart de ces légendes se rencontrent aussi dans le Talmud, dans les livres des néoplatoniciens, dans le Coran et dans le livre d'Hénoch, traduit récemment par l'évêque de Canterbury [115].

des pierreries, et exhalaient des parfums d'ambre, de
benjoin, de myrrhe et d'encens. Non loin serpentaient des
ruisseaux de naphte, fertilisant les cinabres, la rose de ces
contrées souterraines. Là se promenaient quelques vieillards géants, sculptés à la mesure de cette nature exubé-
rante et forte. Sous un dais de lumière ardente, Adoniram
découvrit une rangée de colosses, assis à la file, et repro-
duisant les costumes sacrés, les proportions sublimes et
l'aspect imposant des figures qu'il avait jadis entrevues
dans les cavernes du Liban. Il devina la dynastie disparue
des princes d'Hénochia. Il revit autour d'eux, accroupis,
les cynocéphales, les lions ailés, les griffons, les sphinx
souriants et mystérieux, espèces condamnées, bala-
yées par le déluge, et immortalisées par la mémoire des
hommes. Ces esclaves androgynes supportaient les
trônes massifs, monuments inertes, dociles, et pourtant
animés.

Immobiles comme le repos, les princes fils d'Adam
semblaient rêver et attendre.

Parvenu à l'extrémité de la lignée, Adoniram, qui
marchait toujours, dirigeait ses pas vers une énorme
pierre carrée et blanche comme la neige... Il allait poser
le pied sur cet incombustible rocher d'amiante.

« Arrête ! s'écria Tubal-Kaïn, nous sommes sous la
montagne de Sérendib [116] ; tu vas fouler la tombe de
l'inconnu, du premier-né de la terre. Adam sommeille
sous ce linceul, qui le préserve du feu. Il ne doit se
relever qu'au dernier jour du monde ; sa tombe captive
contient notre rançon. Mais écoute : notre père commun
t'appelle. »

Kaïn était accroupi dans une posture pénible ; il se
souleva. Sa beauté est surhumaine, son œil triste, et sa
lèvre pâle. Il est nu ; autour de son front soucieux s'en-
roule un serpent d'or, en guise de diadème... l'homme
errant semble encore harassé :

« Que le sommeil et la mort soient avec toi, mon fils.
Race industrieuse et opprimée, c'est par moi que tu souf-
fres. Héva fut ma mère ; Eblis, l'ange de lumière, a glissé
dans son sein l'étincelle qui m'anime et qui a régénéré ma
race ; Adam, pétri de limon et dépositaire d'une âme

captive, Adam m'a nourri. Enfant des Éloïms*, j'aimai
cette ébauche d'Adonaï, et j'ai mis au service des hommes ignorants et débiles l'esprit des génies qui résident en
moi. J'ai nourri mon nourricier sur ses vieux jours, et
bercé l'enfance d'Habel... qu'ils appelaient mon frère.
Hélas! hélas!

« Avant d'enseigner le meurtre à la terre, j'avais connu
l'ingratitude, l'injustice et les amertumes qui corrompent
le cœur. Travaillant sans cesse, arrachant notre nourriture
au sol avare, inventant, pour le bonheur des hommes, ces
charrues qui contraignent la terre à produire, faisant renaître pour eux, au sein de l'abondance, cet Éden qu'ils
avaient perdu, j'avais fait de ma vie un sacrifice. O
comble d'iniquité! Adam ne m'aimait pas! Héva se sou-
venait d'avoir été bannie du paradis pour m'avoir mis au
monde, et son cœur, fermé par l'intérêt, était tout à son
Habel. Lui, dédaigneux et choyé, me considérait comme
le serviteur de chacun : Adonaï était avec lui, que fallait-il
de plus? Aussi, tandis que j'arrosais de mes sueurs la
terre où il se sentait roi, lui-même, oisif et caressé, il
paissait ses troupeaux en sommeillant sous les sycomores. Je me plains : nos parents invoquent l'équité de Dieu ;
nous lui offrons nos sacrifices, et le mien, des gerbes de
blé que j'avais fait éclore, les prémices de l'été ! le mien
est rejeté avec mépris... C'est ainsi que ce Dieu jaloux a
toujours repoussé le génie inventif et fécond, et donné la
puissance avec le droit d'oppression aux esprits vulgai-
res. Tu sais le reste ; mais ce que tu ignores, c'est que la
réprobation d'Adonaï, me condamnant à la stérilité, donnait pour épouse au jeune Habel notre sœur Aclinia dont
j'étais aimé [118]. De là provint la première lutte des djinns
ou enfants des Éloïms, issus de l'élément du feu, contre
les fils d'Adonaï, engendrés du limon.

« J'éteignis le flambeau d'Habel... Adam se vit renaître
plus tard dans la postérité de Seth ; et, pour effacer mon
crime, je me suis fait bienfaiteur des enfants d'Adam.

---

* Les *Éloïms* sont des génies primitifs que les Égyptiens appelaient
les *dieux ammonéens*. Dans le système des traditions persanes, Adonaï
ou Jéhovah (le dieu des Hébreux) n'était que l'un des *Éloïms* [117].

C'est à notre race, supérieure à la leur, qu'ils doivent tous les arts, l'industrie et les éléments des sciences. Vains efforts! en les instruisant, nous les rendions libres... Adonaï ne m'a jamais pardonné, et c'est pourquoi il me fait un crime, sans pardon, d'avoir brisé un vase d'argile, lui qui, dans les eaux du déluge, a noyé tant de milliers d'hommes! lui qui, pour les décimer, leur a suscité tant de tyrans!»

Alors la tombe d'Adam parla : «C'est toi, dit la voix profonde, toi qui as enfanté le meurtre; Dieu poursuit, dans mes enfants, le sang d'Héva dont tu sors et que tu as versé! C'est à cause de toi que Jéhovah a suscité des prêtres qui ont immolé les hommes, et des rois qui ont sacrifié des prêtres et des soldats. Un jour, il fera naître des empereurs pour broyer les peuples, les prêtres et les rois eux-mêmes, et la postérité des nations dira : Ce sont les fils de Kaïn!»

Le fils d'Héva s'agita, désespéré.

«Lui aussi! s'écria-t-il; jamais il n'a pardonné.

— Jamais!...» répondit la voix; et des profondeurs de l'abîme on l'entendit gémir encore : «Habel, mon fils, Habel, Habel!... qu'as-tu fait de ton frère Habel?...»

Kaïn roula sur le sol, qui retentit, et les convulsions du désespoir lui déchiraient la poitrine...

Tel est le supplice de Kaïn, parce qu'il a versé le sang.

Saisi de respect, d'amour, de compassion et d'horreur, Adoniram se détourna.

«Qu'avais-je fait, moi? dit, en secouant sa tête coiffée d'une tiare élevée, le vénérable Hénoch. Les hommes erraient comme des troupeaux : je leur appris à tailler les pierres, à bâtir des édifices, à se grouper dans les villes. Le premier, je leur ai révélé le génie des sociétés. J'avais rassemblé des brutes;... je laissai une nation dans ma ville d'Hénochia, dont les ruines étonnent encore les races dégénérées. C'est grâce à moi que Soliman dresse un temple à l'honneur d'Adonaï, et ce temple fera sa perte, car le Dieu des Hébreux, ô mon fils, a reconnu mon génie dans l'œuvre de tes mains.»

Adoniram contempla cette grande ombre : Hénoch avait la barbe longue et tressée; sa tiare, ornée de bandes

rouges et d'une double rangée d'étoiles, était surmontée
d'une pointe terminée en bec de vautour. Deux bandelettes à franges retombaient sur ses cheveux et sa tunique.
D'une main il tenait un long sceptre, et de l'autre une
équerre. Sa stature colossale dépassait celle de son père
Kaïn. Près de lui se tenait Irad et Maviaël [119], coiffés de
simples bandelettes. Des anneaux s'enroulaient autour de
leurs bras : l'un avait jadis emprisonné les fontaines ;
l'autre avait équarri les cèdres. Mathusaël avait imaginé
les caractères écrits et laissé des livres dont s'empara
depuis Édris, qui les enfouit dans la terre ; les livres du
Tau... Mathusaël avait sur l'épaule un pallium hiératique ; un parazonium armait son flanc, et sur sa ceinture
éclatante brillait en traits de feu le *T* symbolique qui rallie
les ouvriers issus des génies du feu [120].

Tandis qu'Adoniram contemplait les traits souriants de
Lamech, dont les bras étaient couverts par des ailes re-
pliées d'où sortaient deux longues mains appuyées sur la
tête de deux jeunes gens accroupis, Tubal-Kaïn, quittant
son protégé, avait pris place sur son trône de fer.

« Tu vois là la face vénérable de mon père, dit-il à Adoniram. Ceux-ci, dont il caresse la chevelure, sont les
enfants d'Ada : Jabel, qui dressa des tentes, et apprit à
coudre la peau des chameaux, et Jubal, mon frère, qui le
premier tendit les cordes du cinnor, de la harpe, et sut en
tirer des sons.

— Fils de Lamech et de Sella, répondit Jubal d'une
voix harmonieuse comme les vents du soir, tu es plus
grand que tes frères, et tu règnes sur tes aïeux. C'est de
toi que procèdent les arts de la guerre et de la paix. Tu as
réduit les métaux, tu as allumé la première forge. En
donnant aux humains l'or, l'argent, le cuivre et l'acier, tu
as remplacé par eux l'arbre de science. L'or et le fer les
élèveront au comble de la puissance, et leur seront assez
funestes pour nous venger d'Adonaï. Honneur à Tubal-
Kaïn ! »

Un bruit formidable répondit de toute part à cette
exclamation, répétée au loin par les légions de gnomes,
qui reprirent leurs travaux avec une ardeur nouvelle. Les
marteaux retentirent sous les voûtes des usines éternelles,

et Adoniram... l'ouvrier, dans ce monde où les ouvriers étaient rois, ressentit une allégresse et un orgueil profonds.

« Enfant de la race des Éloïms, lui dit Tubal-Kaïn, reprends courage, ta gloire est dans la servitude. Tes ancêtres ont rendu redoutable l'industrie humaine, et c'est pourquoi notre race a été condamnée. Elle a combattu deux mille ans ; on n'a pu nous détruire, parce que nous sommes d'une essence immortelle, on a réussi à nous vaincre, parce que le sang d'Héva se mêlait à notre sang. Tes aïeux, mes descendants, furent préservés des eaux du déluge. Car, tandis que Jéhovah, préparant notre destruction, les amoncelait dans les réservoirs du ciel, j'ai appelé le feu à mon secours et précipité de rapides courants vers la surface du globe. Par mon ordre, la flamme a dissous les pierres et creusé de longues galeries propres à nous servir de retraites. Ces routes souterraines aboutissaient dans la plaine de Gizeh, non loin de ces rivages où s'est élevée depuis la cité de Memphis. Afin de préserver ces galeries de l'invasion des eaux, j'ai réuni la race des géants, et nos mains ont élevé une immense pyramide qui durera autant que le monde. Les pierres en furent cimentées avec du bitume impénétrable ; et l'on n'y pratiqua d'autre ouverture qu'un étroit couloir fermé par une petite porte que je murai moi-même au dernier jour du monde ancien [121].

« Des demeures souterraines furent creusées dans le roc ; on y pénétrait en descendant dans un abîme ; elles s'échelonnaient le long d'une galerie basse aboutissant aux régions de l'eau que j'avais emprisonnée dans un grand fleuve propre à désaltérer les hommes et les troupeaux enfouis dans ces retraites. Au-delà de ce fleuve, j'avais réuni dans un vaste espace éclairé par le frottement des métaux contraires les fruits végétaux qui se nourrissent de la terre.

« C'est là que vécurent à l'abri des eaux les faibles débris de la lignée de Kaïn. Toutes les épreuves que nous avons subies et traversées, il fallut les subir encore pour revoir la lumière, quand les eaux eurent regagné leur lit. Ces routes étaient périlleuses, le climat intérieur dévore.

Durant l'aller et le retour, nous laissâmes dans chaque
région quelques compagnons. Seul, à la fin, je survécus
avec le fils que m'avait donné ma sœur Noéma.

« Je rouvris la pyramide, et j'entrevis la terre. Quel
changement! Le désert... des animaux rachitiques, des
plantes rabougries, un soleil pâle et sans chaleur, et çà et
là des amas de boue inféconde où se traînaient des repti-
les. Soudain un vent glacial et chargé de miasmes infects
pénètre dans ma poitrine et la dessèche. Suffoqué, je le
rejette, et l'aspire encore pour ne pas mourir. Je ne sais
quel poison froid circule dans mes veines; ma vigueur
expire, mes jambes fléchissent, la nuit m'environne, un
noir frisson s'empare de moi. Le climat de la terre était
changé, le sol refroidi ne dégageait plus assez de chaleur
pour animer ce qu'il avait fait vivre autrefois. Tel qu'un
dauphin enlevé du sein des mers et lancé sur le sable, je
sentais mon agonie, et je compris que mon heure était
venue...

« Par un suprême instinct de conservation, je voulus
fuir, et, rentrant sous la pyramide, j'y perdis connaissance. Elle fut mon tombeau; mon âme alors délivrée,
attirée par le feu intérieur, revint trouver celles de mes
pères. Quant à mon fils, à peine adulte, il grandissait
encore; il put vivre; mais sa croissance s'arrêta.

« Il fut errant, suivant la destinée de notre race, et la
femme de Cham*, second fils de Noé, le trouva plus beau
que le fils des hommes. Il la connut: elle mit au monde
Koûs, le père de Nemrod, qui enseigna à ses frères l'art
de la chasse et fonda Babylone. Ils entreprirent d'élever
la tour de Babel; dès lors, Adonaï reconnut le sang de
Kaïn et recommença à le persécuter. La race de Nemrod
fut de nouveau dispersée. La voix de mon fils achèvera
pour toi cette douloureuse histoire. »

Adoniram chercha autour de lui le fils de Tubal-Kaïn
d'un air inquiet.

* Selon une tradition du Talmud, ce serait l'épouse même de Noé qui
aurait mêlé la race des génies à la race des hommes, en cédant aux
séductions d'un esprit issu des Dives. Voir le *Comte de Gabalis*, de
l'abbé de Villars [122].

« Tu ne le verras point, repartit le prince des esprits du feu, l'âme de mon enfant est invisible, parce qu'il est mort après le déluge, et que sa forme corporelle appartient à la terre. Il en est ainsi de ses descendants, et ton père, Adoniram, est errant dans l'air enflammé que tu respires... Oui, ton père.

— Ton père, oui, ton père... », redit comme un écho, mais avec un accent tendre, une voix qui passa comme un baiser sur le front d'Adoniram.

Et se retournant l'artiste pleura.

« Console-toi, dit Tubal-Kaïn ; il est plus heureux que moi. Il t'a laissé au berceau, et, comme ton corps n'appartient pas encore à la terre, il jouit du bonheur d'en voir l'image. Mais sois attentif aux paroles de mon fils. »

Alors une voix parla :

« Seul parmi les génies mortels de notre race, j'ai vu le monde avant et après le déluge, et j'ai contemplé la face d'Adonaï. J'espérais la naissance d'un fils, et la froide bise de la terre vieillie oppressait ma poitrine. Une nuit Dieu m'apparaît : sa face ne peut être décrite. Il me dit :

« — Espère...

« Dépourvu d'expérience, isolé dans un monde inconnu, je répliquai timide :

« — Seigneur, je crains...

« Il reprit : — Cette crainte sera ton salut. Tu dois mourir ; ton nom sera ignoré de tes frères et sans écho dans les âges ; de toi va naître un fils que tu ne verras pas. De lui sortiront des êtres perdus parmi la foule comme les étoiles errantes à travers le firmament. Souche de géants, j'ai humilié ton corps ; tes descendants naîtront faibles ; leur vie sera courte ; l'isolement sera leur partage. L'âme des génies conservera dans leur sein sa précieuse étincelle, et leur grandeur fera leur supplice. Supérieurs aux hommes, ils en seront les bienfaiteurs et se verront l'objet de leurs dédains ; leurs tombes seules seront honorées. Méconnus durant leur séjour sur la terre, ils posséderont l'âpre sentiment de leur force, et ils l'exerceront pour la gloire d'autrui. Sensibles aux malheurs de l'humanité, ils voudront les prévenir, sans se faire écouter. Soumis à des pouvoirs médiocres et vils, ils échoueront à surmonter ces tyrans méprisables. Supérieurs par leur âme, ils seront le jouet de l'opulence et de la stupidité heureuse. Ils fonderont la renommée des peuples et n'y participeront pas de leur vivant. Géants de l'intelligence, flambeaux du savoir, organes du progrès, lumières des arts, instruments de la liberté, eux seuls resteront esclaves, dédaignés, solitaires. Cœurs tendres, ils seront en butte à l'envie; âmes énergiques, ils seront paralysés pour le bien... Ils se méconnaîtront entre eux.

« — Dieu cruel! m'écriai-je; du moins leur vie sera courte et l'âme brisera le corps.

« — Non, car ils nourriront l'espérance, toujours déçue, ravivée sans cesse, et plus ils travailleront à la sueur de leur front, plus les hommes seront ingrats. Ils donneront toutes les joies et recevront toutes les douleurs; le fardeau de labeurs dont j'ai chargé la race d'Adam s'appesantira sur leurs épaules; la pauvreté les suivra, la famille sera pour eux compagne de la faim. Complaisants ou rebelles, ils seront constamment avilis, ils travailleront pour tous, et dépenseront en vain le génie, l'industrie et la force de leurs bras.

« Jéhovah dit; mon cœur fut brisé; je maudis la nuit qui m'avait rendu père, et j'expirai. »

Et la voix s'éteignit, laissant derrière elle une longue traînée de soupirs.

« Tu le vois, tu l'entends, repartit Tubal-Kaïn, et notre exemple t'est offert. Génies bienfaisants, auteurs de la plupart des conquêtes intellectuelles dont l'homme est si fier, nous sommes à ses yeux les maudits, les démons, les esprits du mal. Fils de Kaïn! subis ta destinée; porte-la d'un front imperturbable, et que le Dieu vengeur soit atterré de ta constance. Sois grand devant les hommes et fort devant nous : je t'ai vu près de succomber, mon fils, et j'ai voulu soutenir ta vertu. Les génies du feu viendront à ton aide; ose tout; tu es réservé à la perte de Soliman, ce fidèle serviteur d'Adonaï. De toi naîtra une souche de rois qui restaureront sur la terre, en face de Jéhovah, le culte négligé du feu, cet élément sacré. Quand tu ne seras plus sur la terre, la milice infatigable des ouvriers se ralliera à ton nom, et la phalange des travailleurs, des penseurs, abaissera un jour la puissance aveugle des rois, ces ministres despotiques d'Adonaï. Va, mon fils, accomplis tes destinées… »

A ces mots, Adoniram se sentit soulevé ; le jardin des métaux, ses fleurs étincelantes, ses arbres de lumière, les ateliers immenses et radieux des gnomes, les ruisseaux éclatants d'or, d'argent, de cadmium, de mercure et de naphte, se confondirent sous ses pieds en un large sillon de lumière, en un rapide fleuve de feu. Il comprit qu'il filait dans l'espace avec la rapidité d'une étoile. Tout s'obscurcit graduellement : le domaine de ses aïeux lui apparut un instant tel qu'une planète immobile au milieu d'un ciel assombri, un vent frais frappa son visage, il ressentit une secousse, jeta les yeux autour de lui, et se retrouva couché sur le sable, au pied du moule de la mer d'airain, entouré de la lave à demi refroidie, qui projetait encore dans les brumes de la nuit une lueur roussâtre.

Un rêve ! se dit-il ; était-ce donc un rêve ? Malheureux ! ce qui n'est que trop vrai, c'est la perte de mes espérances, la ruine de mes projets, et le déshonneur qui m'attend au lever du soleil…

Mais la vision se retrace avec tant de netteté, qu'il suspecte le doute même dont il est saisi. Tandis qu'il médite, il relève les yeux et reconnaît devant lui l'ombre colossale de Tubal-Kaïn : « Génie du feu, s'écrie-t-il, reconduis-moi dans le fond des abîmes. La terre cachera mon opprobre.

— Est-ce ainsi que tu suis mes préceptes ? répliqua l'ombre d'un ton sévère. Point de vaines paroles ; la nuit s'avance, bientôt l'œil flamboyant d'Adonaï va parcourir la terre ; il faut se hâter.

« Faible enfant ! t'aurais-je abandonné dans une heure si périlleuse ? Sois sans crainte ; tes moules sont remplis : la fonte, en élargissant tout à coup l'orifice du four muré de pierres trop peu réfractaires, a fait irruption, et le trop-plein a jailli par-dessus les bords. Tu as cru à une fissure, perdu la tête, jeté de l'eau, et le jet de fonte s'est étoilé.

— Et comment affranchir les bords de la vasque de ces bavures de fonte qui y ont adhéré ?

— La fonte est poreuse et conduit moins bien la chaleur que ne le ferait l'acier. Prends un morceau de fonte, chauffe-le par un bout, refroidis-le par l'autre, et frappe un coup de masse : le morceau cassera juste entre le chaud et le froid. Les terres et les cristaux sont dans le même cas.

— Maître, je vous écoute.

— Par Eblis ! mieux vaudrait me deviner. Ta vasque est brûlante encore ; refroidis brusquement ce qui déborde les contours, et sépare les bavures à coups de marteau.

— C'est qu'il faudrait une vigueur...

— Il faut un marteau. Celui de Tubal-Kaïn a ouvert le cratère de l'Etna pour donner un écoulement aux scories de nos usines. »

Adoniram entendit le bruit d'un morceau de fer qui tombe ; il se baissa et ramassa un marteau pesant, mais parfaitement équilibré pour la main. Il voulut exprimer sa reconnaissance ; l'ombre avait disparu, et l'aube naissante avait commencé à dissoudre le feu des étoiles.

Un moment après, les oiseaux qui préludaient à leurs chants prirent la fuite au bruit du marteau d'Adoniram, qui, frappant à coups redoublés sur les bords de la vasque, troublait seul le profond silence qui précède la naissance du jour.

Cette *séance* avait vivement impressionné l'auditoire, qui s'accrut le lendemain. On avait parlé des mystères de la montagne de *Kaf*, qui intéressent toujours vivement les Orientaux. Pour moi, cela m'avait paru aussi classique que la descente d'Énée aux enfers [123].

VIII. LE LAVOIR DE SILOË

Le conteur reprit :

C'était l'heure où le Thabor projette son ombre matinale sur le chemin montueux de Béthanie : quelques nuages blancs et diaphanes erraient dans les plaines du ciel, adoucissant la clarté du matin ; la rosée azurait encore le tissu des prairies ; la bise accompagnait de son murmure dans le feuillage la chanson des oiseaux qui bordaient le sentier de Moria [124] ; l'on entrevoyait de loin les tuniques de lin et les robes de gaze d'un cortège de femmes qui, traversant un pont jeté sur le Cédron, gagnèrent les bords d'un ruisseau qu'alimente le lavoir de Siloë. Derrière elles marchaient huit Nubiens portant un riche palanquin, et deux chameaux qui cheminaient chargés en balançant la tête.

La litière était vide ; car ayant, dès l'aurore, quitté, avec les femmes, les tentes où elle s'était obstinée à demeurer avec sa suite hors des murs de Jérusalem, la reine de Saba, pour mieux goûter le charme de ces fraîches campagnes, avait mis pied à terre.

Jeunes et jolies pour la plupart, les suivantes de Balkis se rendaient de bonne heure à la fontaine pour laver le linge de leur maîtresse, qui, vêtue aussi simplement que ses compagnes, les précédait gaiement avec sa nourrice, tandis que, sur ses pas, cette jeunesse babillait à qui mieux mieux.

« Vos raisons ne me touchent pas, ma fille, disait la nourrice ; ce mariage me paraît une folie grave ; et si l'erreur est excusable, c'est pour le plaisir qu'elle donne.

— Morale édifiante ! Si le sage Soliman vous entendait…

— Est-il donc si sage, n'étant plus jeune, de convoiter la rose des Sabéens ?

— Des flatteries ! Bonne Sarahil, tu t'y prends trop matin.

— N'éveillez pas ma sévérité encore endormie ; je dirais…

— Eh bien, dis…

— Que vous aimez Soliman ; et vous l'auriez mérité.

— Je ne sais…, répondit la jeune reine en riant ; je me suis sérieusement questionnée à cet égard, et il est probable que le roi ne m'est pas indifférent.

— S'il en était ainsi, vous n'eussiez point examiné ce point délicat avec tant de scrupule. Non, vous combinez une alliance... politique, et vous jetez des fleurs sur l'aride sentier des convenances. Soliman a rendu vos États, comme ceux de tous ses voisins, tributaires de sa puissance, et vous rêvez le dessein de les affranchir en vous donnant un maître dont vous comptez faire un esclave. Mais prenez garde...

— Qu'ai-je à craindre ? il m'adore.

— Il professe envers sa noble personne une passion trop vive pour que ses sentiments à votre égard dépassent le désir des sens, et rien n'est plus fragile. Soliman est réfléchi, ambitieux et froid.

— N'est-il pas le plus grand prince de la terre, le plus noble rejeton de la race de Sem dont je suis issue ? Trouve dans le monde un prince plus digne que lui de donner des successeurs à la dynastie des Hémiarites !

— La lignée des Hémiarites, nos aïeux, descend de plus haut que vous ne le pensez. Voyez-vous les enfants de Sem commander aux habitants de l'air ?... Enfin, je m'en tiens aux prédictions des oracles : vos destinées ne sont point accomplies, et le signe auquel vous devez reconnaître votre époux n'a point apparu, la huppe n'a point encore traduit la volonté des puissances éternelles qui vous protègent.

— Mon sort dépendra-t-il de la volonté d'un oiseau ?

— D'un oiseau unique au monde, dont l'intelligence n'appartient pas aux espèces connues ; dont l'âme, le grand prêtre mè l'a dit, a été tirée de l'élément du feu. Ce n'est point un animal terrestre, et il relève des djinns (génies) [125].

— Il est vrai, repartit Balkis, que Soliman tente en vain de l'apprivoiser et lui présente inutilement ou l'épaule ou le poing.

— Je crains qu'elle ne s'y repose jamais. Au temps où les animaux étaient soumis, et de ceux-là la race est éteinte, ils n'obéissaient point aux hommes créés du limon. Ils ne relevaient que des dives, ou des djinns, enfants de l'air ou du feu... Soliman est de la race formée d'argile par Adonaï.

— Et pourtant la huppe m'obéit... »

Sarahil sourit en hochant la tête : princesse du sang des

Hémiarites, et parente du dernier roi, la nourrice de la reine avait approfondi les sciences naturelles: sa prudence égalait sa discrétion et sa bonté.

« Reine, ajouta-t-elle, il est des secrets supérieurs à votre âge, et que les filles de notre maison doivent ignorer avant leur mariage. Si la passion les égare et les fait déchoir, ces mystères leur restent fermés, afin que le vulgaire des hommes en soit éternellement exclu. Qu'il vous suffise de le savoir: Hud-Hud, cette huppe renommée, ne reconnaîtra pour maître que l'époux réservé à la princesse de Saba.

— Vous me ferez maudire cette tyrannie emplumée.

— Qui peut-être vous sauvera d'un despote armé du glaive.

— Soliman a reçu ma parole, et à moins d'attirer sur nous de justes ressentiments... Sarahil, le sort en est jeté; les délais expirent, et ce soir même...

— La puissance des Éloïms (les dieux) est grande... » murmura la nourrice.

Pour rompre l'entretien, Balkis, se détournant, se mit à cueillir des jacinthes, des mandragores, des cyclamens qui diapraient le vert de la prairie, et la huppe qui l'avait suivie en voletant piétinait autour d'elle avec coquetterie, comme si elle eût cherché son pardon.

Ce repos permit aux femmes attardées de rejoindre leur souveraine. Elles parlaient entre elles du temple d'Adonaï, dont on découvrait les murs, et de la mer d'airain, texte de toutes les conversations depuis quatre jours.

La reine s'empara de ce nouveau sujet, et ses suivantes, curieuses, l'entourèrent. De grands sycomores, qui étendaient au-dessus de leurs têtes de verdoyantes arabesques sur un fond d'azur, enveloppaient ce groupe charmant d'une ombre transparente.

« Rien n'égale l'étonnement dont nous avons été saisis hier au soir, leur disait Balkis. Soliman lui-même en fut muet de stupeur. Trois jours auparavant, tout était perdu; maître Adoniram tombait foudroyé sur les ruines de son œuvre. Sa gloire, trahie, s'écoulait à nos yeux avec les torrents de la lave révoltée; l'artiste était replongé dans le néant... Maintenant, son nom victorieux retentit sur les

collines; ses ouvriers ont entassé au seuil de sa demeure
un monceau de palmes, et il est plus grand que jamais
dans Israël.

— Le fracas de son triomphe, dit une jeune Sabéenne,
a retenti jusqu'à nos tentes, et, troublées du souvenir de la
récente catastrophe, ô reine! nous avons tremblé pour vos
jours. Vos filles ignorent ce qui s'est passé.

— Sans attendre le refroidissement de la fonte, Adoniram, ainsi me l'a-t-on conté, avait appelé dès le matin
les ouvriers découragés. Les chefs mutinés l'entouraient;
il les calme en quelques mots : durant trois jours ils se
mettent à l'œuvre, et dégagent les moules pour accélérer
le refroidissement de la vasque que l'on croyait brisée.
Un profond mystère couvre leur dessein. Le troisième
jour, ces innombrables artisans, devançant l'aurore, sou-
lèvent les taureaux et les lionx d'airain avec des leviers
que la chaleur du métal noircit encore. Ces blocs massifs
sont entraînés sous la vasque et ajustés avec une promp-
titude qui tient du prodige; la mer d'airain, évidée, isolée
de ses supports, se dégage et s'assied sur ses vingt-quatre
cariatides; et tandis que Jérusalem déplore tant de frais
inutiles, l'œuvre admirable resplendit aux regards étonnés de ceux qui l'ont accomplie. Soudain, les barrières
dressées par les ouvriers s'abattent : la foule se précipite;
le bruit se propage jusqu'au palais. Soliman craint une
sédition; il accourt, et je l'accompagne. Un peuple immense se presse sur nos pas. Cent mille ouvriers en délire
et couronnés de palmes vertes nous accueillent. Soliman
ne peut en croire ses yeux. La ville entière élève
jusqu'aux nues le nom d'Adoniram.

— Quel triomphe! et qu'il doit être heureux!

— Lui! génie bizarre… âme profonde et mystérieuse! A
ma demande, on l'appelle, on le cherche, les ouvriers se
précipitent de tous côtés… vains efforts! Dédaigneux de sa
victoire, Adoniram se cache; il se dérobe à la louange :
l'astre s'est éclipsé. « Allons, dit Soliman, le roi du peuple
nous a disgraciés. » Pour moi, en quittant ce champ de
bataille du génie, j'avais l'âme triste et la pensée remplie du
souvenir de ce mortel, si grand par ses œuvres, plus grand
encore par son absence en un moment pareil.

— Je l'ai vu passer l'autre jour, reprit une vierge de Saba ; la flamme de ses yeux a passé sur mes joues et les a rougies : il a la majesté d'un roi.

— Sa beauté, poursuivit une de ses compagnes, est supérieure à celle des enfants des hommes ; sa stature est imposante et son aspect éblouit. Tels ma pensée se représente les dieux et les génies.

— Plus d'une, parmi vous, à ce que je suppose, unirait volontiers sa destinée à celle du noble Adoniram ?

— O reine ! que sommes-nous devant la face d'un si haut personnage ? Son âme est dans les nuées, et ce cœur si fier ne descendrait pas jusqu'à nous. »

Des jasmins en fleur que dominaient des térébinthes et des acacias, parmi lesquels de rares palmiers inclinaient leurs chapiteaux blêmes, encadraient le lavoir de Siloë. Là, croissaient la marjolaine, les iris gris, le thym, la verveine et la rose ardente de Saaron. Sous ces massifs de buissons étoilés, s'étendaient, çà et là, des bancs séculaires au pied desquels gazouillaient des sources d'eau vive, tributaires de la fontaine. Ces lieux de repos étaient pavoisés de lianes qui s'enroulaient aux branches. Les apios aux grappes rougeâtres et parfumées, les glycines bleues s'élançaient, en festons musqués et gracieux, jusqu'aux cimes des pâles et tremblants ébéniers.

Au moment où le cortège de la reine de Saba envahit les abords de la fontaine, surpris dans sa méditation, un homme assis sur le bord du lavoir, où il abandonnait une main aux caresses de l'onde, se leva, dans l'intention de s'éloigner. Balkis était devant lui ; il leva les yeux au ciel, et se détourna plus vivement.

Mais elle, plus rapide encore, et se plaçant devant lui :

« Maître Adoniram, dit-elle, pourquoi m'éviter ?

— Je n'ai jamais recherché le monde, répondit l'artiste, et je crains le visage des rois.

— S'offre-t-il donc en ce moment si terrible ? » répliqua la reine avec une douceur pénétrante qui arracha un regard au jeune homme.

Ce qu'il découvrit était loin de le rassurer. La reine avait déposé les insignes de la grandeur, et la femme, dans la simplicité de ses atours du matin, n'était que plus

redoutable. Elle avait emprisonné ses cheveux sous le pli
d'un long voile flottant, sa robe diaphane et blanche,
soulevée par la brise curieuse, laissait entrevoir un sein
moulé sur la conque d'une coupe. Sous cette parure
simple, la jeunesse de Balkis semblait plus tendre, plus
enjouée, et le respect ne contenait plus l'admiration ni le
désir. Ces grâces touchantes qui s'ignoraient, ce visage
enfantin, cet air virginal, exercèrent sur le cœur d'Adoniram une impression nouvelle et profonde.

« A quoi bon me retenir ? dit-il avec amertume ; mes
maux suffisent à mes forces, et vous n'avez à m'offrir
qu'un surcroît de peines. Votre esprit est léger, votre
faveur passagère, et vous n'en présentez le piège que
pour tourmenter plus cruellement ceux qu'il a rendus
captifs... Adieu, reine qui si vite oubliez, et qui n'ensei-
gnez pas votre secret. »

Après ces derniers mots, prononcés avec mélancolie,
Adoniram jeta un regard sur Balkis. Un trouble soudain la
saisit. Vive par nature et volontaire par l'habitude du
commandement, elle ne voulut pas être quittée. Elle
s'arma de toute sa coquetterie pour répondre : « Adoniram, vous êtes un ingrat. »

C'était un homme ferme ; il ne se rendit pas. « Il est
vrai ; j'aurais tort de ne pas me souvenir : le désespoir m'a
visité une heure dans ma vie, et vous l'avez mise à profit
pour m'accabler auprès de mon maître, de mon ennemi.

— Il était là !... murmura la reine honteuse et repen-
tante.

— Votre vie était en péril ; j'avais couru me placer
devant vous.

— Tant de sollicitude en un péril si grand ! observa la
princesse, et pour quelle récompense ! »

La candeur, la bonté de la reine lui faisaient un devoir
d'être attendrie, et le dédain mérité de ce grand homme
outragé lui creusait une blessure saignante.

« Quant à Soliman Ben-Daoud, reprit le statuaire, son
opinion m'inquiétait peu : race parasite, envieuse et ser-
vile, travestie sous la pourpre... Mon pouvoir est à l'abri
de ses fantaisies. Quant aux autres qui vomissaient l'injure autour de moi, cent mille insensés sans force ni

vertu, j'en fais moins de compte que d'un essaim de
mouches bourdonnantes... Mais vous, reine, vous que
j'avais seule distinguée dans cette foule, vous que mon
estime avait placée si haut!... mon cœur, ce cœur que
rien jusque-là n'avait touché, s'est déchiré, et je le regrette peu... Mais la société des humains m'est devenue
odieuse. Que me font désormais des louanges ou des
outrages qui se suivent de si près, et se mêlent sur les
mêmes lèvres comme l'absinthe et le miel!

— Vous êtes rigoureux au repentir : faut-il implorer
votre merci, et ne suffit-il pas...

— Non ; c'est le succès que vous courtisez : si j'étais à
terre, votre pied foulerait mon front.

— Maintenant ?... A mon tour, non, et mille fois non.

— Eh bien ! laissez-moi briser mon œuvre, la mutiler
et replacer l'opprobre sur ma tête. Je reviendrai suivi des
huées de la foule ; et si votre pensée me reste fidèle, mon
déshonneur sera le plus beau jour de ma vie.

— Allez, faites ! » s'écria Balkis avec un entraînement
qu'elle n'eut pas le temps de réprimer.

Adoniram ne put maîtriser un cri de joie, et la reine
entrevit les conséquences d'un si redoutable engagement.
Adoniram se tenait majestueux devant elle, non plus sous
l'habit commun aux ouvriers, mais dans le costume hiérarchique du rang qu'il occupait à la tête du peuple des
travailleurs. Une tunique blanche plissée autour de son
buste, dessiné par une large ceinture passementée d'or,
rehaussait sa stature. A son bras droit s'enroulait un
serpent d'acier, sur la crête duquel brillait une escarbou-
cle et, à demi voilé par une coiffure conique, d'où se
déployaient deux larges bandelettes retombant sur la poitrine, son front semblait dédaigner une couronne.

Un moment, la reine, éblouie, s'était fait illusion sur le
rang de cet homme hardi ; la réflexion lui vint ; elle sut
s'arrêter, mais ne put surmonter le respect étrange dont
elle s'était sentie dominée.

« Asseyez-vous, dit-elle ; revenons à des sentiments
plus calmes, dût votre esprit défiant s'irriter ; votre gloire
m'est chère ; ne détruisez rien. Ce sacrifice, vous l'avez
offert ; il est consommé pour moi. Mon honneur en serait

compromis, et vous le savez, maître, ma réputation est désormais solidaire de la dignité du roi Soliman.

— Je l'avais oublié, murmura l'artiste avec indifférence. Il me semble avoir ouï conter que la reine de Saba doit épouser le descendant d'une aventurière de Moab, le fils du berger Daoud et de Bethsabée, veuve adultère du centenier Uriah. Riche alliance... qui va certes régénérer le sang divin des Hémiarites ! »

La colère empourpra les joues de la jeune fille, d'autant plus que sa nourrice, Sarahil, ayant distribué les travaux aux suivantes de la reine, alignées et courbées sur le lavoir, avait entendu cette réponse, elle si opposée au projet de Soliman.

« Cette union n'a point l'assentiment d'Adoniram ? riposta Balkis avec un dédain affecté.

— Au contraire, et vous le voyez bien.

— Comment ?

— Si elle me déplaisait, j'aurais déjà détrôné Soliman, et vous le traiteriez comme vous m'avez traité ; vous n'y songeriez plus, car vous ne l'aimez pas.

— Qui vous le donne à croire ?

— Vous vous sentez supérieure à lui ; vous l'avez humilié ; il ne vous pardonnera pas, et l'aversion n'engendre pas l'amour.

— Tant d'audace...

— On ne craint... que ce que l'on aime. »

La reine éprouva une terrible envie de se faire craindre.

La pensée des futurs ressentiments du roi des Hébreux, avec qui elle en avait usé si librement, l'avait jusque-là trouvée incrédule, et sa nourrice y avait épuisé son éloquence. Cette objection, maintenant, lui paraissait mieux fondée. Elle y revint en ces termes :

« Il ne me sied point d'écouter vos insinuations contre mon hôte, mon... »

Adoniram l'interrompit.

« Reine, je n'aime pas les hommes, moi, et je les connais. Celui-là, je l'ai pratiqué pendant de longues années. Sous la fourrure d'un agneau, c'est un tigre muselé par les prêtres et qui ronge doucement sa muselière. Jusqu'ici, il s'est borné à faire assassiner son frère

Adonias : c'est peu... mais il n'a pas d'autres parents.

— On croirait vraiment, articula Sarahil jetant l'huile sur le feu, que maître Adoniram est jaloux du roi. »

Depuis un moment, cette femme le contemplait avec attention.

« Madame, répliqua l'artiste, si Soliman n'était d'une race inférieure à la mienne, j'abaisserais peut-être mes regards sur lui ; mais le choix de la reine m'apprend qu'elle n'est pas née pour un autre... »

Sarahil ouvrit des yeux étonnés, et, se plaçant derrière la reine, figura dans l'air, aux yeux de l'artiste, un signe mystique qu'il ne comprit pas, mais qui le fit tressaillir.

« Reine, s'écria-t-il encore en appuyant sur chaque mot, mes accusations, en vous laissant indifférente, ont éclairci mes doutes. Dorénavant, je m'abstiendrai de nuire dans votre esprit à ce roi qui n'y tient aucune place...

— Enfin maître, à quoi bon me presser ainsi ? Lors même que je n'aimerais pas le roi Soliman...

— Avant notre entretien, interrompit à voix basse avec émotion l'artiste, vous aviez cru l'aimer. »

Sarahil s'éloigna, et la reine se détourna confuse.

« Ah ! de grâce, madame, laissons ces discours : c'est la foudre que j'attire sur ma tête ! Un mot, errant sur vos lèvres, recèle pour moi la vie ou la mort. Oh ! ne parlez pas ! Je me suis efforcé d'arriver à cet instant suprême, et c'est moi qui l'éloigne. Laissez-moi le doute ; mon courage est vaincu, je tremble. Ce sacrifice, il m'y faut préparer. Tant de grâces, tant de jeunesse et de beauté rayonnent en vous, hélas !... et qui suis-je à vos yeux ? Non, non, dussé-je y perdre un bonheur... inespéré, retenez votre souffle qui peut jeter à mon oreille une parole qui tue. Ce cœur faible n'a jamais battu ; sa première angoisse le brise, et il me semble que je vais mourir. »

Balkis n'était guère mieux assurée ; un coup d'œil furtif sur Adoniram montra cet homme si énergique, si puissant et si fier, pâle, respectueux, sans force, et la mort sur les lèvres. Victorieuse et touchée, heureuse et tremblante, le monde disparut à ses yeux. « Hélas ! balbutia cette fille royale, moi non plus, je n'ai jamais aimé. »

Sa voix expira sans qu'Adoniram, craignant de s'éveiller d'un rêve, osât troubler ce silence.

Bientôt Sarahil se rapprocha, et tous deux comprirent qu'il fallait parler, sous peine de se trahir. La huppe voltigeait çà et là autour du statuaire, qui s'empara de ce sujet. « Que cet oiseau est d'un plumage éclatant ! dit-il d'un air distrait ; le possédez-vous depuis longtemps ? »

Ce fut Sarahil qui répondit, sans détourner sa vue du sculpteur Adoniram : « Cet oiseau est l'unique rejeton d'une espèce à laquelle, comme aux autres habitants des airs, commandait la race des génies. Conservée on ne sait par quel prodige, la huppe, depuis un temps immémorial, obéit aux princes hémiarites. C'est par son entremise que la reine rassemble à son gré les oiseaux du ciel. »

Cette confidence produisit un effet singulier sur la physionomie d'Adoniram, qui contempla Balkis avec un mélange de joie et d'attendrissement.

« C'est un animal capricieux, dit-elle. En vain Soliman l'a-t-il accablée de caresses, de friandises, la huppe lui échappe avec obstination, et il n'a pu obtenir qu'elle vînt se poser sur son poing. »

Adoniram réfléchit un instant, parut frappé d'une inspiration et sourit. Sarahil devint plus attentive encore.

Il se lève, prononce le nom de la huppe, qui, perchée sur un buisson, reste immobile et le regarde de côté. Faisant un pas, il trace dans les airs le *Tau* mystérieux, et l'oiseau, déployant ses ailes, voltige sur sa tête, et se pose avec docilité sur son poing.

« Mes soupçons étaient fondés, dit Sarahil : l'oracle est accompli.

— Ombres sacrées de mes ancêtres ! ô Tubal-Kaïn, mon père ! vous ne m'avez point trompé ! Balkis, esprit de lumière, ma sœur, mon épouse, enfin, je vous ai trouvée ! Seuls sur la terre vous et moi, nous commandons à ce messager ailé des génies du feu dont nous sommes descendus.

— Quoi ! seigneur, Adoniram serait…

— Le dernier rejeton de Koûs, petit-fils de Tubal-Kaïn, dont vous êtes issue par Saba, frère de Nemrod le chasseur et trisaïeul des Hémiarites [126]… et le secret de

notre origine doit rester caché aux enfants de Sem pétris
du limon de la terre.

— Il faut bien que je m'incline devant mon maître, dit
Balkis en lui tendant la main, puisque, d'après l'arrêt du
destin, il ne m'est permis d'accueillir un autre amour que
celui d'Adoniram.

— Ah! répondit-il en tombant à ses genoux, c'est de
Balkis seule que je veux recevoir un bien si précieux!
Mon cœur a volé au-devant du vôtre, et dès l'heure où
vous m'êtes apparue, j'ai été votre esclave. »

Cet entretien eût duré longtemps, si Sarahil, douée de
la prudence de son âge, ne l'eût interrompu en ces termes : « Ajournez ces tendres aveux ; des soins difficiles
vont fondre sur vous, et plus d'un péril vous menace. Par
la vertu d'Adonaï, les fils de Noé sont maîtres de la terre,
et leur pouvoir s'étend sur vos existences mortelles. Soliman est absolu dans ses États, dont les nôtres sont
tributaires. Ses armées sont redoutables, son orgueil est
immense ; Adonaï le protège ; il a des espions nombreux.
Cherchons le moyen de fuir ce dangereux séjour, et,
jusque-là, de la prudence. N'oubliez pas, ma fille, que
Soliman vous attend ce soir à l'autel de Sion... Se dégager et rompre, ce serait l'irriter et éveiller le soupçon.
Demandez un délai pour aujourd'hui seulement, fondé
sur l'apparition de présages contraires. Demain, le grand
prêtre vous fournira un nouveau prétexte. Votre étude
sera de charmer l'impatience du grand Soliman. Quant à
vous, Adoniram, quittez vos servantes : la matinée
s'avance ; déjà la muraille neuve qui domine la source de
Siloë se couvre de soldats ; le soleil, qui nous cherche, va
porter leurs regards sur nous. Quand le disque de la lune
percera le ciel au-dessus des coteaux d'Éphraïm, traver-
sez le Cédron, et approchez-vous de notre camp jusqu'au
bosquet d'oliviers qui en masque les tentes aux habitants
des deux collines. Là, nous prendrons conseil de la sagesse et de la réflexion. »

Ils se séparèrent à regret : Balkis rejoignit sa suite, et
Adoniram la suivit des yeux jusqu'au moment où elle
disparut dans le feuillage des lauriers-roses.

IX. LES TROIS COMPAGNONS

A la séance suivante, le conteur reprit :

Soliman et le grand prêtre des Hébreux s'entretenaient depuis quelque temps sous le parvis du temple.

« Il le faut bien, dit avec dépit le pontife Sadoc à son roi, et vous n'avez que faire de mon consentement à ce nouveau délai. Comment célébrer un mariage, si la fiancée n'est pas là ?

— Vénérable Sadoc, reprit le prince avec un soupir, ces retards décevants me touchent plus que vous, et je les subis avec patience.

— A la bonne heure ; mais moi, je ne suis pas amoureux, dit le lévite en passant sa main sèche et pâle, veinée de lignes bleues, sur sa longue barbe blanche et fourchue.

— C'est pourquoi vous devriez être plus calme.

— Eh quoi ! repartit Sadoc, depuis quatre jours, hommes d'armes et lévites sont sur pied ; les holocaustes volontaires sont prêts ; le feu brûle inutilement sur l'autel, et au moment solennel, il faut tout ajourner. Prêtres et roi sont à la merci des caprices d'une femme étrangère qui nous promène de prétexte en prétexte et se joue de notre crédulité. »

Ce qui humiliait le grand prêtre, c'était de se couvrir inutilement chaque jour des ornements pontificaux, et d'être obligé de s'en dépouiller ensuite sans avoir fait briller, aux yeux de la cour des Sabéens, la pompe hiératique des cérémonies d'Israël. Il promenait, agité, le long du parvis intérieur du temple, son costume splendide devant Soliman consterné.

Pour cette auguste cérémonie, Sadoc avait revêtu sa robe de lin, sa ceinture brodée, son éphod ouvert sur chaque épaule : tunique d'or, d'hyacinthe et d'écarlate deux fois teinte, sur laquelle brillaient deux onyx, où le lapidaire avait gravé les noms des douze tribus. Suspendu par des rubans d'hyacinthe et des anneaux d'or ciselé, le rational étincelait sur sa poitrine ; il était carré, long d'une

palme et bordé d'un rang de sardoines, de topazes et
d'émeraudes, d'un second rang d'escarboucles, de sa-
phirs et de jaspe; d'une troisième rangée de ligures,
d'améthystes et d'agates; d'une quatrième, enfin, de
chrysolides, d'onyx et de béryls. La tunique de l'éphod,
d'un violet clair, ouverte au milieu, était bordée de petites
grenades d'hyacinthe et de pourpre, alternées de sonnet-
tes en or fin. Le front du pontife était ceint d'une tiare
terminée en croissant, d'un tissu de lin, brodé de perles,
et sur la partie antérieure de laquelle resplendissait, ratta-
chée avec un ruban couleur d'hyacinthe, une lame d'or
bruni, portant ces mots gravés en creux : ADONAÏ EST
SAINT [127].

Et il fallait deux heures et six serviteurs des lévites
pour revêtir Sadoc de ces ajustements sacrés, rattachés
par des chaînettes, des nœuds mystiques et des agrafes
d'orfèvrerie. Ce costume était sacré; il n'était permis d'y
porter la main qu'aux lévites; et c'est Adonaï lui-même
qui en avait dicté le dessin à Moussa Ben-Amran
(Moïse), son serviteur.

Depuis quatre jours donc, les atours pontificaux des
successeurs de Melchisedech recevaient un affront quoti-
dien sur les épaules du respectable Sadoc, d'autant plus
irrité, que, consacrant, bien malgré lui, l'hymen de Soliman avec la reine de Saba, le déboire devenait assurément plus vif.

Cette union lui paraissait dangereuse pour la religion
des Hébreux et la puissance du sacerdoce. La reine Balkis
était instruite... Il trouvait que les prêtres sabéens lui
avaient permis de connaître bien des choses qu'un souverain prudemment élevé doit ignorer; et il suspectait
l'influence d'une reine versée dans l'art difficile de commander aux oiseaux. Ces mariages mixtes qui exposent la
foi aux atteintes permanentes d'un conjoint sceptique
n'agréaient jamais aux pontifes. Et Sadoc, qui avait à
grand-peine modéré en Soliman l'orgueil de savoir, en lui
persuadant qu'il n'avait plus rien à apprendre, tremblait
que le monarque ne reconnût combien de choses il ignorait.

Cette pensée était d'autant plus judicieuse, que Soliman en était déjà aux réflexions, et trouvait ses ministres à la fois moins subtils et plus despotes que ceux de la reine. La confiance de Ben-Daoud était ébranlée ; il avait, depuis quelques jours, des secrets pour Sadoc, et ne le consultait plus. Le fâcheux, dans les pays où la religion est subordonnée aux prêtres et personnifiée en eux, c'est que, du jour où le pontife vient à faillir, et tout mortel est fragile, la foi s'écroule avec lui, et Dieu même s'éclipse avec son orgueilleux et funeste soutien.

Circonspect, ombrageux, mais peu pénétrant, Sadoc s'était maintenu sans peine, ayant le bonheur de n'avoir que peu d'idées. Étendant l'interprétation de la loi au gré des passions du prince, il les justifiait avec une complaisance dogmatique basse, mais pointilleuse pour la forme ; de la sorte, Soliman subissait le joug avec docilité... Et penser qu'une jeune fille de l'Yémen et un oiseau maudit risquaient de renverser l'édifice d'une si prudente éducation !

Les accuser de magie, n'était-ce pas confesser la puissance des sciences occultes, si dédaigneusement niées ? Sadoc était dans un véritable embarras. Il avait, en outre, d'autre soucis : le pouvoir exercé par Adoniram sur les ouvriers inquiétait le grand prêtre, à bon droit alarmé de toute domination occulte et cabalistique. Néanmoins, Sadoc avait constamment empêché son royal élève de congédier l'unique artiste capable d'élever au dieu Adonaï le temple le plus magnifique du monde, et d'attirer au pied de l'autel de Jérusalem l'admiration et les offrandes de tous les peuples de l'Orient. Pour perdre Adoniram, Sadoc attendait la fin des travaux, se bornant jusque-là à entretenir la défiance ombrageuse de Soliman. Depuis quelques jours, la situation s'était aggravée. Dans tout l'éclat d'un triomphe inespéré, impossible, miraculeux, Adoniram, on s'en souvient, avait disparu. Cette absence étonnait toute la cour, hormis, apparemment, le roi, qui n'en avait point parlé à son grand prêtre, retenue inaccoutumée.

De sorte que le vénérable Sadoc, se voyant inutile, et résolu à rester nécessaire, était réduit à combiner, parmi de vagues déclamations prophétiques, des réticences d'ora-

cles propres à faire impression sur l'imagination du
prince. Soliman aimait assez les discours, surtout parce
qu'ils lui offraient l'occasion d'en résumer le sens en
trois ou quatre proverbes. Or, dans cette circonstance,
les sentences de l'Ecclésiaste, loin de se mouler
sur les homélies de Sadoc, ne roulaient que sur l'utilité de l'œil du maître, de la défiance, et sur le malheur
des rois livrés à la ruse, au mensonge et à l'intérêt. Et
Sadoc, troublé, se repliait dans les profondeurs de l'inin-
telligible.

« Bien que vous parliez à merveille, dit Soliman, ce
n'est point pour jouir de cette éloquence que je suis venu
vous trouver dans le temple : malheur au roi qui se nourrit
de paroles ! Trois inconnus vont se présenter ici, demander à m'entretenir, et ils seront entendus, car je sais leur
dessein. Pour cette audience, j'ai choisi ce lieu ; il im-
portait que leur démarche restât secrète.

— Ces hommes, seigneur, quels sont-ils ?

— Des gens instruits de ce que les rois ignorent : on
peut apprendre beaucoup avec eux. »

Bientôt, trois artisans, introduits dans le parvis intérieur du temple, se prosternèrent aux pieds de Soliman.
Leur attitude était contrainte et leurs yeux inquiets.

« Que la vérité soit sur vos lèvres, leur dit Soliman, et
n'espérez pas en imposer au roi : vos plus secrètes pensées lui sont connues. Toi, Phanor, simple ouvrier du
corps des maçons, tu es l'ennemi d'Adoniram, parce que
tu hais la suprématie des mineurs, et, pour anéantir l'œuvre de ton maître, tu as mêlé des pierres combustibles aux
briques de ses fourneaux. Amrou, compagnon parmi les
charpentiers, tu as fait plonger les solives dans la flamme,
pour affaiblir les bases de la mer d'airain. Quant à toi,
Méthousaël, le mineur de la tribu de Ruben, tu as aigri la
fonte en y jetant des laves sulfureuses, recueillies aux
rives du lac de Gomorrhe. Tous trois, vous aspirez vainement au titre et au salaire des maîtres. Vous le voyez,
ma pénétration atteint le mystère de vos actions les plus
cachées.

— Grand roi, répondit Phanor épouvanté, c'est une
calomnie d'Adoniram, qui a tramé notre perte.

— Adoniram ignore un complot connu de moi seul. Sachez-le, rien n'échappe à la sagacité de ceux qu'Adonaï protège. »

L'étonnement de Sadoc apprit à Soliman que son grand prêtre faisait peu de fond sur la faveur d'Adonaï.

« C'est donc en pure perte, reprit le roi, que vous déguiseriez la vérité. Ce que vous allez révéler m'est connu, et c'est votre fidélité que l'on met à l'épreuve. Qu'Amrou prenne le premier la parole.

— Seigneur, dit Amrou, non moins effrayé que ses complices, j'ai exercé la surveillance la plus absolue sur les ateliers, les chantiers et les usines. Adoniram n'y a pas paru une seule fois.

— Moi, continua Phanor, j'ai eu l'idée de me cacher, à la nuit tombante, dans le tombeau du prince Absalon Ben-Daoud, sur le chemin qui conduit de Moria au camp des Sabéens. Vers la troisième heure de la nuit, un homme vêtu d'une longue robe et coiffé d'un turban comme en portent ceux de l'Yémen, a passé devant moi ; je me suis avancé et j'ai reconnu Adoniram ; il allait du côté des tentes de la reine, et comme il m'avait aperçu, je n'ai osé le suivre.

— Seigneur, poursuivit à son tour Méthousaël, vous savez tout et la sagesse habite en votre esprit ; je parlerai en toute sincérité. Si mes révélations sont de nature à coûter la vie de ceux qui pénètrent de si terribles mystères, daignez éloigner mes compagnons afin que mes paroles retombent sur moi seulement. »

Dès que le mineur se vit seul en présence du roi et du grand prêtre, il se prosterna et dit : « Seigneur, étendez votre sceptre afin que je ne meure point. »

Soliman étendit la main et répondit : « Ta bonne foi te sauve, ne crains rien, Méthousaël de la tribu de Ruben !

— Le front couvert d'un cafetan, le visage enduit d'une teinture sombre, je me suis mêlé à la faveur de la nuit aux eunuques noirs qui entourent la princesse : Adoniram s'est glissé dans l'ombre jusqu'à ses pieds ; il l'a longuement entretenue, et le vent du soir a porté jusqu'à mon oreille le frémissement de leurs paroles ; une heure avant l'aube je me suis esquivé : Adoniram était encore avec la princesse… »

Soliman contint une colère dont Méthousaël reconnut les signes sur ses prunelles.

« O roi ! s'écria-t-il, j'ai dû obéir ; mais permettez-moi de ne rien ajouter.

— Poursuis ! je te l'ordonne.

— Seigneur, l'intérêt de votre gloire est cher à vos sujets. Je périrai s'il le faut ; mais mon maître ne sera point le jouet de ces étrangers perfides. Le grand prêtre des Sabéens, la nourrice et deux des femmes de la reine sont dans le secret de ces amours. Si j'ai bien compris, Adoniram n'est point ce qu'il paraît être, et il est investi, ainsi que la princesse, d'une puissance magique. C'est par là qu'elle commande aux habitants de l'air, comme l'artiste aux esprits du feu. Néanmoins, ces êtres si favorisés redoutent votre pouvoir sur les génies, pouvoir dont vous êtes doué à votre insu. Sarahil a parlé d'un anneau constellé dont elle a expliqué les propriétés merveilleuses à la reine étonnée, et l'on a déploré à ce sujet une imprudence de Balkis. Je n'ai pu saisir le fond de l'entretien, car on avait baissé la voix, et j'aurais craint de me perdre en m'approchant de trop près. Bientôt Sarahil, le grand prêtre, les suivantes, se sont retirés en fléchissant le genou devant Adoniram, qui, comme je l'ai dit, est resté seul avec la reine de Saba. O roi ! puissé-je trouver grâce à vos yeux, car la tromperie n'a point effleuré mes lèvres !

— De quel droit penses-tu donc sonder les intentions de ton maître ? Quel que soit notre arrêt, il sera juste… Que cet homme soit enfermé dans le temple comme ses compagnons ; il ne communiquera point avec eux, jusqu'au moment où nous ordonnerons de leur sort. »

Qui pourrait dépeindre la stupeur du grand prêtre Sadoc, tandis que les muets, prompts et discrets exécuteurs des volontés de Soliman, entraînaient Méthousaël terrifié ? « Vous le voyez, respectable Sadoc, reprit le monarque avec amertume, votre prudence n'a rien pénétré ; sourd à nos prières, peu touché de nos sacrifices, Adonaï n'a point daigné éclairer ses serviteurs, et c'est moi seul, à l'aide de mes propres forces, qui ai dévoilé la trame de mes ennemis. Eux, cependant, ils commandent aux puissances occultes. Ils ont des dieux fidèles... et le mien m'abandonne !

— Parce que vous le dédaignez pour rechercher l'union d'une femme étrangère. O roi, bannissez de votre âme un sentiment impur, et vos adversaires vous seront livrés. Mais comment s'emparer de cet Adoniram qui se rend invisible, et de cette reine que l'hospitalité protège ?

— Se venger d'une femme est au-dessous de la dignité de Soliman. Quant à son complice, dans un instant vous le verrez paraître. Ce matin même il m'a fait demander audience, et c'est ici que je l'attends.

— Adonaï nous favorise. O roi ! qu'il ne sorte pas de cette enceinte !

— S'il vient à nous sans crainte, soyez assuré que ses défenseurs ne sont pas loin ; mais point d'aveugle précipitation : ces trois hommes sont ses mortels ennemis. L'envie, la cupidité ont aigri leur cœur. Ils ont peut-être calomnié la reine... Je l'aime, Sadoc, et ce n'est point sur les honteux propos de trois misérables que je ferai à cette princesse l'injure de la croire souillée d'une passion dégradante... Mais, redoutant les sourdes menées d'Adoniram, si puissant parmi le peuple, j'ai fait surveiller ce mystérieux personnage.

— Ainsi, vous supposez qu'il n'a point vu la reine ?...

— Je suis persuadé qu'il l'a entretenue en secret. Elle est curieuse, enthousiaste des arts, ambitieuse de renommée, et tributaire de ma couronne. Son dessein est-il d'embaucher l'artiste, et de l'employer dans son pays à quelque magnifique entreprise, ou bien d'enrôler, par son entremise, une armée pour s'opposer à la mienne, afin de s'affranchir du tribut ? Je l'ignore... Pour ce qui est de leurs amours prétendues, n'ai-je pas la parole de la reine ? Cependant, j'en conviens, une seule de ces suppositions suffit à démontrer que cet homme est dangereux... J'aviserai...»

Comme il parlait de ce ton ferme en présence de Sadoc, consterné de voir son autel dédaigné et son influence évanouie, les muets reparurent avec leurs coiffures blanches, de forme sphérique, leurs jaquettes d'écailles, leurs larges ceintures où pendaient un poignard et leur sabre recourbé. Ils échangèrent un signe avec Soliman, et Adoniram se montra sur le seuil. Six hommes, parmi les siens, l'avaient escorté jusque-là; il leur glissa quelques mots à voix basse, et ils se retirèrent.

X. L'ENTREVUE

Adoniram s'avança d'un pas lent, et avec un visage assuré, jusqu'au siège massif où reposait le roi de Jérusalem. Après un salut respectueux, l'artiste attendit, suivant l'usage, que Soliman l'exhortât à parler.

« Enfin, maître, lui dit le prince, vous daignez, souscrivant à nos vœux, nous donner l'occasion de vous féliciter d'un triomphe... inespéré, et de vous témoigner notre gratitude. L'œuvre est digne de moi; digne de vous, c'est plus encore. Quant à votre récompense, elle ne saurait être assez éclatante; désignez-la vous-même : que souhaitez-vous de Soliman?

— Mon congé, seigneur : les travaux touchent à leur terme; on peut les achever sans moi. Ma destinée est de courir le monde; elle m'appelle sous d'autres cieux, et je remets entre vos mains l'autorité dont vous m'avez investi. Ma récompense, c'est le monument que je laisse, et l'honneur d'avoir servi d'interprète aux nobles desseins d'un si grand roi.

— Votre demande nous afflige. J'espérais vous garder parmi nous avec un rang éminent à ma cour.

— Mon caractère, seigneur, répondrait mal à vos bontés. Indépendant par nature, solitaire par vocation, indifférent aux honneurs pour lesquels je ne suis point né, je mettrais souvent votre indulgence à l'épreuve. Les rois ont l'humeur inégale; l'envie les environne et les assiège; la fortune est inconstante : je l'ai trop éprouvé. Ce que vous appelez mon triomphe et ma gloire n'a-t-il pas failli me coûter l'honneur, peut-être la vie?

— Je n'ai considéré comme échouée votre entreprise qu'au moment où votre choix a proclamé le résultat fatal, et je ne me targuerai point d'un ascendant supérieur au vôtre sur les esprits du feu...

— Nul ne gouverne ces esprits-là, si toutefois ils existent. Au surplus, ces mystères sont plus à la portée du respectable Sadoc que d'un simple artisan. Ce qui s'est passé durant cette nuit terrible, je l'ignore : la marche de l'opération a confondu mes prévisions. Seulement, seigneur, dans une heure d'angoisse, j'ai attendu vainement vos consolations, votre appui, et c'est pourquoi, au jour du succès, je n'ai plus songé à attendre vos éloges.

— Maître, c'est du ressentiment et de l'orgueil.

— Non, seigneur, c'est de l'humble et sincère équité. De la nuit où j'ai coulé la mer d'airain jusqu'au jour où je l'ai découverte, mon mérite n'a certes rien gagné, rien perdu. Le succès fait toute la différence..., et, comme vous l'avez vu, le succès est dans la main de Dieu. Adonaï vous aime ; il a été touché de vos prières, et c'est moi, seigneur, qui dois vous féliciter et vous crier : merci !

— Qui me délivrera de l'ironie de cet homme ? pensait Soliman. Vous me quittez sans doute pour accomplir ailleurs d'autres merveilles ? demanda-t-il.

— Naguère encore, seigneur, je l'aurais juré. Des mondes s'agitaient dans ma tête embrasée ; mes rêves entrevoyaient des blocs de granit, des palais souterrains avec des forêts de colonnes, et la durée de nos travaux me pesait. Aujourd'hui, ma verve s'apaise, la fatigue me berce, le loisir me sourit, et il me semble que ma carrière est terminée... »

Soliman crut entrevoir certaines lueurs tendres qui miroitaient autour des prunelles d'Adoniram. Son visage était grave, sa physionomie mélancolique, sa voix plus pénétrante que de coutume ; de sorte que Soliman, troublé, se dit : Cet homme est très beau...

« Où comptez-vous aller, en quittant mes États ? demanda-t-il avec une feinte insouciance.

— A Tyr, répliqua sans hésiter l'artiste : je l'ai promis à mon protecteur, le bon roi Hiram, qui vous chérit

comme un frère, et qui eut pour moi des bontés paternel-
les. Sous votre bon plaisir, je désire lui porter un plan,
avec une vue en élévation, du palais, du temple, de la mer
d'airain, ainsi que des deux grandes colonnes torses de
bronze, Jakin et Booz [128], qui ornent la grande porte du
temple.

— Qu'il en soit selon votre désir. Cinq cents cavaliers
vous serviront d'escorte, et douze chameaux porteront les
présents et les trésors qui vous sont destinés.

— C'est trop de complaisance : Adoniram n'empor-
tera que son manteau. Ce n'est pas, seigneur, que je
refuse vos dons. Vous êtes généreux ; ils sont considérables, et mon départ soudain mettrait votre trésor à sec
sans profit pour moi. Permettez-moi une si entière franchise. Ces biens que j'accepte, je les laisse en dépôt entre
vos mains. Quand j'en aurai besoin, seigneur, je vous le
ferai savoir.

— En d'autres termes, dit Soliman, maître Adoniram
a l'intention de nous rendre son tributaire. »

L'artiste sourit et répondit avec grâce :

« Seigneur, vous avez deviné ma pensée.

— Et peut-être se réserve-t-il un jour de traiter avec
nous en dictant ses conditions. »

Adoniram échangea avec le roi un regard fin et défiant.

« Quoi qu'il en soit, ajouta-t-il, je ne puis rien demander qui ne soit digne de la magnanimité de Soliman.

— Je crois, dit Soliman en pesant l'effet de ses paroles, que la reine de Saba a des projets en tête, et se
propose d'employer votre talent...

— Seigneur, elle ne m'en a point parlé. »

Cette réponse donnait cours à d'autres soupçons.

« Cependant, objecta Sadoc, votre génie ne l'a point laissée insensible. Partirez-vous sans lui faire vos adieux ?

— Mes adieux..., répéta Adoniram, et Soliman vit
rayonner dans son œil une flamme étrange ; mes adieux.
Si le roi le permet, j'aurai l'honneur de prendre congé
d'elle.

— Nous espérions, repartit le prince, vous conserver
pour les fêtes prochaines de notre mariage ; car vous
savez... »

Le front d'Adoniram se couvrit d'une rougeur intense, et il ajouta sans amertume :

« Mon intention est de me rendre en Phénicie sans délai.

— Puisque vous l'exigez, maître, vous êtes libre : j'accepte votre congé...

— A partir du coucher du soleil, objecta l'artiste. Il me reste à payer les ouvriers, et je vous prie, seigneur, d'ordonner à votre intendant Azarias de faire porter au comptoir établi au pied de la colonne de Jakin l'argent nécessaire. Je solderai comme à l'ordinaire, sans annoncer mon départ, afin d'éviter le tumulte des adieux.

— Sadoc, transmettez cet ordre à votre fils Azarias. Un mot encore : qu'est-ce que trois compagnons nommés Phanor, Amrou et Méthousaël ?

— Trois pauvres ambitieux honnêtes, mais sans talent. Ils aspiraient au titre de maîtres, et m'ont pressé de leur livrer le mot de passe, afin d'avoir droit à un salaire plus fort. A la fin, ils ont entendu raison, et tout récemment j'ai eu à me louer de leur bon cœur.

— Maître, il est écrit : « Crains le serpent blessé qui se replie. » Connaissez mieux les hommes : ceux-là sont vos ennemis ; ce sont eux qui ont, par leurs artifices, causé les accidents qui ont risqué de faire échouer le coulage de la mer d'airain.

— Et comment savez-vous, seigneur ?...

— Croyant tout perdu, confiant dans votre prudence, j'ai cherché les causes occultes de la catastrophe, et comme j'errais, parmi les groupes, ces trois hommes, se croyant seuls, ont parlé.

— Leur crime a fait périr beaucoup de monde. Un tel exemple serait dangereux ; c'est à vous qu'il appartient de statuer sur leur sort. Cet accident me coûte la vie d'un enfant que j'aimais, d'un artiste habile : Benoni, depuis lors, n'a pas reparu. Enfin, seigneur, la justice est le privilège des rois.

— Elle sera faite à chacun. Vivez heureux, maître Adoniram, Soliman ne vous oubliera pas. »

Adoniram, pensif, semblait indécis et combattu. Tout à coup, cédant à un moment d'émotion :

« Quoi qu'il advienne, seigneur, soyez à jamais assuré de mon respect, de mes pieux souvenirs, de la droiture de mon cœur. Et si le soupçon venait à votre esprit, dites-vous : Comme la plupart des humains, Adoniram ne s'appartenait pas ; il fallait qu'il accomplît ses destinées !

— Adieu, maître… accomplissez vos destinées ! »

Ce disant, le roi lui tendit une main sur laquelle l'artiste s'inclina avec humilité ; mais il n'y posa point ses lèvres, et Soliman tressaillit.

« Eh bien ! murmura Sadoc en voyant Adoniram s'éloigner ; eh bien ! qu'ordonnez-vous, seigneur ?

— Le silence le plus profond, mon père ; je ne me fie désormais qu'à moi seul. Sachez-le bien, je suis le roi. Obéir sous peine de disgrâce et se taire sous peine de la vie, voilà votre lot… Allons, vieillard, ne tremble pas : le souverain qui te livre ses secrets pour t'instruire est un ami. Fais appeler ces trois ouvriers enfermés dans le temple ; je veux les questionner encore. »

Amrou et Phanor comparurent avec Méthousaël : derrière eux se rangèrent les sinistres muets, le sabre à la main.

« J'ai pesé vos paroles, dit Soliman d'un ton sévère, et j'ai vu Adoniram, mon serviteur. Est-ce l'équité, est-ce l'envie qui vous anime contre lui ? Comment de simples compagnons osent-ils juger leur maître ? Si vous étiez des hommes notables et des chefs parmi vos frères, votre témoignage serait moins suspect. Mais, non : avides, ambitieux du titre de maître, vous n'avez pu l'obtenir, et le ressentiment aigrit vos cœurs.

— Seigneur, dit Méthousaël en se prosternant, vous voulez nous éprouver. Mais, dût-il m'en coûter la vie, je soutiendrai qu'Adoniram est un traître ; en conspirant sa perte, j'ai voulu sauver Jérusalem de la tyrannie d'un perfide qui prétendait asservir mon pays à des hordes étrangères. Ma franchise imprudente est la plus sûre garantie de ma fidélité.

— Il ne me sied point d'ajouter foi à des hommes méprisables, aux esclaves de mes serviteurs. La mort a créé des vacances dans le corps des maîtrises : Adoniram demande à se reposer, et je tiens, comme lui, à trouver parmi les chefs des gens dignes de ma confiance. Ce soir, après la paye, sollicitez près de lui l'initiation des maîtres; il sera seul... Sachez faire entendre vos raisons. Par là je connaîtrai que vous êtes laborieux, éminents dans votre art et bien placés dans l'estime de vos frères. Adoniram est éclairé: ses décisions font loi. Dieu l'a-t-il abandonné jusqu'ici? a-t-il signalé sa réprobation par un de ces avertissements sinistres, par un de ces coups terribles dont son bras invisible sait atteindre les coupables? Eh bien! que Jéhovah soit juge entre vous: si la faveur d'Adoniram vous distingue, elle sera pour moi une marque secrète que le ciel se déclare pour vous, et je veillerai sur Adoniram. Sinon, s'il vous dénie le grade de maître, demain vous comparaîtrez avec lui devant moi; j'entendrai l'accusation et la défense entre vous et lui: les anciens du peuple prononceront. Allez, méditez sur mes paroles, et qu'Adonaï vous éclaire. »

Soliman se leva de son siège, et, s'appuyant sur l'épaule du grand prêtre impassible, il s'éloigna lentement.

Les trois hommes se rapprochèrent vivement dans une pensée commune. «Il faut lui arracher le mot de passe, dit Phanor.

— Ou qu'il meure! ajouta le Phénicien Amrou.

— Qu'il nous livre le mot de passe des maîtres et qu'il meure! » s'écria Mathousaël.

Leurs mains s'unirent pour un triple serment. Près de franchir le seuil, Soliman, se détournant, les observa de loin, respira avec force, et dit à Sadoc: «Maintenant, tout au plaisir!... Allons trouver la reine. »

XI. LE SOUPER DU ROI

A la séance suivante le conteur reprit:

Le soleil commençait à baisser; l'haleine enflammée du désert embrasait les campagnes illuminées par les reflets d'un amas de nuages cuivreux; l'ombre de la colline de Moria projetait seule un peu de fraîcheur sur le lit desséché du Cédron ; les feuilles s'inclinaient mourantes, et les fleurs consumées des lauriers-roses pendaient éteintes et froissées ; les caméléons, les salamandres, les lézards frétillaient parmi les roches, et les bosquets avaient suspendu leurs chants, comme les ruisseaux avaient tari leurs murmures.

Soucieux et glacé durant cette journée ardente et morne, Adoniram, comme il l'avait annoncé à Soliman, était venu prendre congé de sa royale amante, préparée à une séparation qu'elle avait elle-même demandée. « Partir avec moi, avait-elle dit, ce serait affronter Soliman, l'humilier à la face de son peuple, et joindre un outrage à la peine que les puissances éternelles m'ont contrainte de lui causer. Rester ici après mon départ, cher époux, ce serait chercher votre mort. Le roi vous jalouse, et ma fuite ne laisserait à la merci de ses ressentiments d'autre victime que vous.

— Eh bien ! partageons la destinée des enfants de notre race, et soyons sur la terre errants et dispersés. J'ai promis à ce roi d'aller à Tyr. Soyons sincères dès que votre vie n'est plus à la merci d'un mensonge. Cette nuit même, je m'acheminerai vers la Phénicie, où je ne séjournerai guère avant d'aller vous rejoindre dans l'Yémen, par les frontières de la Syrie, de l'Arabie pierreuse, et en suivant les défilés des monts Cassanites [129]. Hélas ! reine chérie, faut-il déjà vous quitter, vous abandonner sur une terre étrangère, à la merci d'un despote amoureux ?

— Rassurez-vous, monseigneur, mon âme est toute à vous, mes serviteurs sont fidèles, et ces dangers s'évanouiront devant ma prudence. Orageuse et sombre sera la nuit prochaine qui cachera ma fuite. Quant à Soliman, je le hais ; ce sont mes États qu'il convoite : il m'a environnée d'espions ; il a cherché à séduire mes serviteurs, à suborner mes officiers, à traiter avec eux de la remise de mes forteresses. S'il eût acquis des droits sur ma personne, jamais je n'aurais revu l'heureux Yémen. Il m'avait extorqué une promesse, il est vrai ; mais qu'est-ce que mon parjure au prix de sa déloyauté ? Étais-je libre, d'ailleurs, de ne point le tromper, lui qui tout à l'heure m'a fait signifier, avec des menaces mal déguisées, que son amour est sans bornes et sa patience à bout ?

— Il faut soulever les corporations !

— Elles attendent leur solde ; elles ne bougeraient pas. A quoi bon se jeter dans des hasards si périlleux ? Cette déclaration, loin de m'alarmer, me satisfait ; je l'avais prévue, et je l'attendais impatiente. Allez en paix, mon bien-aimé, Balkis ne sera jamais qu'à vous !

— Adieu donc, reine : il faut quitter cette tente où j'ai trouvé un bonheur que je n'avais jamais rêvé. Il faut cesser de contempler celle qui est pour moi la vie. Vous reverrai-je ? hélas ! et ces rapides instants auront passé comme un songe !

— Non, Adoniram ; bientôt, réunis pour toujours... Mes rêves, mes pressentiments, d'accord avec l'oracle des génies, m'assurent de la durée de notre race, et j'emporte avec moi un gage précieux de notre hymen. Vos genoux recevront ce fils destiné à nous faire renaître et à affranchir l'Yémen et l'Arabie entière du faible joug des héritiers de Soliman. Un double attrait vous appelle ; une double affection vous attache à celle qui vous aime, et vous reviendrez. »

Adoniram, attendri, appuya ses lèvres sur une main où la reine avait laissé tomber des pleurs, et, rappelant son courage, il jeta sur elle un long et dernier regard ; puis, se détournant avec effort, il laissa retomber derrière lui le rideau de la tente, et regagna le bord du Cédron.

C'est à Mello que Soliman, partagé entre la colère, l'amour, le soupçon et des remords anticipés, attendait, livré à de vives angoisses, la reine souriante et désolée, tandis quAdoniram, s'efforçant d'enfouir sa jalousie dans les profondeurs de son chagrin, se rendait au temple pour payer les ouvriers avant de prendre le bâton de l'exil. Chacun de ces personnages pensait triompher de son rival, et comptait sur un mystère pénétré de part et d'autre. La reine déguisait son but, et Soliman, trop bien instruit, dissimulait à son tour, demandant le doute à son amour-propre ingénieux.

Du sommet des terrasses de Mello, il examinait la suite

de la reine de Saba, qui serpentait le long du sentier d'Émathie, et au-dessus de Balkis, les murailles empourprées du temple où régnait encore Adoniram, et qui faisaient briller sur un nuage sombre leurs arêtes vives et dentelées. Une moiteur froide baignait la tempe et les joues pâles de Soliman ; son œil agrandi dévorait l'espace. La reine fit son entrée, accompagnée de ses principaux officiers et des gens de son service, qui se mêlèrent à ceux du roi.

Durant la soirée, le prince parut préoccupé ; Balkis se montra froide et presque ironique : elle savait Soliman épris. Le souper fut silencieux ; les regards du roi, furtifs ou détournés avec affectation, paraissaient fuir l'impression de ceux de la reine, qui, tour à tour abaissés ou soulevés par une flamme languissante et contenue, ranimaient en Soliman des illusions dont il voulait rester maître. Son air absorbé dénotait quelque dessein. Il était fils de Noé, et la princesse observa que, fidèle aux traditions du père de la vigne, il demandait au vin la résolution qui lui manquait. Les courtisans s'étant retirés, des muets remplacèrent les officiers du prince ; et comme la reine était servie par ses gens, elle substitua aux Sabéens des Nubiens, à qui le langage hébraïque était inconnu.

« Madame, dit avec gravité Soliman Ben-Daoud, une explication est nécessaire entre nous.

— Cher seigneur, vous allez au-devant de mon désir.

— J'avais pensé que, fidèle à la foi donnée, la princesse de Saba, plus qu'une femme, était une reine...

— Et c'est le contraire, interrompit vivement Balkis ; je suis plus qu'une reine, seigneur, je suis femme. Qui n'est sujet à l'erreur ? Je vous ai cru sage ; puis, je vous ai cru amoureux... C'est moi qui subis le plus cruel mécompte. »

Elle soupira.

« Vous le savez trop bien que je vous aime, repartit Soliman ; sans quoi vous n'auriez pas abusé de votre empire, ni foulé à vos pieds un cœur qui se révolte, à la fin.

— Je comptais vous faire les mêmes reproches. Ce n'est pas moi que vous aimez, seigneur, c'est la reine. Et,

franchement, suis-je d'un âge à ambitionner un mariage
de convenance ? Eh bien, oui, j'ai voulu sonder votre
âme : plus délicate que la reine, la femme, écartant la
raison d'État, a prétendu jouir de son pouvoir : être aimée, tel était son rêve. Reculant l'heure d'acquitter une
promesse subitement surprise, elle vous a mis à
l'épreuve ; elle espérait que vous ne voudriez tenir votre
victoire que de son cœur, et elle s'est trompée ; vous avez
procédé par sommations, par menaces ; vous avez employé avec mes serviteurs des artifices politiques, et déjà
vous êtes leur souverain plus que moi-même. J'espérais
un époux, un amant ; j'en suis à redouter un maître. Vous
le voyez, je parle avec sincérité.

— Si Soliman vous eût été cher, n'auriez-vous point
excusé des fautes causées par l'impatience de vous appartenir ? Mais non, votre pensée ne voyait en lui qu'un
objet de haine, ce n'est pas pour lui que...

— Arrêtez, seigneur, et n'ajoutez pas l'offense à des
soupçons qui m'ont blessée. La défiance excite la défiance, la jalousie intimide un cœur, et, je le crains,
l'honneur que vous vouliez me faire eût coûté cher à mon
repos et à ma liberté. »

Le roi se tut, n'osant, de peur de tout perdre, s'engager
plus avant sur la foi d'un vil et perfide espion.

La reine reprit avec une grâce familière et charmante :

« Écoutez, Soliman, soyez vrai, soyez vous-même,
soyez aimable. Mon illusion m'est chère encore... mon
esprit est combattu ; mais, je le sens, il me serait doux
d'être rassurée.

— Ah ! que vous banniriez tout souci, Balkis, si vous
lisiez dans ce cœur où vous régnez sans partage ! Oublions mes soupçons et les vôtres, et consentez enfin à
mon bonheur. Fatale puissance des rois ! que ne suis-je,
aux pieds de Balkis, fille des pâtres, un pauvre Arabe du
désert !

— Votre vœu s'accorde avec les miens, et vous
m'avez comprise. Oui, ajouta-t-elle, en approchant de la
chevelure du roi son visage à la fois candide et passionné ;
oui, c'est l'austérité du mariage hébreu qui me glace et
m'effraie : l'amour, l'amour seul m'eût entraînée, si...

— Si ?... achevez, Balkis : l'accent de votre voix me pénètre et m'embrase.

— Non, non... qu'allais-je dire, et quel éblouissement soudain ?... Ces vins si doux ont leur perfidie, et je me sens tout agitée. »

Soliman fit un signe : les muets et les Nubiens remplirent les coupes, et le roi vida la sienne d'un seul trait, en observant avec satisfaction que Balkis en faisait autant.

« Il faut avouer, poursuivit la princesse avec enjouement, que le mariage, suivant le rite juif, n'a pas été établi à l'usage des reines, et qu'il présente des conditions fâcheuses.

— Est-ce là ce qui vous rend incertaine ? demanda Soliman en dardant sur elle des yeux accablés d'une certaine langueur.

— N'en doutez pas. Sans parler du désagrément de s'y préparer par des jeûnes qui enlaidissent, n'est-il pas douloureux de livrer sa chevelure au ciseau, et d'être enveloppée de coiffes le reste de ses jours ? A la vérité, ajouta-t-elle en déroulant de magnifiques tresses d'ébène, nous n'avons pas de riches atours à perdre.

— Nos femmes, objecta Soliman, ont la liberté de remplacer leurs cheveux par des touffes de plumes de coq agréablement frisées*.

La reine sourit avec quelque dédain. « Puis, dit-elle, chez vous, l'homme achète la femme comme une esclave ou une servante ; il faut même qu'elle vienne humblement s'offrir à la porte du fiancé. Enfin, la religion n'est pour rien dans ce contrat tout semblable à un marché, et l'homme, en recevant sa compagne, étend la main sur elle en lui disant : *Mekudescheth-li;* en bon hébreu : Tu m'es consacrée. De plus, vous avez la facilité de la répudier, de la trahir, et même de la faire lapider sur le plus léger prétexte... Autant je pourrais être fière d'être aimée de Soliman, autant je redouterais de l'épouser.

— Aimée ! s'écria le prince en se soulevant du divan

---

* En Orient, encore aujourd'hui, les juives mariées sont obligées de substituer des plumes à leurs cheveux, qui doivent rester coupés à la hauteur des oreilles et cachés sous leur coiffure.

où il reposait; être aimé, vous! jamais femme exerça-t-elle un empire plus absolu? j'étais irrité; vous m'apaisez à votre gré; des préoccupations sinistres me troublaient; je m'efforce à les bannir. Vous me trompez; je le sens, et je conspire avec vous à abuser Soliman... »

Balkis éleva sa coupe au-dessus de sa tête en se détournant par un mouvement voluptueux. Les deux esclaves remplirent les hanaps et se retirèrent.

La salle du festin demeura déserte; la clarté des lampes, en s'affaiblissant, jetait de mystérieuses lueurs sur Soliman pâle, les yeux ardents, la lèvre frémissante et décolorée. Une langueur étrange s'emparait de lui: Balkis le contemplait avec un sourire équivoque.

Tout à coup il se souvint... et bondit sur sa couche.

« Femme, s'écria-t-il, n'espérez plus vous jouer de l'amour d'un roi...; la nuit nous protège de ses voiles, le mystère nous environne, une flamme ardente parcourt tout mon être; la rage et la passion m'enivrent. Cette heure m'appartient, et si vous êtes sincère, vous ne me déroberez plus un bonheur si chèrement acheté. Régnez, soyez libre; mais ne repoussez pas un prince qui se donne à vous, que le désir consume, et qui, dans ce moment, vous disputerait aux puissances de l'enfer. »

Confuse et palpitante, Balkis répondit en baissant les yeux:

« Laissez-moi le temps de me reconnaître; ce langage est nouveau pour moi...

— Non! interrompit Soliman en délire, en achevant de vider la coupe où il puisait tant d'audace; non, ma constance est à son terme. Il s'agit pour moi de la vie ou de la mort. Femme, tu seras à moi, je le jure. Si tu me trompais... je serai vengé; si tu m'aimes, un amour éternel achètera mon pardon. »

Il étendit les mains pour enlacer la jeune fille, mais il n'embrassa qu'une ombre; la reine s'était reculée doucement, et les bras du fils de Daoud retombèrent appesantis. Sa tête s'inclina; il garda le silence, et, tressaillant soudain, se mit sur son séant... Ses yeux étonnés se dilatèrent avec effort; il sentait le désir expirer dans son sein, et les objets vacillaient sur sa tête. Sa figure morne et blême, encadrée d'une barbe noire, exprimait une terreur vague ; ses lèvres s'entrouvrirent sans articuler aucun son, et sa tête, accablée du poids du turban, retomba sur les coussins du lit. Garrotté par des liens invisibles et pesants, il les secouait par la pensée, et ses membres n'obéissaient plus à son effort imaginaire.

La reine s'approcha, lente et grave ; il la vit avec effroi, debout, la joue appuyée sur ses doigts repliés, tandis que de l'autre main elle faisait un support à son coude. Elle l'observait ; il l'entendit parler et dire :

« Le narcotique opère... »

La prunelle noire de Soliman tournoya dans l'orbite blanc de ses grands yeux de sphinx, et il resta immobile.

« Eh bien, poursuivit-elle, j'obéis, je cède, je suis à vous !... »

Elle s'agenouilla et toucha la main glacée de Soliman, qui exhala un profond soupir.

« Il entend encore... murmura-t-elle. Écoute, roi d'Israël, toi qui imposes au gré de ta puissance l'amour avec la servitude et la trahison, écoute : J'échappe à ton pouvoir. Mais si la femme t'abusa, la reine ne t'aura point trompé. J'aime, et ce n'est pas toi ; les destins ne l'ont point permis. Issue d'une lignée supérieure à la tienne, j'ai dû, pour obéir aux génies qui me protègent, choisir un époux de mon sang. Ta puissance expire devant la leur ; oublie-moi. Qu'Adonaï te choisisse une compagne. Il est grand et généreux : ne t'a-t-il pas donné la sagesse, et bien payée de tes services en cette occasion ? Je t'abandonne à lui, et te retire l'inutile appui des génies que tu dédaignes et que tu n'as pas su commander... »

Et Balkis, s'emparant du doigt où elle voyait briller le talisman de l'anneau qu'elle avait donné à Soliman, se disposa à le reprendre ; mais la main du roi, qui respirait péniblement, se contractant par un sublime effort, se referma crispée, et Balkis s'efforça inutilement de la rouvrir.

Elle allait parler de nouveau, lorsque la tête de Soliman Ben-Daoud se renversa en arrière, les muscles de son cou

se détendirent, et sa bouche s'entrouvrit, ses yeux à demi
clos se ternirent, son âme s'était envolée dans le pays des
rêves.

Tout dormait dans le palais de Mello, hormis les serviteurs de la reine de Saba, qui avaient assoupi leurs
hôtes. Au loin grondait la foudre ; le ciel noir était sil-
lonné d'éclairs ; les vents déchaînés dispersaient la pluie
sur les montagnes.

Un coursier d'Arabie, noir comme la tombe, attendait
la princesse, qui donna le signal de la retraite, et bientôt
le cortège, tournant le long des ravines autour de la
colline de Sion, descendit dans la vallée de Josaphat. On
traversa à gué le Cédron, qui déjà s'enflait des eaux
pluviales pour protéger cette fuite ; et, laissant à droite le
Thabor couronné d'éclairs, on parvint à l'angle du jardin
des Oliviers et du chemin montueux de Béthanie.

« Suivons cette route, dit la reine à ses gardes ; nos
chevaux sont agiles ; à cette heure, les tentes sont re-
pliées, et nos gens s'acheminent déjà vers le Jourdain.
Nous les retrouverons à la deuxième heure du jour au-
delà du lac Salé [130], d'où nous gagnerons les défilés des
monts d'Arabie. »

Et lâchant la bride à sa monture, elle sourit à la tempête
en songeant qu'elle en partageait les disgrâces avec son
cher Adoniram sans doute errant sur la route de Tyr.

Au moment où ils s'engageaient dans le sentier de
Béthanie, le sillage des éclairs démasqua un groupe
d'hommes qui le traversaient en silence, et qui s'arrêtèrent stupéfaits au bruit de ce cortège de spectres chevau-
chant dans les ténèbres.

Balkis et sa suite passèrent devant eux, et l'un des
gardes, s'étant avancé pour les reconnaître, dit à voix
basse à la reine :

« Ce sont trois hommes qui emportent un mort enveloppé d'un linceul. »

XII. MAKBÉNACH

Pendant la *pause* qui suivit ce récit, les auditeurs
étaient agités par des idées contraires. Quelques-uns refu-
saient d'admettre la tradition suivie par le narrateur. Ils
prétendaient que la reine de Saba avait eu réellement un
fils de Soliman et non d'un autre. L'Abyssinien surtout se
croyait outragé dans ses convictions religieuses par la
supposition que ses souverains ne fussent que les descendants d'un ouvrier.

« Tu as menti, criait-il au rhapsode. Le premier de nos
rois d'Abyssinie s'appelait *Ménilek*, et il était bien véritablement fils de Soliman et de Belkis-Makéda. Son descendant règne encore sur nous à Gondar [131].

— Frère, dit un Persan, laisse-nous écouter jusqu'à la
fin, sinon tu te feras jeter dehors comme cela est arrivé
déjà l'autre nuit. Cette légende est orthodoxe à notre
point de vue, et si ton petit *Prêtre Jean* d'Abyssinie* tient
à descendre de Soliman, nous lui accorderons que c'est
par quelque noire éthiopienne, et non par la reine Balkis,
qui appartenait à notre couleur. »

Le cafetier interrompit la réponse furieuse que se préparait à faire l'Abyssinien, et rétablit le calme avec peine.

Le conteur reprit [133] :

Tandis que Soliman accueillait à sa maison des champs
la princesse des Sabéens, un homme passant sur les
hauteurs de Moria, regardait pensif le crépuscule qui
s'éteignait dans les nuages, et les flambeaux qui s'allu-
maient comme des constellations étoilées, sous les ombrages de Mello. Il envoyait une pensée dernière à ses
amours, et adressait ses adieux aux roches de Solime [134],
aux rives du Cédron, qui ne devait plus revoir.

---

* Le roi actuel d'Abyssinie descend encore, dit-on, de la reine de
Saba. Il est à la fois souverain et pape : on l'a toujours appelé le *prêtre
Jean* [132]. Ses sujets s'intitulent aujourd'hui *chrétiens de saint Jean*.

Le temps était bas, et le soleil, en pâlissant, avait vu la
nuit sur la terre. Au bruit des marteaux sonnant l'appel
sur les timbres d'airain, Adoniram, s'arrachant à ses
pensées, traversa la foule des ouvriers rassemblés; et
pour présider à la paye il pénétra dans le temple, dont il
entrouvrit la porte orientale, se plaçant lui-même au pied
de la colonne Jakin.

Des torches allumées sous le péristyle pétillaient en
recevant quelques gouttes d'une pluie tiède, aux caresses
de laquelle les ouvriers haletants offraient gaiement leur
poitrine.

La foule était nombreuse; et Adoniram, outre les
comptables, avait à sa disposition des distributeurs prépo-
sés aux divers ordres. La séparation des trois degrés
hiérarchiques s'opérait par la vertu d'un mot d'ordre qui
remplaçait, en cette circonstance, les signes manuels dont
l'échange aurait pris trop de temps. Puis le salaire était
livré sur l'énoncé du mot de passe.

Le mot d'ordre des apprentis avait été précédemment
JAKIN, nom d'une des colonnes de bronze; le mot d'ordre
des autres compagnons, BOOZ, nom de l'autre pilier; le
mot des maîtres, JÉHOVAH.

Classés par catégories et rangés à la file, les ouvriers se
présentaient aux comptoirs, devant les intendants, prési-
dés par Adoniram qui leur touchait la main, et à l'oreille
de qui ils disaient un mot à voix basse. Pour ce dernier
jour, le mot de passe avait été changé. L'apprenti disait
TUBAL-KAÏN; le compagnon, SCHIBBOLETH; et le maître,
GIBLIM [135].

Peu à peu la foule s'éclaircit, l'enceinte devint déserte,
et les derniers solliciteurs s'étant retirés, l'on reconnut
que tout le monde ne s'était pas présenté, car il restait
encore de l'argent dans la caisse.

« Demain, dit Adoniram, vous ferez des appels, afin de
savoir s'il y a des ouvriers malades, ou si la mort en a
visité quelques-uns. »

Dès que chacun fut éloigné, Adoniram, vigilant et zélé
jusqu'au dernier jour, prit, suivant sa coutume, une lampe
pour aller faire la ronde dans les ateliers déserts et dans les
divers quartiers du temple, afin de s'assurer de l'exécution

de ses ordres et de l'extinction des feux. Ses pas résonnaient tristement sur les dalles : une fois encore il contempla ses œuvres, et s'arrêta longtemps devant un groupe de chérubins ailés, dernier travail du jeune Benoni.

« Cher enfant ! » murmura-t-il avec un soupir.

Ce pèlerinage accompli, Adoniram se trouva dans la grande salle du temple. Les ténèbres épaissies autour de sa lampe se déroulaient en volutes rougeâtres, marquant les hautes nervures des voûtes, et les parois de la salle, d'où l'on sortait par trois portes regardant le septentrion, le couchant et l'orient.

La première, celle du Nord, était réservée au peuple ; la seconde livrait passage au roi et à ses guerriers ; la porte de l'Orient était celle des lévites ; les colonnes d'airain, Jakin et Booz, se distinguaient à l'extérieur de la troisième.

Avant de sortir par la porte de l'Occident, la plus rapprochée de lui, Adoniram jeta la vue sur le fond ténébreux de la salle, et son imagination, frappée des statues nombreuses qu'il venait de contempler, évoqua dans les ombres le fantôme de Tubal-Kaïn. Son œil fixe essaya de percer les ténèbres ; mais la chimère grandit en s'effaçant, atteignit les combles du temple et s'évanouit dans les profondeurs des murs, comme l'ombre portée d'un homme éclairé par un flambeau qui s'éloigne. Un cri plaintif sembla résonner sous les voûtes [136].

Alors Adoniram se détourna, s'apprêtant à sortir. Soudain une forme humaine se détacha du pilastre, et d'un ton farouche lui dit :

« Si tu veux sortir, livre-moi le mot de passe des maîtres. »

Adoniram était sans armes ; objet du respect de tous, habitué à commander d'un signe, il ne songeait pas même à défendre sa personne sacrée.

« Malheureux ! répondit-il en reconnaissant le compagnon Méthousaël, éloigne-toi ! Tu seras reçu parmi les maîtres quand la trahison et le crime seront honorés ! Fuis avec tes complices avant que la justice de Soliman atteigne vos têtes. »

Méthousaël l'entend, et lève d'un bras vigoureux son

marteau, qui retombe avec fracas sur le crâne d'Adoniram. L'artiste chancelle étourdi ; par un mouvement ins-
tinctif, il cherche une issue à la seconde porte, celle du
Septentrion. Là se trouvait le Syrien Phanor, qui lui dit :

« Si tu veux sortir, livre-moi le mot de passe des maîtres !

— Tu n'as pas sept années de campagne ! répliqua
d'une voix éteinte Adoniram.

— Le mot de passe !

— Jamais ! »

Phanor, le maçon, lui enfonça son ciseau dans le flanc ;
mais il ne put redoubler, car l'architecte du temple, réveillé par la douleur, vola comme un trait jusqu'à la porte
d'Orient, pour échapper à ses assassins.

C'est là qu'Amrou le Phénicien, compagnon parmi les
charpentiers, l'attendait pour lui crier à son tour :

« Si tu veux passer, livre-moi le mot de passe des
maîtres.

— Ce n'est pas ainsi que je l'ai gagné, articula avec
peine Adoniram épuisé ; demande-le à celui qui t'envoie. »

Comme il s'efforçait de s'ouvrir un passage, Amrou lui
plongea la pointe de son compas dans le cœur.

C'est à ce moment que l'orage éclata, signalé par un
grand coup de tonnerre.

Adoniram était gisant sur le pavé, et son corps couvrait
trois dalles. A ses pieds s'étaient réunis les meurtriers, se
tenant par la main.

« Cet homme était grand, murmura Phanor.

— Il n'occupera pas dans la tombe un plus vaste
espace que toi, dit Amrou.

— Que son sang retombe sur Soliman Ben-Daoud !

— Gémissons sur nous-mêmes, répliqua Méthousaël ;
nous possédons le secret du roi. Anéantissons la preuve
du meurtre ; la pluie tombe ; la nuit est sans clarté ; Eblis
nous protège. Entraînons ces restes loin de la ville, et
confions-les à la terre. »

Ils enveloppèrent donc le corps dans un long tablier de
peau blanche, et, le soulevant dans leurs bras, ils descendirent sans bruit au bord du Cédron, se dirigeant vers un

tertre solitaire situé au-delà du chemin de Béthanie. Comme ils y arrivaient, troublés et le frisson dans le cœur, ils se virent tout à coup en présence d'une escorte de cavaliers. Le crime est craintif, ils s'arrêtèrent; les gens qui fuient sont timides... et c'est alors que la reine de Saba passa en silence devant des assassins épouvantés qui traînaient les restes de son époux Adoniram.

Ceux-ci allèrent plus loin et creusèrent un trou dans la terre qui recouvrit le corps de l'artiste. Après quoi Méthousaël, arrachant une jeune tige d'acacia, la planta dans le sol fraîchement labouré sous lequel reposait la victime.

Pendant ce temps-là, Balkis fuyait à travers les vallées; la foudre déchirait les cieux, et Soliman dormait.

Sa plaie était plus cruelle, car il devait se réveiller.

Le soleil avait accompli le tour du monde, lorsque l'effet léthargique du philtre qu'il avait bu se dissipa. Tourmenté par des songes pénibles, il se débattait contre des visions, et ce fut par une secousse violente qu'il rentra dans le domaine de la vie.

Il se soulève et s'étonne; ses yeux errants semblent à la recherche de la raison de leur maître, enfin ils se souviennent...

La coupe vide est devant lui; les derniers mots de la reine se retracent à sa pensée: il ne la voit plus et se trouble; un rayon de soleil qui voltige ironiquement sur son front le fait tressaillir; il devine tout et jette un cri de fureur.

C'est en vain qu'il s'informe: personne ne l'a vue sortir, et sa suite a disparu dans la plaine, on n'a retrouvé que les traces de son camp. «Voilà donc, s'écrie Soliman, en jetant sur le grand prêtre Sadoc un regard irrité, voilà le secours que ton dieu prête à ses serviteurs! Est-ce là ce qu'il m'avait promis? Il me livre comme un jouet aux esprits de l'abîme [137], et toi, ministre imbécile, qui règnes sous son nom par mon impuissance, tu m'as abandonné, sans rien prévoir, sans rien empêcher! Qui me donnera des légions ailées pour atteindre cette reine perfide! Génies de la terre et du feu, dominations rebelles, esprits de l'air, m'obéirez-vous?

— Ne blasphémez pas, s'écria Sadoc : Jéhovah seul est grand, et c'est un Dieu jaloux. »

Au milieu de ce désordre, le prophète Ahias de Silo apparaît sombre, terrible et enflammé du feu divin ; Ahias, pauvre et redouté, qui n'est rien que par l'esprit. C'est à Soliman qu'il s'adresse : « Dieu a marqué d'un signe le front de Kaïn le meurtrier, et il a prononcé : — Quiconque attentera à la vie de Kaïn sera puni sept fois ! Et Lamech, issu de Kaïn, ayant versé le sang, il a été écrit : — On vengera la mort de Lamech septante fois sept fois [138]. Or, écoute, ô roi, ce que le Seigneur m'ordonne de te dire : — Celui qui a répandu le sang de Kaïn et de Lamech sera châtié sept cents fois sept fois. »

Soliman baissa la tête ; il se souvint d'Adoniram, et sut par là que ses ordres avaient été exécutés, et le remords lui arracha ce cri : « Malheureux ! qu'ont-ils fait ? Je ne leur avais pas dit de le tuer. »

Abandonné de son Dieu, à la merci des génies, dédaigné, trahi par la princesse des Sabéens, Soliman désespéré abaissait sa paupière sur sa main désarmée où brillait encore l'anneau qu'il avait reçu de Balkis. Ce talisman lui rendit une lueur d'espoir. Demeuré seul, il en tourna le chaton vers le soleil, et vit accourir à lui tous les oiseaux de l'air, hormis Hud-Hud, la huppe magique. Il l'appela trois fois, la força d'obéir, et lui commanda de le conduire auprès de la reine. La huppe à l'instant reprit son vol, et Soliman, qui tendait ses bras vers elle, se sentit soulevé de terre et emporté dans les airs. La frayeur le saisit, il détourna sa main et reprit pied sur le sol. Quant à la huppe, elle traversa le vallon et fut se poser au sommet d'un tertre sur la tige frêle d'un acacia que Soliman ne put la forcer à quitter.

Saisi d'un esprit de vertige, le roi Soliman songeait à lever des armées innombrables pour mettre à feu et à sang le royaume de Saba. Souvent il s'enfermait seul pour maudire son sort et évoquer des esprits. Un afrite [139], génie des abîmes, fut contraint de le servir et de le suivre dans les solitudes. Pour oublier la reine et donner le change à sa fatale passion, Soliman fit chercher partout des femmes étrangères qu'il épousa selon des rites im-

pies, et qui l'initièrent au culte idolâtre des images.
Bientôt, pour fléchir les génies, il peupla les hauts lieux
et bâtit, non loin du Thabor, un temple à Moloch.

Ainsi se vérifiait la prédiction que l'ombre d'Hénoch
avait faite dans l'empire du feu, à son fils Adoniram, en
ces termes : «Tu es destiné à nous venger, et ce temple
que tu élèves à Adonaï causera la perte de Soliman. »

Mais le roi des Hébreux fit plus encore, ainsi que nous
l'enseigne le Talmud ; car le bruit du meurtre d'Adoniram
s'étant répandu, le peuple soulevé demanda justice, et le
roi ordonna que neuf maîtres justifiassent de la mort de
l'artiste, en retrouvant son corps.

Il s'était passé dix-sept jours : les perquisitions aux
alentours du temple avaient été stériles, et les maîtres
parcouraient en vain les campagnes. L'un d'eux, accablé
par la chaleur, ayant voulu, pour gravir plus aisément,
s'accrocher à un rameau d'acacia d'où venait de s'envoler
un oiseau brillant et inconnu, fut surpris de s'apercevoir
que l'arbuste entier cédait sous sa main, et ne tenait point
à la terre. Elle était récemment fouillée, et le maître
étonné appela ses compagnons.

Aussitôt les neuf creusèrent avec leurs ongles et
constatèrent la forme d'une fosse. Alors l'un d'eux dit à
ses frères :

«Les coupables sont peut-être des félons qui auront
voulu arracher à Adoniram le mot de passe des maîtres.
De crainte qu'ils n'y soient parvenus, ne serait-il pas
prudent de le changer ?

— Quel mot adopterons-nous ? objecta un autre.

— Si nous retrouvons là notre maître, repartit un troisième, la première parole qui sera prononcée par l'un de
nous servira de mot de passe ; elle éternisera le souvenir
de ce crime et du serment que nous faisons ici de le
venger, nous et nos enfants, sur ses meurtriers, et leur
postérité la plus reculée. »

Le serment fut juré ; leurs mains s'unirent sur la fosse,
et ils se reprirent à fouiller avec ardeur.

Le cadavre ayant été reconnu, un des maîtres le prit par
un doigt, et la peau lui resta à la main ; il en fut de même
pour un second ; un troisième le saisit par le poignet de la

manière dont les maîtres en usent envers le compagnon, et la peau se sépara encore ; sur quoi il s'écria : MAKBÉ-NACH, qui signifie : LA CHAIR QUITTE LES OS.

Sur-le-champ ils convinrent que ce mot serait dorénavant le mot de maître et le cri de ralliement des vengeurs d'Adoniram, et la justice de Dieu a voulu que ce mot ait, durant bien des siècles, ameuté les peuples contre la lignée des rois.

Phanor, Amrou et Méthousaël avaient pris la fuite ; mais, reconnus pour de faux frères, ils périrent de la main des ouvriers, dans les États de Maaca, roi du pays de Geth [140], où ils se cachaient sous les noms de Sterkin, d'Oterfut et de Hoben.

Néanmoins, les corporations, par une inspiration secrète, continuèrent toujours à poursuivre leur vengeance déçue sur *Abiram* ou le meurtrier... Et la postérité d'Adoniram resta sacré pour eux ; car longtemps après ils juraient encore par *les fils de la veuve ;* ainsi désignaient-ils les descendants d'Adoniram et de la reine de Saba.

Sur l'ordre exprès de Soliman Ben-Daoud, l'illustre Adoniram fut inhumé sous l'autel même du temple qu'il avait élevé ; c'est pourquoi Adonaï finit par abandonner l'arche des Hébreux et réduisit en servitude les successeurs de Daoud.

Avide d'honneurs, de puissance et de volupté, Soliman épousa cinq cents femmes, et contraignit enfin les génies réconciliés à servir ses desseins contre les nations voisines, par la vertu du célèbre anneau, jadis ciselé par Irad, père du Kaïnite Maviaël, et tour à tour possédé par Hénoch, qui s'en servit pour commander aux pierres, puis par Jared le patriarche, et par Nemrod, qui l'avait légué à Saba, père des Hémiarites.

L'anneau de Salomon lui soumit les génies, les vents et tous les animaux [141]. Rassasié de pouvoir et de plaisirs, le sage allait répétant : « Mangez, aimez, buvez ; le reste n'est qu'orgueil. »

Et, contradiction étrange : il n'était pas heureux ! ce roi, dégradé par la matière, aspirait à devenir immortel...

Par ses artifices, et à l'aide d'un savoir profond, il

espéra d'y parvenir moyennant certaines conditions : pour
épurer son corps des éléments mortels, sans le dissoudre,
il fallait que, durant deux cent vingt-cinq années, à l'abri
de toute atteinte, de tout principe corrupteur, il dormît du
sommeil profond des morts. Après quoi, l'âme exilée
rentrerait dans son enveloppe, rajeunie jusqu'à la virilité
florissante dont l'épanouissement est marquée par l'âge
de trente-trois ans.

Devenu vieux et caduc, dès qu'il entrevit, dans la
décadence de ses forces, les signes d'une fin prochaine,
Soliman ordonna aux génies qu'il avait asservis de lui
construire, dans la montagne de Kaf, un palais inaccessi-
ble, au centre duquel il fit élever un trône massif d'or et
d'ivoire, porté sur quatre piliers faits du tronc vigoureux
d'un chêne.

C'est là que Soliman, prince des génies, avait résolu de
passer ce temps d'épreuve. Les derniers temps de sa vie
furent employés à conjurer, par des signes magiques, par
des paroles mystiques, et par la vertu de l'anneau, tous
les animaux, tous les éléments, toutes les substances
douées de la propriété de décomposer la matière. Il
conjura les vapeurs du nuage, l'humilité de la terre, les
rayons du soleil, le souffle des vents, les papillons, les
mites et les larves. Il conjura les oiseaux de proie, la
chauve-souris, le hibou, le rat, la mouche impure, les
fourmis et la famille des insectes qui rampent ou qui
rongent. Il conjura le métal ; il conjura la pierre, les
alcalis et les acides, et jusqu'aux émanations des plantes.

Ces dispositions prises, quand il se fut bien assuré
d'avoir soustrait son corps à tous les agents destructeurs,
ministres impitoyables d'Eblis, il se fit transporter une
dernière fois au cœur des montagnes de Kaf, et, rassem-
blant les génies, il leur imposa des travaux immenses, en
leur enjoignant, sous la menace des châtiments les plus
terribles, de respecter son sommeil et de veiller autour de
lui.

Ensuite il s'assit sur son trône, où il assujettit solidement ses membres, qui se refroidirent peu à peu ; ses yeux
se ternirent, son souffle s'arrêta, et il s'endormit dans la
mort.

Et les génies esclaves continuaient à le servir, à exécuter ses ordres et à se prosterner devant leur maître, dont ils attendaient le réveil.

Les vents respectèrent sa face; les larves qui engendrent les vers ne purent en approcher; les oiseaux, les quadrupèdes rongeurs furent contraints de s'éloigner; l'eau détourna ses vapeurs, et, par la force des conjurations, le corps demeura intact pendant plus de deux siècles.

La barbe de Soliman, ayant crû, se déroulait jusqu'à ses pieds; ses ongles avaient percé le cuir de ses gants et l'étoffe dorée de sa chaussure.

Mais comment la sagesse humaine, dans ses limites bornées, pourrait-elle accomplir l'INFINI? Soliman avait négligé de conjurer un insecte, le plus infime de tous... il avait oublié le ciron.

Le ciron s'avança mystérieux... invisible... Il s'attacha à l'un des piliers qui soutenaient le trône, et le rongea lentement, lentement, sans jamais s'arrêter. L'ouïe la plus subtile n'aurait pas entendu gratter cet atome, qui secouait derrière lui, chaque année, quelques grains d'une sciure menue.

Il travailla deux cent vingt-quatre ans... Puis tout à coup le pilier rongé fléchit sous le poids du trône, qui s'écroula avec un fracas énorme*.

Ce fut le ciron qui vainquit Soliman et qui le premier fut instruit de sa mort; car le roi des rois précipité sur les dalles ne se réveilla point.

Alors les génies humiliés reconnurent leur méprise et recouvrèrent la liberté.

---

* Selon les Orientaux, les puissances de la nature n'ont d'action qu'en vertu d'un contrat consenti généralement. C'est l'accord de tous les êtres qui fait le pouvoir d'*Allah* lui-même. On remarquera le rapport qui se rencontre entre le ciron triomphant des combinaisons ambitieuses de Salomon et la légende de l'Edda, qui se rapporte à Balder. Odin et Freya avaient de même conjuré tous les êtres, afin qu'ils respectassent la vie de Balder, leur enfant. Ils oublièrent le gui de chêne, et cette humble plante fut cause de la mort du fils des dieux. C'est pourquoi le gui était sacré dans la religion druidique, postérieure à celle des Scandinaves.

Là finit l'histoire du grand Soliman Ben-Daoud, dont
le récit doit être accueilli avec respect par les vrais
croyants, car il est retracé en abrégé de la main sacrée du
prophète, au trente-quatrième *fatihat* du Coran, miroir de
sagesse et fontaine de vérité [142].

FIN DE L'HISTOIRE DE SOLIMAN
ET DE LA REINE DU MATIN

Le conteur avait terminé son récit, qui avait duré près
de deux semaines. J'ai craint d'en diviser l'intérêt en
parlant de ce que j'avais pu observer à Stamboul dans
l'intervalle des soirées. Je n'ai pas non plus tenu compte
de quelques petites histoires intercalées çà et là, selon
l'usage, soit dans les moments où le public n'est pas
encore nombreux, soit pour faire diversion à quelques
péripéties dramatiques. Les *cafedjis* font souvent des frais
considérables pour s'assurer le concours de tel ou tel
narrateur en réputation. Comme la séance n'est jamais
que d'une heure et demie, ils peuvent paraître dans plusieurs cafés la même nuit. Ils donnent aussi des *séances*
dans les harems, lorsque le mari, s'étant assuré de l'intérêt d'un conte, veut faire participer sa famille au plaisir
qu'il a éprouvé. Les gens prudents s'adressent, pour faire
leur marché, au syndic de la corporation des conteurs,
qu'on appelle *khassidéens,* car il arrive quelquefois que
des conteurs de mauvaise foi, mécontents de la recette du
café ou de la rétribution donnée dans une maison, dispa-
raissent au milieu d'une situation intéressante, et laissent
les auditeurs désolés de ne pouvoir connaître la fin de
l'histoire.

J'aimais beaucoup le café fréquenté par mes amis les
Persans, à cause de la variété de ses habitués et de la
liberté des paroles qui y régnait; il me rappelait le *Café de
Surate* du bon Bernardin de Saint-Pierre [143]. On trouve en
effet beaucoup plus de tolérance dans ces réunions cos-
mopolites de marchands des divers pays de l'Asie, que
dans les cafés purement composés de Turcs ou d'Arabes.
L'histoire qui nous avait été racontée était discutée à

chaque séance entre les divers groupes d'habitués; car,
dans un café d'Orient, la conversation n'est jamais générale, et, sauf les observations de l'Abyssinien, qui,
comme chrétien, paraissait abuser un peu du jus de Noé,
personne n'avait mis en doute les données principales du
récit. Elles sont en effet conformes aux croyances générales de l'Orient; seulement, on y retrouve quelque chose
de cet esprit d'opposition populaire qui distingue les
Persans et les Arabes de l'Yémen. Notre conteur appartenait à la secte d'Ali, qui est pour ainsi dire la tradition
catholique d'Orient, tandis que les Turcs, ralliés à la secte
d'Omar, représenteraient plutôt une sorte de protestan-
tisme qu'ils ont fait dominer en soumettant les populations méridionales [144].

IV. LE BAÏRAM

IV. LE BAÏRAM

I. LES EAUX-DOUCES D'ASIE

Nous n'avions pas renoncé à nous rendre un vendredi
aux Eaux-Douces d'Asie. Cette fois, nous choisîmes la
route de terre qui mène plus loin à Buyukdéré.

Sur le chemin, nous nous arrêtâmes à une maison de
campagne, qui était la demeure de B***-Effendi, l'un des
hauts employés du sultan. C'était un Arménien qui avait
épousé une parente des Arméniens chez lesquels se
trouvait mon ami. Un jardin orné de plantes rares précédait l'entrée de la maison, et deux petites filles fort
jolies, vêtues comme des sultanes en miniature, jouaient
au milieu des parterres sous la surveillance d'une négresse. Elles vinrent embrasser le peintre, et nous ac-
compagnèrent jusque dans la maison. Une dame en
costume levantin vint nous recevoir, et mon ami lui dit :
« *Kaliméra, kokona !* » (Bonjour, madame.) Il la saluait
en grec, car elle était de cette nation, quoique alliée à
des Arméniens.

On est toujours embarrassé d'avoir à parler, dans une
relation de voyage, de personnes qui existent, et qui ont
accueilli de leur mieux l'Européen qui passe, cherchant à
rapporter dans son pays quelque chose de vrai sur les
mœurs étrangères, sur des sociétés sympathiques partout
aux nôtres, et vers lesquelles la civilisation franque jette
aujourd'hui des rayons de lumière... Dans le Moyen Age,
nous avons tout reçu de l'Orient ; maintenant, nous vou-
drions rapporter à cette source commune de l'humanité

les puissances dont elle nous a doués, pour faire grande de nouveau la mère universelle.

Le beau nom de la France est cher à ces nations lointaines : c'est là notre force future ;... c'est ce qui nous permet d'attendre, quoi que fasse la diplomatie usée de nos gouvernements.

On peut se dire, en citant des personnes de ces pays, ce que disait Racine dans la préface de *Bajazet* : « C'est si loin ! » Mais n'est-il pas permis de remercier d'un bon accueil des hôtes si empressés que le sont pour nous les Arméniens ? Plus en rapport que les Turcs avec nos idées, ils servent, pour ainsi dire, de transition à la bonne volonté de ces derniers, pour qui la France a toujours été particulièrement la nation amie.

J'avoue que ce fut pour moi un grand charme de retrouver, après une année d'absence de mon pays, un intérieur de famille tout européen, sauf les costumes des femmes, qui, heureusement pour la couleur locale, ne se rapportaient qu'aux dernières modes de Stamboul.

Madame B*** nous fit servir une collation par ses petites filles ; ensuite nous passâmes dans la principale pièce, où se trouvaient plusieurs dames levantines. L'une d'elles se mit au piano pour exécuter un des morceaux le plus nouvellement venus de Paris : c'était une politesse que nous appréciâmes vivement en admirant des fragments d'un opéra nouveau d'Halévy.

Il y avait aussi des journaux sur les tables, des livres de poésie et de théâtre, du Victor Hugo, du Lamartine. Cela semble étrange quand on arrive de Syrie, et c'est fort simple quand on songe que Constantinople consomme presque autant que Pétersbourg les ouvrages littéraires et artistiques venus de Paris.

Pendant que nous parcourions des yeux les livres illustrés et les albums, M. B*** rentra ; il voulait nous retenir à dîner ; mais, ayant projeté d'aller aux Eaux-Douces, nous remerciâmes. M. B*** voulut nous accompagner jusqu'au Bosphore.

Nous restâmes quelque temps sur la berge à attendre un caïque. Pendant que nous parcourions le quai, nous vîmes venir de loin un homme d'un aspect majestueux, d'un teint pareil à ceux des mulâtres, magnifiquement vêtu à la turque, non dans le costume de la *réforme* [145], mais selon la mode ancienne. Il s'arrêta en voyant M. B***, qui le salua avec respect, et nous les lassâmes causer un instant. Mon ami m'avertit que c'était un grand personnage, et qu'il nous fallait avoir soin de faire un beau *salamalek,* quand il nous quitterait, en portant la main à la poitrine et à la bouche, selon l'usage oriental. Je le fis d'après son indication, et le mulâtre y répondit fort gracieusement.

J'étais sûr que ce n'était pas le sultan, que j'avais vu déjà. « Qu'est-ce donc ? dis-je, lorsqu'il se fut éloigné.

— C'est le kislar-aga », me répondit le peintre avec un sentiment d'admiration, et un peu aussi de terreur.

Je compris tout. Le kislar-aga, c'est le chef des eunuques du sérail, l'homme le plus redouté après le sultan et avant le premier vizir. Je regrettai de n'avoir pas fait plus intimement la connaissance de ce personnage, qui paraissait du reste fort poli, mais fort convaincu de son importance.

Des attachés arrivèrent enfin ; nous quittâmes B***-Effendi, et un caïque à six rameurs nous emporta vers la côte d'Asie.

Il fallut une heure et demie environ pour arriver aux Eaux-Douces. A droite et à gauche des rivages, nous admirâmes les châteaux crénelés qui gardent, du côté de la mer Noire, Péra, Stamboul et Scutari contre les invasions de Crimée ou de Trébizonde. Ce sont des murailles et des tours génoises, comme celles qui séparent Péra et Galata.

Quand nous eûmes dépassé les châteaux d'Asie et d'Europe, notre barque entra dans la rivière des Eaux-Douces. De hautes herbes, d'où s'envolaient çà et là des échassiers, bordaient cette embouchure, qui me rappelait un peu les derniers courants du Nil se jetant près de la mer dans le lac de Péluse. Mais ici, la nature, plus calme, plus verte, plus septentrionale, traduisait les magnificences du Delta d'Égypte, à peu près comme le latin traduit le grec... en l'affaiblissant.

Nous débarquâmes dans une prairie délicieuse et coupée d'eaux vives. Les bois éclaircis avec art jetaient leur ombre par endroits sur les hautes herbes. Quelques tentes, dressées par des vendeurs de fruits et de rafraîchissements, donnaient à la scène l'aspect d'une de ces oasis où s'arrêtent les tribus errantes. La prairie était couverte de monde. Les teintes variées des costumes nuançaient la verdure comme les couleurs vives des fleurs sur une pelouse au printemps. Au milieu de l'éclaircie la plus vaste, on distinguait une fontaine de marbre blanc, ayant cette forme de pavillon chinois dont l'architecture spéciale domine à Constantinople.

La joie de boire de l'eau a fait inventer à ces peuples les plus charmantes constructions dont on puisse avoir l'idée. Ce n'était pas là une source comme celle d'Arnaut-Keuil, devant laquelle il fallait attendre le bon plaisir d'un saint, qui ne fait couler la fontaine qu'à partir du jour de sa fête. Cela est bon pour des giaours, qui attendent patiemment qu'un miracle leur permette de s'abreuver d'eau claire... Mais à la fontaine des Eaux-Douces d'Asie on n'a pas à souffrir de ces hésitations. Je ne sais quel saint musulman fait couler les eaux avec une abondance et une limpidité inconnues aux saints grecs. Il fallait payer un para pour un verre de cette boisson, qui, pour l'obtenir sur les lieux mêmes, coûtait comme voyage environ dix piastres.

Des voitures de toutes sortes, la plupart dorées et attelées de bœufs, avaient amené aux Eaux-Douces les dames de Scutari. On ne voyait près de la fontaine que des femmes et des enfants, parlant, criant, causant avec des expansions, des rires ou des lutineries charmantes, dans cette langue turque dont les syllabes douces ressemblent à des roucoulements d'oiseaux.

Si les femmes sont plus ou moins cachées sous leurs voiles, elles ne cherchent pas cependant à se dérober d'une façon trop cruelle à la curiosité des Francs. Les règlements de police qui leur ordonnent, le plus souvent possible, d'épaissir leurs voiles, de soustraire aux infidèles toute attitude extérieure qui pourrait avoir action sur les sens, leur inspirent une réserve qui ne céderait pas facilement devant une séduction ordinaire.

La chaleur du jour était en ce moment très forte, et

nous avions pris place sous un énorme platane entouré de divans rustiques. Nous essayâmes de dormir ; mais, pour les Français, le sommeil de midi est impossible. Le peintre, voyant que nous ne pouvions dormir, raconta une histoire.

C'étaient les aventures d'un artiste de ses amis, qui était venu à Constantinople pour faire fortune, au moyen d'un daguerréotype [146].

Il cherchait les endroits où se trouvait la plus grande affluence, et vint un jour installer son instrument reproducteur sous les ombrages des Eaux-Douces.

Un enfant jouait sur le gazon : l'artiste eut le bonheur d'en fixer l'image parfaite sur une plaque ; puis, dans sa joie de voir une épreuve si bien réussie, il l'exposa devant les curieux, qui ne manquent jamais dans ces occasions.

La mère s'approcha, par une curiosité bien naturelle, et s'étonna de voir son enfant si nettement reproduit. Elle croyait que c'était de la magie.

L'artiste ne connaissait pas la langue turque, de sorte qu'il ne comprit point, au premier abord, les compliments de la dame. Seulement, une négresse qui accompagnait cette dernière lui fit un signe. La dame avait monté dans un arabas et se rendait à Scutari.

Le peintre prit sous son bras la boîte du daguerréotype, instrument qu'il n'est pas facile de porter, et se mit à suivre l'arabas pendant une lieue.

En arrivant aux premières maisons de Scutari, il vit de loin l'arabas s'arrêter et la femme descendre à un kiosque isolé qui donnait vers la mer.

La vieille lui fit signe de ne pas se montrer et d'attendre ; puis, quand la nuit fut tombée, elle l'introduisit dans la maison.

L'artiste parut devant la dame, qui lui déclara qu'elle l'avait fait venir pour qu'il se servît de son instrument en faisant son portrait de la même façon qu'il avait employée pour reproduire la figure de son enfant.

« Madame, répondit l'artiste, ou du moins il chercha à le faire comprendre, cet instrument ne fonctionne qu'avec le soleil.

— Eh bien ! attendons le soleil », dit la dame.

C'était une veuve, heureusement pour la morale musulmane.

Le lendemain matin, l'artiste, profitant d'un beau rayon de soleil qui pénétrait à travers les fenêtres grillées, s'occupa de reproduire les traits de la belle dame du faubourg de Scutari. Elle était fort jeune, quoique mère d'un petit garçon assez grand, car les femmes d'Orient, comme on sait, se marient la plupart dès l'âge de douze ans. Pendant qu'il polissait ses plaques, on entendit frapper à la porte extérieure.

« Cachez-vous ! » s'écria la dame, et, aidée de sa servante, elle se hâta de faire entrer l'homme, avec son appareil daguerrien, dans une cellule fort étroite, qui dépendait de la chambre à coucher. Le malheureux eut le temps de faire des réflexions fort tristes. Il ignorait que cette femme fût veuve, et pensait naturellement que le mari était survenu inopinément à la suite de quelque voyage. Il y avait une autre hypothèse non moins dangereuse : l'intervention de la police dans cette maison où l'on avait pu, la veille, remarquer l'entrée d'un giaour. Cependant il prêta l'oreille, et comme les maisons de bois des Turcs n'ont que des cloisons fort légères, il se rassura un peu en n'entendant qu'un chuchotement de voix féminines.

En effet, la dame recevait simplement la visite d'une de ses amies, mais les visites que se font les femmes de Constantinople durent d'ordinaire toute une journée, ces belles désœuvrées cherchant toute occasion de tuer le plus de temps possible. Se montrer était dangereux : la visiteuse pouvait être vieille ou laide ; de plus, quoique les musulmanes s'accommodent forcément d'un partage d'époux, la jalousie n'est point absente de leurs âmes quand il s'agit d'une affaire de cœur. Le malheureux avait plu.

Quand le soir arriva, l'amie importune, après avoir dîné, pris des rafraîchissements plus tard, et s'être livrée longtemps, sans doute, à des causeries médisantes, finit par quitter la place, et l'on put faire sortir enfin le Français de son étroite cachette.

Il était trop tard pour reprendre l'œuvre longue et

difficile du portrait. De plus, l'artiste avait contracté une
faim et une soif de plusieurs heures. On dut alors remettre
la séance au lendemain.

Au troisième jour, il se trouvait dans la position du
matelot qu'une chanson populaire suppose avoir été
longtemps retenu chez une certaine présidente du temps
de Louis XV...; il commença à s'ennuyer [147].

La conversation des dames turques est assez uniforme.
De plus, lorsqu'on n'entend pas la langue, il est difficile
de se distraire longtemps dans leur compagnie. Il était
parvenu à réussir le portrait demandé, et fit comprendre
que des affaires majeures le rappelaient à Péra. Mais il
était impossible de sortir de la maison en plein jour, et, le
soir venu, une collation magnifique, offerte par la dame,
le retint encore non moins que la reconnaissance d'une si
charmante hospitalité. Cependant, le jour suivant, il marqua énergiquement sa résolution de partir. Il fallait encore
attendre le soir. Mais on avait caché le daguerréotype, et
comment sortir de cette maison sans ce précieux instrument, dont à cette époque on n'aurait pas retrouvé le
pareil dans la ville? C'était de plus son gagne-pain. Les
femmes de Scutari sont un peu sauvages dans leurs atta-
chements; celle-ci fit comprendre à l'artiste, qui, après
tout, finissait par saisir quelques mots de la langue, que,
s'il voulait la quitter désormais, elle appellerait les voisins en criant qu'il était entré furtivement dans la maison
pour attenter à son honneur.

Un attachement si incommode finit par mettre à bout la
patience du jeune homme. Il abandonna son daguerréotype, et parvint à s'échapper par la fenêtre pendant que la
dame dormait.

Le triste de l'aventure, c'est que ses amis de Péra, ne
l'ayant pas vu pendant plus de trois jours, avaient averti
la police. On avait obtenu quelques indications sur la
scène qui s'était passée aux Eaux-Douces d'Asie. Des
gens de la campagne avaient vu passer l'arabas, suivi de
loin par l'artiste. La maison fut signalée, et la pauvre
dame turque eût été tuée par la population fanatique pour
avoir accueilli un giaour, si la police ne l'eût fait enlever
secrètement. Elle en fut quitte pour cinquante coups de

bâton, et la négresse pour vingt-cinq, la loi n'appliquant jamais à l'esclave que la moitié de la peine qui frappe une personne libre.

II. La veille du Grand Baïram

Le Baïram [148] des Turcs ressemble à notre jour de l'an. La civilisation européenne, qui pénètre peu à peu dans leurs coutumes, les attire de plus en plus, quant aux détails compatibles avec leur religion; de sorte que les femmes et les enfants raffolent de parures, de bagatelles et de jouets venus de France ou d'Allemagne. En outre, si les dames turques font admirablement les confitures, le privilège des sucreries, des bonbons et des cartonnages splendides appartient à l'industrie parisienne. Nous passâmes, en revenant des Eaux-Douces, par la grande rue de Péra, qui était devenue ce soir-là pareille à notre rue des Lombards [149]. Il était bon de s'arrêter chez la confiseuse principale, madame Meunier, pour prendre quelques rafraîchissements et pour examiner la foule. On voyait là des personnages éminents, des Turcs riches, qui venaient eux-mêmes faire leurs achats, car il n'est pas prudent, en ce pays, de confier à de simples serviteurs le soin d'acheter ses bonbons. Madame Meunier a spécialement la confiance des effendis (hommes de distinction), et ils savent qu'elle ne leur livrerait pas des sucreries douteuses... Les rivalités, les jalousies, les haines amènent parfois des crimes dans la société musulmane; et si les luttes sanglantes sont devenues rares, le poison est encore, en certains cas, le grand argument des femmes, beaucoup moins civilisées jusqu'ici que leurs maris.

A un moment donné, tous les Turcs disparurent, emportant leurs emplettes, comme des soldats quand sonne la retraite, parce que l'heure les appelait à l'un des *Namaz*, prières qui se font la nuit dans les mosquées.

Ces braves gens ne se bornent pas, pendant les nuits du Ramazan, à écouter les conteurs et à voir jouer les *Cara-*

gueuz; ils ont des moments de prières, nommés *rikats,* pendant lesquels on récite chaque fois une dizaine de versets du Coran. Il faut accomplir par nuit vingt rikats, soit dans les mosquées, ce qui vaut mieux, — ou chez soi, ou dans la rue, si l'on n'a pas de domicile, ainsi qu'il arrive à beaucoup de gens qui ne dorment que dans les cafés. Un bon musulman doit, par conséquent, avoir récité pendant chaque nuit deux cents versets, ce qui fait six mille versets pour les trente nuits. Les contes, spectacles et promenades, ne sont que les délassements de ce devoir religieux.

La confiseuse nous raconta un fait qui peut donner quelque idée de la naïveté de certains fonctionnaires turcs. Elle avait fait venir par le bateau du Danube des caisses de jouets de Nuremberg. Le droit de douane se paye d'après la déclaration de la valeur des objets; mais, à Constantinople, comme ailleurs, pour éviter la fraude, l'administration a le droit de garder les marchandises en payant la valeur déclarée, si l'on peut supposer qu'elles valent davantage.

Quand elle déballa les caisses de jouets de Nuremberg, un cri d'admiration s'éleva parmi tous les employés des douanes. La déclaration était de dix mille piastres (2.600 fr.). Selon eux, cela en valait au moins trente mille. Ils retinrent donc les caisses, qui se trouvaient ainsi fort bien payées et convenablement vendues, sans frais de montre et de déballage. Madame Meunier prit les dix mille piastres, en riant de leur simplicité. Ils se partagèrent les polichinelles, les soldats de bois et les poupées, — non pas pour les donner à leurs enfants, mais pour s'en amuser eux-mêmes.

Au moment de quitter la boutique, je retrouvai dans une poche, en cherchant mon mouchoir, le flacon que j'avais acheté précédemment sur la place du Sérasquier. Je demandai à madame Meunier ce que pouvait être cette liqueur qui m'avait été vendue comme rafraîchissement, et dont je n'avais pu supporter la première gorgée: était-ce une limonade aigrie, une bavaroise tournée, ou une liqueur particulière au pays?

La confiseuse et ses demoiselles éclatèrent d'un fou

rire en voyant le flacon ; il fut impossible de tirer d'elles aucune explication. Le peintre me dit en me reconduisant, que ces sortes de liqueurs ne se vendaient qu'à des Turcs qui avaient acquis un certain âge. En général, dans ce pays, les sens s'amortissent après l'âge de trente ans. Or chaque mari est forcé, lorsque se dessine la dernière échancrure de la lune du Baïram, de remplir ses devoirs les plus graves... Il en est pour qui les ébats de Caragueuz n'ont pas été une suffisante excitation.

La veille du Baïram était arrivée : l'aimable lune du Ramazan s'en allait où vont les vieilles lunes et les neiges de l'an passé, — chose qui fut un si grave sujet de rêverie pour notre vieux poète François Villon. En réalité, ce n'est qu'alors que les fêtes sérieuses commencent. Le soleil qui se lève pour inaugurer le mois de Schewal doit détrôner la lune altière de cette splendeur usurpée, qui en a fait pendant trente jours un véritable soleil nocturne, avec l'aide, il est vrai, des illuminations, des lanternes et des feux d'artifice. Les Persans logés avec moi à Ildiz-Khan m'avertirent du moment où devaient avoir lieu l'enterrement de la lune et l'intronisation de la nouvelle, ce qui donnait lieu à une cérémonie extraordinaire.

Un grand mouvement de troupes avait lieu cette nuit-là. On établissait une haie entre Eski-Sérail, résidence de la sultane-mère, et le grand sérail, situé à la pointe maritime de Stamboul. Depuis le château des Sept-Tours et le palais de Bélisaire jusqu'à Sainte-Sophie, tous les gens des divers quartiers affluaient vers ces deux points.

Comment dire toutes les splendeurs de cette nuit privilégiée ? Comment dire surtout le motif singulier qui fait cette nuit-là du sultan le seul homme heureux de son empire. Tous les fidèles ont dû, pendant un mois, s'abstenir de toute pensée d'amour. Une seule nuit encore, et ils pourront envoyer à une de leurs femmes, s'ils en ont plusieurs, le bouquet qui indique une préférence. S'ils n'en ont qu'une seule, le bouquet lui revient de droit. Mais quant au sultan, en qualité de padischa et de calife, il a le droit de ne pas attendre le premier jour de la lune de *Lailet-ul-id,* qui est celle du mois suivant, et qui ne paraît qu'au premier jour du grand Baïram. Il a une nuit d'avance sur tous ses sujets pour la procréation d'un héritier, qui ne peut cette fois résulter que d'une femme nouvelle.

Ceci était le sens de la cérémonie qui se faisait, m'a-t-on dit, entre le vieux sérail et le nouveau. La mère ou la tante du sultan devait conduire à son fils une esclave vierge, qu'elle achète elle-même au bazar, et qu'elle mène en pompe dans un carrosse de parade*.

En effet, une longue file de voitures traversa bientôt les quartiers populeux de Stamboul, en suivant la rue centrale jusqu'à Sainte-Sophie, près de laquelle est située la porte du grand sérail. Ces voitures, au nombre d'une vingtaine, contenaient toutes les parentes de Sa Hautesse, ainsi que les sultanes réformées avec pension, après avoir donné le jour à un prince ou à une princesse. Les grillages des voitures n'empêchaient pas que l'on ne distinguât la forme de leurs têtes voilées de blanc et de leurs vêtements de dessus. Il y en avait une dont l'énormité m'étonna. Par privilège sans doute, et grâce à la liberté que pouvait lui donner son rang ou son âge, elle n'avait la tête entourée que d'une gaze très fine qui laissait distinguer des traits autrefois beaux. Quant à la future *cadine,* elle était sans doute dans le carrosse principal, mais il était impossible de la distinguer des autres dames. Un grand nombre de valets de pied portaient des torches et des pots à feu des deux côtés du cortège.

On s'arrêta sur cette magnifique place de la porte du sérail, décorée d'une splendide fontaine, ornée de marbre, de découpures, d'arabesques dorées, avec un toit à la chinoise et des bronzes étincelants.

La porte du sérail laisse voir encore entre ses colonnettes les niches qui servaient autrefois à exposer des têtes, les célèbres *têtes du sérail.*

* Cette cérémonie n'a plus lieu depuis quelque temps.

III. Fêtes du sérail

Je me vois forcé de ne pas décrire les cérémonies intérieures du palais, ayant l'usage de ne parler que de ce que j'ai pu voir par moi-même. Cependant, je connaissais déjà en partie le lieu de la scène. Tout étranger peut visiter les grandes résidences et les mosquées, à de certains jours désignés, en payant deux ou trois mille piastres turques. Mais la somme est si forte qu'un touriste ordinaire hésite souvent à la donner. Seulement, comme pour ce prix on peut amener autant de personnes que l'on veut, les curieux se cotisent, ou bien attendent qu'un grand personnage européen consente à faire cette dépense. J'avais pu visiter tous ces monuments à l'époque du passage du prince royal de Prusse. Il est d'usage, en de pareils cas, que les Européens qui se présentent soient admis dans le cortège.

Sans risquer une description que l'on peut lire dans tous les voyages, il est bon d'indiquer la situation des nombreux bâtiments et des jardins du sérail occupant le triangle de terre découpé par la Corne-d'Or et le Bosphore. C'est toute une ville enfermée de hauts murs crénelés et espacés de tours, se rattachant à la grande muraille construite par les Grecs, qui règne le long de la mer jusqu'au château des Sept-Tours, et qui de là ferme entièrement l'immense triangle formé par Stamboul.

Il y a dans les bâtiments du sérail un grand nombre de constructions anciennes, de kiosques, de mosquées ou de chapelles, ainsi que des bâtiments plus modernes, presque dans le goût européen. Des jardinets en terrasse, avec des parterres, des berceaux, des rigoles de marbre, des sentiers formés de mosaïques en cailloux, des arbustes taillés et des carrés de fleurs rares sont consacrés à la promenade des dames. D'autres jardins dessinés à l'anglaise, des pièces d'eau peuplées d'oiseaux, de hauts platanes, avec des saules, des sycomores, s'étendent autour des kiosques dans la partie la plus ancienne. Toutes

les personnes un peu connues ou ayant affaire aux employés peuvent traverser pendant le jour les portions du
sérail qui ne sont pas réservées aux femmes. Je m'y suis
promené souvent en allant voir soit la bibliothèque, soit la
trésorerie. La première, où il est facile de se faire admettre, renferme un grand nombre de livres et de manuscrits
curieux, notamment un Coran gravé sur des feuilles min-
ces de plomb, qui, grâce à leur excellente qualité, se
tournent comme des feuillets ordinaires ; les ornements
sont en émail et fort brillants. A la trésorerie on peut
admirer les bijoux impériaux conservés depuis des siècles. On voit aussi dans une salle tous les portraits des
sultans peints en miniature, d'abord par les Bellin de
Venise, puis par d'autres peintres italiens. Le dernier,
celui d'Abdul-Medjid, a été peint par un Français,
Camille Rogier, auquel on doit une belle série de costumes modernes byzantins.

Ainsi, ces vieux usages de vie retirée et farouche,
attribués aux musulmans, ont cédé devant les progrès
qu'amènent les idées modernes. Deux cours immenses
précèdent, après la première entrée, nommée spécialement LA PORTE, les grands bâtiments du sérail. La plus
avancée, entourée de galeries basses, est consacrée souvent aux exercices des pages, qui luttent d'adresse dans la
gymnastique et l'équitation. La première, dans laquelle
tout le monde peut pénétrer, offre une apparence rustique, avec ses arbres et ses treillages. Une singularité la
distingue, c'est un énorme mortier de marbre, qui de loin
semble la bouche d'un puits. Ce mortier a une destination
toute particulière. On doit y broyer, avec un pilon de fer
assorti à sa grandeur, le corps du muphti, chef de la
religion, si par hasard il venait à manquer à ses devoirs.
Toutes les fois que ce personnage vient faire une visite au
sultan, il est forcé de passer devant cet immense égru-
geoir, où il peut avoir la chance de terminer ses jours. La
terreur salutaire qui en résulte est cause qu'il n'y a eu
encore qu'un seul muphti qui se soit exposé à ce supplice.

L'affluence était si grande qu'il me parut impossible
d'entrer même dans la première cour. J'y renonçai, bien
que le public ordinaire pût pénétrer jusque-là et voir les

dames du vieux sérail descendre de leurs voitures. Les
torches et les lances à feu répandaient çà et là des flam-
mèches sur les habits, et de plus, une grande quantité
d'estafiers distribuaient force coups de bâton pour établir
l'alignement des premières rangées. D'après ce que je
puis savoir, il ne s'agissait que d'une scène de parade et
de réception. La nouvelle esclave du sultan devait être
reçue dans les appartements par les sultanes, au nombre
de trois, et par les cadines, au nombre de trente; et rien ne
pouvait empêcher que le sultan passât la nuit avec l'aimable vierge de la veille du Baïram. Il faut admirer la
sagesse musulmane, qui a prévu le cas où une favorite,
peut-être stérile, absorberait l'amour et les faveurs du
chef de l'État.

Le devoir religieux qui lui est imposé cette nuit-là
répond autant que possible de la reproduction de sa race.
Tel est aussi pour les musulmans ordinaires le sens des
obligations que leur impose la première nuit du Baïram.

Cette abstinence de tout un mois, qui renouvelle probablement les forces de l'homme, ce jeûne partiel qui
l'épure doivent avoir été calculés d'après des prévisions
médicales analogues à celles que l'on retrouve dans la loi
juive. N'oublions pas que l'Orient nous a donné la médecine, la chimie et des préceptes d'hygiène qui remontent à
des milliers d'années, et regrettons que nos religions du
Nord n'en représentent qu'une imitation imparfaite. — Je
regretterais qu'on eût pu voir dans le tableau des coutumes bizarres rapportées plus haut l'intention d'inculper
les musulmans de libertinage.

Leurs croyances et leurs coutumes diffèrent tellement
des nôtres que nous ne pouvons les juger qu'au point de
vue de notre dépravation relative. Il suffit de se dire que
la loi musulmane ne signale aucun péché dans cette ardeur des sens, utile à l'existence des populations méridionales décimées tant de fois par les pestes et par les
guerres. Si l'on se rendait compte de la dignité et de la
chasteté même des rapports qui existent entre un musulman et ses épouses, on renoncerait à tout ce mirage
voluptueux qu'ont créé nos écrivains du XVIIIe siècle.

IV. L'ATMEÏDAN

Le lendemain matin était le premier jour du Baïram. Le canon de tous les forts et de tous les vaisseaux retentit au lever du jour, dominant le chant des muezzins saluant Allah du haut d'un millier de minarets. La fête était, cette fois, à l'Atmeïdan, place illustrée par le souvenir des empereurs de Byzance qui y ont laissé des monuments. Cette place est oblongue et présente toujours son ancienne forme d'hippodrome, ainsi que les deux obélisques autour desquels tournaient les chars au temps de la lutte byzantine des *verts* et des *bleus* [150]. L'obélisque le mieux conservé, dont le granit rose est couvert d'hiéroglyphes encore distincts, est supporté par un piédestal de marbre blanc entouré de bas-reliefs qui représentent des empereurs grecs entourés de leur cour, des combats et des cérémonies. Ils ne sont pas d'une fort belle exécution ; mais leur existence prouve que les Turcs ne sont pas aussi ennemis des sculptures que nous le supposons en Europe.

Au milieu de la place se trouve une singulière colonne composée de trois serpents enlacés, laquelle, dit-on, servait autrefois de trépied dans le temple de Delphes.

La mosquée du sultan Ahmed borde un des côtés de la place. C'était là que S. H. Abdul-Medjid devait venir faire la grande prière du Baïram.

Le lendemain, qui était le premier jour du Baïram, un million peut-être d'habitants de Stamboul, de Scutari, de Péra et des environs encombraient le triangle immense, qui se termine par la pointe du sérail. Grâce à la proximité de ma demeure, je pus me trouver sur le passage du cortège qui se rendait sur la place de l'Atmeïdan. Le défilé, qui tournait par les rues environnant Sainte-Sophie, dura au moins une heure. Mais les costumes des troupes n'avaient rien de fort curieux pour un Franc, car, à part le fezzi rouge qui leur sert uniformément de coiffure, les divers corps portaient à peu près les uniformes européens. Les mirlivas (généraux) avaient des costumes pareils à ceux des nôtres, brodés de palmes d'or sur toutes les coutures. Seulement, c'étaient partout des redingotes bleues; on ne voyait pas un seul habit.

Les Européens de Péra se trouvaient mêlés en grand nombre à la foule; car, dans les journées du Baïram, toutes les religions prennent part à l'allégresse musulmane. C'est au moins une fête civile pour ceux qui ne s'unissent pas de cœur aux cérémonies de l'Islam. La musique du sultan, dirigée par le frère de Donizetti, exécutait des marches fort belles, en jouant à l'unisson, selon le système oriental. La curiosité principale du cortège était le défilé des icoglans, ou gardes du corps, portant des casques ornés d'immenses cimiers garnis de hauts panaches bleus. On eût cru voir une forêt qui marche, comme au dénouement de *Macbeth*.

Le sultan parut ensuite, vêtu avec une grande simplicité, et portant seulement sur son bonnet une aigrette brillante. Mais son cheval était tellement couvert de broderies d'or et de diamants, qu'il éblouissait tous les regards. Plusieurs chevaux, également caparaçonnés de harnais étincelants de pierreries, étaient menés par des saïs à la suite du souverain. Les vizirs, les sérasquiers, les kasiaskers, les chefs des ulémas et tout un peuple d'employés suivaient naturellement le chef de l'État, puis de nouvelles troupes fermaient la marche.

Tout ce cortège, arrivant sur l'immense place de l'Atmeïdan, se fondit bientôt dans les vastes cours et dans les jardins de la mosquée. Le sultan descendit de cheval et fut reçu par les imans et les mollahs, qui l'attendaient à l'entrée et sur les marches. Un grand nombre de voitures se trouvaient rangées sur la place, et toutes les grandes dames de Constantinople s'étaient réunies là, regardant la cérémonie par les grilles dorées des portières. Les plus distinguées avaient obtenu la faveur d'occuper les tribunes hautes de la mosquée.

Je ne pus voir ce qui se passait à l'intérieur; mais j'ai entendu dire que la cérémonie principale était le sacrifice d'un mouton. La même pratique a lieu ce jour-là dans toutes les maisons musulmanes.

La place était couverte de jeux, de divertissements et

de marchands de toutes sortes. Après le sacrifice, chacun
se précipita sur les vivres et les rafraîchissements. Les
galettes, les crèmes sucrées, les fritures, et les *kébabs,*
mets favori du peuple, composé de grillades de mouton
que l'on mange avec du persil et avec des tranches découpées de pain sans levain, étaient distribués à tous, aux
frais des principaux personnages. De plus, chacun pouvait se présenter dans les maisons et prendre part aux
repas qui s'y trouvaient servis. Pauvres ou riches, tous les
musulmans occupant des maisons particulières traitent
selon leur pouvoir les personnes qui viennent chez eux,
sans se préoccuper de leur état ni de leur religion. C'est,
du reste, une coutume qui existait aussi chez les juifs, à la
fête des Sacrifices.

Le second et le troisième jour du Baïram n'offrent que
la continuation des fêtes publiques du premier.

Je n'ai pas entrepris de peindre Constantinople ; ses
palais, ses mosquées, ses bains et ses rivages ont été tant
de fois décrits : j'ai voulu seulement donner l'idée d'une
promenade à travers ses rues et ses places à l'époque des
principales fêtes. Cette cité est, comme autrefois, le
sceau mystérieux et sublime qui unit l'Europe à l'Asie. Si
son aspect extérieur est le plus beau du monde, on peut
critiquer, comme l'ont fait tant de voyageurs, la pauvreté
de certains quartiers et la malpropreté de beaucoup d'autres. Constantinople semble une décoration de théâtre,
qu'il faut regarder de la salle sans en visiter les coulisses.
Il y a des Anglais maniérés qui se bornent à tourner la
pointe du sérail, à parcourir la Corne-d'Or et le Bosphore
en bateau en vapeur, et qui se disent : « J'ai vu tout ce
qu'il est bon de voir. » Là est l'exagération. Ce qu'il faut
regretter, c'est peut-être que Stamboul, ayant en partie
perdu sa physionomie d'autrefois, ne soit pas encore,
comme régularité et comme salubrité, comparable aux
capitales européennes. Il est sans doute fort difficile
d'établir des rues régulières sur les montagnes de Stamboul et sur les hauts promontoires de Péra et de Scutari ;
mais on y parviendrait avec un meilleur système de

construction et de pavage. Les maisons peintes, les dômes d'étain, les minarets élancés, sont toujours admirables au point de vue de la poésie ; mais ces vingt mille
habitations de bois, que l'incendie visite si souvent ; ces
cimetières où les colombes roucoulent sur les ifs, mais où
souvent les chakals déterrent les morts quand les grands
orages ont amolli le sol, tout cela forme le revers de cette
médaille byzantine, qu'on peut se plaire encore à nettoyer, après les savantes et gracieuses descriptions de
lady Montague [151].

Rien, dans tous les cas, ne peut peindre les efforts que
font les Turcs pour mettre aujourd'hui leur capitale au
niveau de tous les progrès européens. Aucun procédé
d'art, aucun perfectionnement matériel ne leur est inconnu. Il faut déplorer seulement l'esprit de routine particulier à certaines classes, et appuyé sur le respect des
vieilles coutumes. Les Turcs sont sur ce point formalistes
comme des Anglais.

Satisfait d'avoir vu, dans Stamboul même, les trente
nuits du Ramazan, je profitai du retour de la lune de
Schewal pour donner congé du local que l'on m'avait
loué à Ildiz-Khan. L'un des Persans, qui m'avait pris en
amitié, et qui m'appelait toujours le *Myrza* (lettré), voulut
me faire un cadeau au moment de mon départ. Il me fit
descendre dans un caveau plein, à ce qu'il disait, de
pierreries. Je crus que c'était le trésor d'Aboulcasem [152] ;
mais la cave ne renfermait que des pierres et des cailloux
fort ordinaires.

« Venez, me dit-il, il y a là des escarboucles, là des
améthystes, là des grenats, là des turquoises, là encore
des opales : choisissez quelqu'une de ces pierres que je
puisse vous offrir. »

Cet homme me semblait un fou : à tout hasard, je
choisis les opales. Il prit une hache, et fendit en deux une
pierre blanche grosse comme un pavé. L'éclat des opales
renfermées dans ce calcaire m'éblouit aussitôt. « Prenez », me dit-il en m'offrant un des fragments du pavé.

En arrivant à Malte, je voulus faire apprécier quelques-

unes des opales renfermées dans le bloc de chaux. La
plupart, les plus brillantes et les plus grosses en apparence, étaient friables. On put en tailler cinq ou six, qui
m'ont laissé un bon souvenir de mes amis d'Ildiz-Khan.

Malte.

J'échappe enfin aux dix jours de quarantaine qu'il faut
faire à Malte, avant de regagner les riants parages de
l'Italie et de la France. Séjourner si longtemps dans les
casemates poudreuses d'un fort, c'est une bien amère
pénitence de quelques beaux jours passés au milieu des
horizons splendides de l'Orient. J'en suis à ma troisième
quarantaine ; mais du moins celles de Beyrouth et de
Smyrne se passaient à l'ombre de grands arbres, au bord
de la mer se découpant dans les rochers, bornés au loin
par la silhouette bleuâtre des côtes et des îles. Ici, nous
n'avons eu pour tout horizon que le bassin d'un port
intérieur et les rocs découpés en terrasses de la cité de
Lavalette, où se promenaient quelques soldats écossais
aux jambes nues. — Triste impression ! je regagne le pays
du froid et des orages, et déjà l'Orient n'est plus pour moi
qu'un de ces rêves du matin auxquels viennent bientôt
succéder les ennuis du jour[153].

Que te dirai-je encore, mon ami ? Quel intérêt auras-tu
trouvé dans ces lettres heurtées, diffuses, mêlées à des
fragments de journal de voyage et à des légendes recueillies au hasard ? Ce désordre même est le garant de ma
sincérité ; ce que j'ai écrit, je l'ai vu, je l'ai senti. — Ai-je
eu tort de rapporter ainsi naïvement mille incidents minutieux, dédaignés d'ordinaire dans les voyages pittoresques ou scientifiques ?

Dois-je me défendre auprès de toi de mon admiration
successive pour les religions diverses des pays que j'ai
traversés ? Oui, je me suis senti païen en Grèce, musulman en Égypte, panthéiste au milieu des Druses et dévot
sur les mers aux astres-dieux de la Chaldée ; mais à
Constantinople, j'ai compris la grandeur de cette tolérance universelle qu'exercent aujourd'hui les Turcs.

Ces derniers ont une légende des plus belles que je

connaisse : « Quatre compagnons de route, un Turc, un
Arabe, un Persan et un Grec, voulurent faire un goûter
ensemble. Ils se cotisèrent de dix paras chacun. Mais il
s'agissait de savoir ce qu'on achèterait : — *Uzum*, dit le
Turc. — *Ineb*, dit l'Arabe. — *Inghûr*, dit le Persan. —
Stafilion, dit le Grec. Chacun voulant faire prévaloir son
goût sur celui des autres, ils en étaient venus aux coups,
lorsqu'un derviche qui savait les quatre langues appela un
marchand de raisins, et il se trouva que c'était ce que
chacun avait demandé. »

J'ai été fort touché à Constantinople en voyant de bons
derviches assister à la messe. La parole de Dieu leur
paraissait bonne dans toutes les langues. Du reste, ils
n'obligent personne à tourner comme un volant au son
des flûtes, — ce qui pour eux-mêmes est la plus sublime
façon d'honorer le ciel.

L'auteur d'un ouvrage qui paraît en ce moment sur la Turquie, M. Ubicini, remarque avec raison que, malgré la navigation à la vapeur, malgré les progrès de la statistique moderne, l'Orient n'est guère plus connu aujourd'hui qu'il ne l'était durant les deux derniers siècles. Il est certain que si le nombre des voyageurs a augmenté, les rapports de commerce établis autrefois entre nos provinces du Midi et les cités du Levant ont diminué de beaucoup. Les touristes ordinaires ne séjournent pas assez longtemps pour pénétrer les secrets d'une société dont les mœurs se dérobent si soigneusement à l'observation superficielle. Le mécanisme des institutions turques est, du reste, entièrement changé depuis l'organisation nouvelle que l'on appelle *Tanzimat,* et qui devient la réalisation longtemps désirée du halli-chérif de Gul-Hanè. Aujourd'hui la Turquie est assurée d'un gouvernement régulier et fondé sur l'égalité complète des sujets divers de l'empire *.

* Voici les chiffres les plus récents applicables à la situation de l'empire turc :
    La race ottomane est de 11 millions 700 mille âmes.
    Les autres peuples des diverses parties de l'empire, Grecs, Slaves, Arabes, Arméniens, etc., complètent le nombre des sujets de tout l'empire, qui est de 35 millions 350 mille âmes. — La population de Constantinople est de 797 mille âmes, dont 400 mille musulmans, le reste se composant d'Arméniens, de Grecs, etc.
    Le budget est de 168 millions.
    L'armée régulière, de 138 mille 680 hommes, peut être portée, avec sa réserve et ses contingents, à plus de 400 mille hommes.

Les lettres et les souvenirs de voyage, réunis dans ces deux volumes, étant de simples récits d'aventures réelles, ne peuvent offrir cette régularité d'action, ce nœud et ce dénouement que comporterait la forme romanesque. Le vrai est ce qu'il peut. La première partie de cet ouvrage semble avoir dû principalement son succès à l'intérêt qu'inspirait l'esclave indienne, achetée au Caire, chez le jellah Abd-el-Kerim. L'Orient est moins éloigné de nous que l'on ne pense, et comme cette personne existe, son nom a dû être changé dans le récit imprimé. Elle est aujourd'hui mariée dans une ville de Syrie, et son sort paraît être heureusement fixé. Le voyageur qui, sans y trop songer, s'est vu conduit à déplacer pour toujours l'existence de cette personne, ne s'est rassuré, touchant son avenir, qu'en apprenant que sa situation actuelle était entièrement de son choix. Elle est restée dans la foi musulmane, bien que des efforts eussent été faits pour l'amener aux idées chrétiennes. Les Français ne peuvent plus, désormais, acheter d'esclaves en Égypte, en sorte que personne ne risquera aujourd'hui de se jeter dans des embarras qui entraînent d'ailleurs une certaine responsabilité morale.

Cette seconde conclusion figure après les appendices du tome II, appendices qui comme ceux du tome I ne sont, pas reproduits dans la présente édition.

LEXIQUE
DES MOTS ÉTRANGERS OU RARES

Le plus souvent, Nerval traduit les mots étrangers qu'il cite. Ne figurent dans ce lexique que les termes non traduits, ou traduits une seule fois et repris plus tard sans explication. Les mots définis dans les dictionnaires usuels de la langue française n'ont pas été retenus.

Abbah : manteau de laine ample et long, ouvert sur le devant, sans manches.

Aigledon : forme populaire pour édredon. (GR)

Akkal : homme saint, sage, savant.

Aleikoum al salam : que la paix soit avec toi.

Anclabre : table servant aux sacrifices chez les Romains *(anclabris mensa)*. (GR)

Apios : plante à fleurs odorantes disposées en grappe *(apios tuberosa)*. (GR)

Araba : voiture, char.

Ardeb : contenance de 270 à 280 litres.

Arif : intelligent, habile.

Babylonian : d'architecture grandiose et massive.

Baïram : fête du jeûne suivant le Ramadan.

Banian : pauvre bougre.

Barbarin : domestique ordinaire, en général noir.

Bardaque : vase de terre séchée au soleil. (GR)

Benich : large manteau, porté par-dessus les autres vêtements.

Besestain : grand bâtiment voûté, dans un bazar, où sont entreposées les marchandises de prix. (GR)

Borghot : masque allongé porté par les femmes.

Bostangi : jardinier.

Cachef : gouverneur de province, institué par les Turcs.

Cadi : juge musulman remplissant des fonctions civiles et religieuses.

Cadine : dame.

Cafedji : voir *Kahwedji*.

Cajute : cahute, cabine.

Calender : derviche mendiant.

Cant : afféterie, hypocrisie.

Cardina : divinités qui protègent la porte, le seuil, les gonds. (GR)

Casin : établissement public de divertissement. (GR)

Cavas (ou *cavasse*) : huissier attaché à une institution ou une personnalité officielle.

Chibouk : pipe à long tuyau.

Cinnor : lyre de forme triangulaire. (GR)

Cohel : fard noir pour les paupières.

Conversation : casino. (GR)

Dive : voir note 102.

Djerme : barque.

Dourah : maïs.

Effendi : monsieur, homme de distinction.

Féredjé : large manteau à collet tombant sous lequel les femmes dissimulent leur visage et leur parure. (GR)

Figuier de Pharaon : espèce de sycomore. (GR)

Fine-jane : petite tasse.

Firman : édit ou décret du souverain musulman.

Frengui : Européen.

Gastoffe : auberge.

Ghawasie : danseuse.

Giaour : infidèle.

Habbarah : ample manteau noir couvrant tout le corps.

Hadji : musulman ayant fait le pèlerinage de La Mecque.

Hamal : portefaix.

Hanoum : dame principale d'une maison.

Improper : inconvenant.

Improved patent : brevet perfectionné.

Jellab : marchand d'esclaves. (GR)

Kabibé : chéri, bien-aimé.

Kachef : adjoint d'un bey, dans les armées turques et égyptiennes. (GR)

Kaddosch : sacré.

Kahwedji : domestique préparant le café.

Kaïmakan : lieutenant, gouverneur, sous-préfet.

Kasiasker : chef religieux exerçant les fonctions de juge.

Khanoun : voir *Hanoum.*

Kief : sieste, repos et, dans l'expérience du hachischin, phase de calme et de béatitude.

Kislar-aga : chef des eunuques. (GR)

Koulkas : colocase, dont la racine farineuse est comestible. (GR)

Kyaya : ministre d'un petit prince. (GR)

Lailet-ul-id : la nuit de la fête.

Lattaquié : tabac de Lattaquié (Syrie). (GR)

Ligure : opale. (GR)

Locanda : auberge. (GR)

Machallah! : avec la permission de Dieu.

Machlah : manteau de poil de chameau couvrant tout le corps.

Mafish : non, pas du tout.

Mahdi : imam attendu à la fin des temps par certaines sectes musulmanes.

Mandille : mouchoir ou foulard de soie.

Milayeh : drap, voile noir dont s'enveloppe entièrement la femme.

Moal : poème strophique chanté.

Mollah : docteur en théologie islamique.

Moudhir : gouverneur, administrateur.

Moukre : loueur de chevaux, de mulets ou transporteur de marchandises.

Moultezim : particulier percevant les droits de la terre acquittés par les fellahs. (GR)

Muchir : officier de haut rang. (GR)

Munasihi : qui donne des conseils.

Muslim : musulman.

Naz (pour *naï*) : flûte.

Nazir : haut fonctionnaire, directeur de certains grands services. (GR)

Nedji : cheval d'Arabie centrale *(Nedj)*, réputé parmi les meilleurs. (GR)

Nichan : décoration instituée par Mahmoud II.

Ocque : en Égypte, l'ocque valait environ 1 kg 250. (GR)

Okel : citadelle, refuge.

Oualem : chanteuses et danseuses (almées).

Parazonium : courte épée suspendue par un baudrier. (GR)

Patito : soupirant.

Pentacle : figure magique, en forme d'étoile à cinq branches, symbole de perfection ou de puissance occulte sur les éléments.

Péri : génie, fée.

Physizoé : qui donne la vie, nourricière, féconde.

Pic : longueur variant de 66 à 70 cm. (GR)

Polos : nimbe ou croissant constellé qui servait de couronne à certaines divinités. (GR)

Raya(h) : sujet non musulman du gouvernement turc. (GR)

Rebab : vielle monocorde ou double-corde.

Reïs : capitaine, officier.

Rosolio : liqueur parfumée aux pétales de rose. (GR)

Saba-el-kher : bonjour.

Saïs : éclaireur, messager.

Sirafeh : offrande de pièces de monnaie.

Surmeh : poudre noire pour teindre les paupières. (GR)

Taktikos : chapeau de paille.

Talari : écu d'Autriche *(Thaler)*, valant environ 5 francs. (GR)

Talé bouckra : viens demain.

Tantour : coiffure de femme en forme de cône, genre de hennin.

Tayeb : bien, c'est bon.

Téké : couvent des derviches.

Tendido : rideau.

Uléma : docteur de la loi, théologien musulman.

Wauxhall : lieu public où se donnent des bals, des concerts.

Yalek : robe à manches longues et larges.

Yamak : apprenti assistant ou petit voile laissant paraître les yeux.

Yaoudi : juif.

Yavour : voir *Giaour*.

Zebeck : soldat venu d'Asie Mineure. (GR)

NOTES

L'excellente édition du *Voyage en Orient* par Gilbert Rouger,
Ed. Richelieu, Imprimerie nationale de France, 1950, 4 vol. (aujourd'hui épuisée) comporte de nombreuses notes. Celles que j'em-
prunte, parfois en abrégeant, sont marquées. (GR)

1. Beit Meri : gros bourg, à huit kilomètres de Beyrouth à vol
d'oiseau. L'itinéraire de Nerval ne dépasse guère un rayon de vingt
kilomètres au N.-E. de Beyrouth, et le récit doit beaucoup à des notes de
lecture. (GR)

2. L'émir Béchir, prince du Liban, demeura fidèle à Méhémet-Ali et
fut, après 1840, dépouillé de son pouvoir par les Turcs. (GR)

3. *Genèse* XXIV, 16 ; *Odyssée* VI.

4. Volney séjourna huit mois dans ce couvent ; Nerval a trouvé dans
son *Voyage en Égypte et en Syrie* les détails rapportés ici. Voir n. 138.
(GR)

5. Henri Heine, *Intermezzo*, 28, traduit par Nerval, dans *Revue des
Deux Mondes*, 15 juillet 1848. (GR)

6. Le récit de ce chapitre est un bon exemple, semble-t-il, de pure
fiction. Dans les lettres à son père du 25 juillet et du 19 août 1843,
Nerval ne mentionne aucun exploit de ce genre. (GR)

7. *Odes*, II, 14 : « Hélas ! Postumus, les années coulent fugitives. »
(GR)

8. Poème repris dans le recueil des *Odelettes*. J. Richer explique que
le vers cité est du grec de Constantinople, avec le *ne* turc signifiant ni...
ni.

9. Dénouement traditionnel de la comédie : le mariage ; de la tragé-
die : la mort. Sur l'importance du modèle théâtral dans cette partie du
récit, voir l'article de H. Bonnet, « Théâtre/Voyage ou G. de Nerval au
Liban », dans *Revue des Sciences humaines* 167 (1977).

10. Probablement l'*Eroticos* (Dialogue sur l'amour).

11. Telles sont les trois sources principales de Nerval sur la religion

des Druses : Niebhur, *Voyage en Arabie* (1776); Volney, voir n. 138;
Silvestre de Sacy, *Exposé de la Religion des Druzes* (1838).

12. Marco Polo introduisit en Europe la légende du Vieux de la
Montagne, un chef persan qui, par le haschisch, fanatisait une armée de
jeunes gens (*haschischins*, étymologie de *assassins*), entièrement dévoués à ses ordres. Silvestre de Sacy (voir note précédente) réactualisa
la légende dans son *Mémoire sur la dynastie des Assassins et sur
l'origine de leur nom* (1809), qui eut une vaste audience au XIX⁰ siècle,
particulièrement dans la littérature sur le haschisch (outre l'*Histoire de
Hakem*, voir Baudelaire, *Les Paradis artificiels*).

13. Poussée par son goût de l'action et de secrètes ambitions politiques, Lady Esther Stanhope (1776-1839) partit pour l'Orient en 1810.
Après des années de voyage à travers la Syrie, elle s'installa près de
Saïda où, costumée à l'orientale, elle vécut entourée de domestiques
arabes. Farouchement indépendante en face des maîtres du pays, très
soucieuse d'entretenir son prestige et étonnant les visiteurs par ses
manières excentriques (voir le récit de Lamartine dans son *Voyage en
Orient*), Lady Stanhope professait une sorte d'illuminisme où se mêlaient le culte du duc de Reichstadt, la croyance à un retour prochain de
Mahomet sur un cheval sellé par la nature, et des pratiques empruntées à
la religion des Druses ou à l'astrologie arabe. (GR)

14. Mêmes théories, assumées par le narrateur, dans *Aurélia* II, 6.

15. Une fois de plus, Nerval attribue à un personnage fictif des
information recueillies dans les livres, particulièrement, pour Hakem,
S. de Sacy (voir n. 11* et la note de Nerval, p. 105).

16. Les Sabéens peuvent être des chrétiens. On verra plus bas
(p. 71) qu'il s'agit plutôt ici d'une secte païenne qui rendait un culte à
Hermès et Agathodaemon (nom grec d'une divinité égyptienne assimi-
lée au Nil et, avec Hermès, autorité invoquée par les alchimistes).

17. Le pont Al-Serat, plus fin qu'un cheveu, plus étroit que le fil
d'une épée, enjambe l'enfer, où tombent les méchants, et conduit les
bons au paradis. (GR)

18. Gautier, dans *Le Hachich* (1843) et dans *Le Club des Hachichins*
(1846, soit une année avant la parution de *Hakem*), puis Baudelaire dans
Le Poème du Haschisch analysent plus longuement les différentes
phases de la rêverie du haschischin.

19. Essentiel pour comprendre la légende de Hakem, ce thème est
aussi un leitmotiv de l'œuvre de Nerval, qui se déclarait lui-même
atteint de « Théomanie » (lettre à Mme Dumas, 9 nov. 1841). Voir
surtout *Aurélia* et M. Jeanneret, *La Lettre perdue*, 2ᵉ partie.

20. `Anges funèbres qui demandent au défunt le compte de sa vie
passée et lui assignent sa place, en enfer ou au paradis. (GR)

21. Écriture arabe arrondie et sans points diacritiques.

22. Sur la signification magique du *tau* maçonnique, voir la légende
d'Adoniram, particulièrement p. 263.

23. Selon d'Herbelot, *Bibliothèque orientale*, le fondateur du Caire plaça la ville sous l'ascendant de Mars, à qui les astronomes arabes donnent l'épithète de *Caher*, vainqueur, conquérant, de sorte que la ville fut nommée Al Caherah, la Victorieuse. (GR)

24. Erreur. Le mot *haschisch* ne figure nulle part dans la Bible. (GR)

25. Selon d'Herbelot, *Bibliothèque orientale*, Tahmurath, roi légendaire de Perse, fut le vainqueur des Dives (voir n. 102), qu'il enferma dans des grottes souterraines. — Sérendib est l'île de Ceylan où, d'après les traditions orientales, fut relégué Adam quand Dieu l'eut chassé du Paradis terrestre. (GR)

26. A propos des races préadamites, Nerval explique : « La terre, avant d'appartenir à l'homme, avait été habitée pendant soixante-dix mille ans par quatre grandes races créées primitivement, selon le Coran, « d'une matière *élevée, subtile* et *lumineuse* ». C'étaient les Dives, les Djinns, les Afrites et les Péris, appartenant d'origine aux quatre éléments, comme les ondins, les gnomes, les sylphes et les salamandres des légendes du Nord » (chap. *La légende de Soliman*, dans *Appendices* du *Voyage en Orient*, Pléiade). Voir aussi n. 151 ; la légende d'Adoniram, p. 284, 298 ; *Aurélia* I, 7-8. Pour les sources, voir J. Richer, *Nerval et les doctrines ésotériques*.

27. Cette légende, empruntée au Coran, 34, *Sourate de Sabâ*, est reprise dans l'histoire d'Adoniram, chap. XII. (GR)

28. Situation analogue dans *Le Roi de Bicêtre* (*Les Illuminés*).

29. Même remarque dans *Aurélia* I, 3. Voir aussi I, 9 et surtout I, 10, où, dans une scène de mariage, le double prend la place de Gérard. Sur l'association double-mort, voir Otto Rank, *Don Juan et le double*, Paris, Payot, 1973. J. Richer signale que *ferouer*, dans son acception première, signifie *archétype*, et non double.

30. « Selon la croyance des Orientaux, cette montagne entoure la terre comme un anneau ou une ceinture. Au pôle nord est la résidence du préadamite Salomon ; au pôle sud l'atelier secret de la nature ; à l'orient l'empire des bons génies, et à l'occident celui des mauvais génies (...) Toutes les autres montagnes ne sont que des rameaux de cette montagne mère qui s'élève jusqu'au ciel » (Von Hammer, *Contes inédits des Mille et Une Nuits*, 1828, I, p. 159). On verra plus bas, p. 286, que les ancêtres caïnites d'Adoniram ont trouvé refuge sous cette même montagne.

31. Elmacin (1223-1273) est l'auteur d'une *Histoire mahométane* traduite par Vattier (1657). De Makrisi, autre historien arabe (1365-1447), Nerval a lu l' « Histoire du khalifat de Hakem-Biamr-Allah » dans la *Chrestomathie arabe* de Silvestre de Sacy (1806). L'encyclopédie *Tout ce qu'on peut désirer savoir concernant les différentes branches des belles-lettres* de Nowairi (1280-1331) fut traduite par Caussin (1802). (GR)

32. Voir n. 143.

33. *Don Quichotte*, II, 31. Ça n'est pas Don Quichotte qui parle, mais un noble dont Sancho raconte l'histoire. (GR)

34. Nerval pense-t-il à la fresque de Raphaël ou à la peinture d'Annibal Carrache? Il a pu voir l'une et l'autre en 1834, à son passage à Rome. (GR)

35. Voir n. 185.

36. Voir n. 197.

37. Fils de l'homme aux lunettes. (GR)

38. D'après J. Richer, le mot signifie : chef des serdars, c'est-à-dire commandant des troupes qui gardent la frontière. Il convient peut-être de corriger en *sekbanbachi*, chef des gardiens.

39. Voir n. 197.

40. Secte d'illuminés qui reconnaissaient pour chef un maçon, repris de justice qu'ils vénéraient comme une réincarnation du prophète Élie, les Béguins furent accusés de pratiques scandaleuses et jugés le 30 janvier 1851. A propos de ce procès, Nerval publia un article où il évoque les imputations dressées ici contre les Ansariés ou ailleurs contre d'autres sectes. (GR)

41. *Le Bourgeois gentilhomme*, IV.

42. Les bombardements de Bonaparte (1799), d'Ibrahim-Pacha (1832), de l'amiral Napier, commandant les flottes anglaise, autrichienne et turque (1840). (GR)

43. Quartier de Galata, sur le Bosphore. (GR)

44. Comme au début du *Voyage*, Nerval s'adresse à son ami Théophile Dondey, surnommé Timothée O'Neddy ou O'Neill. Voir n. 1.

45. Sur l'émir Béchir, qui avait sa résidence à Beit-Eddin, voir n. 2*.

46. Selon d'Herbelot, *Bibliothèque orientale*, le mot *megnoun* ne signifie pas seulement *fou*, mais *transporté d'amour*. C'est aussi le nom d'un personnage fameux, célébré comme le modèle du parfait amant. Ses amours avec Leïlé ont été chantées dans d'innombrables récits ou poèmes, en arabe, en persan et en turc (GR). J. Richer, reprenant une indication de S. Jeune, signale que *La Chronique*, tome V (mars-juillet 1844), annonçait la prochaine publication de *Medjoun et Leïla, épisode oriental*, par G. de Nerval. Ce texte, semble-t-il, n'a jamais vu le jour.

47. La fameuse *Symbolik und Mythologie der alten Völker* (1810-1812) de Frédéric Creuzer fut traduite en français et exerça sur le romantisme une grande influence : *Religions de l'Antiquité considérées principalement dans leurs formes symboliques et mythologiques*, 10 vol. (1825-1851).

48. On trouvera dans les Appendices du *Voyage en Orient* (Pléiade) le texte du « Catéchisme des Druses », adapté par Nerval du baron de Bock, *Essai sur l'histoire du Sabéisme* (1788) et qui complète les points de doctrine abordés ici.

49. Lettre du 15 déc. 1670 à Emmanuel de Coulanges : « Je m'en vais vous mander la chose la plus étonnante (...) Devinez-la : je vous le donne en trois, jetez-vous votre langue aux chiens ? » (GR)

50. Ces lettres sont publiées par Lamartine dans son *Voyage en Orient*, II. (GR)

51. Sur la construction du Temple de Jérusalem, voir plus bas la légende d'Adoniram. Une tradition fait remonter l'origine de la franc-maçonnerie à l'architecte du Temple, Hiram ou Adoniram, tué par des compagnons jaloux (voir p. 279-280 et 333). Si son père a très probablement été franc-maçon, il n'est pas certain que Nerval lui-même ait appartenu à une loge. Pour l'intérêt qu'il porte aux sociétés secrètes, voir *Léo Burckart* et *Les Illuminés*.

52. Les Templiers furent effectivement accusés d'adorer une idole en forme de tête barbue ; *bahomet* est sans doute une altération de Mahomet. (GR)

53. *Le Moniteur* du 4 juillet 1847 signale en effet que deux pétitions, l'une signée par des chrétiens du Liban, l'autre par des Druses, ont été déposées sur le bureau de la Chambre. Elles demandent que l'émir Béchir, ou son fils Emin, revienne au pouvoir et que la France restitue au Liban sa protection. (GR)

54. Hiram-Adoniram fut enterré sous une tige d'acacia : voir p. 335. Cette allusion, de même que le rapport établi entre les Druses et les francs-maçons, resserre les liens entre la légende de Hakem et celle d'Adoniram.

55. Même image dans un poème des *Odelettes*, *Le Point noir*. (GR)

56. *Nombres*, XI, 5. (GR)

57. Une tradition a fait naître Homère sur les bords de ce petit fleuve d'Anatolie, d'où le surnom de *Mélésigène*. (GR)

58. *Bucoliques*, III, 65. (GR)

59. Erreur pour à droite.

60. Camille Rogier, que Nerval connaissait depuis plus de dix ans, avait été l'un des animateurs de l'impasse du Doyenné (voir *Petits Châteaux de Bohême*). Il avait illustré en 1833 une édition des *Contes* d'Hoffmann. Après trois ans en Italie et trois ans à Constantinople, il regagnera la France avec Nerval, en 1843. Dès 1848, il est directeur des postes à Beyrouth. (GR)

61. On trouve bel et bien une « Roxelane française » (voir pourtant n. 109) dans la comédie de Favart, *Soliman second ou Les Trois Sultanes* (1761), d'après un conte de Marmontel.

62. Après avoir servi dans les armées française et autrichienne, le comte Alexandre de Bonneval passa chez les Turcs, se fit musulman et, sous le nom d'Achmet Pacha, devint général. Il mourut à Contantinople en 1747. (GR)

63. Nerval est à Constantinople du 25 juillet au 28 octobre ; son

séjour couvre donc le mois du Ramadan (en turc : Ramazan) qui, note J. Richer, dura, en 1843, du 25 septembre au 25 octobre. Le Ramadan est une période de jeûne diurne et de fête nocturne. Gérard entre ici dans le monde de la nuit et du rêve, où se passe l'essentiel de la suite.

64. Bal public ouvert en 1840 aux Champs-Élysées par un maître de danse, le père Mabille. (GR)

65. *Robert le Diable* (1831), opéra célèbre de Scribe et Meyerbeer. Le ballet est dansé à minuit, dans les ruines d'un monastère, par les nonnes sorties de leurs tombes. Joué à Bruxelles par Jenny Colon, cet opéra a fait sur Nerval une grande impression.

66. Nerval lui-même a traduit, mais autrement, ce passage du *Voyageur* : « Et toi, homme ! tu te bâtis une chaumière avec les débris sublimes du passé. Tu jouis sur des tombes ! » (GR)

67. La pièce de Guimond de La Touche est de 1757. Selon le mythe suivi par Euripide, Iphigénie, une fois sauvée et transportée en Tauride, devint prêtresse de Diane et, selon les ordres du tyran Thoas, immolait à la déesse tous les étrangers qui abordaient dans le pays. Le rêve de *Pandora* témoigne de l'effet profond qu'exerça sur Nerval le récit du prince de Ligne, doté par l'impératrice Catherine du territoire de l'ancienne Tauride. L'anecdote des vers français provient de la même source, *Lettres et pensées du prince de Ligne* (1809). (GR)

68. Selon la tradition, le philosophe Buridan, mêlé aux débauches de Marguerite de Bourgogne et jeté à la Seine dans un sac, réussit à s'enfuir à la nage. Histoire reprise dans *La Tour de Nesle* de Dumas père (1832). Voir n. 5. (GR)

69. La Fontaine, *Daphnis et Alcimadure*, *Imitation de Théocrite*, poème recueilli d'abord dans les *Fables* (XII, 24), puis en appendice aux *Fables*.

70. Maison de jeu parisienne, à l'époque du Directoire. (GR)

71. Nerval fut certainement séduit par l'histoire d'Abou-Hassan, le *Dormeur éveillé* qui, victime d'une mystification, crut un temps être le commandeur des croyants et en arriva à ne plus distinguer le rêve de la vie réelle. (GR)

72. Guèbres et Parsis : Persans et Indiens du culte de Zoroastre ; Coraïschites : tribu arabe de La Mecque, chargée de la garde du Temple ; Wahabites : secte musulmane d'Arabie centrale, refusant de reconnaître Mahomet comme prophète.

73. Colonne de Constantin érigée en 330 pour symboliser la réconciliation des religions païenne et chrétienne.

74. Nerval semble faire un seul personnage de la cantatrice Joséphine Ronzi-Debegnis et de Fanny Tacchinardi-Persiani. Comme le note J. Richer, Stendhal, dans la *Vie de Rossini*, nomme à peine Mme Ronzi-Debegnis et c'est à propos de Mme Pasta qu'il écrit de « belles pages ». Voir aussi M. L. Belleli, « I viaggi di Nerval in Italia » dans *Rivista di Letteratura Moderne e Comparate* (mars 1967).

75. Voir n. 67*.

76. M. L. Belleli (article cité n. 74*) a montré qu'il s'agit d'un opéra de Donizetti, *Maria Stuarda*, représenté à Naples, sous le titre Buondelmonte, en octobre 1834, au moment où Nerval s'y trouvait. Voir lettre V à Jenny Colon.

77. Personnage légendaire auquel l'épopée médiévale a prêté des prouesses et des aventures fantastiques. Passé dans la bibliothèque bleue, il est devenu au XIXᵉ siècle figure de mélodrame et de vaudeville.

78. La ville de Cassaba, à l'est de Smyrne, est connue pour ses cultures maraîchères. (GR)

79. En fait le 20 juillet, jour consacré au prophète Élie dans le calendrier grec, note J. Richer.

80. Voir n. 197.

81. La légende des sept jeunes gens d'Éphèse emmurés avec leur chien dans une grotte pendant la persécution de Décius, et s'endormant pour se réveiller miraculeusement deux ou trois siècles plus tard, est rapportée par le Coran (18 : *Sourate de la caverne*). Les Musulmans admettent « que le chien qu'ils avaient avec eux dans la grotte, par le long séjour qu'il fit avec les hommes, devint raisonnable. Ils lui donnent même une place dans le ciel avec l'âne de Balaam et celui du Messie » (D'Herbelot). (GR)

82. Les derviches kadirites ont été fondés par Abd al-Kadir al-Djilani (XIIᵉ siècle). (GR)

83. Paraphrase d'une strophe de *La Fiancée d'Abydos* (II, 28). (GR)

84. « J'étudiais à la fois l'italien, le grec et le latin, l'allemand, l'arabe et le persan » (*Promenades et Souvenirs*, chap. V). Comme la légende de Hakem, Nerval a *lu* celle d'Adoniram et ses sources, livresques, remontent à la fois aux traditions biblique, musulmane et maçonnique (voir G. Rouger, éd. critique et les travaux de J. Richer). — Bien avant son voyage, dès environ 1835, Nerval était fasciné par la figure de la reine de Saba et se proposait d'en faire un opéra, dont le livret (sans doute inachevé et perdu) était destiné à Meyerbeer (voir *Petits Châteaux de Bohême*, chap. III). Dans un article nécrologique de 1867, Gautier confirme : « Du plus loin que nous le connaissions, il avait sur le chantier une certaine *Reine de Saba*, drame énorme. »

85. Antar : voir n. 144 ; Abou-Zeyd : voir n. 126 ; Medjnoun : voir n. 46*.

86. Voir p. 204.

87. Sur le nom d'Adoniram, voir la note de Nerval, p. 271. La Bible distingue Adoniram, chef des trente mille Juifs envoyés au Liban par Salomon pour couper les cèdres nécessaires à ses constructions (I *Rois* V, 14) et Hiram, fondeur et sculpteur, envoyé à Jérusalem par Hiram, roi de Tyr, pour travailler à la décoration du Temple (I *Rois* VII, 13-51). C'est dans des textes maçonniques qu'Adoniram, ancêtre légendaire des francs-maçons, est donné, comme ici, pour un architecte.

Sur le sens et les sources maçonniques de l'ensemble de la légende, voir G.-H. Luquet, « G. de Nerval et la Franc-Maçonnerie », dans *Mercure de France* 324 (mai-août 1955).

88. Même vision dans un rêve d'*Aurélia* I, 10.

89. Sur ce nom, utilisé dans *Genèse* XXXV, 18 et signifiant « le fils de ma douleur », voir R. T. Cargo, « G. de Nerval's Benoni », dans *Romance Notes* 7 (1965).

90. *Ecclésiaste* I, 1.

91. Voir n. 30*.

92. *Deutéronome* IV, 15-19. (GR)

93. Grand poème sur l'histoire de Salomon du poète persan Ferdoucy (933-env. 1020). (GR)

94. Voir *Genèse* XXV, 3. Les détails généalogiques qui suivent sont empruntés, une fois de plus, à différents articles de la *Bibliothèque orientale* de d'Herbelot.

95. La visite de la reine de Saba au roi Salomon est rapportée par la Bible (I *Rois* X et II *Chroniques* IX). Mais Nerval puise à bien d'autres sources : entre autres les sourates 27 et 34 du Coran et la *Bibliothèque orientale* de d'Herbelot. La reine de Saba (ou reine du Midi) est l'une des figures de la Femme salvatrice dans *Aurélia* : voir *Mémorables* et Fragments d'une première version VI et VII.

96. Il ne s'agit pas ici, comme dans l'*Histoire du calife Hakem*, d'une secte religieuse (voir n. 16*), mais des habitants de l'Yémen, dont la capitale était, selon la tradition, la ville de Saba. (GR)

97. Voir le *Livre de Ruth*, où la jeune Moabite épouse Booz de Bethléem (ou Ephrata), engendrant ainsi la lignée de David, d'où sortira le Christ.

98. Maîtres, compagnons, apprentis : on peut reconnaître dans cette hiérarchie, dans ses mots de passe et ses signes secrets, des éléments maçonniques Nerval semble admettre la tradition selon laquelle Hiram-Adoniram, ayant divisé ses ouvriers en trois classes, est à l'origine de la franc-maçonnerie.

99. Référence au *Cantique des Cantiques* VII, 5. Plus bas sont encore cités, outre ce poème, les livres des *Proverbes* et de l'*Ecclesiaste*, également attribués à Salomon. (GR)

100. *Cantique des Cantiques*. (GR)

101. On trouvera ces noms et ces événements dans les premiers chapitres de I *Rois*.

102. La satire systématique de Salomon n'est évidemment ni biblique ni musulmane. Dans la tradition arabe, Soliman est au contraire doué des pouvoirs surnaturels dont dispose ici Balkıs, et c'est lui qui, selon le Coran (sourate 27), est assisté d'une huppe aux pouvoirs magiques. Nerval le tourne en figure d'opéra-comique pour mieux accuser l'opposition avec le couple Adoniram-Balkıs

103. Balkis-Isis : fusion de deux archétypes de la Femme selon Nerval.

104. *Josué* VI.

105. Hémiar, fils de Saba (voir p. 240), donna son nom aux Arabes du Yémen, les Hémiarites, dont Balkis est maintenant la reine. Voir d'Herbelot, *Bibliothèque orientale*, article « Hémiar ».

106. Sur la descendance de Caïn et la cité souterraine d'Hénochia, voir plus bas, chap. VI et VII et n. 112*.

107. Le Tau n'est pas seulement un emblème maçonnique, mais, dans la tradition cabalistique, un signe magique. Voir aussi p. 291. Dans la légende de Hakem, Argévan porte sur le front « la forme sinistre du *tau*, signe des destinées fatales » (p. 80).

108. C'est le Delta rayonnant, figure maçonnique de la puissance du Créateur omniprésent.

109. Emprunté au Coran 27 : *Sourate de la fourmi*. (GR)

110. Dans les anciens rituels maçonniques, *Eliael* (ou *Eliel*) et *Nehmamiah* (*Vehmamiah* semble une erreur de transcription) sont la demande et la réponse du mot de passe des « chevaliers de l'Aigle noir ». (GR)

111. Hénoch est le fils de Caïn et l'ancêtre des forgerons révoltés. Celui que les Arabes appellent Edris et qui, selon d'Herbelot, est confondu avec Hermès et Horus, est cependant un autre Hénoch, issu de la lignée de Seth (*Genèse*, V, 18-24).

112. Descendant de Caïn et d'Hénoch, fils de Lamech et, selon la *Genèse*, IV, 22, patron des artisans de l'airain et du fer. J. Richer cite Martinès de Pasqually, *Traité de la réintégration* : « Caïn, s'étant retiré après son crime dans la région du Midi avec ses deux sœurs, eut une postérité de dix mâles et de onze femelles et y construisit la ville d'Hénoch pour l'édification de laquelle il imagina de fouiller dans les entrailles de la terre avec son premier-né qu'il avait nommé Hénoch. Il laissa son secret soit pour la fonte des métaux, soit pour la découverte des mines, à son fils Tubal Caïn. C'est de là qu'il nous est parvenu que Tubal Caïn était celui qui avait découvert le premier la fonte des métaux. »

113. Sur la montagne de Kaf, voir n. 30*. On trouvera dans *Aurélia* I, 10, une autre version de cette descente au cœur de la terre, au foyer du feu primitif.

114. Sur le thème de la révolte contre Dieu, fondamental dans l'œuvre de Nerval, voir surtout *Aurélia* I ; les sonnets *Antéros* et *Le Christ aux Oliviers* ; J. Richer, *Nerval. Expérience et création*, chap. IV et M. Jeanneret, *La Lettre perdue*, 2ᵉ partie, *Prométhée*.

115. Série de références vagues et attestant, dans les lectures de Nerval, quelque confusion : Isaac de La Peyrère, *Praeadamitae* (1655) (sur cette théorie, voir n. 117*) ; Louis de Holberg, *Nicolai Klimii iter subterraneum* (1741) ; *The Book of Enoch* (apocalypse juive), plusieurs

traductions anglaises (1821, 1829, 1836). Les références indifférenciées à la Cabale, à l'alchimie (médecine spagyrique), au Talmud, au néo-platonisme et au Coran sont un peu cavalières. (GR)

116. Voir n. 25*.

117. Fils d'Eblis, Caïn se rattache ainsi, par-delà la création impar-faite d'Adonaï, à la race préadamite des *Eloïm* (les dieux), dont le Dieu de la Bible ne serait qu'une manifestation particulière. Nerval cite souvent le mythe, d'origine musulmane, des dynasties préadamites : voir surtout *Aurélia* I, 7-8 et le chapitre *La légende de Soliman*, dans *Appendices* du *Voyage en Orient* (Pléiade). Voir n. 26*.

118. Dans la tradition musulmane, Ève accoucha de deux fois deux jumeaux : Caïn et Aclima, Abel et Lebuda. Adam voulut marier chaque frère à la jumelle de l'autre. Son choix ne plut pas à Caïn, parce que Aclima était plus belle que Lebuda. Voir d'Herbelot, *Bibliothèque orientale*, article « Cabil ». (GR)

119. Les noms qui suivent correspondent à la descendance de Caïn et Hénoch selon *Genèse*, IV.

120. Sur le Tau, voir n. 107*.

121. Sur les pyramides et les hypogées égyptiennes comme refuge pour la lignée des Préadamites contre le déluge, voir p. 260, t. I, et *Aurélia*, I, 8.

122. *Le Comte de Gabalis, ou Entretiens sur les sciences secrètes* (1670), où il est question, entre autres, des relations entre les hommes et les esprits élémentaires.

123. Malgré l'ironie, la descente aux enfers (en général synonyme d'initiation) et par conséquent la figure d'Orphée sont pour Nerval des paradigmes essentiels. Ainsi dans *Les Nuits d'Octobre* et dans *Aurélia* : « je compare cette série d'épreuves que j'ai traversées à ce qui, pour les anciens, représentait l'idée d'une descente aux enfers » *(Mémorables)*.

124. Colline de Jérusalem où fut érigé le Temple de Salomon.

125. Voir n. 26*.

126. Voir *Genèse* X, 7-8. Nerval indique pourtant, p. 240 et n. 94*, une autre filiation. Voir aussi n. 105*.

127. Description conforme à *Exode* XXVIII. (GR)

128. Sur les deux colonnes de bronze placées dans le porche du Temple, Jachin et Booz, voir I *Rois*, VII, 15-22. Elles figurent parmi les emblèmes des loges maçonniques. Le chap. XII, plus bas, souligne encore leur importance dans le rituel du Temple.

129. Ptolémée (*Géographie* VII) parle de la « région Cassanite », au nord de l'Yémen. (GR)

130. La mer Morte, appelée dans la Bible mer de Sel. (GR)

131. Selon la tradition musulmane, Balkis eut réellement un fils de Salomon, origine de la dynastie des rois abyssiniens, dont la résidence est à Gondar.

132. Voir n. 129.

133. Le meurtre d'Adoniram et la recherche de son corps tels que Nerval les rapporte à partir d'ici sont au centre du rituel maçonnique d'initiation.

134. Jérusalem.

135. Schibboleth : voir *Juges* XII, 6 ; Giblim : voir I *Rois*, V, 32. Ces mots de passe sont mentionnés et expliqués dans différents manuels de franc-maçonnerie. Tout ce chapitre XII, avec le récit de la mort du maître puis la découverte de son cadavre, suit de près la tradition maçonnique et confirme que, dans l'esprit de Nerval, l'histoire d'Adoniram devait, comme *La Flûte enchantée*, renvoyer au rituel des francs-maçons.

136. Vision équivalente — vaporisation d'une figure démesurément grandie — dans *Aurélia* I, 2 et 6.

137. Même thème dans *Le Christ aux Oliviers (Les Chimères)*.

138. *Genèse*, IV, 15 et 24.

139. Voir n. 153 et 26*.

140. Geth : l'une des villes principales des Philistins, foyer de la résistance au peuple d'Israël. — Tous ces noms sont attestés dans la tradition maçonnique.

141. Sur les pouvoirs magiques de Salomon, conformes à la tradition musulmane, voir n. 102*.

142. Les chapitres du Coran s'appellent sourate. *Al-Fatiha* (l'ouverture) désigne seulement le premier d'entre eux. La sourate 34, *Sabâ*, rapporte bel et bien, selon une version à peu près équivalente, la mort de Salomon. (GR)

143. *Le Café de Surate*, conte philosophique de Bernardin de Saint-Pierre sur la tolérance religieuse. (GR)

144. Voir n. 197.

145. Voir n. 143.

146. L'aventure est arrivée à Camille Rogier lui-même (voir n. 263) : un second peintre qui s'adonne à la photographie (voir p. 173, t. I et n. 104).

147. Chanson citée dans *Chansons et Légendes du Valois (Les Filles du Feu)* : « C'est dans la ville de Bordeaux — Qu'il est arrivé trois vaisseaux ». Texte complet dans P. Bénichou, *Nerval et la chanson folklorique*, Paris, Corti, 1970, p. 234-235.

148. Malgré le titre du chapitre, il s'agit en fait du Petit Baïram (le Grand se célébrant 70 jours plus tard). Le Petit Baïram est cependant le plus important des deux : ce sont trois journées de réjouissances qui succèdent au mois de Ramazan. (GR)

149. La rue des Lombards, à Paris, était un centre de la confiserie. (GR)

150. Les Verts et les Bleus : deux partis opposés aux jeux du cirque — selon la couleur portée par les cochers — pendant les premiers siècles de l'histoire de Byzance.

151. Lady Mary Wortley Montague (1689-1762) séjourna deux ans en Turquie. Ses *Letters during her travels in Europe, Asia and Africa* (1763) ont été souvent traduites et imprimées en français. Dans une lettre à Charpentier (env. début mars 1851), Nerval les cite comme modèle : « Mon grand travail a été (...) de supprimer les choses du moment et d'avoir un ouvrage *général* comme les lettres de Lady Montague (...). »

152. L'histoire d'Aboulcassem Basry figure dans *Les Mille et Un Jours* (I-XVI), contes persans traduits par Pétis de La Croix. (GR)

153. « En somme, l'Orient n'approche pas de ce rêve éveillé que j'avais fait il y a deux ans, ou bien c'est que cet Orient-là est encore plus loin ou plus haut » (Lettre à Jules Janin, 16 novembre 1843).

TABLE DES MATIÈRES

GF — TEXTE INTÉGRAL — GF

1081-V-1990. — Imp. Bussière, St-Amand (Cher).
Nº d'édition 12578. — 2ᵉ trimestre 1980. — Printed in France.